SV

Sonderdruck
edition suhrkamp

Verkannte Leistungsträger:innen

Berichte aus der Klassengesellschaft

Herausgegeben von Nicole Mayer-Ahuja
und Oliver Nachtwey

Suhrkamp

2. Auflage 2021

Erste Auflage 2021
edition suhrkamp
Sonderdruck
Originalausgabe
© Suhrkamp Verlag Berlin 2021
Alle Rechte vorbehalten, insbesondere das der Übersetzung,
des öffentlichen Vortrags sowie der Übertragung
durch Rundfunk und Fernsehen, auch einzelner Teile.
Kein Teil des Werkes darf in irgendeiner Form
(durch Fotografie, Mikrofilm oder andere Verfahren)
ohne schriftliche Genehmigung des Verlages reproduziert
oder unter Verwendung elektronischer Systeme
verarbeitet, vervielfältigt oder verbreitet werden.
Umschlagabbildung und Illustrationen: Sven Knauth, 2021
Satz: Greiner & Reichel, Köln
Druck: C. H. Beck, Nördlingen
Umschlag gestaltet nach einem Konzept
von Willy Fleckhaus: Rolf Staudt
Printed in Germany
ISBN 978-3-518-03601-3

Inhaltsverzeichnis

Verkannte Leistungsträger:innen
Berichte aus der Klassengesellschaft   11
Nicole Mayer-Ahuja und Oliver Nachtwey

I
Arbeitskraft verfügbar machen: Professionelle Sorgearbeit

Von der »Kindergartentante« zur Erzieherin:
Kita-Personal im Kampf um Anerkennung   47
Yalcin Kutlu

Auf hundert Stellenprozente kommen
hundert Dossiers: Soziale Arbeit im
bürokratischen Dickicht   69
Ueli Mäder

Anspruchsvoll, belastend, systemrelevant –
und weiblich: Professionelle Sorgearbeit in der
stationären Altenpflege   93
Wolfgang Dunkel und Margit Weihrich

Ein Leben in Sorge um andere: Dauereinsatz
in der 24-Stunden-Betreuung   117
Sarah Schilliger

II
Arbeitskraft wiederherstellen: Gesundheit

Wieso gehen, wenn man was verändern kann?
Krankenhauspflege zwischen Flucht und
kollektivem Widerstand 141
Daniel Behruzi

Gespart wird am unteren Ende der Hierarchie:
Umstrukturierungen und Auslagerungen in der
Krankenhauswäscherei 165
Thomas Stieber

An den Rand geschoben:
»Bettenschubser:innen« in der
Krankenhauslogistik 189
Ingo Singe

III
Arbeitskraft aufrechterhalten: Ernährung

Den Blicken der anderen entzogen:
Der alltägliche Kampf in der verborgenen
Stätte der Restaurants 213
Jacqueline Kalbermatter

Auf das Riechen, Schmecken, Fühlen
und Sehen kommt es an:
Einfacharbeit in der Lebensmittelproduktion   235
Edelgard Kutzner

»Bis ich auf dem Feld umfalle und nicht mehr kann«:
Saisonarbeiter:innen in der Landwirtschaft   259
Max Schnetker

Eine Riesensauerei:
Prekäre Beschäftigung in der Fleischindustrie   281
Peter Birke und Felix Bluhm

Digitale Unterschichtung:
Migrantische Arbeit bei Dienstleistungsplattformen   305
Simon Schaupp

IV
Arbeitskraft reproduzieren:
Versorgung mit Waren

»Strike is something that happens to the
permanent workers«:
Der Kampf um den Alltag bei Amazon   327
Peter Birke und Felix Bluhm

Von Kund:innen und Kündigung:
Arbeit im Einzelhandel   349
Wolfgang Menz und Sarah Nies

Druck durch Discounter:
Verkäufer:innen im Lebensmittelhandel 373
Pascal Pfister

Am rechten Rand?
Politisierung im Onlinehandel 395
Thomas Goes

Rechte einer vergehenden Zeit:
Von der Post zum Paketzusteller 421
Philipp Staab

Wenn der Job die Familie kostet:
Auf Achse mit Fernfahrer:innen 443
Michael Stötzel

V
Arbeitskraft sichern, pflegen und bewegen: Hygiene und Mobilität

Der »Depp vom Dienst«?
Zwischen Anspruch und Wirklichkeit
im Sicherheitsgewerbe 469
Susanna Höfer

Wie von Geisterhand?
Knochenjob Gebäudereinigung 491
Natalie Grimm, Robin de Greef und Ina Kaufhold

Ausbeutungsmodell Eurokrise:
Flugbegleiter:innen bei Ryanair 519
Florian Butollo

Die Arbeit hinter der Arbeit:
Mit Friseur:innen im Salon 545
Ingo Singe

**Verkannte Leistungsträger:innen
Berichte aus der Klassengesellschaft**

*Von Nicole Mayer-Ahuja und
Oliver Nachtwey*

*Denn die einen sind im Dunkeln
Und die andern sind im Licht.
Und man siehet die im Lichte
Die im Dunkeln sieht man nicht.*
Bertolt Brecht, »Die Moritat von Mackie Messer«

Sie halten den Laden am Laufen – die verkannten Leistungsträger:innen. Ob im Gesundheitswesen oder im Erziehungsbereich, in der Produktion oder der Logistik. Dieses Buch handelt von Menschen, die für die Reproduktion der Gesellschaft unverzichtbar sind, deren Beitrag aber nur selten sichtbar wird. Sie stehen im Schatten – die im Dunkeln sieht man nicht. Ihre Arbeit wird oft schlecht bezahlt, beruht auf unsicheren Beschäftigungsverhältnissen, ist schwer planbar, beeinträchtigt in vielen Fällen Gesundheit und Lebenszufriedenheit und erhält wenig gesellschaftliche Anerkennung. Sie ist also zumeist, wie es die französischen Soziologen Pierre Bourdieu (2004) und Robert Castel (2008) genannt haben, prekär: In Bezug auf Einkommen, rechtliche Absicherung und betriebliche Einbindung bleibt sie deutlich hinter dem zurück, was zu einem bestimmten Zeitpunkt in einem bestimmten Land als »normal« gilt (vgl. Mayer-Ahuja 2003).

Was verbindet die Leistungsträger:innen? Gibt es Gemeinsamkeiten bei dem, was sie tun? Kurz gesagt: Sie sind allesamt in erster Linie mit der Reproduktion von Arbeitskraft und gesellschaftlichen Beziehungen befasst. Dies betrifft Tätigkeiten, die der Sozialisation und Erziehung von Menschen dienen; die dazu beitragen, gesundheitliche und hygienische Standards aufrechtzuerhalten; die Mobilität, Schutz und eine Versorgung mit denjenigen Gütern gewährleisten, die direkt für die Sicherung des täglichen Lebensunterhalts benötigt werden – also für die materielle Reproduktion der Gesellschaft.

Wir wollen mit diesem Buch den Blick dafür schärfen, wer sie sind, wie sie arbeiten und leben, welchen Sinn sie mit ihrer Tätigkeit verbinden, was sie brauchen, um ihre gesellschaftlich notwendigen Arbeiten nach professionellen Ansprüchen zu verrichten, was sie gegebenenfalls daran hindert – und was man daraus über die gegenwärtige Klassengesellschaft lernen kann. Die Frauen und Männer, um die es hier geht, sollen nicht nur sichtbar werden, sondern auch Gelegenheit bekommen, mit eigener Stimme von ihrer Arbeit und ihrem Leben zu berichten.

Leistung, die sich nicht lohnt

»Leistung muss sich wieder lohnen!« Mit diesem Versprechen leitete Helmut Kohl (CDU) im Jahre 1982 das ein, was man damals die »geistig-moralische Wende« nannte. Wer könnte sich der Kraft des Arguments entziehen, dass diejenigen, die Leistung erbringen, davon auch etwas haben sollen? Sehen wir uns nicht alle als Leistungsträger:innen? Und möchten wir nicht alle, dass unser Einsatz, unsere Mühen anerkannt werden, dass wir besser dastehen als diejenigen, die nichts oder weniger leisten? So weit der »gesunde Menschenverstand«. Allerdings steckte hinter dem eingängigen Plädoyer für Leistung und deren Belohnung eine problematische Agenda: eine ideologische Neudefinition dessen, was als Leistung gelten sollte, und damit einhergehend der langfristige Rückbau von sozialen Rechten. Es war der Beginn eines langen »Reformprozesses«, der in den kapitalistischen Staaten des Globalen Nordens die Arbeitswelt grundlegend veränderte. Für diejenigen, die ihren Lebensunterhalt durch Lohnarbeit bestreiten mussten, indem sie ihre eigene Arbeitskraft verkauften und »abhängig beschäftigt« waren, war das Kohl'sche Versprechen keine gute Nachricht. Es begann eine Ära, in der die gesellschaftliche Norm der Leistung nachhaltig umgedeutet wurde. Die traditionelle Arbeiter:innenschaft hatte bislang einen nicht unwesentlichen Anteil ihrer Würde und ihres Stolzes aus der Tatsache bezogen, dass sie sich als Produzent:in des gesellschaftlichen Reichtums betrachtete. Eine ihrer frühen politischen Forderungen lautete: »Ein gerechter Lohn für ein gerechtes Tagewerk«. Darin spiegelte sich nicht nur das Leistungsprinzip, sondern auch der Wunsch nach Anerkennung. Diese Anerkennung wurde Arbeiter:innen (und auch »kleinen Angestellten«) allerdings zunehmend verwehrt. Der Produzent:innenstolz verschwand zwar nie völlig (wie viele Beiträge dieses Bandes zeigen), aber er war immer schwerer aufrechtzuerhalten. Als Leistungsträger:innen galten fortan andere: Unternehmer:innen, Manager:innen, Berater:innen und all diejenigen, die Geld, Einfluss und Erfolg hatten, egal ob diese selbst erarbeitet waren (Neckel 2008). Die Leistung »normaler« Beschäftigter hingegen wurde weniger anerkannt und »lohnte sich« weniger als zuvor. Dies gilt speziell für die Gruppen, die seit Beginn der Corona-Pandemie gerne als »Held:innen des Alltags« bezeichnet werden. Wie konnte das passieren? Fünf Zusammenhänge verdienen besondere Beachtung.

Erstens wurde der Appell, dass Leistung sich wieder lohnen müsse, schnell in Forderungen nach einer Senkung von Steuern übersetzt. Ausgehend von der gewagten Annahme, dass Vermögen schon irgendetwas mit besonderen Leistungen zu tun haben müsse, verzichtete der Staat auf erhebliche Steuereinnahmen. Dieses Geld fehlte in den folgenden Jahren für die Finanzierung öffentlicher Dienstleistungen.

Dies hatte (zweitens) direkte Auswirkungen auf die Arbeit in öffentlichen Diensten und deren Bedingungen. In staatlichen Krankenhäusern, Kindertagesstätten oder Einrichtungen der Jugendhilfe wurden die Budgets gekürzt, insbesondere die Personalkosten sollten sinken. Erreicht wurde dies oft durch die Auslagerung von Tätigkeiten an Subunternehmen, ein Trend, der auch in der Privatwirtschaft vielerorts stark ausgeprägt war (wir kommen später noch einmal darauf zurück). Wenn etwa Gebäude nicht mehr durch eigene Angestellte gereinigt werden, die Wäsche nicht mehr durch »eigene Leute« gewaschen und das Essen nicht mehr durch sie gekocht wird, sondern durch das Personal einer Fremdfirma, werden häufig deutlich geringere Löhne gezahlt oder (speziell in Deutschland, wo es diese Möglichkeit seit Langem gibt) »Minijobs« eingerichtet, für die keine Sozialversicherungsabgaben anfallen. Selbst dort, wo staatliche Einrichtungen weiterhin eigene Beschäftigte einsetzen, wird in Zeiten leerer öffentlicher Kassen oft am Personal gespart, weshalb die vorhandene Belegschaft immer mehr Arbeit in immer kürzerer Zeit zu leisten hat. Und private bzw. privatisierte Einrichtungen, die weniger Arbeitskraft einsetzen und entsprechend billigere Angebote unterbreiten können, legen damit Standards fest, an denen auch öffentliche Einrichtungen gemessen werden. Wie diese Abwärtsspirale im Einzelnen funktioniert, lässt sich etwa am Fall des Reinigungsgewerbes (vgl. Mayer-Ahuja 2003) oder auch an Veränderungen im Bereich der Kranken- und Altenpflege ablesen, die in den heute viel beklagten »Pflegenotstand« mündeten. Kurz: Die steuerliche Entlastung von Vermögenden trug zur massiven Reduzierung öffentlicher Dienstleistungen bei. Zugleich schlug sie sich in deutlich schlechteren Arbeits- und Lebensbedingungen für viele derjenigen nieder, die weiterhin für den Staat tätig sind oder in Unternehmen arbeiten, die privatisiert wurden und eine Senkung von Personalkosten durch die Einrichtung prekärer Jobs und die Steigerung von Arbeitsdruck erreichten.

Drittens wurde das soziale Sicherungssystem, das Beschäftigte gegen die Risiken der Lohnarbeit absichern soll, zurückgeschnitten. Damit Leistung sich wieder lohnt, so die Argumentation der Verantwortlichen, sollten Unternehmen und Beschäftigte, die sich etwa im deutschen System die Beiträge zur Sozialversicherung teilen, gleichermaßen entlastet werden. Für Unternehmen war die Senkung der als »Lohnnebenkosten« verunglimpften Sozialabgaben eine ungetrübte finanzielle Erleichterung – in dem Maße, wie die Personalkosten sanken, stiegen die Gewinne. Für Beschäftigte hingegen bedeutete die Durchsetzung von »mehr Netto vom Brutto«, dass sie im Falle von Arbeitslosigkeit, von Krankheit oder im Alter immer weniger Unterstützung bekamen. Die Koppelung der Lohnarbeit an soziale Sicherung, die nach dem Zweiten Weltkrieg in fast allen kapitalistischen Staaten ausgebaut worden war, wurde dadurch deutlich geschwächt. Die Leistung, die abhängig Beschäftigte im Laufe ihres Erwerbslebens erbringen, lohnt sich seit der Umstellung auf eine »Sozialpolitik der mageren Jahren« (Schmidt 1998) immer weniger.

Viertens begannen staatliche Stellen ab den achtziger Jahren, den Druck auf Arbeitslose zu erhöhen, damit sie möglichst schnell auf den Arbeitsmarkt zurückkehrten und weniger Leistungen der Arbeitslosenversicherung in Anspruch nahmen. Die Beitragszahler:innen sollten, wie es hieß, sicher sein können, dass sich ihre Leistung insofern lohnte, als mit ihren Geldern kein Missbrauch getrieben wurde. Oder, wie es der damalige deutsche Arbeitsminister Franz Müntefering (SPD) im Jahr 2006 formulierte: »Wer nicht arbeitet, soll auch nicht essen.« Mit der sogenannten »aktivierenden« Arbeitsmarktpolitik wurde dafür gesorgt, dass Arbeitslose sich so intensiv wie möglich um einen neuen Job bemühen – wer das nicht will oder kann (also keine ausreichende Leistung bringt), muss eine Kürzung der Unterstützungszahlungen oder andere Sanktionen hinnehmen. In der Schweiz wurde dieses System bereits in den neunziger Jahren eingeführt, in Deutschland im Zuge der Hartz-Reformen zwischen 2003 und 2005. Auf Bezieher:innen von Arbeitslosengeld oder Grundsicherung wird seither in beiden Ländern deutlich mehr Druck ausgeübt. Wer arbeitslos wird, muss sich permanent auf Stellen bewerben, auch auf solche, die unterhalb der eigenen Qualifikation und des bisherigen Einkommens liegen.

Auch dank dieser staatlichen Arbeitsmarktpolitik fanden, fünftens, Unternehmen selbst für unattraktive Jobs genügend Interessent:innen. In der Privatwirtschaft wurde es üblich, prekäre Randbelegschaften aufzubauen und/

oder Teile des Produktions- oder Dienstleistungsprozesses an Subunternehmen auszulagern. Gerade dort, wo ganze Subunternehmer-Pyramiden aufgebaut wurden, gewannen Leiharbeit und Scheinselbstständigkeit an Bedeutung. Unter diesen Bedingungen wuchs der Niedriglohnsektor in Deutschland rasant – er umfasste 2017 (unter Berücksichtigung von Nebentätigkeiten) etwa jede:n vierte:n abhängig Beschäftigte:n (Grabka/Schröder 2019, S. 252). Und selbst in der Schweiz, einem Hochlohnland, verdienen etwa zehn Prozent der Beschäftigten nur sogenannte »Tiefstlöhne«. In dem Maße, wie die Prekarisierung von Arbeit voranschritt, machte eine immer größere Zahl von Menschen die Erfahrung, dass ihnen im Job immer mehr Leistung abverlangt wurde, die sich (in Sachen Einkommen, Beschäftigungssicherheit oder Lebensplanung) immer weniger lohnte.

Es gibt offenkundig ein dreifaches Problem mit der Rede von Leistungsträger:innen. Zum einen wird selten klar definiert, worin »Leistung« eigentlich besteht. Ist es Ausdruck von Leistungsfähigkeit, ein großes Vermögen geerbt zu haben – oder zeigt sie sich darin, dass man selbst unter schwierigsten Bedingungen gesellschaftlich nützliche Arbeit erbringt? Und was ist eigentlich gesellschaftlich nützliche Arbeit?

Zweitens wurde die Frage, woran man Leistung messen kann, im Laufe der Zeit sehr unterschiedlich beantwortet. Seit den achtziger Jahren wurde Leistung immer weniger an der Dauer einer Tätigkeit und dem dafür notwendigen Aufwand festgemacht, sondern an deren Marktergebnis. Damit wurden Formen von Arbeit materiell und symbolisch entwertet, die vermeintlich einfach waren, aus

Routinetätigkeiten bestanden, die anstrengend und ermüdend, aber nicht immer sichtbar waren. Dies ist deshalb von so großer Bedeutung, weil das Leistungsprinzip in kapitalistischen Gesellschaften eine der wichtigsten Normen für die Verteilung von Lebenschancen, Reichtum und Macht darstellt – und umgekehrt das zentrale Argument für die Rechtfertigung sozialer Ungleichheiten ist (vgl. Neckel 2008, S. 81).

Drittens wird »Leistung« im Zuge der »Reformen« von Arbeitsmarkt und sozialem Sicherungssystem, die wir seit Jahrzehnten erleben, im Wesentlichen als individuelle Eigenschaft verhandelt. Und wer Leistung bringt, soll belohnt werden. Leistung hat aber gesellschaftliche Voraussetzungen: Wer welche Leistungen erbringen kann, hängt (abgesehen von Arbeitsmarktdynamiken, sozialer Sicherung und öffentlicher Infrastruktur) nicht zuletzt auch vom familiären und weiteren sozialen Umfeld ab, aus dem man stammt, also von der Unterstützung durch Familie und soziale Netzwerke. Diese ist (in den Begrifflichkeiten von Pierre Bourdieu) wiederum dadurch geprägt, welches ökonomische, soziale und kulturelle Kapital man jeweils hat. Deshalb müssen wir über Dynamiken der Klassengesellschaft sprechen, also über die Scheidelinie zwischen Kapital und Arbeit, aber auch über die vielfältigen Gräben, welche die immer weiter wachsende Gruppe der abhängig Beschäftigten und Alleinselbstständigen durchziehen, die eben kein Kapital besitzen und deshalb vom Verkauf ihrer Arbeitskraft leben (müssen). »Verkannte Leistungsträger:innen« sind letztlich diejenigen, die in ihrer Arbeit große Leistungen erbringen, deren Position in der Klassengesellschaft dies jedoch nicht angemessen widerspiegelt.

Systemrelevante Arbeit

Die Corona-Krise traf die Gesellschaft wie ein Blitz, und in seinem grellen Licht stellen sich die Verhältnisse in der Arbeitswelt auf ungewohnte Weise dar. Das Bild verhält sich wie ein Negativ zur normalen Fotografie. Plötzlich war die sonst unsichtbare Arbeit der Leistungsträger:innen sichtbar geworden. Jene Berufe und Tätigkeiten, die für gewöhnlich kaum wahrgenommen werden, wurden als unmittelbar »systemrelevant« anerkannt. Kein Weg ging mehr an der Erkenntnis vorbei, dass insbesondere in den Sektoren Gesundheit, Logistik, Sicherheit und Ernährung Menschen tagtäglich buchstäblich unverzichtbare Arbeit leisten. Krankenpfleger:innen und Reinigungskräfte, Post- und Transportarbeiter:innen, Verkäufer:innen und Regalauffüller:innen in Lebensmittelgeschäften, Erzieher:innen, Arbeiter:innen in der Ernährungsindustrie und auch Landarbeiter:innen, ohne die der geliebte Spargel oder die Erdbeeren nicht auf den heimischen Tisch gelangen, halten den Alltag in der pandemiebedingten Krise am Laufen. Ohne sie geht (fast) nichts mehr.

Wer von »Systemrelevanz« spricht, will damit meist nur betonen, dass es hier um gesellschaftlich sehr nützliche Arbeit geht. Wenn man sich den Begriff jedoch ein wenig genauer anschaut, dann stellt sich die Frage, was »das System« ausmacht, für das die genannten Beschäftigtengruppen von so hoher Relevanz sind. Offenkundig handelt es sich bei diesem System um den Kapitalismus, also um eine besondere Form, das Zusammenwirken von Wirtschaft, Politik und Gesellschaft zu organisieren. Sie ist geprägt durch die Logik einer bestimmten Art zu wirtschaften.

Im Mittelpunkt steht dabei die Produktion von Waren, durch deren Herstellung und Verkauf das eingesetzte Kapital immer weiter vergrößert wird, indem man durch den Einsatz fremder Arbeitskraft Mehrwert schafft, sich einen möglichst großen Teil davon aneignet und dadurch Gewinne erzielt. Insofern ist es nicht erstaunlich, dass bislang vor allem Berufe und Tätigkeiten als systemrelevant galten, die entweder für die Produktion oder für die Vermarktung von Waren besonders wichtig sind. Wenn etwa in den Jahren der weltweiten Wirtschafts- und Finanzkrise ab 2008 von Systemrelevanz gesprochen wurde, ging es etwa in Deutschland meist um die exportorientierte Industrie (etwa die Automobilbranche) oder um die Finanzwirtschaft. Manager:innen, Banker:innen oder Berater:innen galten als die zentralen Leistungsträger:innen. Aber kapitalistisches Wirtschaften hat gesellschaftliche Voraussetzungen, die tagtäglich wiederhergestellt werden müssen.

Damit die Wirtschaft läuft, müssen Menschen arbeiten. Sie müssen ihre Arbeitskraft und ihre Leistungsfähigkeit immer wieder neu herstellen, indem sie essen und schlafen, sich vom Arbeitsalltag oder auch von Krankheiten erholen, neue Kenntnisse erwerben, Anregungen sammeln usw. Wenn man den Blick über den oder die Einzelne:n hinaus richtet, gehört selbstverständlich auch die Geburt, Betreuung und Erziehung von Kindern sowie die Pflege von Kranken oder Alten zu den notwendigen Prozessen der (Wieder-)Herstellung bzw. der Reproduktion von Arbeitskraft. Jene Tätigkeiten aber, die (oft im Dienstleistungsbereich) dazu beitragen, nicht nur Arbeitskraft, sondern auch die gesellschaftlichen Verhältnisse und Beziehungen zu reproduzieren, auf denen kapitalistisches Wirtschaften beruht, genossen bislang meist wenig gesellschaftliche Anerkennung.

Wer durch seine oder ihre Arbeit den Erhalt oder die Wiederherstellung von Gesundheit, die Erziehung von Kindern, die Pflege von Alten oder die Versorgung mit den Notwendigkeiten des täglichen Lebens gewährleistet und so das System am Laufen hält, ist gesellschaftlich nur wenig sichtbar und arbeitet zudem besonders oft unter prekären Bedingungen. Viele Beschäftigte können von ihrer Vergütung kaum die eigene Existenz sichern und haben (manchmal mehrere) Jobs, die auf kurzfristigen Verträgen beruhen, durch Vorgesetzte und Kund:innen streng kontrolliert werden und wenig Raum für Stolz auf die eigene Leistung lassen. Diese Arbeiten sind oft besonders hart, sie werden besonders wenig honoriert und sie sind besonders »systemrelevant«. Anders als die »Bullshit Jobs«, die David Graeber (2018) aufs Korn genommen hat, sind diese Tätigkeiten gesellschaftlich hochgradig nützlich. Es handelt sich in der Regel um Dienstleistungen, die den reibungslosen Ablauf des gesellschaftlichen Alltags gewährleisten: Um im Supermarkt einkaufen zu können, muss nicht nur jemand an der Kasse sitzen, sondern der Supermarkt muss auch regelmäßig gereinigt werden, und die Konservendosen finden trotz Digitalisierung noch immer nicht von allein den Weg ins Regal. Weil es bei solchen Tätigkeiten vor allem darum geht, »normale« Abläufe zu vermitteln und Routinen zu gewährleisten, bleiben sie häufig unsichtbar – sie werden erst als notwendig erkannt, wenn sie ausbleiben (vgl. Berger/Offe 1984, S. 296; Voswinkel 2005). Spätestens im Zeichen der Corona-Pandemie ist jedoch klar geworden: Wenn Kranke nicht gepflegt, Lebensmittel nicht produziert, transportiert und verkauft oder Kinder nicht betreut werden, bricht das System zusammen. Auf die Krankenschwester können wir nicht verzichten, auf den Berater oder die Produktion von Autos zeitweise schon.[1]

Der Umstand, dass besonders im Frühjahr 2020, während des ersten Lockdowns, den damals sogenannten »Held:innen des Alltags«, die sich stärkeren Infektionsrisiken ausgesetzt sahen als andere Berufsgruppen (Holst et al. 2021), regelmäßig von den Balkonen applaudiert wurde, hat allerdings bislang nicht dazu geführt, dass sich ihre Löhne, ihre Arbeitsbedingungen oder ihre gesellschaftliche Position wesentlich verbessert hätten. Die neue Einsicht in die Systemrelevanz der Tätigkeiten, um die es in diesem Band gehen soll, diente hingegen vor allem als Argument dafür, den Zugriff auf die nun als unverzichtbar geltende Arbeitskraft auszuweiten. Sie führte allenfalls zu einer kurzfristigen moralischen Aufwertung, nicht aber zu substanziellen Verbesserungen für die Beschäftigten (vgl. Mayer-Ahuja/Detje 2020). Im zweiten Lockdown (ab November 2020) war dann selbst von der öffentlichen Sympathie nicht mehr viel zu spüren. Wer an der Supermarktkasse saß, konnte kaum noch mit kleinen Geschenken oder warmen Worten rechnen, sondern sah sich der zunehmend gereizten Stimmung vieler Kund:innen ausgesetzt, die unter »Social Distancing« litten und zum Beispiel den Einkauf nutzten, um Dampf abzulassen. Die »Held:innen des Alltags« mögen nun als systemrelevant gelten, unterbezahlt, schlecht abgesichert und sozial zu wenig geachtet bleiben sie jedoch weiterhin.

Klassengesellschaft

Was haben der oben beschriebene arbeitsmarkt- und sozialpolitische Umgang mit abhängig Beschäftigten und ihren Leistungen sowie die aktuelle Neudefinition von »Systemrelevanz« nun mit Fragen von Klasse und Klassengesellschaft zu tun? Grundsätzlich hängt die Position, die ein Mensch in der Gesellschaft einnimmt, und seine bzw. ihre Möglichkeiten, diese Position (zum Besseren) zu verändern, nicht zuletzt von der jeweiligen Funktion im Rahmen gesellschaftlicher Arbeitsteilung ab. Im Kapitalismus stehen diejenigen, die Kapital besitzen und es nutzen können, um fremde Arbeitskraft zu kaufen und dadurch ihr Kapital zu vermehren, denjenigen gegenüber, die eben kein Kapital besitzen und letztlich nur ihre eigene Arbeitskraft zu Markte tragen können. Diese Klasse der Lohnabhängigen ist – entgegen vielen populären Deutungen – fast beständig gewachsen. In Deutschland (76,7 Prozent) und in der Schweiz (84,3 Prozent) lagen die Erwerbstätigenquoten vor Beginn der Corona-Pandemie auf historischen Höchstständen. Gerade weil im Laufe des 20. und frühen 21. Jahrhunderts immer mehr Erwerbstätige nicht mehr selbstständig waren, nachdem sie ihren Hof, Handwerksbetrieb oder Laden aufgegeben hatten, sondern abhängige Beschäftigung aufnahmen, ist die arbeitende Klasse immer größer geworden. In diesem Band geht es um sie: um Menschen, die von dem Lohn oder Gehalt, das sie für den Verkauf ihrer Arbeitskraft bekommen, ihren Lebensunterhalt bestreiten müssen.

Der Kapitalismus hat von Anfang an eine Klassengesellschaft hervorgebracht, und in ihr leben wir bis heute. Lange Zeit galten Klassen jedoch als etwas, das der Vergangenheit angehörte. Das hatte nicht zuletzt damit zu tun, dass sich die Arbeits- und Lebensbedingungen von abhängig Beschäftigten nach dem Zweiten Weltkrieg deutlich verbesserten. Viele profitierten während des Wirtschaftswachstums der Nachkriegsjahrzehnte von Vollbeschäftigung und steigenden Löhnen sowie von einer staatlichen Politik, die auf eine immer bessere Absicherung von Lohnarbeit abzielte. Vieles davon war das Ergebnis erfolgreicher Arbeitskämpfe, welche die Durchsetzung neuer Standards auf tarifvertraglicher und gesetzlicher Ebene vorantrieben.

Der Soziologe Ulrich Beck hat (1986) vom »Fahrstuhleffekt« gesprochen, der Reiche und Arme gleichermaßen nach oben fahren lasse. Die soziale Ungleichheit verschwand keineswegs – das gab auch Beck zu. Doch relativ vielen Beschäftigten gelang es, durch harte Arbeit, Bildungsanstrengungen und die Unterstützung eines stärker fördernden als fordernden Sozialstaates immer mehr Geld zu verdienen, immer besser abgesicherte Arbeitsplätze zu finden, mehr zu konsumieren und speziell den Kindern ihren Start in ein besseres Leben zu erleichtern. Der Historiker Eric Hobsbawm (1995) merkte an, dass diese Generation mit einiger Wahrscheinlichkeit davon ausgehen konnte, dass es die Kinder einmal besser haben würden als man selbst, und nannte dies einen historischen Ausnahmefall. »Die Lohnarbeitsgesellschaft schien einer aufsteigenden Bahn zu folgen, die zugleich ein Anwachsen des kollektiven Reichtums gewährleistete und eine gerechtere Verteilung der Chancen und Garantien bewirkte. […] Diese Bahn ist nun entzweigebrochen«, hat Robert Castel schon vor einiger Zeit betont (2000, S. 334f.). Mit dem Ende des wirtschaftlichen Booms der Nachkriegsjahrzehnte um 1975 wurden die Weichen in vieler Hinsicht neu gestellt. Dazu trug die grundlegende Neuorientierung von staatlicher Arbeitsmarkt- und Sozialpolitik ebenso bei wie personalpolitische Strategien von Unternehmen, die zunehmend ihre stabilen Stammbelegschaften durch prekäre Ränder (aus befristet Beschäftigten, Leiharbeiter:innen, Werkvertragsnehmer:innen usw.) ergänzten, um Personalkosten zu senken und flexibler auf Auftragsschwankungen zu reagieren. Die Aufwärtsmobilität ist seither ins Stocken geraten. Es gibt mehr Abstiege, die Aufstiegskonkurrenz ist stärker geworden, vor allem hat der Anteil prekärer Beschäftigung zugenommen. Insbesondere das untere Drittel der Klassengesellschaft, das Andreas Reckwitz (2019) als »neue Unterklasse« bzw. »prekäre Klasse« bezeichnet, stagniert bezüglich seines materiellen Wohlstands und seiner Lebenschancen (Nachtwey 2016).

Die soziale Ungleichheit hat seit den achtziger Jahren deutlich zugenommen. Nach und nach setzte sich zaghaft die Erkenntnis durch, dass wir keineswegs in einer »nivellierten Mittelstandsgesellschaft« (Schelsky 1953) leben, sondern weiterhin in einer Klassengesellschaft (vgl. Nachtwey 2016, 179-189, Mayer-Ahuja 2018). Mittlerweile erscheint diese immer deutlicher als das, was sie ist: als ein ökonomisch begründetes und politisch wie kulturell verstärktes Korsett, das Lebenschancen beschneidet und persönliche Hoffnungen und Wünsche in Bezug auf Arbeit und Privatleben allzu oft an »Realitäten« scheitern lässt, auf die man als Einzelne:r kaum Einfluss nehmen kann. So sind etwa die Kinder von Arbeiter:innen heute zwar häufiger als in der Vergangenheit an Universitäten anzutreffen, aber nach wie vor ist Hochschulbildung vor allem ein Privileg von Kindern aus den höheren Klassensegmenten (Becker/Lauterbach 2016). Und selbst wenn Arbeiter:innenkinder studieren, wenn also Eltern viel Geld in lange Ausbildungszeiten investieren und es Sohn oder Tochter ermöglichen, ein Hochschulstudium zu absolvieren, während man selbst »nur« Volksschule und Berufsausbildung durchlaufen hat, heißt das nicht unbedingt, dass diese einen ebenso sicheren Arbeitsplatz finden werden, tatsächlich mehr verdienen und eine interessantere Tätigkeit haben werden als ihre Eltern. Vielleicht bleiben sie in unbezahlten Praktika oder auf befristeten Stellen stecken, wo sie wenig verdienen und kaum Aufstiegsmöglichkeiten haben. In Großbritannien ist deshalb bereits von einer neuen arbeitenden Klasse die Rede. Gemeint ist damit, dass es auch dort immer weniger möglich ist, die *working class* durch sozialen Aufstieg hinter sich zu lassen (Ainsley 2019, Savage 2015).

Der US-amerikanische Klassentheoretiker Erik Olin Wright (2015) unterscheidet drei Mechanismen, welche die Position eines Menschen in der Klassengesellschaft prägen: Der erste umfasst individuelle Eigenschaften wie Qualifikation, Beruf, Geschlecht, Alter oder Ethnie und den Einfluss von Herkunft und eigenen Anstrengungen auf Einkommen, Vermögen und Lebensqualität, kurz: auf die individuelle Position in der Klassenhierarchie. Der zweite Mechanismus betrifft die Chancenstruktur einer Gesellschaft: Hier geht es um die Frage, warum überhaupt einige Jobs besser als andere sind. Ob Aufstiege institutionell erleichtert oder erschwert werden, ist von Bedeutung dafür, wer Prestige und Privilegien erhalten kann. Immer gilt jedoch: Wer in der gesellschaftlichen Hierarchie weiter oben steht, tut dies, *weil* andere unten stehen. Sie werden von diesen Jobs ausgeschlossen. Der dritte Mechanismus ist die Stellung im System der gesellschaftlichen Arbeitsteilung und insbesondere in der Arbeitswelt, in der Macht und Ausbeutung eine große Rolle spielen.

Die Beschäftigten, die in diesem Buch porträtiert werden, sind in Bezug auf alle drei Mechanismen benachteiligt. Ihre Einkommen sind in der Regel gering, genauso wie ihr Sozialprestige. Sie haben nur wenig Chancen, ihre gesellschaftliche Position zu verbessern, egal wie sehr sie sich anstrengen. Und sie erfahren in ihrem Arbeitsalltag ein hohes Maß an Disziplinierung, Arbeitsverdichtung und Kontrolle. Für sie geht das Versprechen der Autonomie und Humanisierung der Arbeit zumeist nicht auf. Flexibilität bedeutet für sie noch öfter als bei vielen höherqualifizierten Jobs keinen Freiheitsgewinn, sondern eine Anforderung, der sie nachkommen müssen. Gerade die Unternehmen im Dienstleistungssektor *regieren* ihre Beschäftigten in erheblichem Ausmaß.[2] Nicht nur Abläufe und Arbeitszeiten werden rigide kontrolliert, sondern auch, wie man sich auf der Arbeit kleidet, wie man sich verhält, mit wem man sich austauscht. Durch digitale Technologien können immer mehr Handlungen überwacht werden, bei Amazon oder DHL geschieht das mittlerweile für jede Bewegung der Beschäftigten in den Lagerhallen.

Viele der Porträtierten hätten möglicherweise selbst in den Nachkriegsjahrzehnten eher keinen großen sozialen

Aufstieg erlebt. Unter den aktuellen Bedingungen jedoch sitzen sie am unteren Rand der Arbeitsgesellschaft fest. Sie verfügen nicht über besonders viel Geld, und weil sie oft in schlecht bezahlten Jobs tätig sind, in denen allenfalls der Mindestlohn gezahlt wird, können sie selbst durch härteste Erwerbsarbeit kaum etwas daran ändern. Auch ihre Partner:innen, ihre Eltern, Geschwister oder Freund:innen sind meist keine reichen Leute. Sie erben in der Regel wenig, kennen niemanden, der oder die im Notfall einen Kredit gewähren könnte – kurz: Sie haben (in Bourdieus Begriffen) wenig ökonomisches Kapital. Das geht oft einher mit einem relativ geringen sozialen Kapital. Man kennt nicht die richtigen Leute, gehört nicht zu den richtigen Netzwerken, um leicht an Jobs, an Geld, an gesellschaftlichen Einfluss zu kommen. Und man verfügt oft nicht über das notwendige kulturelle Kapital für den sozialen Aufstieg. Wer etwa als Kind einer nichtakademischen Familie studiert, muss nicht Bourdieu lesen, um zu wissen, was mit »feinen Unterschieden« gemeint ist. Didier Eribon (2016) hat das Gefühl sozialer Fremdheit in seinem Buch *Rückkehr nach Reims* beschrieben: Man bewegt sich in Kreisen, in denen alle anderen dieselben Bücher gelesen haben, dieselbe Musik hören und genießen können, über dieselben Andeutungen lachen, ihren Mitmenschen mit demselben Selbstbewusstsein und Überlegenheitsgefühl begegnen usw., während man selbst sich den Zugang zu alldem hart erarbeiten muss, und immer, wenn man einen kleinen Sieg errungen hat, mit der nächsten Unzulänglichkeit konfrontiert wird.

Die arbeitende Klasse ist alles andere als einheitlich. Sie war es auch nie. Entgegen der romantischen Engführung auf ein Industrieproletariat, das man sich vor allem als Männer im Blaumann mit ölverschmierten Händen vorstellt, umfasst die arbeitende Klasse seit den Anfängen des Kapitalismus sehr unterschiedliche Personen. Gerade weil sie auf den Verkauf der eigenen Arbeitskraft existenziell angewiesen sind, konkurrieren sie auf dem Arbeitsmarkt miteinander um Jobs und damit um Lebenschancen. Wer Friedrich Engels' Studie *Die Lage der arbeitenden Klasse in England* (1972 [1845]) liest, die Mitte des 19. Jahrhunderts veröffentlicht wurde, trifft auf Männer und Frauen, jüngere und ältere Erwachsene und sogar auf Kinder, die von Unternehmen systematisch gegeneinander ausgespielt werden. Kann man Männer durch Frauen oder Kinder ersetzen, die weniger Lohn verlangen und schlechtere Arbeitsbedingungen akzeptieren müssen? Sind Leute, die erst kürzlich vom Land in die Stadt oder aus dem Ausland zugezogen sind, bereit, zu noch ungünstigeren Bedingungen zu arbeiten? Die Chance zur Standardsenkung wird von vielen Unternehmen unmittelbar genutzt. Die objektiv bestehenden Unterschiede zwischen Gruppen von Beschäftigten werden zur Grundlage einer Personalpolitik, die diese Gräben noch weiter vertieft. Eine in sich einheitliche und politisch einige »Arbeiterklasse« gab es auch in der Vergangenheit nie. Zwar ist es immer wieder gelungen, Solidarität zwischen unterschiedlichen Gruppen von abhängig Beschäftigten herzustellen, *obwohl* sie objektiv miteinander in Konkurrenz stehen, doch solche Erfolge waren stets Ergebnis harter politischer Arbeit (etwa von Gewerkschaften) und oft nicht von Dauer. Darum schreibt E. P. Thompson zu Recht: »Die Arbeiterklasse trat nicht wie die Sonne zu einem vorhersehbaren Zeitpunkt in Erscheinung; sie war an ihrer eigenen Entstehung beteiligt.« (Thompson 1987 [1963], S. 7)

Die tiefen Spaltungslinien zwischen Arbeitenden, die uns in diesem Band begegnen, sind daher unter kapitalistischen Bedingungen die Regel und nicht die Ausnahme. Besonders groß sind dabei bis heute die Unterschiede zwischen Männern und Frauen sowie zwischen Beschäftigten mit und ohne »Migrationshintergrund«. Viele Soziolog:innen mögen die Klassengesellschaft abgeschrieben haben. Ein Bewusstsein von ihrer Existenz kehrt eher zaghaft zurück.[3] Aus der Perspektive derer, die – wie die Männer und Frauen in diesem Band – Klassendiskriminierung alltäglich erleben, ist dies allerdings eine sehr reale, prägende Erfahrung. Klasse erkennt man am besten von unten.

Das weibliche und migrantische Gesicht der Klassengesellschaft

Die Klassengesellschaft hat in dem Maße ihr Gesicht verändert, wie sich die Art und Weise des Wirtschaftens gewandelt hat. Die industrielle Beschäftigung brach im letzten Viertel des 20. Jahrhunderts in Westeuropa ein. Die großen Industriebetriebe der Stahl- und Kohleindustrie verschwanden nicht, verloren jedoch ihre ökonomische und gesellschaftliche Prägekraft (Raphael 2019). Nur noch etwa ein Viertel aller Beschäftigten arbeiten in der Industrie; in der Schweiz und in Deutschland sind mehr als drei Viertel von ihnen im Dienstleistungssektor angestellt. Dies hat viel mit dem Wandel der gesellschaftlichen

Produktion und Reproduktion zu tun. Die Landwirtschaft kann immer mehr mit immer weniger Menschen herstellen, in der Bundesrepublik hat die letzte Kohlenzeche ihre Pforten geschlossen, während viele Unternehmen ihr Geld mit dem Verkauf von Informationen verdienen. Zudem hat die Auslagerung von Tätigkeiten an Subunternehmen dazu geführt, dass zum Beispiel Reinigungskräfte oder Sicherheitspersonal oft nicht mehr bei einem Industrieunternehmen beschäftigt sind, sondern im Gebäudereinigerhandwerk oder im Sicherheitsgewerbe. Ohne dass sich die Arbeit selbst geändert hätte, sind damit aus Industriearbeitsplätzen statistisch betrachtet Dienstleistungsjobs geworden.

Im Dienstleistungssektor arbeiten viele Hochqualifizierte, höhere Angestellte, die teilweise ein sehr gutes Einkommen erzielen und die in ihrer Biografie durchaus Aufstiege erfahren. Aber hier findet zugleich die größte Polarisierung statt, denn der Sektor umfasst auch die meisten Jobs mit Niedrig- bzw. Tieflöhnen, wie es in der Schweiz heißt (Bahl/Staab 2010). Die Gewerkschaften sind deutlich schwächer als in der Industrie, es gibt mehr befristete und schlecht bezahlte, das heißt prekäre Jobs. Diese werden überdurchschnittlich häufig von Frauen und Personen mit Migrationshintergrund ausgeübt.

Es ist kein Zufall, dass viele Beiträge dieses Bandes sich mit der Erwerbsarbeit von Frauen im Dienstleistungssektor beschäftigen. Im Laufe des 20. und frühen 21. Jahrhunderts wurden immer mehr Tätigkeiten, die zuvor (meist von Frauen) unentgeltlich in der Familie erledigt worden waren, in Lohnarbeit umgewandelt. Speziell der Bereich der personenbezogenen Dienstleistungen wuchs dadurch stark an. Die Frauenerwerbstätigkeit hat immer neue Höchststände erreicht. In der Schweiz sind mittlerweile mehr als 80 Prozent der Frauen zwischen 15 und 64 Jahren erwerbstätig, in Deutschland sind es knapp 73 Prozent. Allerdings ist Frauenerwerbstätigkeit im Dienstleistungssektor oft prekär. Tätigkeiten in der Pflege, im Einzelhandel, in der Gastronomie, in der Gebäudereinigung usw., die traditionell vor allem von weiblichen Beschäftigten verrichtet werden, gehen häufig mit geringen Vergütungen einher, sind oft rechtlich besonders schlecht abgesichert, durch notorisch ungute Arbeitsbedingungen geprägt und genießen wenig gesellschaftliches Ansehen. Ein Grund dafür ist, dass etwa bei der Alten- und Krankenpflege oder der Kindererziehung traditionell davon ausgegangen wird, dass man dafür eigentlich keine berufliche Qualifikation benötigt, sondern etwas »weibliches« Einfühlungsvermögen und Organisationstalent ausreiche. Zudem führt die traditionelle Rollenverteilung im privaten Haushalt häufig dazu, dass Frauen eher Minijobs oder Teilzeitbeschäftigungen annehmen. Das Ehegattensplitting macht die Kombination aus hohem (meist männlichem) und geringem (meist weiblichem) Einkommen in Deutschland – in der Schweiz ist der Effekt weniger stark – auch steuerlich besonders attraktiv. Dies trifft sich mit Unternehmensstrategien, die verstärkt auf prekäre Beschäftigte setzen, die weniger soziale Rechte haben, in niedrigere Gehaltsgruppen eingruppiert und flexibler eingesetzt werden können (Brinkmann/Nachtwey 2017). Viele prekäre Stellen wurden ausdrücklich unter Verweis auf Ehefrauen und vor allem Mütter eingerichtet, die angeblich kein Interesse an dauerhafter Vollzeitbeschäftigung und der damit verbundenen sozialen Absicherung hatten. Man kann daher durchaus sagen, dass Frauen in den vergangenen Jahrzehnten als Wegbereiterinnen von prekärer Arbeit eingesetzt wurden (vgl. Mayer-Ahuja 2003, S. 89-92). Einmal etabliert, wurden diese Stellen zunehmend mit Menschen besetzt, für die es auf dem Arbeitsmarkt schlicht keine besseren Alternativen gab. In vielen Bereichen waren das zunächst weiterhin Frauen, mit und ohne Familienpflichten, aber zunehmend auch Männer. Ulrich Beck hat das als »prekäre Feminisierung der Arbeitswelt« (1999) bezeichnet. Gerade unter den Männern, die als Erste gezwungen waren, sich auf prekäre »Frauenarbeitsplätze« einzulassen, indem sie etwa in Putzkolonnen oder an den Kassen des Einzelhandels tätig wurden, sind viele Migrant:innen. Genau wie die Wanderarbeiter:innen aus Irland, die Engels (1972 [1845]) beschreibt, werden auch Kinder türkischer Gastarbeiter:innen, Migrant:innen aus Ost- und Südosteuropa oder diejenigen, die vor Krieg und Elend nach Westeuropa geflohen sind, überdurchschnittlich häufig auf schlecht bezahlten, rechtlich ungesicherten Jobs mit wenig Perspektive eingesetzt. In diesem Band treffen wir sie etwa in der landwirtschaftlichen Saisonarbeit, als Rider:innen bei Lieferdiensten, in den ausgelagerten Bereichen von Krankenhäusern (Kantine, Bettenschieben usw.), in Schlachthöfen oder in der Gebäudereinigung. Und weil sich soziale Diskriminierung aufgrund von Geschlecht und Migrationsstatus gegenseitig verstärkt, spielen migrantische Frauen in vielen Beiträgen eine besonders große Rolle.

Der Kampf der Leistungsträger:innen um Anerkennung und Aufwertung

Defizite in der sozialen Anerkennung drücken sich auch ökonomisch aus: im Lohn. Gerade weil viele der in diesem Band behandelten Tätigkeiten weitgehend unsichtbar sind und wenig gesellschaftliche Aufmerksamkeit erregen, haben diejenigen, die sie ausüben, eine schlechte Verhandlungsposition und werden auch deshalb häufig gering vergütet. Aber es geht eben nicht nur um die Entlohnung, sondern auch um die verborgenen Verletzungen in der Klassengesellschaft (»hidden injuries of class«), wie Richard Sennett sie genannt hat (1972). Die Realität der Ungleichheit führt zu einer Vielzahl von Erschütterungen: in Bezug darauf, wie man sich selbst sieht, was man in seinem Leben erreichen und wie man tagtäglich die eigene Würde bewahren kann, wenn man beständig Leistung auf hohem Niveau erbringt, ohne die entsprechende Wertschätzung zu erfahren. Für die verkannten Leistungsträger:innen hat sich eine große normative Spannung aufgebaut. Zwar werden sie seit Neuestem öfter als »Held:innen des Alltags« adressiert, ihnen wird auch symbolische Anerkennung zuteil, doch dies übersetzt sich nicht in bessere Gehälter oder mehr soziale Rechte. Die »Tyrannei der Leistung« (Sandel 2020, S. 42) bedeutet (nach der oben skizzierten Umdeutung des Leistungsbegriffs) für sie eine Missachtung ihrer eigenen Anstrengungen.

Welche Folgen hat dies für die Wahrnehmung der eigenen Position in der Gesellschaft? Gibt es unter den hier porträtierten Beschäftigten so etwas wie ein Klassenbewusstsein? In einer berühmten Studie zeigten Heinrich

Popitz und Hans Paul Bahrdt in den fünfziger Jahren (Popitz et al. 1957), dass Arbeiter in einem bundesdeutschen Hüttenwerk ausgesprochen stolz auf die eigene Leistung (etwa auf ihren Beitrag zum Wiederaufbau des Landes nach dem Zweiten Weltkrieg durch körperlich schwere Arbeit) waren. Sie waren sich bewusst, in einer dichotomen Gesellschaft zu leben, in der »die da oben« sehr klar von »uns hier unten« zu unterscheiden waren, aber sie leiteten daraus (wenige Jahre nachdem die Nationalsozialisten die Arbeiter:innenbewegung zerschlagen hatten) keinen politischen Gestaltungsanspruch mehr ab. Sie hatten, wenn man es so formulieren möchte, keine Zweifel bezüglich ihrer Position in der Klassengesellschaft, doch daraus folgte keine selbstbewusste Klassenpolitik. Daran hatte sich bis in die siebziger Jahre hinein wenig geändert: Auch Horst Kern und Michael Schumann (1985 [1977]) betonten in ihrer Studie zu »Industriearbeit und Arbeiterbewusstsein« das Fehlen revolutionären Schwungs unter ihren Befragten. Neuere Studien belegen nun, dass zum Beispiel Arbeiter:innen in der Industrie die Gesellschaft durchaus als gespalten wahrnehmen (vgl. hierzu Dörre et al. 2013). In den Beiträgen zu diesem Band finden wir zudem zahlreiche Hinweise auf das Leiden an der Arbeit, auf die Wahrnehmung von Ausbeutung, Ungerechtigkeit und Diskriminierung, auf die Missachtung der eigenen Leistung – einer Leistung, auf die viele der hier versammelten Beschäftigten allerdings ähnlich stolz sind, wie die von Popitz und Bahrdt befragten Arbeiter es waren. Ob die Gesellschaft gespalten ist, wird heutzutage hingegen selten direkt thematisiert: Vielleicht, weil Soziolog:innen diese Frage eher an die traditionellen »Träger der Arbeiterbewegung« in der Industrie stellen als an die »Held:innen des Alltags«. Vielleicht aber auch, weil eine kritische Auseinandersetzung mit der eigenen Position in der Gesellschaft eher im Konflikt gelingt, wenn man gezwungen ist, sich darüber Gedanken zu machen, und die Kämpfe um Anerkennung stehen in den hier porträtierten Branchen noch ziemlich am Anfang.

Bis vor einigen Jahren hätte man wohl argumentiert, dass ein gemeinsames Eintreten von Beschäftigten für die eigenen Interessen, etwa in Form von gewerkschaftlichem Engagement und Arbeitskämpfen, gerade in Bereichen, in denen an der Reproduktion von Arbeitskraft und gesellschaftlichen Beziehungen gearbeitet wird, nicht sehr wahrscheinlich ist. Speziell diejenigen – in der Regel handelt es sich um Frauen –, deren Job darin besteht, sich um andere Menschen zu kümmern, finden es bekanntermaßen oft schwer, aktiv für die eigenen Interessen einzutreten. Wenn Pflegekräfte oder Erzieher:innen streiken, treffen sie in erster Linie die Patient:innen, die Kinder und die Eltern – und nicht das Unternehmen, von dem sie bessere Bedingungen fordern. Dies galt traditionell als ein wichtiger Grund dafür, dass Gewerkschaften und auch betriebliche Interessenvertretungen (also Betriebs- oder Personalräte) in männerdominierten Bereichen der Wirtschaft und besonders in der Industrie sehr viel stärker sind: Der Interessengegensatz zwischen Kapital und Arbeit tritt dort besonders klar zutage, und man verhindert durch Arbeitskämpfe die Auslieferung von Autos, nicht die Behandlungen kranker Menschen. Umso bemerkenswerter ist es, dass in den vergangenen Jahren eine »Feminisierung von Arbeitskonflikten« (Artus/Pflüger 2015) festzustellen ist – und dass sie genau in den Bereichen des Arbeitsmarktes stattfindet, in denen besonders viele Frauen personenbezogene Dienste leisten, sei es im Flugverkehr, in den Sozial- und Erziehungsdiensten oder in Krankenhäusern. Wenn die Belegschaft der Berliner Charité unter dem Slogan »Mehr von uns ist besser für alle« in den Arbeitskampf zieht, ist dies ein Beleg dafür, dass diese Leistungsträger:innen die gesellschaftliche Bedeutung ihrer Tätigkeit erkannt haben und ihre eigenen Interessen an »guter Arbeit« zu Recht mit dem Interesse von (potenziellen) Patient:innen an guter Pflege verbinden. In Arbeitskämpfen geht es nie »nur« um Vergütung und Arbeitsbedingungen, sondern immer auch um Anerkennung (Honneth 2003). Die erwähnten Auseinandersetzungen der letzten Jahre zeichnen sich jedoch gerade dadurch aus, dass Würde, Status, berufliche Identität und Respekt eine ganz besonders große Rolle spielten. Die Proteste der verkannten Leistungsträger:innen entzünden sich oftmals genau an der Missachtung ihrer Arbeit. Sie wollen nicht länger unsichtbare Opfer sein. Entsprechend wird in vielen Beiträgen dieses Bandes nicht nur das alltägliche Elend dieser Arbeitenden geschildert, sondern auch ihre Kritik, ihr Handeln, ihr Widerstand; selbst wenn der Ausdruck von »Eigensinn« nicht immer fortschrittlich ist, wie etwa der Fall eines Lagerarbeiters zeigt, dessen Wut im Nationalismus ein Ventil findet.

Wer über die Klassengesellschaft spricht, sollte sich bewusst machen, dass die Strukturen gesellschaftlicher Arbeitsteilung, auf denen sie beruht, zwar relativ stabil und für den bzw. die Einzelne:n schwer zu überwinden sind. Sie sind jedoch nicht in Stein gemeißelt, sondern Ergebnis sozialer Auseinandersetzungen um gute Arbeit und ein gutes Leben – also von Klassenpolitik. Insofern besteht Hoffnung, auch für die verkannten Leistungsträger:innen.

Zu diesem Band

Mit diesem Band wollen wir nicht nur die Arbeits- und Lebensrealität der Leistungsträger:innen dokumentieren, sondern auch ergründen, was dazu führt, dass diese Beschäftigten so wenig Anerkennung erfahren.[4] Darum werden ihre Selbstzeugnisse jeweils mit kurzen analytischen Passagen verbunden. Offenkundig kann nicht alles in jedem Beitrag diskutiert werden, aber es ist wichtig, Fragen wie die folgenden aufzuwerfen: Welchen Stellenwert hat die betreffende Tätigkeit in der kapitalistischen Arbeitsteilung? Wie hat sich die Bedeutung der entsprechenden Branchen, Unternehmen und Arbeitsprozesse verändert? Welchen Einfluss nehmen Unternehmen und der Staat jeweils auf diese Veränderungen? Und welche Rolle spielen transnationale Einflüsse? Immerhin zeigt schon ein kurzer Blick auf Wertschöpfungs- und »Sorgeketten« (Care-Chains), wie häufig gerade die hier interessierenden, »systemrelevanten« Jobs einen transnationalen Charakter haben: Lastwagenfahrer:innen überqueren ständig Landesgrenzen, Pflegekräfte und Erntehelfer:innen kommen zur Saisonarbeit.

Die Beiträge in diesem Band widmen sich durchweg Menschen, deren berufliche Tätigkeit darin besteht, an der Reproduktion von Arbeitskraft und gesellschaftlichen Beziehungen zu arbeiten. Karl Marx fasste Arbeitskraft als »den Inbegriff der physischen und geistigen Fähigkeiten, die in der Leiblichkeit, der lebendigen Persönlichkeit eines Menschen existieren und die er in Bewegung setzt, sooft er Gebrauchswerte irgendeiner Art produziert« (Marx 1962 [1867], S. 181). Im Folgenden werden wir uns mit verschiedenen Aspekten ihrer Reproduktion befassen.

Im ersten Abschnitt geht es um Tätigkeiten, die *Arbeitskraft* von anderen Menschen erst *verfügbar machen*. Dies geschieht, indem Kinder sozialisiert und erzogen, bestimmte Gruppen von Jugendlichen oder Erwachsenen betreut und Alte gepflegt werden. Thema ist hier die professionelle Sorgearbeit von Erzieher:innen, Sozialarbeiter:innen und Altenpfleger:innen. Indem man Menschen von notwendigen Sorgetätigkeiten entlastet, können sie einer Erwerbstätigkeit nachgehen. Im zweiten Abschnitt werden Beschäftigte aus dem Gesundheitssektor porträtiert. Krankenpfleger:innen, Bettenschieber:innen und Arbeiter:innen in der Krankenhauswäscherei sind in einem System tätig, dessen Aufgabe es ist, *Arbeitskraft wiederherzustellen*. Zudem muss *Arbeitskraft* (etwa durch Ernährung) *aufrechterhalten* werden: Wer nicht isst, kann auch nicht arbeiten. Deshalb wird dieses Feld im dritten Abschnitt beleuchtet: Hier begegnen uns Küchenhelfer:innen, Beschäftigte aus der Ernährungsindustrie und der Fleischproduktion, Saisonarbeiter:innen und Kurierfahrer:innen. Im vierten Abschnitt steht die Versorgung mit Waren, die für die *alltägliche Reproduktion von Arbeitskraft* gebraucht werden, im Mittelpunkt des Interesses und damit Arbeiter:innen in Logistikzentren und Lagern, Beschäftigte in Textildiscountern, Verkäufer:innen im Lebensmitteleinzelhandel, Paketbot:innen und

LKW-Fahrer:innen. Schließlich werden im fünften Abschnitt Tätigkeiten in den Blick genommen, die dazu beitragen, *Arbeitskraft abzusichern* – durch die Gewährleistung von Hygiene (Reinigungskräfte und Friseur:innen), von Schutz für Person und Eigentum (Wachpersonal) oder von räumlicher Mobilität (Flugbegleiter:innen). Die Reproduktion von Arbeitskraft, von Gesellschaft, ist ein komplexer Prozess – entsprechend vielfältig sind die Arbeitsbedingungen, Lebensumstände, Erfahrungen und Perspektiven der im Folgenden porträtierten Beschäftigten. Ihnen ist dieser Band gewidmet.

Literatur

Ainsley, Claire 2018, *The New Working Class: How to Win Hearts, Minds and Votes*, Bristol: Policy Press.
Anderson, Elizabeth 2019, *Private Regierung. Wie Arbeitgeber über unser Leben herrschen (und warum wir nicht darüber reden)*, Berlin: Suhrkamp.
Artus, Ingrid/Jessica Pflüger 2015, »Feminisierung von Arbeitskonflikten. Überlegungen zur gendersensiblen Analyse von Streiks«, in: *Arbeits- und industriesoziologische Studien* 8/2 (S. 92-108).
Bahl, Friederike/Philipp Staab 2010, »Das Dienstleistungsproletariat. Theorie auf kaltem Entzug.«, in: *Mittelweg 36*/6 (S. 66-93).
Beck, Ulrich 1986, *Risikogesellschaft. Auf dem Weg in eine andere Moderne*, Frankfurt am Main: Suhrkamp.
Ders. 1999, *Schöne neue Arbeitswelt. Vision: Weltbürgergesellschaft*, Frankfurt am Main, New York: Campus.
Becker, Rolf/Wolfgang Lauterbach (Hg.) 2016, *Bildung als Privileg: Erklärungen und Befunde zu den Ursachen der Bildungsungleichheit*, Wiesbaden: Springer VS Verlag für Sozialwissenschaften.
Bourdieu, Pierre (Hg.) 1997, *Das Elend der Welt. Zeugnisse und Diagnosen alltäglichen Leidens an der Gesellschaft*, Konstanz: UVK.
Ders. 2004, »Gegenfeuer 1: Gegenfeuer«, in: *Édition discours* 37, Konstanz: UVK.
Brinkmann, Ulrich/Oliver Nachtwey 2017, *Postdemokratie und Industrial Citizenship. Erosionsprozesse von Demokratie und Mitbestimmung*, Weinheim: Beltz/Juventa.

Castel, Robert 2008, *Die Metamorphosen der sozialen Frage: Eine Chronik der Lohnarbeit*, 2. Aufl., (Sonderausg.) *Édition discours* 44, Konstanz: UVK.

Dörre, Klaus/Anja Happ/Ingo Matuschek (Hg.) 2013, *Das Gesellschaftsbild der LohnarbeiterInnen: Soziologische Untersuchungen in ost- und westdeutschen Industriebetrieben*, Hamburg: VSA.

Friedrichs, Julia 2021, *Working Class. Warum wir Arbeit brauchen, von der wir leben können*, Berlin: Berlin Verlag.

Engels, Friedrich (1972 [1845]), *Die Lage der arbeitenden Klasse in England*, in: Marx, Karl/Friedrich Engels, *Werke* (= MEW), Bd. 2, Berlin (Ost): Dietz (S. 225-506).

Eribon, Didier 2016, *Rückkehr nach Reims*, Berlin: Suhrkamp.

Grabka, Markus M./Carsten Schröder 2019, »Der Niedriglohnsektor in Deutschland ist größer als bislang angenommen«, *DIW-Wochenbericht* 14, online verfügbar unter: {https://www.diw.de/documents/publikationen/73/diw_01.c.618178.de/19-14-3.pdf} (alle Internetquellen Stand April 2021).

Graeber, David 2018, *Bullshit Jobs. Vom wahren Sinn der Arbeit*, Stuttgart: Klett-Cotta.

Hobsbawm, Eric 1995, *Das Zeitalter der Extreme. Weltgeschichte des 20. Jahrhunderts*, München: Hanser.

Holst, Hajo/Agnes Fessler/Steffen Niehoff 2021, »Covid-19, Social Class and Work Experience in Germany: Inequalities in Work-related Health and Economic Risks«, in: *European Societies* 23/sup1 (S. 495-512).

Kern, Horst/Michael Schumann 1985 [1977], *Industriearbeit und Arbeiterbewußtsein. Eine empirische Untersuchung über den Einfluß der aktuellen technischen Entwicklung auf die industrielle Arbeit und das Arbeiterbewußtsein*, Frankfurt am Main: Suhrkamp.

Marx, Karl 1962 [1867], *Das Kapital. Kritik der politischen Ökonomie. Erster Band*, in: MEW, Bd. 23, Berlin (Ost): Dietz.

Mayer-Ahuja, Nicole 2003, *Wieder dienen lernen? Vom westdeutschen »Normalarbeitsverhältnis« zu prekärer Beschäftigung seit 1973*, Berlin: Edition Sigma.

Dies. 2018, »Klasse: Vom Elefant im Raum zum Schlüssel politischer Mobilisierung?«, in: *Z. Zeitschrift für marxistische Erneuerung* 116 (Dezember 2018) (S. 15-25).

Dies./Richard Detje 2020, »›Solidarität‹ in Zeiten der Pandemie: Potenziale für eine neue Politik der Arbeit?«, in: *WSI-Mitteilungen* 73/6 (S. 493-500).

Nachtwey, Oliver 2016, *Die Abstiegsgesellschaft. Über das Aufbegehren in der regressiven Moderne*, Berlin: Suhrkamp.

Neckel, Sighard 2008, *Flucht nach vorn: Die Erfolgskultur der Marktgesellschaft*, Frankfurt am Main, New York: Campus.

Offe, Claus (Hg.) 1984, »*Arbeitsgesellschaft«: Strukturprobleme und Zukunftsperspektiven*, Frankfurt am Main, New York: Campus.

Popitz, Heinrich/Hans Paul Bahrdt/Ernst A. Jüres/Hanno Kesting 1957, *Das Gesellschaftsbild des Arbeiters: Soziologische Untersuchungen in der Hüttenindustrie*, Tübingen: Mohr.

Raphael, Lutz 2019, *Jenseits von Kohle und Stahl. Eine Gesellschaftsgeschichte Westeuropas nach dem Boom*, Berlin: Suhrkamp.
Reckwitz, Andreas 2019, *Das Ende der Illusionen: Politik, Ökonomie und Kultur in der Spätmoderne*, Berlin: Suhrkamp.
Rieger, Andreas/Pascal Pfister/Vania Alleva 2012, *Verkannte Arbeit: Dienstleistungsangestellte in der Schweiz*, Zürich: Rotpunktverlag.
Sandel, Michael J. 2020, *Vom Ende des Gemeinwohls: Wie die Leistungsgesellschaft unsere Demokratien zerreißt*, Frankfurt am Main: Fischer.
Savage, Mike 2015, *Social Class in the 21st Century*, London: Pelican.
Schelsky, Helmut 1953, *Wandlungen der deutschen Familie in der Gegenwart*, Stuttgart: Ferdinand Enke.
Schmidt, Manfred G. 1998, *Sozialpolitik in Deutschland. Historische Entwicklung und internationaler Vergleich*, Opladen: Leske + Budrich.
Schultheis, Franz/Kristina Schulz (Hg.) 2005, *Gesellschaft mit begrenzter Haftung: Zumutungen und Leiden im deutschen Alltag*, Konstanz: UVK.
Sennett, Richard 1972, *The Hidden Injuries of Class*, New York: W. W. Norton.
Thompson, Edward P. 1987 [1963], *Die Entstehung der englischen Arbeiterklasse*, Band 1, Frankfurt am Main: Suhrkamp.
Voswinkel, Stephan 2005, *Welche Kundenorientierung? Anerkennung in der Dienstleistungsarbeit*, Berlin: Edition Sigma.
Wright, Erik Olin 2015, *Understanding Class*, London: Verso.

Anmerkungen

1 Carsten Bätzold, Betriebsratsvorsitzender des zweitgrößten Werks von Volkswagen in Baunatal, bringt dies auf den Punkt: »Diese Corona-Krise macht sehr deutlich: Wenn über acht oder zwölf Wochen keine Autos gebaut werden, passiert nichts in diesem Land. Es ist also kein systemrelevantes Produkt, das wir herstellen« (Bätzold/Lacher 2020).
2 Die US-amerikanische Philosophin Elizabeth Anderson spricht deshalb von Unternehmen auch als »privater Regierung« (Anderson 2019).
3 Interessanterweise wird das Thema Klasse vermehrt außerhalb der Soziologie aufgegriffen, in der Literatur etwa in den Arbeiten von Anke Stelling, Christian Baron, Deniz Ohde oder Bov Bjerg. Die Journalistin Julia Friedrichs hat gerade das viel beachtete Buch *Working Class* (2021) veröffentlicht.
4 Zu den Inspirationsquellen dieses Bandes gehören sicherlich die von Pierre Bourdieu herausgegebene Sammlung von Zeugnissen über soziale Missachtung in *Das Elend der Welt* (1997) sowie der Band von Franz Schultheis und Kristina Schulz *Gesellschaft mit begrenzter Haftung* (2005). Nicht nur für den Titel war das Buch *Verkannte Arbeit: Dienstleistungsangestellte in der Schweiz* (2012) von Andreas Rieger, Pascal Pfister und Vania Alleva eine wichtige Anregung.

I

Arbeitskraft verfügbar machen: Professionelle Sorgearbeit

Von der »Kindergartentante« zur Erzieherin: Kita-Personal im Kampf um Anerkennung

Von Yalcin Kutlu

»Es ist ja ein sozialer Beruf, also man versucht ja dann immer trotzdem, zu gucken was geht. Das wäre in der Wirtschaft wahrscheinlich nicht so denkbar, [...] wir sind ja alle so angelegt, deswegen arbeiten wir ja in dem Beruf, immer zu gucken, dass wir es trotzdem irgendwie hinkriegen. Was eben auf Dauer sehr belastend ist, ist ja dieses Hin und Her, diese Gradwanderung zwischen ich will's hinkriegen aber auf der anderen Seite geht's eigentlich nicht mehr und das ist dann so ein Teufelskreis, aus dem man dann nicht mehr rauskommt.«

Interviewer: »Wie fühlst du dich an solchen Tagen in dem Teufelskreis?«

Sandra: »Na ja, da bin ich abends dann schon ausgelaugt, wenn ich heimkomme. [...] Da geht dann sonst nichts mehr, dann ist nur noch Couch angesagt und fertig.«[1]

Sandra beschreibt das Dilemma, vor dem sie, aber auch ihre Berufsgruppe steht, als »Teufelskreis«. Sie kann unter gegebenen Rahmenbedingungen weder ihren professionellen Ansprüchen und ihrem Berufsethos noch den Bedürfnissen der Kinder gerecht werden, versucht es aber trotzdem. Ergebnis ist die körperliche und emotionale Überlastung von Sandra, die sich auch auf die Lebenswelt auswirkt. Gerade an dem in der Öffentlichkeit diskutierten und an Erzieher:innen gesellschaftlich herangetragenen Bildungsauftrag von Kitas müsse sie Abstriche machen, sagt sie. Klar, den »Auftrag, den Orientierungsplan« habe sie »im Kopf«. Aber »dann kommt irgendwie der Alltag dazwischen [...], und das qualitative Arbeiten bleibt dann auf der Strecke«. Mit einem erschöpften Ausdruck im Gesicht und Ton in ihrer Stimme ergänzt sie: »Irgendwann bleibt dann nur noch übrig zu gucken, [...] dass nichts passiert und dass die Kinder einigermaßen gut versorgt sind.« Wie geht Sandra mit dieser ständigen beruflichen Frustrationserfahrung um? Sie resigniert nicht. Sie zieht sich nicht zurück, sucht nicht nach individuellen Lösungen. Stattdessen hat sie sich entschlossen, die Probleme auf der Arbeit sichtbar zu machen und dagegen anzugehen: Sie hat in den letzten Jahren als Gewerkschafterin an einer Reihe von Streiks teilgenommen und in der ehrenamtlichen Streikleitung mitgewirkt. Gleichzeitig ist sie aktiv in ihrer Betriebsgruppe und in der Leitung der Verdi-Vertrauensleute ihrer Stadt. »Seitdem ich Mitglied bin, war klar, das ist Solidarität, und wenn gestreikt wird, bin ich dabei, denn man fällt den Kolleg:innen nicht in Rücken.« Sandra hat also schon vor der aktuellen Debatte über Systemrelevanz dafür gekämpft, dass reproduktive Tätigkeiten mehr öffentliche Aufmerksamkeit erhalten. Sandra ist 51 Jahre alt und seit fast drei Jahrzehnten Erzieherin, wenn man die vier Jahre Ausbildung dazurechnet. Sie lebt in einer süddeutschen Großstadt, ist verheiratet und hat zwei erwachsene Kinder.

In der sozialwissenschaftlichen Diskussion war es lange Zeit nicht vorstellbar, dass sich Erzieher:innen als Sorgearbeiter:innen kollektiv für ihre Rechte als Arbeitende einsetzen und streiken. Begründet wurde diese Annahme mit dem »Prisoners of Love«-Effekt (Folbre 2001). Der besagt, dass Erzieher:innen gegenüber den zu betreuenden Kindern eine besondere emotionale Bindung entwickeln, die Hand in Hand mit einem sorgenden und verantwortungsvollen Berufsethos geht, das Streiks eher im

Wege steht. Reich führt für das Berufsethos, in dem moralische Grundsätze und professionelle Ansprüche zusammenfallen, den Begriff »the martyred heart« (Reich 2012, S. 8) ein. Hierbei stehen die emotionalen Aspekte und die Involviertheit der Sorgearbeiter:innen im Mittelpunkt, die dazu führen, dass Ungerechtigkeiten und Missachtungserfahrungen am Arbeitsplatz nicht zu Protest oder kollektiver Interessenartikulation führen. Die gesellschaftliche Missachtung und die geringe Entlohnung werden quasi durch die emotionalen Aspekte der Arbeit und die intrinsische Motivation der Sorgearbeiter:innen kompensiert. Die Identifikation mit der Arbeit ist – so argumentiert Reich weiter – derart weitreichend, dass die Sorgearbeiter:innen bereit sind, sich Betriebsanforderungen unterzuordnen (vgl. ebd.). Sandra hat trotzdem gestreikt – und viele Kolleg:innen mit ihr. Das kommt nicht von ungefähr.

Seit der Jahrtausendwende lässt sich im Kita-Bereich eine Reformphase beobachten. Kitas wurden zu Bildungseinrichtungen erklärt, und 2004 wurden von der Kultusministerkonferenz Bildungspläne verabschiedet. Neben Bildungsanforderungen an Erzieher:innen wurden Professionalisierungsprozesse vorangetrieben. Auch in den Ausbau der Kindertagesstätten wurde investiert. Zwischen 2006 und 2019 ist ihre Zahl um 7600 Einrichtungen auf aktuell circa 53 000 gestiegen (vgl. Autorengruppe Bildungsberichterstattung 2020, S. 81). Die Branche ist durch eine heterogene Trägerlandschaft geprägt, was mit teilweise erheblichen Lohnunterschieden einhergeht. Im Jahr 2019 waren rund zwei Drittel der Kitas in freier und konfessioneller Trägerschaft. Mit einem Drittel ist ein deutlich geringerer Anteil in kommunaler Trägerschaft, und drei Prozent werden von privat-gewerblichen Trägern betrieben (vgl. ebd., S. 82). Die Branche wächst und wird auch arbeitsmarkt- und beschäftigungspolitisch relevanter. Und das in doppelter Hinsicht. Durch den Kita-Ausbau soll unter anderem die Erwerbstätigkeit der Eltern bzw. Mütter gesteigert werden (vgl. Bundesregierung 2017, S. 9):[2] Das brachliegende weibliche Humankapital soll mobilisiert werden. Gleichzeitig bieten Kitas für Frauen eine Beschäftigungschance. Die Zahl der Erzieher:innen in Kitas hat sich innerhalb der letzten 15 Jahre auf nahezu 610 000 (vgl. Autorengruppe Bildungsberichterstattung 2020) verdoppelt. Trotzdem herrscht vornehmlich in Ballungsräumen ein beträchtlicher Fachkräftemangel, so dass Eltern den 2006 gesetzlich verankerten Anspruch für die Betreuung ihres Kindes in einer Kita zum Teil nicht wahrnehmen können. Teilweise klagen Eltern vor Gericht einen Platz ein. Dies hat zur Folge, dass, obwohl mehr Kinder in einer Einrichtung betreut werden, eine entsprechende Anpassung des Personals vielfach ausbleibt. Dies führt wiederum nicht nur zu einer gestiegenen Arbeitsverdichtung in Kitas, sondern auch zu Verschlechterungen in Bezug auf die Betreuung. Zudem haben mit dem Aus- und Umbau des Kita-Bereichs auch hier Marktlogiken Einzug gehalten. Wenn es bei der Betreuung und Erziehung von Kindern im Vorschulalter vor allem um die Vermehrung von Humankapital geht, besteht die Aufgabe von Erzieher:innen letztlich darin, Grundlagen für die spätere Verwertbarkeit von Arbeitskraft zu schaffen, statt, wie Sandra sagt, von einem »ganzheitlichen Menschenbild« auszugehen und die Kinder etwa in einem humanistischen Sinne auf ein Leben als Teil der Gesellschaft vorzubereiten. Zunehmend richten sich selbst staatliche und zivilgesellschaftliche Träger, die eigentlich nicht profitorientiert arbeiten, an der Funktionslogik von Unternehmen aus und konkurrieren auf Quasimärkten in einem Unterbietungswettbewerb um staatliche Zuschüsse (vgl. Becker/Dörre/Kutlu 2018, Decieux/Becker/Kutlu 2019). Die Folge ist der von Sandra beschriebene Teufelskreis.

Gleich zu Beginn unseres Gesprächs führt Sandra lachend aus: »Eigentlich wollte ich Archäologin werden«, und berichtet, wie sie dann doch Erzieherin wurde:

»Ist ein kleiner Unterschied zwischen Archäologin und Erzieherin, resultiert aber daraus, ich war die Erste, die auf ein Gymnasium ging in unserer Familie. Zwischenzeitlich dann […] so ein bisschen Einbruch hatte, so wie es wahrscheinlich jeder hat, wo die Schule dann nicht mehr so relevant ist. Meine Familie mir aber bzw. meine Mutter, die alleinerziehend war, nicht den Rückhalt bieten konnte, die als Putzfrau gearbeitet hat […]. Ich war nicht besonders schlecht, aber ich war Mittelmaß gewesen und hatte keine Lust mehr auf Schule. Und in dem Zusammenhang hat dann meine Mutter gesagt: ›Na ja gut, dann werd Erzieherin – Kinder gibt's immer, also such dir einen Job, dann mach das doch mal.‹ […] Ich habe dann mit der mittleren Reife auch das Gymnasium verlassen. So im Rückblick ist es natürlich schade, weil Archäologie hätte mich schon interessiert, und ich war sehr gut in Latein gewesen und Griechisch und so weiter, also es hat mir wirklich unheimlich Spaß gemacht, aber wie gesagt, an der Stelle war halt niemand, der gesagt hat: ›Jetzt mach mal, und durch das

Tal führen wir dich auch noch durch, und dann schaffst du das.‹ Außerdem hat meine Mutter ein bisschen Angst davor gehabt, weil sie es selber ja nicht kannte, sie hatte ja selber nur den Hauptschulabschluss, [...] ein bisschen Angst vor dem Studium, also das hatte sie ja gar nicht gekannt.«

In dieser Sequenz wird die berufliche Sehnsucht eines Arbeiterkindes deutlich, das schon sehr früh in seiner Biografie auf die oft im Dunkeln, gar im Unsichtbaren gehaltenen, aber deswegen nicht weniger wirkmächtigen Grenzen einer Klassengesellschaft gestoßen ist. Nach einem Praktikum und der Ausbildung, die sie 1986 in einer kirchlichen Kita begonnen hatte, wechselte sie schließlich in eine städtische Einrichtung. Bis heute ist sie beim städtischen Träger geblieben. »Das war Anfang der Neunziger, da gab's gerade wieder so einen Einbruch, so wie heute auch Fachkräftemangel.« Aktuell arbeitet sie in einer »inklusiven« Kita, vier Tage die Woche. Davor war ihr beruflicher Werdegang durch bewusste Wechsel der Einrichtungen geprägt, die sie mit Neugierde erklärt.

»Die Stadt ist groß, hat viele Kitas, das ist, glaub ich, auch ein Grund, warum ich dageblieben bin, mal abgesehen davon, dass ich da Streikrecht hab, was ich bei der kirchlichen nicht hätte.[3] Also mich da zu geiseln, wäre, glaub ich, nicht möglich gewesen, also ich will für meine Rechte eintreten können. [...] Und ich habe am Anfang alle zwei Jahre die Einrichtung gewechselt. Wurde dann später Springerin für die ganze Stadt und hab unheimlich viele Einrichtungen kennengelernt, und das ist auch das, was

mich dann mit der Archäologie verbindet. Diese Neugierde, diese Neugierde auf die Einrichtung, auf die Kinder, zu gucken, wo kommt was her, wie kann man was bewerten.«

In ihrer aktuellen Kita sind »emotional belastete« Kinder, die teilweise kurz vor der »Heimaufnahme« stehen. Auch die »Regelkinder«, so Sandra weiter, brächten einen »Rucksack« mit. Zudem wird hier deutlich, dass Sorgearbeiten auch dabei helfen, »sozialen Kitt zu produzieren« (Chorus 2012, S. 33).

»Das ist ja heute nicht mehr so, dass Familien in Großfamilien leben, wo dann die Oma sagt, so und so geht das, das war schon immer so, und das ist völlig normal. Eltern sind manchmal ein bisschen unsicher an vielen Stellen und brauchen da Begleitung, und [an die] Stelle von der Großfamilie sind dann wir dann quasi getreten.«

Hier lässt sich eine besondere Herausforderung bestimmen, die Sorgearbeiten generell kennzeichnet. Die Schaffung einer professionellen Balance von Nähe und Distanz, zwischen Erzieher:innen und Kindern sowie Eltern, die in der Sequenz durch die Formulierung auf den Punkt gebracht wird, die Kindertagesstätte sei »quasi« zum Ersatz für Großfamilien geworden. Doch zunächst weiter mit der Frage nach den Gründen der Berufswahl.

»Weil es ein Beruf war, der ein Mangelberuf war, der eine gute Chance hat, dass ich da immer beschäftigt bin, nicht arbeitslos werde. Das war damals schon so, also ein sicherer Job war der Gedankengang, aber so frauentypisch auch,

null Ahnung, also ich hatte wirklich gar keine Ahnung, was ich da verdien.«

Bourdieu weist in seiner Habitustheorie (Bourdieu 1993) darauf hin, dass die Ausstattung mit ökonomischem, sozialem und kulturellem Kapital einen prägenden und strukturierenden, wenn auch nicht determinierenden Einfluss auch auf die Berufs- und Studienfachwahl hat (vgl. Bourdieu/Passeron 1971). In der Lebenswelt »bereits realisierte Zwecke, Gebrauchsanleitungen oder Wegweisungen« (Bourdieu 1993, S. 100) wirken demnach auf Subjekte ein und lassen ihnen »Regelmäßigkeiten« (ebd.) eher als »notwendig bzw. natürlich« (ebd.) erscheinen. Sandras Ziel war vor allem ein sicherer Job, dessen Erreichung sie eben nicht für natürlich hielt. Folglich wählte sie einen Beruf, in dem die Chancen, so einen Job zu bekommen, besonders groß waren. »Notwendig und natürlich« (ebd.) war für Sandra eher der Umstand, dass sie, gleichsam ohne das zu reflektieren, einen schlecht bezahlten Frauenberuf ansteuerte und auf ein Studium verzichtete. Neben der Klassenherkunft wirkte auch das Geschlecht strukturierend auf Sandras Berufswahl, da es sich um einen weiblich codierten Beruf handelt. Ihre Hoffnung auf einen sicheren Arbeitsplatz hat sich erfüllt. Nach ihrer Ausbildung hat Sandra bis heute in einem unbefristeten Arbeitsverhältnis gearbeitet. Im Laufe der Jahre hat sie eine intrinsische Motivation und ein Berufsethos entwickelt.

»Wir bilden die Gesellschaft, also die läuft bei uns durch. Fast alle, die später irgendwie sich in der Gesellschaft bewegen, waren mal im Kindergarten, und von daher prägen

wir das natürlich, und von daher ist es ganz wichtig, was wir da tun und dass wir es gut tun, weil man hat ja immer so ein gewisses Bild von der Gesellschaft, also das ist ja unsere Arbeit, da setzen wir ja an. Dieses ganzheitliche Menschenbild, wie soll der Mensch, den wir in den Kitas haben, in Zukunft aussehen, wie soll er die Gesellschaft prägen, in welcher Form leben wir? Also wir leben in einer Demokratie, das sind alles Sachen, die ja auch frühzeitig gelernt werden müssen und wo wir die Grundlage legen, damit die später dann auch gut durchkommen. Ich will nicht sagen, funktionieren, weil funktionieren find ich nicht so ein gut gewählter Ausdruck, aber dass sie ein guter Teil der Gesellschaft werden und auch einen guten Beitrag leisten können. Und da ist es wichtig, dann am Anfang schon die Grundsteine zu legen. […] Was halt toll ist in der Arbeit mit Kindern ist, die Entwicklung zu sehen. Zu sehen, dass man wirklich die Basis legen kann für Bildungsbiografien. Dass man unterstützen und helfen kann und Kinder weiterentwickeln kann, weil Kinder von sich aus ein absoluter Schatz sind, die ganz viel mitbringen, und wenn man da richtig ansetzt, kann man unheimlich viel erreichen.«

Und ohne Grundstein – um im Bild zu bleiben – kann kein Haus errichtet werden. Auffällig ist, dass Sandra nicht in das hohe Lied der Kinder als Humankapital mit einstimmt. Die ökonomische Funktion von Kitas scheint, wenn überhaupt, eine untergeordnete Rolle zu spielen. Im Gegenteil, sie setzt auf ein »ganzheitliches Menschenbild« und auf Erziehung zur Demokratie.

Sandra betont immer wieder, dass sie sich ihren Beruf »leisten« kann, da ihr Partner über ein ausreichendes Einkommen verfüge. »Aber wäre ich alleinerziehend oder wär ich diejenige, die hauptverantwortlich das Geld eintreiben müsste, würde es nicht reichen, und das ist dann schon ein bisschen unverschämt von der Arbeitgeberseite.« Dem hier durchscheinenden und lange Zeit prägenden, jedoch aktuell erodierenden Male-Breadwinner-Modell (vgl. Lewis 2001) liegt ein »Geschlechtervertrag« (Pateman 2009) zugrunde. Demnach wurde Männern in der öffentlichen Sphäre die Rolle des Familienernährers zugewiesen, der er durch eine Vollzeitbeschäftigung in einem Normalarbeitsverhältnis nachkam. Frauen hingegen wurden in die Sphäre des Privaten verwiesen, und die Verantwortung für Sorgearbeiten wie Kindererziehung und Pflege von Angehörigen wurde an sie delegiert. Folge dessen war die Hierarchisierung von Geschlechtern und eine geschlechtliche Segregation des Arbeitsmarktes, die Frauen in prekäre Arbeitsverhältnisse verweist und sogenannte Frauenberufe als »Zuverdienst« in Teilzeit konstruiert, systematisch unterbewertet und unterbezahlt.

In ihrer weiteren Erzählung wird schnell klar, dass Sandra es sich auch »leisten« konnte, mit zwei Kleinkindern und ihrer pflegedürftigen Mutter ihre Stelle von hundert auf fünfzig Prozent zu reduzieren. Zudem konnte Sandra ihre Kinder während der Schulferien in die Kita mitnehmen, in der sie arbeitete. Das empfand sie dann als »ungemeine Erleichterung«, weil sie »nicht noch außen rum organisieren, tun und machen muss«. Die gesellschaftliche Zuweisung von bezahlter Sorgearbeit an Frauen (vgl. Fraser 2017, Federici 2015) und die ungleiche Verteilung von unbezahlter Sorgearbeit zwischen den Geschlechtern findet sich somit auch in Sandras Familienverhältnissen. Diese von Sorgeverpflichtungen für Kinder und Mutter geprägte Zeit beschreibt sie rückblickend als

»ganz, ganz schlimm, ich war sehr erschöpft. Da gab's auch Tage, wo es mir dann auch körperlich nicht so gut ging. Ich kämpf mich da immer so durch [...]. Klar, Migräneanfälle häufiger und solche Sachen, aber ich habe dann einfach geguckt, nur zu funktionieren und solche Sachen abzuhaken. Dass man da einfach durchkommt. Ging natürlich auf meine Kosten, also ich habe weniger Zeit, also eigentlich kaum Zeit für mich, überhaupt nicht. Aber es hat funktioniert.«

Der letzte Satz deutet auf eine nachträgliche Rationalisierung einer Leidenserfahrung hin. Die gesellschaftlich virulente Frage lautet, was mit den Erzieherinnen ist, die es sich nicht »leisten« können, für nicht existenzsichernde Gehälter zu arbeiten und/oder ihre Arbeitszeit zu reduzieren – sei es, weil sie nicht in einer Partnerschaft leben, alleinerziehend sind oder weil der Partner auch in prekären Arbeitsverhältnissen tätig ist.

Als Anerkennungs- und Missachtungserfahrungen in der Arbeit zur Sprache kommen, artikuliert Sandra, ohne lange darüber nachzudenken, die Diskrepanz zwischen neuen Herausforderungen und den unzureichenden Rahmenbedingungen.

»Belastend, ganz klar, sind natürlich die Rahmenbedingungen, wenn eben nicht alle Kolleginnen da sind, was ja häufig der Fall ist, egal ob Fortbildung oder Krankheit.

Wenn es dann Tage gibt, wo die Kinder dann geballter in die Einrichtung kommen, weil sie zuhause viel erlebt haben, und da haben wir jetzt in unserer Kita eben ganz viele Kinder, die einen großen Rucksack mitbringen an emotionalen und sozialen Schwierigkeiten. Da kann's schon mal knallen. Manchmal ist es halt dann unbefriedigend […] und unheimlich anstrengend, dass man dann eigentlich froh ist, wenn man durch den Tag kommt, ohne dass was Größeres passiert ist. Wo dann an pädagogisches Angebot oder so gar nicht mehr zu denken ist, sondern man wirklich nur noch guckt, dass es den Kindern einigermaßen gut geht und nichts passiert. Und das sind dann so Tage, die sehr unbefriedigend sind. Natürlich dem geschuldet, dass … Man bräuchte halt einfach mehr Leute.«

In der Bildungsforschung wird der von Sandra geschilderte Umstand als »Umsetzungsdilemma« (Viernickel et al. 2013) diskutiert. Einerseits führen die Bildungsanforderungen zu einer Aufwertung der Berufsgruppe, andererseits ist eine Schere zwischen Ressourcen und neuen Anforderungen zu erkennen, wodurch es zu Arbeitsverdichtung kommt, die als »permanenter Notstand« (Decieux/Becker/Kutlu 2019) wahrgenommen wird, und Erzieher:innen die Bildungspläne nicht angemessen umsetzen können. Den Personalschlüssel schätzt Sandra »im Vergleich zu früher« als »relativ gut« ein, aber ergänzt im selben Atemzug, dass es, »um den Herausforderungen der heutigen Zeit Herr zu werden, eigentlich mehr« bräuchte, denn das Team sei »eigentlich nie vollständig«. Daneben ist die Verfügungszeit zentral für die Qualität der frühkindlichen Bildung in Kitas. Diese dient der Vor- und

Nachbereitung pädagogischer Angebote und ist bei Zeitmangel »das Erste, was gestrichen wird«, so Sandra weiter. Die knappen zeitlichen Ressourcen und der Personalmangel führen zu unbezahlter Mehrarbeit, da das Berufsethos, das alle in der Sorgearbeit eint, es moralisch nicht gestattet, die Kinder im Stich zu lassen.

Interviewer: »Was machst du, wenn die Verfügungszeit nicht reicht?«
Sandra: »Natürlich, ich bin da auch gutmütig, so wie jede Erzieherin. Die meisten nehmen es dann halt einfach mit nach Hause oder versuchen es irgendwie zwischendrin zu machen.«
Interviewer: »Kannst du die Stunden dann als Überstunden aufschreiben?«
Sandra: »Ne, es sind ja keine angeordneten Überstunden, das ist allein meinem Gewissen geschuldet.«

Der Staat als kommunaler Arbeitgeber definiert die Beschäftigungsverhältnisse in Kitas maßgeblich mit. Die unzureichenden Arbeits- und Beschäftigungsbedingungen sind ein Zeichen für eine geringe gesellschaftliche Wertschätzung der Tätigkeit und der Berufsgruppe. Sandra beklagt, wie die Mehrheit (etwa siebzig Prozent) der Erzieher:innen (vgl. OECD 2020), eine nicht leistungsgerechte Bezahlung. Als Gründe nennt sie die weiterhin in den Köpfen der »Entscheider« wirksame kulturelle Rangordnung von Arbeiten, die mit einer systematischen Abwertung von bezahlten und unbezahlten Sorgearbeiten und »vor allem des Weiblichen« (Federici 2013, S. 42) einhergehen. Im Einkommen spiegelt sich zudem die gesellschaftliche Missachtung der fachlichen Kompetenzen und Qualifikationen von Erzieherinnen, die eben nicht als solche anerkannt werden, sondern als angeborene, »natürliche« weibliche Eigenschaften betrachtet werden.

»Das ist tatsächlich schwierig, und das Ansehen ist halt immer noch bei Entscheidern nicht so da, würde ich jetzt mal auch behaupten, die dann sagen: ›So bisschen mit den Kindern, das kann man doch, also ist ja jetzt auch nicht so anstrengend.‹ Das ist wie, wenn manche sagen, das bisschen Haushalt nebenbei, kann doch jeder.«

Im Laufe des Interviews wurden immer wieder Anerkennungs- und Missachtungserfahrungen thematisiert. Hierbei wurde deutlich, dass sich Sandra von ihren Kolleginnen und von Eltern durchaus anerkannt fühlt. Der Aspekt der gesellschaftlichen Anerkennung stellt sich hingegen komplexer dar. In den letzten Jahren kam es zu einem Wandel des Berufsbildes und zur diskursiven Aufwertung von Erzieher:innen. Gleichzeitig gehen damit keine substanziellen Verbesserungen der Arbeits- und Beschäftigungsbedingungen einher – der Personalschlüssel oder das Einkommen haben sich kaum geändert. Zudem halten sich Geschlechterstereotype und Berufsklischees hartnäckig. Sandra verdeutlicht dies am Wandel der Berufsbezeichnung:

»Ich bin froh, dass wir von der Kindergartentante aufgestiegen sind über die Kindergärtnerin zur Erzieherin. Ich weiß noch früher, neben Schwester Emilie gab es noch Tante Margot. […] Ja, die Kindergartentante, die sich da

zwischen vierzig Kindern da tummelt und auf die Kinder aufpasst. So was wäre ja heute auch, wie gesagt, undenkbar. Als ich im Vorpraktikum war, war ich Fräulein Sandra. Daher sieht man die Entwicklung auch an der Bezeichnung, wir sind heute Erzieherinnen, und ich zuck immer noch zusammen, wenn jemand heute noch Kindergärtnerin sagt. Weil damit eben verbunden ist, das Bild zur Kindergartentante. Also für die Leute, die in dem Beruf arbeiten, also wir sehen uns da ja durchaus professionell und fachlich.«

Die Tanten-Metapher wird als abwertende Bezeichnung wahrgenommen, denn in ihr wird die Fachlichkeit negiert, während »mütterliche Kompetenzen« in den Vordergrund gerückt werden. Der Begriff der »Basteltante« bündelt die traditionelle Abwertung von Sorgearbeiten, »so daß deren praktische Umsetzung nicht als ›Leistung‹ oder ›Arbeit‹, sondern bloß als Verwirklichung einer ›angeborenen‹ Natur angesehen« (Honneth 2003, S. 174f.) wird. Die daraus folgenden Missachtungserfahrungen sind der Hauptgrund für Sandras gewerkschaftliches Engagement.

Durch Frauen wie Sandra kam es in den letzten Jahren zu einer hohen Konfliktdynamik im Kita-Bereich. Erzieherinnen betraten 2009 öffentlichkeitswirksam die Bühne des Streiks, und zwar kreativ und bunt, mal in Performances mit Verkleidungen und Musik, mal mit künstlerischen Beiträgen wie selbst gedichteten Liedern und Sketches. Die Streiks haben in der Bevölkerung für Aufsehen gesorgt, auch weil sie unkonventionell geführt wurden. Die streikenden Frauen wollten keine »langweiligen klassischen Gewerkschafts-Latsch-Demos« – so eine befragte Personalrätin – und griffen daher auf Aktionsformen zurück, die sonst zum Repertoire von sozialen Bewegungen gehören. Dass eine mehrheitlich weibliche Berufsgruppe inmitten einer Wirtschaftskrise (2009) streikte, war ein tarif-, gesellschafts- und nicht zuletzt geschlechterpolitisch beachtliches Ereignis. »Mein Mann sitzt zuhause auf Kurzarbeit oder droht arbeitslos zu werden, und wir streiken« – so eine Personalrätin aus einer süddeutschen Großstadt. Die Gewerkschaften haben Kitas als vielversprechendes Aktionsfeld entdeckt. So kam es bei Verdi zu einer Verschiebung der Prioritäten von »Männerbereichen« hin zum weiblich geprägten Kita-Bereich. Exemplarisch hierfür ist der von Verdi sorgfältig als zentrale Tarifauseinandersetzung des Jahres 2015 vorbereitete, ressourcenaufwändig geplante und durchgeführte Kita-Streik (vgl. Dörre et al. 2016, Kutlu 2015). Dies ist Teil einer breiteren Entwicklung, die als »Feminisierung von Arbeitskonflikten« (Artus/Pflüger 2015) diskutiert wird. Der Anspruch einer »Aufwertung« wurde in die Forderung nach einer durchschnittlich zehnprozentigen Lohnerhöhung übersetzt. Laut einer repräsentativen Umfrage von Infratest unterstützten 69 Prozent der Bevölkerung diese Forderung. Die beiden erwähnten Streiks wurden partizipativ geführt, Kita-Erzieherinnen waren die Treiberinnen und die Trägerinnen der Streikbewegung. Zudem wurden beide Kita-Streiks von den Beteiligten ausdrücklich als exemplarischer »Kampf um Anerkennung« (Honneth 1994) verstanden, der sich gegen die seit Langem von der feministischen Forschung diagnostizierte gesellschaftliche Abwertung von Sorgearbeiten (vgl. Fisher/Tronto 1990, Fraser 2017, Federici 2013) in kapitalistischen Gesellschaften richtet. Ausgangspunkt dieses Anerkennungskampfes waren Missachtungserfahrungen, während das Berufsethos, von dem eigentlich angenommen wird, dass es Streiks verhindert, in diesem Fall mobilisierend wirkte (vgl. Becker/Kutlu/Schmalz 2017). Teil des Kampfes um Würde und Status waren auch die »Aufwertungskampagnen«, die Verdi vor, während und nach den Streiks durchführte, um gesellschaftliche Diskursmacht aufzubauen. Schon Karl Polanyi hat darauf hingewiesen, dass »Interessen einer Klasse vor allem auf Geltung und Rang, auf Status und Sicherheit« gerichtet seien (Polanyi 1995 [1944], S. 212). Daher sind Lohnkämpfe oft verknüpft mit Anerkennungsfragen, die ihnen eine breitere gesellschaftspolitische Dimension verleihen. Gerade weil die Erzieherinnen die Frage aufwarfen, welche Wertigkeit Sorgearbeiten in unserer Gesellschaft beigemessen wird, zeichneten sich beide Streiks durch besondere Dynamik und Konflikthaftigkeit aus und führten dazu, dass die Mobilisierungsstärke der Erzieherinnen auch die Tarifrunden des öffentlichen Dienstes prägen. Die streikende Erzieherin hat sich als handlungsfähige Akteurin in den Arbeitsbeziehungen etabliert und gesellschaftliche Sichtbarkeit erkämpft. Auf die öffentliche Bühne der industriellen Beziehungen ist neben dem Blaumann tragenden Kollegen mit roter Trillerpfeife die selbstbewusste, mit einem Facharbeiterinnen-Bewusstsein ausgestattete und in ihren Aktionsformen bunte und kreative Erzieherin getreten. Sandra steht für die Spannungsverhältnisse, die diese Entwicklung prägen: Auf der einen Seite ist sie durch die gleichzeitige Zuständigkeit für bezahlte und unbezahlte Sorgearbeit, die gesellschaftliche Missachtung ihrer Tätigkeit und die immer größere Kluft zwischen steigenden beruflichen Anforderungen und unzureichenden Ressourcen vielfältigen Leidenserfahrungen ausgesetzt. Zum anderen ist es ihr (wie vielen anderen Erzieherinnen) gelungen, nach der »Familienphase« wieder voll in ihren Beruf zurückzukehren und als aktive Gewerkschafterin ein potenziell demobilisierendes Berufsethos zur Grundlage für lebendige und erfolgreiche Kämpfe um Anerkennung und gesellschaftliche Sichtbarkeit zu machen. Sandra ist eine lebensfrohe, selbstbewusste und starke Frau, die sich ihrer Systemrelevanz bewusst ist und zusammen mit ihren Kolleginnen »zu den neuen Kampftruppen in Verdi« (Stellvertretende Landesvorsitzende Verdi) gehört.

Literatur

Artus, Ingrid/Jessica Pflüger 2015, »Feminisierung von Arbeitskonflikten. Überlegungen zur gendersensiblen Analyse von Streiks«, in: *AIS-Studien* 8 (S. 92-108).

Autorengruppe Bildungsberichterstattung 2020, *Bildung in Deutschland 2020. Ein indikatorengestützter Bericht mit einer Analyse zu Bildung in einer digitalisierten Welt*, Bielefeld: WBV Publikation.

Becker, Karina/Klaus Dörre/Yalcin Kutlu 2018, »Counter-Landnahme? Labour Disputes in the Care-work Field«, in: *Equality, Diversity and Inclusion: An International Journal* 37 (S. 361-375).

Dies./Yalcin Kutlu/Stefan Schmalz 2017, »Die mobilisierende Rolle des Berufsethos. Kollektive Machtressourcen im Care-Bereich«, in: Ingrid Artus et al. (Hg.), *Sorge-Kämpfe. Auseinandersetzungen um Arbeit in sozialen Dienstleistungen*, Hamburg: VSA Verlag (S. 255-272).

Bourdieu, Pierre 1993, *Sozialer Sinn. Kritik der theoretischen Vernunft*, Frankfurt am Main: Suhrkamp.

Ders./Jean Claude Passeron 1971, *Die Illusion der Chancengleichheit. Untersuchungen zur Soziologie des Bildungswesens am Beispiel Frankreichs*, Stuttgart: Klett.

Bundesregierung 2017, *Zweiter Gleichstellungsbericht der Bundesregierung*, Berlin, online verfügbar unter: {https://www.gleichstellungsbericht.de/zweiter-gleichstellungsbericht.pdf}.

Chorus, Silke 2013, *Care-Ökonomie im Postfordismus. Perspektiven einer integralen Ökonomie-Theorie*, Münster: Westfälisches Dampfboot.

Décieux, Fabienne/Karina Becker/Yalcin Kutlu 2019, »Permanenter Notstand und der Kampf um gute Sorge(arbeit) – Polanyi'sche Doppelbewegung in der Marktgesellschaft«, in: *Industrielle Beziehungen. Zeitschrift für Arbeit, Organisation und Management* 4 (S. 386-406).

Dörre, Klaus et al. 2016, *Streikrepublik Deutschland? Die Erneuerung der Gewerkschaften in Ost und West*, Frankfurt am Main, New York: Campus.

Federici, Silvia 2013, »Ursprüngliche Akkumulation, Globalisierung und Reproduktion«, in: Maria Backhouse et al. (Hg.), *Die globale Einhegung – Krise, ursprüngliche Akkumulation und Landnahmen im Kapitalismus*, Münster: Westfälisches Dampfboot (S. 40-52).

Dies. 2015, *Caliban und die Hexe. Frauen, der Körper und die ursprüngliche Akkumulation*, Wien: Mandelbaum.

Fisher, Berenice/Joan Tronto 1990, »Toward a Feminist Theory of Caring«, in: Emily Abel/Margaret Nelson (Hg.), *Circles of Care. Work and Identity in Women's Lives*, New York: State University of New York (S. 35-62).

Folbre, Nancy 2001, *The Invisible Heart: Economics and Family Values*, New York: New Press.

Fraser, Nancy 2017, »Who Cares? Sorge im Kapitalismus«, in: *Blätter für deutsche und internationale Politik* 4 (S. 105-115).

Honneth, Axel 1994, *Kampf um Anerkennung*, Frankfurt am Main: Suhrkamp.

Ders. 2003, »Umverteilung als Anerkennung. Eine Erwiderung auf Nancy Fraser«, in: *Umverteilung oder Anerkennung? Eine politisch-philosophische Kontroverse*, Frankfurt am Main: Suhrkamp (S. 129-225).

Kutlu, Yalcin 2013, »Partizipative Streikführung: Der Erzieherinnenstreik«, in: Stefan Schmalz/Klaus Dörre (Hg.), *Comeback der Gewerkschaften? Machtressourcen, innovative Praktiken, internationale Perspektiven*, Frankfurt am Main, New York: Campus (S. 226-242).

Ders. 2015, »Kampf um Anerkennung: Die Sozial- und Erziehungsdienste im Streik«, in: *Z. Zeitschrift für marxistische Erneuerung* 103 (S. 126-140).

Lewis, Jane 2001, »The Decline of the Male Breadwinner Model. Implications for Work and Care«, in: *Social Politics: International Studies in Gender, State & Society* 8 (S. 152-169).

OECD 2020, *Building a High-Quality Early Childhood and Care Workforce: Further Results from the Starting Strong Survey 2018*, Paris: TALIS, OECD Publishing.

Pateman, Carole 2009, *The Sexual Contract*, Stanford: Stanford University Press.

Polanyi, Karl 1995 [1944], *The Great Transformation. Politische und ökonomische Ursprünge von Gesellschaften und Wirtschaftssystemen*, Frankfurt am Main: Suhrkamp.

Reich, Adam 2012, *With God on Our Side: The Struggle for Workers' Rights in a Catholic Hospital*, Ithaka: Cornell University Press.

Viernickel et al. 2013, *Schlüssel zu guter Bildung, Erziehung und Betreuung. Bildungsaufgaben, Zeitkontingente und strukturelle Rahmenbedingungen in*

Kindertageseinrichtungen, herausgegeben durch den Paritätischen Gesamtverband, Berlin.

Anmerkungen

1 Empirische Basis des Beitrags ist ein Interview vom November 2020 mit einer Erzieherin und das Dissertationsprojekt »Anerkennungskonflikte in der Erziehungsarbeit«. Hierfür wurden 2013 bis 2018 zwölf Expert:inneninterviews mit hauptamtlichen Gewerkschafter:innen und Personalrät:innen sowie vier Gruppendiskussionen, mit insgesamt 25 pädagogischen Fachkräften aus kommunalen Kitas durchgeführt.
2 Laut dem *Zweiten Gleichstellungsbericht* der Bundesregierung besteht weiterhin eine eindeutige Ungleichverteilung von unbezahlter Sorgearbeit zwischen den Geschlechtern. Laut »Gender Care Gap«, einem im *Zweiten Gleichstellungsbericht* entwickelten Indikator, leisten Frauen täglich 52,4 Prozent mehr unbezahlte Sorgearbeit als Männer.
3 Aufgrund des durch das Grundgesetz geschützten Selbstbestimmungsrechts genießt die Kirche eine Sonderstellung im Arbeitsrecht, wozu auch ein umstrittenes Streikverbot in kirchlichen Einrichtungen gehört.

Auf hundert Stellenprozente kommen hundert Dossiers: Soziale Arbeit im bürokratischen Dickicht

Von Ueli Mäder

»Gestern begann ein 18-Jähriger ein kleines Praktikum bei mir. Die Jugendanwaltschaft vereinbarte dies mit mir, um mit ihm realistische berufliche Perspektiven abzuklären. Er hat noch keine Lehrstelle, und ein Strafverfahren läuft gegen ihn«, berichtet Giorgio Andreoli (im Februar 2020). Was tun?

Giorgio trifft den Jugendlichen nun drei bis vier Monate lang wöchentlich zwei Mal zur gemeinsamen Videoarbeit. Das gehört zum Arbeitskonzept. Ziel ist ein filmisches Porträt über den Jugendlichen. Und dies nur für ihn selbst. Je nachdem entsteht noch eine kürzere Fassung für andere.

»Wir schauen dann miteinander auch alte Fotos an«, erzählt Giorgio, »und achten dabei darauf, wer sie wie und in was für einer Situation aufgenommen hat. Dabei interessiert viel Handwerkliches. Wir befassen uns etwa damit, wie eine Kamera funktioniert und wie Licht und Schatten zusammenwirken. Der Jugendliche möchte ja Maler werden. Ich spreche ihn auch immer wieder darauf an, was ihm schon alles gelungen ist. Das stärkt seinen Selbstwert und kann ihm bei der Gerichtsverhandlung helfen.«

Giorgio, 1958 in Bern geboren, ist gelernter Bauzeichner, Sozialarbeiter und Filmemacher. Mit zusätzlichen Ausbildungen in Gemeinwesenarbeit, Film- und Videotechnik. Von 1984 bis 1989 arbeitete er im Jugend- und Kulturzentrum Gaskessel und für die Jugendkonferenz der Stadt Bern. Seither ist er im Verein für soziale und kulturelle Arbeit, der aus der Jugendkonferenz hervorgegangen ist, »als quasi freischaffender Sozialarbeiter angestellt«. Das heißt: Giorgio erhält vom Verein, den er selbst mitbegründet hat und leitet, einen vertraglich vereinbarten Lohn. Die Tätigkeit organisiert er weitgehend allein. Die Honorare gehen jeweils an den Verein, der noch drei weitere Mitarbeitende beschäftigt.

Institutionell ganz anders eingebunden ist Simona De Berardinis. Sie, 1975 geboren, ist ebenfalls Sozialarbeiterin und hat zudem Jura und Soziologie studiert. Simona war lange beim Berner Sozialdienst und bei der Invalidenversicherung in verantwortlichen Positionen tätig. Seit November 2020 leitet sie beim Schweizer Bundesamt für Gesundheit die nationale Strategie Sucht. Wie Giorgio hat Simona einen Weiterbildungsmaster in Konfliktforschung. Beide haben einen Migrationshintergrund, der für ihre Arbeit wichtig ist. Im Sozialdienst standen für Simona Anträge auf Sozialhilfe, rechtliche Verfahren und Fallbesprechungen im Vordergrund.

Mit der Kamera unterwegs

Bis Giorgio in den Kindergarten kam, redete er fast ausschließlich Italienisch. Sein gebrochenes Deutsch genierte ihn. Dass seine Zweisprachigkeit ein Vorteil sein kann, entdeckte er erst später. »Ich lernte«, so Giorgio, »mehr auf Kompetenzen zu achten, statt auf Defizite.«

Giorgio hat schon mehrere hundert biografische Porträts und weitere Filme produziert. Unter anderem über das Atomkraftwerk Mühleberg (1986), das Fluchtland Schweiz (1988), das Kulturzentrum Reitschule (2004), Migration (2005), Menschen, die von Sozialhilfe leben (2008), Menschen und Waren (2011), Zivilcourage (2011), die Transformation eines künftigen Parks (2019) und die rassistische Einlassverweigerung in Ausgehlokalen (2019). Giorgio will erhellen, was sozial Benachteiligte aus dem machen, was die Gesellschaft aus ihnen macht. Dieser Zugang reicht weit über das Individuelle hinaus. Die Porträts zeigen soziale Realitäten und Prozesse.

Krank sein macht arm – arm sein krank heißt eine Dokumentation von Giorgio über die Sozialhilfe aus dem Jahr 2019. Personen, die auf Hilfe angewiesen sind, kommen darin ausgiebig zu Wort, beispielsweise eine alleinerziehende Näherin mit vier Kindern. Eine Tochter ist körperlich beeinträchtigt und benötigt aufwändige Unterstützung. Das stresst die Mutter, die viel arbeitet und wenig verdient. Wenn Giorgio solche Gegensätze beleuchtet, dann wird er zuweilen kritisiert, »Leute zu unterstützen, die gerne die hohle Hand hinhalten«. So äußerte sich ein Unternehmer über »naive Sozialtätige, die das Schmarotzen fördern«. Er selbst hat mehrere Millionen Franken geerbt. Nach Vorführungen kommt es immer wieder zu Debatten. »Was soll das! Solche Typen sehen wir doch sonst schon genug«, empörte sich ein Besucher über ein Porträt eines Suchtmittelabhängigen. »Und wer bezahlt das alles?«, fragte er weiter und antwortete gleich selbst: »Chauffeure und Verkäuferinnen kommen dafür auf. Ja, mit ihren Steuern; auch für Sozialhelfer, die nicht wissen, was Arbeit ist.«

»Das behinderte unsere Arbeit, mobilisierte aber Solidarität«

»Adieu«, sagte Giorgio im Mai 2018 und verabschiedete sich von der Großen Halle im alternativen Berner Kultur- und Begegnungszentrum Reitschule, in dem er sich seit der ersten Besetzung im Jahr 1981 als politischer Aktivist, begabter Allrounder, Cineast und Dramaturg engagiert.

In der Großen Halle organisierte Giorgio Ausstellungen, Flohmärkte, Podien, Street-Soccer-Turniere und Volksopern. »Ich habe oft Jugendliche dabei begleitet, eigene Ideen zu verwirklichen«, erklärt er. »Sie wollten beispielsweise Grünflächen und günstige Wohnungen erhalten.« Bereits 1993 gründete Giorgio mit einem Kollektiv die Berner Aktion Wohnraum mit, die gleich mehrere leer stehende Häuser und eine Wiese im Lorraine-Quartier besetzte. »Wir nahmen bei der rot-grünen Mehrheit im stadtbernischen Gemeinderat eine etwas offenere Haltung wahr. Sie signalisierte Duldungsrechte bei spontanen Zwischennutzungen. Das wollten wir testen, skeptisch gegenüber gut situierten Linken, die teure Häuser kaufen und die Wohnungsnot verharmlosen.«

Giorgio gab im Frühjahr 2018 die Leitung der Großen Halle ab, stand aber dem neuen Team noch ein paar Monate bei, das gleich turbulente Zeiten erlebte. Eine Gruppe, die sich »Die Wohlstandsverwahrlosten« und später »Halle für alle« nannte, besetzte die Große Halle und forderte, den »Raum weiter zu öffnen und von kommerziellen Zwängen zu befreien«. Die Gruppe wollte die Eintrittsgebühren für Veranstaltungen aufheben und setzte in einem erstrittenen Konsens mehr Mitbestimmung durch. Im Juni 2018 bewilligten die Berner Stimmberechtigten dann drei Millionen Franken (2,7 Millionen Euro), um die Große Halle zu sanieren. »So wird dieser Kulturort mit etwas besserer Infrastruktur weiter für Unruhe sorgen«, freut sich Giorgio. Rechte Parteien wollten die Reitschule immer wieder schließen. »Das behinderte unsere Arbeit, mobilisierte aber auch Solidarität.« An Abenden und Wochenenden nutzen Hunderte recht unterschiedliche Jugendliche und Ältere das Angebot mit Kino, Konzerten, Theater, Infoladen, Frauenraum und Gassenmenü für acht Franken (7,40 Euro). Sie wollen abhängen, diskutieren, sich in Projekten engagieren und erinnern Giorgio an seine Herkunft.

»Sie musste ihr geliebtes Trentino verlassen«

»Meine Mutter Adelaide«, berichtet Giorgio, »ist im April 1927 geboren und wuchs mit vier Geschwistern in Pelugo, Trentino, auf. Die Kinder halfen ihrer Mutter im Haus, auf dem Feld und mit den Tieren. Ihren Vater, Luigi, sahen sie selten. Er arbeitete als Scherenschleifer in Korsika, später auch in der Schweiz, und starb früh – 1946.«

Wie andere junge Männer und Frauen fand Adelaide in der Nachkriegszeit kein Auskommen in Norditalien. Sie musste ihr geliebtes Trentino verlassen. »Adelaide trat mit 14 Jahren ihre erste Anstellung in Milano an. Vier Jahre später wanderte sie in die Schweiz aus. Über die Migration sprach sie wenig. Ihre Sehnsucht nach ihrer Heimat war aber immer spürbar.«

Adelaide lernte dann als Hausangestellte der Familie Vieli in Bern ihren Renato kennen, der im Hause Malerarbeiten ausführte.

»*Renato kam 1924 in Wabern zur Welt. Zwölfjährig kehrte er mit seinen Eltern und Geschwistern ins Tessin zurück. Im Sommer arbeitete sein Vater als Maler in Bern, im Winter im Tessin als Metzger auf Abruf. Zudem hielt die Familie ein paar Ziegen und Schweine. Da musste auch mein Vater mithelfen, der die Kunstgewerbeschule besuchte. Kaum erwachsen, mietete er eine Mansarde in Bern, arbeitete ebenfalls als Maler und unterstützte seine Eltern im Tessin.*«

Renato und Adelaide heirateten 1954. In ihrer Berner Wohnung kam 1958 Giorgio als zweiter Bub zur Welt. Sein Vater baute ein eigenes Malergeschäft auf.

»*Adelaide unterstützte ihn, verwöhnte uns mit ihren Kochkünsten und stand mit Renato neu ankommenden Migranten und Migrantinnen aus Italien bei. 1979 erlitt sie mit 52 Jahren einen schweren Hirnschlag. Wir pflegten sie gemeinsam. Ich hatte gerade meine Lehre abgeschlossen und konnte ein Jahr daheimbleiben. Nach Vaters Pensionierung verbrachten die Eltern viel Zeit in Vernate. Leider starb Renato schon 2008 und mein kranker Bruder 2014. Unsere Mutter lebte noch zwei Jahre von uns gepflegt und dann elf Jahre im vertrauten Ambiente einer italienischen Hausgemeinschaft in einem Berner Domicil.*«

Ziemlich unverbindlich

Am 21. März 2021 spielten die Berner Young Boys (YB), ein Fußballclub in der höchsten Liga der Schweiz, gegen den FC Zürich. Die YB-Akteure stammen aus aller Welt und trugen ein Leibchen mit einem Aufruf gegen Diskriminierung in ihrer jeweiligen Muttersprache. Die Leibchen wurden anschließend versteigert. Den Erlös erhielt die Plattform gegen Gewalt und Rassismus (gggfon), die Giorgio seit dem Jahr 2000 im Rahmen des Vereins für soziale und kulturelle Arbeit leitet.

2020 meldeten sich etwa 170 Einzelpersonen wegen rassistischer Diskriminierung beim gggfon. (Juristische Fragen gehen jeweils an die Berner Rechtsberatungsstelle für Menschen in Not.) Giorgio berät die Betroffenen dann eingehend vor Ort und unterstützt sie beispielsweise bei Schreiben an die Beschuldigten. Weitere Aussprachen finden möglichst mit allen Beteiligten statt. Wie kürzlich mit einer Baufirma. Mitarbeitende hatten auf einer Baustelle einen Zeitarbeiter rassistisch beleidigt, dessen Frau sich dann bei gggfon meldete. Giorgio bezog auch die Unternehmensleitung ein, die sich danach um eine Sensibilisierung aller Mitarbeitenden bemühte. »Aber das läuft nicht immer so«, schränkt Giorgio ein. »Auf einer Autobahnraststätte betitelten Gäste eines Party-Cars einen südländischen Passanten mit einem N-Wort. Als sich dessen Partnerin beim Veranstalter beschwerte, bekam sie ebenfalls Unschönes aus der untersten Schublade zu hören. Mir gegenüber tönte es dann etwas freundlicher, aber nur halbherzig und pro forma.«

Das Projekt gggfon läuft immer wieder befristet. Die

Berner Fürsorge- und Gesundheitsbehörde beteiligt sich zeitweilig. »Absprachen mit dem Kanton erfolgen ziemlich bürokratisch und im letzten Moment«, bilanziert Giorgio und erzählt, wie Rechtsextreme im Jahr 2000 eine Erste-Mai-Rede des damaligen Bundespräsidenten Kaspar Villiger störten und am Markt in Münchenbuchsee auch Migrierte attackierten. Die Plattform entstand unmittelbar nach diesem Vorfall. »Wir diskutierten mit vielen Gemeinden darüber, die wir nun dabei unterstützen, Gewalt und Nutzungskonflikte im öffentlichen Raum anzugehen. Wichtig sind klare Zeichen gegen Rassismus und Rechtsextremismus. Wir führen auch thematische Aktionen vor Ort durch, beispielsweise gegen Mobbing.«

Gemeinden melden sich vor allem, wenn Menschen dort Gewalt und Rassismus erleben. Nach Vorkommnissen in der Gemeinde Meiringen setzte sich Giorgio mit dem Gemeinderat, dem Familienverein, Schulverantwortlichen, besorgten Eltern und betroffenen Jugendlichen zusammen. »Wir müssen sehen, dass fehlende berufliche Perspektiven und Gestaltungsmöglichkeiten für Jugendliche auch eine Form der Gewalt sind«, sagte er ihnen. »Wer da wegschaut, statt sich einzumischen, begünstigt Diskriminierung. Wir müssen auch mehr darüber erfahren, wo den Jugendlichen der Schuh drückt und was sie für Anliegen haben.«

Giorgio arbeitet sozialraumorientiert und mit Gemeinwesen. Er will »soziale Bedingungen möglichst strukturell verändern«. Jugendliche sollen »mehr Raum selbst und ohne Konsumzwang gestalten können«. Öffentlichkeit herzustellen ist ihm wichtig. »Und das machst du, indem du etwas mutig angehst.« Medien reagieren darauf. In

Münchenbuchsee griffen Skinheads linke Jugendliche und Migrierte an. Giorgio richtete sofort, über die Gemeinde kommuniziert, eine Verbindung zum häufig erreichbaren gggfon ein. Ganz unterschiedliche Kreise nutzten den direkten Draht. »Medien fragten immer wieder nach neuen Einsichten. Und die Polizei erklärte, keinen Rechtsextremismus mehr zu dulden.«

Auch Eltern von Rechtsextremen meldeten sich. Giorgio saß dann mit ihnen und manchmal mit der ganzen Familie in der Küche oder Wohnstube zusammen. Dabei kamen »zum Beispiel ein Army-Shop und Waffen zur Sprache, die Jugendliche unter der Hand dealten«. Giorgio legt Wert darauf, den Kontakt mit allen Jugendlichen aufrechtzuhalten.

»Einer, der im Wallis eine Lehre machte, haute übers Wochenende jeweils mit seiner Berner Clique über die Schnur. Er wollte dann in der Berufsschule einen Vortrag über Rassismus halten und bat mich um Rat. Über solche Begegnungen kommen immer wieder Einzelne dazu, sich von der rechten Szene zu distanzieren. Das berichten mir ab und zu auch Mütter.«

Von der Hand in den Mund

Giorgio wird in zwei Jahren pensioniert. Er will aber noch etwas länger arbeiten. Auch aus existenziellen Gründen, damit er dann auf eine höhere Rente von insgesamt 3600 Franken (3322 Euro) im Monat kommt. Das Existenzminimum liegt, durch den Anspruch auf Ergänzungsleistungen definiert, nach Abzug der Ausgaben für das Wohnen und die Gesundheit bei 1600 Franken (1448 Euro). Giorgios jetziger Monatslohn beträgt 5740 Franken (5313 Euro) brutto. Sein erster Lohn als Sozialarbeiter betrug 4000 Franken (3692 Euro). Giorgio hat einen Anstellungsgrad von achtzig Prozent, leistet aber unentgeltlich zwanzig Prozent mehr. »Für mich gehört dieses freiwillige soziale Engagement dazu; wir sind ja keine Firma, sondern ein sozialer Verein. Und wir haben mit vielen Menschen zu tun, die wirklich wenig verdienen.«

Seit bald vierzig Jahren engagiert sich Giorgio für den Verein für soziale und kulturelle Arbeit. Mit dem Kanton Bern besteht eine Leistungsvereinbarung, die jährlich neu verhandelt werden muss und jeweils erst im Dezember für das folgende Jahr unterzeichnet wird. Eigentlich wollte der Kanton seinen Beitrag von 40 000 Franken (36 924 Euro) auf 20 000 Franken (18 462 Euro) kürzen. Nach langem Hin und Her gewährte er dann aber 60 000 Franken (55 386 Euro). 55 000 Franken (50 772 Euro) steuern Gemeinden bei. Und 125 000 Franken (115 389 Euro) erwirtschaftet der Verein selbst, unter anderem mit Beratung, Kursen und Filmprojekten. »Aber jetzt wird es schwierig«, sagt Giorgio.

»Seit dem 12. März 2020 sind praktisch alle Aufträge wegen Covid-19 weggefallen. Denn unsere Angebote finden mehrheitlich im direkten Kontakt mit Menschen statt. Unsere Aufträge sahen für 2020 gut aus. Aber dann kamen die Absagen. Wir mussten für fünf Monate Kurzarbeit beantragen und im November 2020 ein weiteres Gesuch einreichen. Und da galt es, gut zu begründen, was wir tun,

um uns über Wasser zu halten. Wir haben diverse Onlineangebote entwickelt, kommen aber damit nicht über die Runden. Wir leben von der Hand in den Mund und haben zum Glück noch etwas Reserven. Vermutlich kommen wir mit einem blauen Auge davon. An Arbeit fehlt es ja nicht. Seit der Corona-Krise häufen sich sogar individuelle Anfragen. Gerade meldeten sich zwei Schulsozialarbeiterinnen wegen rabiaten Umgangsmethoden in einer achten und neunten Klasse bei mir. Nächste Woche treffe ich mich mit den Lehrkräften, um die Interventionen in den Klassen zu planen. Wir setzen uns zuerst mit einem Friedensprojekt oder einem ganz anderen Konflikt auseinander, in den niemand von den Anwesenden involviert ist. So nähern wir uns dann auch dem an, was in der Klasse gerade aktuell ist. Der Umweg hilft, sich zu öffnen. Gerade jetzt, wo alle etwas dünnhäutig sind. Das merken wir in der Sozialen Arbeit gut, auch bei uns selbst. Vermutlich ist es kein Zufall, dass sich gerade jetzt Debatten über eigene Anstellungsbedingungen intensivieren.«

Der Sozialbereich weist viele Beschäftigte mit mittleren Einkommen aus. Die Einstiegslöhne wachsen kaum. Um in der Schweiz im Bereich Sozialarbeit tätig sein zu können, ist in der Regel eine dreijährige BA- oder fünfjährige MA-Ausbildung nötig. Arbeitsbereiche bei öffentlichen und sozialen Einrichtungen sind unter anderem der Kinder- und Jugendschutz, Erziehungshilfen, die Eltern- und Familienberatung, Suchtprävention und Sozialplanung. Der Schweizer Berufsverband Avenir Social (Keller 2018, S. 17-37) weist in der Sozialen Arbeit jährlich etwa 7200 Diplome aus. Rund die Hälfte sind Abschlüsse an Höheren Fachschulen und Fachhochschulen. Bei der anderen Hälfte handelt es sich um ähnliche Qualifikationen. In 15 000 Einrichtungen im Heim- und Sozialwesen arbeiten insgesamt 300 000 Personen. 79 Prozent sind Frauen. Laut Avenir Social bewegt sich das Gros der Löhne zwischen 4400 und 6300 Franken (4062 und 5816 Euro) im Monat. In der Sozialarbeit und Sozialpädagogik sind es durchschnittlich 5140 Franken (4745 Euro) für Frauen und 6082 Franken (5614 Euro) für Männer. Die Hälfte aller Schweizer Löhne liegt über 6538 Franken (6051 Euro). Für Giorgio sind die relativ niedrigen Einkommen in der Sozialen Arbeit »kein so großes Problem«. Schwieriger findet er neue Managementmethoden, die so professionell daherkämen, aber oft sehr bürokratisch seien. »Darunter leidet vor allem die direkte Arbeit mit sozial Benachteiligten. Sie kommt zu kurz, wie der Diskurs über Entfremdung. Wir arbeiten oft am Limit und müssen uns unbedingt für mehr Mitbestimmung einsetzen. Die soziale Teilhabe ist ebenso wichtig wie gesicherte Grundeinkommen für alle.«

Kein Flickwerk

Soziale Arbeit umfasst die Sozialarbeit, Sozialpädagogik und Soziokulturelle Animation. Beruflich knüpfte sie im 19. Jahrhundert an eine helfende Tradition an, die Notlagen lindern wollte. Mehr institutionalisiert und professionalisiert galt es dann im 20. Jahrhundert, Theorie und Praxis stärker zu verschränken und die Arbeit mit Einzelnen und Gruppen weiterzuentwickeln. Die 68er:innen-Bewegung versuchte, die Gemeinwesenarbeit auszubauen, um gesellschaftliche Verhältnisse zu verändern. Technokratische Ansätze reagierten ablehnend und Konzepte sozialer Differenzierungen verbreiteten sich, die im Kontext der Individualisierung hierarchische Klassen- und Schichtgefüge vernachlässigten. Kontroversen über Kultur und Struktur verschärften sich. Oscar Lewis (Lewis 1966, S. 19) betonte beispielsweise subjektive Faktoren einer Kultur der Armut, Charles Valentine (Valentine 1968) hingegen strukturelle Bedingungen. Er setzte der psychosozialen Hilfe die sozioökonomische entgegen. Pierre Bourdieu (Bourdieu 1984) akzentuierte die soziale Herkunft, Ungleichheit und Ausstattung mit ökonomischen, sozialen und kulturellen Ressourcen. Auf ihn beziehen sich kritische Analysen der Sozialen Arbeit. Sie wenden sich gegen ein Flickwerk, das soziale Ungleichheiten lediglich abfedert.

Dreihundert Reiche haben in der Schweiz im Corona-Jahr 2020 ihre Vermögen von 702 Milliarden Franken (635 Milliarden Euro) auf 707 Milliarden Franken (653 Milliarden Euro) erhöht. (Bilanz 2020, S. 93) In den letzten zehn Jahren legten sie durchschnittlich 26 Milliarden Franken (23,53 Milliarden Euro) pro Jahr zu. 1989 kamen die hundert Reichsten auf 66 Milliarden Franken (59,73 Milliarden Euro). Heute verfügen zwei Familien über 85 Milliarden Franken (76,94 Milliarden Euro). Wenige private Steuerpflichtige verfügen über immer mehr Nettovermögen. Seit den achtziger Jahren drängt das Kapital noch offensiver dorthin, wo die Rendite am höchsten ist. Eine finanzgetriebene Politik unterläuft den sozialen Ausgleich. Im Jahr 2004 kam immerhin noch eine Mutterschaftsversicherung zustande. Seither stagnieren die Anteile sozialer Ausgaben trotz viel höheren Einnahmen (BSV 2020).

Bei der Arbeitslosen- und Invalidenversicherung wurden sogar reale Leistungen gekürzt, ebenso bei der Sozialhilfe. Das Ökonomisieren der Lebensverhältnisse grenzt sozial Benachteiligte weiter aus. Eine kritische Soziale Arbeit drängt auf soziale Sicherheiten und existenzsichernde Einkommen für alle. Andere Stimmen verweisen darauf, wie wichtig individuelle Agilität und Flexibilität seien, besonders in Krisen. Ein marktgerechtes Verständnis will die Kosteneffizienz gegenüber der Versorgungssicherheit optimieren und menschliches Handeln vornehmlich mit finanziellen Anreizen stimulieren. Ein rationelles Selbstmanagement soll das Verhältnis zu sich selbst mit dem Kalkül bewirtschaften, möglichst keine Ansprüche zu stellen. Das Menschenbild orientiert sich an dem, was unmittelbar nützlich ist. So verkommen soziale Wesen zur Ware. Auch soziale Dienste übernehmen den Druck und konzentrieren ihre Anstrengungen pragmatisch und scheinbar effizient auf Benachteiligte, die Chancen haben, im ersten Arbeitsmarkt irgendeine Anstellung zu finden. Die forcierte Integration führt aber öfter in prekäre Verhältnisse und dazu, den Ausschluss zu verstetigen, statt Eigenständigkeit zu fördern. Werden Exkludierte mit geringeren Erwerbsaussichten entlastet und weitergebildet, eröffnen sich stimmigere Perspektiven.

Ohne Arbeit kein Aufenthalt

Simona De Berardinis, 1975 geboren, hat im Jahre 2004 ihren Master in Sozialarbeit und Sozialpolitik, Soziologie und Kriminologie abgeschlossen. Neben der nationalen

Strategie Sucht beim Schweizer Bundesamt für Gesundheit leitet sie auch das wissenschaftliche Sekretariat der Eidgenössischen Kommission für Fragen zu Sucht und Prävention nicht übertragbarer Krankheiten. Zwischenzeitlich arbeitete sie bei der Invalidenversicherung des Kantons Bern und während vielen Jahren beim Berner Sozialdienst. Zuletzt war sie als Sektionsleiterin der Fachstellen und Mitglied der Geschäftsleitung tätig, zuständig für Strategien für junge Erwachsene, ältere sowie suchtmittelabhängige Personen. Beim Berufseinstieg leistete sie viel konkrete Fallarbeit, dabei halfen ihr auch ihre juristischen Kenntnisse. 2011 publizierte Simona eine eigene Studie über weibliche Straßengangs in der Schweiz. Sie begleitete unter anderem auch eine Nationalfonds-Studie über Mädchen und Gewalt und lehrte zudem als Gastdozentin an der Berner Fachhochschule für Soziale Arbeit.

Simonas Eltern, Leonarda und Luigi, migrierten (wie Giorgios Großvater) 1961 aus Italien in die Schweiz, beide waren damals keine zwanzig Jahre alt. Die ersten 16 Jahre arbeiteten sie als Saisonniers im Sanitärbereich und in einer Wäscherei. Sie lebten mit der Angst, ausgewiesen zu werden. Zumal galt: ohne Arbeit kein Aufenthalt. Luigi arbeitete sich als Kühltechniker hoch und gründete eine Berufsschule mit, in der er dann Schweißlehrer war. Leonarda baute ein eigenes Schneideratelier auf. »Sie arbeitete rund um die Uhr«, erzählt Simona. »Beide fürchteten sich davor, als faul zu gelten. Passe dich an und falle nicht auf. So lautete ihre Botschaft.« Fleißig finanzierte sich Simona dann ihre Ausbildung an der Uni Fribourg. Eigentlich wollte sie Astronautin werden, bis ihr die vielen Flugstunden zu aufwändig und teuer wurden.

Gegen den Spar- und Repressionsdruck

Beruflich opponierte Simona stets gegen den Spar- und Repressionsdruck, der sich 2007/08 mit der Finanz- und Wirtschaftskrise erhöhte. Sie leitete damals das Intake des Sozialdienstes. Das Intake ist sozusagen das Eintrittstor in die bernische Sozialhilfe. Da standen Fallbesprechungen, juristische Verfahren, Verfügungen, Beschwerden, versicherungstechnische Abklärungen, Verhandlungen, Projektarbeiten und das Coachen von 25 Mitarbeitenden im Zentrum. Hinzu kamen unzählige Mails, Sitzungen, Repräsentationen und Vorträge.

»Als Leiterin des Intake musste ich über jeden Fall entscheiden. Meine Mitarbeitenden klärten die Situation der Gesuchstellenden umfassend ab, legten einen Bericht mit einem Budget vor, und dann besprachen wir jeden Fall im Team. Danach bewilligte ich den Einstieg, ordnete weitere Abklärungen an oder verfügte die Ablehnung des Antrages. Der Spardruck kam dann vor allem von der Politik, die damit auch auf öffentliche Debatten reagierte. Intern konnten wir Sozialarbeitenden uns gut miteinander verständigen und vernetzen. Wir konnten so Abläufe vereinfachen, Rollen klären und gemeinsam mit mehr Gewicht nach außen auftreten. Das war wichtig und schwierig.«

In einer Boulevardzeitung erschien zum Beispiel ein Foto von einem Sozialhilfebezüger mit einem neuen BMW. Das Bild suggerierte Missbrauch. Es gab zwar einen Klienten mit einem BMW, aber einem schrottreifen.

»So benötigten wir viel Energie, um uns gegenüber der Öffentlichkeit und Politik zu erklären«, erzählt Simona weiter.

»Differenzierte Haltungen fanden kein Gehör. Unter zeitlichem Hochdruck mussten weit über hundert politische Maßnahmen umgesetzt werden. Zum Teil war der Diskurs medial und politisch unter der Gürtellinie. Immerhin gelang es uns 2008/09, in Bern das damalige repressive Winterthurer Modell weitgehend abzuwenden. Es geht von faulen Klienten aus und verlangt von allen, die Sozialhilfe beantragen wollen, sich zuerst einen Monat mit Waldarbeiten zu bewähren. Die Freisinnige Partei und die Volkspartei setzten sich im Stadtrat dafür ein. Bern hat ein anderes Modell für die (Test-)Abklärungsplätze entwickelt: Es muss nur wer trotz ausgewiesener Arbeitsfähigkeit mehrere Arbeitsstellen abgelehnt hat drei Monate ein Testprogramm besuchen und erhält dafür Lohn.«

Nach ihren ersten Jahren beim Sozialdienst nahm Simona für knapp zwei Jahre eine Leitungsfunktion bei der Invalidenversicherung an. Bis 2005 baute die Schweiz ihr System der sozialen Sicherung aus – seither häufen sich Kürzungen. So etwa bei der Arbeitslosen- und Invalidenversicherung. Eingliederung statt Rente hieß die Auflage der fünften gesamtschweizerischen Revision der Invalidenversicherung. Sechzig Prozent der Abstimmenden unterstützten im Juni 2007 das Begehren.

»Viele Abläufe und Inhalte wären gewiss reformbedürftig gewesen, um eine bessere Dienstleistung an die versicherten Personen zu erbringen«, erläutert Simona.

» Viele Mitarbeitende an der Basis wehrten sich gegen jeglichen Leistungsabbau, engagierten sich jedoch für interne Reformen wie unbürokratische Abläufe; aber da herrschte gerade in den Chefetagen eine Angstkultur. Die Mitarbeitenden wünschten sich mehr Klarheit im Auftrag und Umgang mit Ansprüchen auf Versicherungsleistungen. Sie wollten auch mehr inhaltliche Unterstützung: angefangen damit, wie man ein konstruktives, motivierendes Klientengespräch führt. Aber die oberen Chefetagen blockten inhaltliche Auseinandersetzungen ab. Die Amtsleitung hatte sich ihre Position über Jahre erkämpft. Sie wollte mit einem ausgeklügelten Mikromanagement alles technisch und organisatorisch erledigen. Dies führte dazu, dass am Schluss alle mit dem Füttern von Daten, Controlling-Tabellen und dem Erreichen von Kennzahlen beschäftigt waren. Da blieb für die eigentliche Arbeit, nämlich die Eingliederung der versicherten Personen, kaum noch Zeit übrig. Die Mitarbeitenden an der Basis waren und sind wohl dauernd erschöpft. Ich habe noch nie einen Betrieb erlebt, der so viele Burn-out-Fälle vorzuweisen hat.«

Obwohl selbst in verantwortlicher Position, bestand für Simona kein Spielraum für Innovation. »Ich kam mir wie eine Marionette vor und kündigte. Ja, ich schenkte mir die Kündigung zu meinem Geburtstag per Velokurier und wechselte zum Sozialdienst zurück.«

Auf sich zurückgeworfen

Beim Sozialdienst kümmerte sich Simona nun bis zum Herbst 2020 um die berufliche Integration junger Erwachsener. Dabei fiel ihr auf, wie viele Jugendliche zwar besondere Fähigkeiten, aber kaum Chancen haben, sich an einer passenden Arbeitsstelle zu bewähren. Der Blick sei auf Defizite fixiert, die sich so verstetigten, was häufige Lehrabbrüche mit verursache.

»Wir orientierten uns dann an vorhandenen Kompetenzen statt an fixen Stufenmodellen. Wir steckten vorgegebene Raster in die Schublade und nahmen uns mehr Zeit, soweit möglich, um mit den Jugendlichen vorhandene Ressourcen und Stärken abzuklären. Wir nahmen auch ihre Wunschbilder und elektronischen Vorlieben auf. Wir forderten zudem mehr personelle Kapazitäten, damit die jungen Erwachsenen besser beraten sind und sich eher von der Sozialhilfe ablösen können. Da fanden wir aber leider nie Gehör.«

Und dann kam Corona, und das nächste Sparpaket stand vor der Tür. »Damit sind jetzt Sozialarbeiter:innen und Sozialhilfeabhängige stärker auf sich zurückgeworfen«, erzählt Simona. Zudem fehle es an technischer Infrastruktur. Überhaupt fehle es an Mitteln. Und die Fallzahlen steigen. »Da zeigt sich, wie wenig wertgeschätzt diese Arbeit ist. Und ob sich da jetzt viel ändert, da bin ich skeptisch.« Eigentlich gehe es ja darum, allen ein möglichst selbstständiges und anständiges Leben zu ermöglichen und die Existenzsicherung strukturell zu garantieren. Die

Abbau-Tendenz weise aber in eine andere Richtung, eine falsche. »Auf hundert Stellenprozent berechnet kommen pro Sozialarbeiter:in bereits hundert Dossiers. In Anbetracht der hohen administrativen Aufgaben auf einem Sozialdienst, bleibt damit für die Fallarbeit weniger als ein Prozent für ein Dossier übrig.« Dies sei vor allem auch deshalb alarmierend, weil es sich bei fast einem Drittel der Sozialhilfeabhängigen um Kinder handelt.

Die Sozialhilfe, die als letzte Auffangvorrichtung besondere Bedeutung hat, mache auf Dauer die Menschen krank. »Dazu führen fehlende berufliche Perspektiven bei den sozial Benachteiligten, schlechte Ernährung und mangelnde Bewegung aufgrund knapper Mittel.« Mit zunehmender Bezugsdauer seien die Abhängigen oft kränker als beim Eintritt in die Sozialhilfe. Das demotiviere auch viele Mitarbeitende. »Der längst geforderte Lohnausgleich schien allmählich in Griffnähe zu sein, jetzt ist er aber offenbar wieder ganz vom Tisch, obwohl die Stadt ein eher fortschrittlicher Arbeitgeber ist oder zumindest sein will.«

Da die Stadt Bern ein verlässlicher Arbeitgeber sei, liege die bisherige Kündigungsquote zwar eher niedrig. Aber das ändere sich, denn die Stadt halte mit den Löhnen der Nachbarsgemeinden nicht Schritt.

»Qualifizierte Mitarbeitende wandern bereits ab. Der Berner Sozialdienst spricht nunmehr jüngere Einsteigende an, die für diese sehr anspruchsvolle Arbeit noch wenig erfahren sind. Zudem verdienen Berufsbeistände in der Stadt Bern mehr als Sozialarbeitende auf dem Sozialdienst. Das ist nicht nachvollziehbar, denn beide Tätigkei-

ten verlangen etwa gleiche Qualifikationen. Die Lohndiskussionen in der Stadt habe ich bezüglich dem Berufsstand immer als sehr bemühend empfunden. Es gibt viele Vorurteile über die Sozialarbeit. Sie sollte irgendwie alle Probleme lösen und hat doch kein gutes Image. Damit hat sie, was ihre Anerkennung betrifft, noch einen langen Weg vor sich.«

Um die beruflichen Aussichten der Sozialhilfeabhängigen zu verbessern, braucht es laut Simona unbedingt mehr Sozialarbeitende. Die sogenannte Integrationsquote betrage bei den Unterstützten seit Jahren rund dreißig Prozent und betreffe nur gesunde Sozialhilfebeziehende. Ein gleich hoher Anteil sei physisch oder psychisch beeinträchtigt, allerdings so, dass in der Regel noch keine Invalidenversicherung infrage kommt.

Wo ein Wille ist, ist immer auch ein Weg. Simona hält der bekannten Aussage ihre Erfahrung entgegen:

»Ich habe viele Leute erlebt, die jahrelang über 200 Bewerbungen pro anno verfasst haben. Oft haben sie nicht einmal eine Absage erhalten. Der Arbeitsmarkt ist härter geworden. Viele Schicksale haben mich zutiefst berührt. Ich habe mich immer gefragt, woher diese Willensstärke kommt, jahrelang arbeitslos zu sein, ohne aufzugeben. In Beratungen habe ich das Unglück manchmal als graue Wolke bezeichnet, die irgendwann vorüberziehe. Aber das Bild ist nicht stimmig, wenn keine realen Angebote vorhanden sind und wir trotz fehlender Vollbeschäftigung an einem unsinnigen Leistungsprimat festhalten. Wenn es mit dem Arbeitsmarkt hapert, kann die beste Sozialberatung

wenig erreichen. Die Soziale Arbeit muss ökonomistische Haltungen kritisieren und sich an den Menschenrechten orientieren.«

Literatur

Bilanz 2020, *Die 300 Reichsten*, Zürich: Das Schweizer Wirtschaftsmagazin, Nr. 12.

Bourdieu, Pierre 1983, *Die feinen Unterschiede. Kritik der gesellschaftlichen Urteilskraft*, Frankfurt am Main: Suhrkamp.

Bundesamt für Sozialversicherung 2020, *Schweizerische Sozialversicherungsstatistik 2020*, Bern: Departement des Innern.

Keller, Verena 2018, *Ausbildung und Beschäftigung in der Sozialen Arbeit*, Bern: Avenir Social.

Lewis, Oscar 1966, »The Culture of Poverty«, in: *Scientific American* 215 (S. 19-25).

Valentine, Charles 1968, *Culture and Poverty. Critique and Counter-Proposals*, Chicago: Chicago Press.

Anspruchsvoll, belastend, systemrelevant – und weiblich: Professionelle Sorgearbeit in der stationären Altenpflege

Von Wolfgang Dunkel und Margit Weihrich

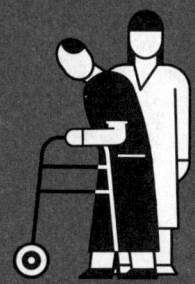

1. Arbeit in der Altenpflege: Anspruchsvoll, belastend, systemrelevant – und weiblich

Sorgearbeit bekommt nicht die gesellschaftliche Anerkennung, die sie verdient – das gilt nicht nur für die private Sorgearbeit, sondern auch für die professionelle. Ein Grund hierfür liegt darin, dass private wie professionelle Sorgearbeit immer noch großenteils von Frauen geleistet und mit geschlechtsspezifischen Erwartungen verknüpft wird: Sorgearbeit gilt als hausarbeits- und familiennah, aufgrund der unterstellten Selbstverständlichkeit der Leistungserbringung erscheint Professionalisierung nicht nötig, und die Anerkennung kommt von Seiten der Menschen, für die man sorgt. Aus all diesen Gründen lässt sich Sorgearbeit leicht ausbeuten. Vor dem Hintergrund einer nach wie vor hartnäckigen – und sozialpolitisch flankierten – geschlechtsspezifischen Arbeitsteilung in der Erwerbs- und Alltagsarbeit dient ein überkommenes Ernährermodell, nach dem eine Person (in der Regel der Mann) das Familieneinkommen durch Erwerbsarbeit verdient und im Gegenzug der Ehe- oder Lebenspartner die Haus- und Familienarbeit übernimmt, noch immer als Orientierung für die Ausgestaltung professioneller Sorgearbeit.

Das alles gilt in besonderem Maße für die Altenpflege: Die Pflege älterer Menschen, die sich nicht mehr selbst versorgen können, ist – anders als die Krankenpflege – besonders stark mit Familienarbeit verbunden. Nach wie vor rechtfertigen sich Angehörige (auch gegenüber sich selbst), wenn sie ihre Eltern nicht selbst pflegen, sondern die Betreuung einer Einrichtung übertragen. Umgekehrt sehen sich professionelle Altenpfleger:innen mit der Erwartung konfrontiert (oder erwarten es auch von sich selbst), zuhause anfallende Pflegetätigkeiten zu übernehmen.

All das bestimmt die professionelle Arbeit in der Altenpflege, ihre gesellschaftliche Wahrnehmung und die dieser Arbeit gezollte Anerkennung mit – und ist nicht zuletzt auch eine Erklärung dafür, warum die Altenpflege eine weibliche Branche ist. Den Beruf der Altenpfleger:in übten laut Statistischem Bundesamt im Jahr 2012 501 000, im Jahr 2018 645 000 Personen aus. Weitgehend stabil blieb jedoch das Verhältnis weiblicher zu männlicher Beschäftigter in der Altenpflege: 2012 waren 85,6 Prozent aller Altenpfleger:innen Frauen, 2018 waren es 84,2 Prozent. Und auch dann, wenn man zeitlich weiter zurückblickt, fällt die hohe Stabilität des Verhältnisses zwischen weiblichen und männlichen Altenpfleger:innen auf: Laut Zahlen des Instituts für Arbeitsmarkt- und Berufsforschung (1990) waren im Jahr 1987 88 Prozent der Altenpfleger:innen Frauen und 12 Prozent Männer. Trotz des hohen Zuwachses ist die Altenpflege also ein Beruf geblieben, der weit überwiegend von Frauen ergriffen wird.

Die Arbeit in der Altenpflege ist des Weiteren dadurch gekennzeichnet, dass sie in vielfältiger Hinsicht mit Belastungen und Benachteiligungen verbunden ist: Arbeit in der Altenpflege ist geprägt von atypischen Beschäftigungsverhältnissen (insbesondere einem sehr hohen Anteil von Teilzeitbeschäftigten), ungünstigen Arbeitszeiten (Schichtarbeit, Nachtarbeit), vergleichsweise schlechter Bezahlung (die Bruttomonatsgehälter von Fachkräften in der Altenpflege liegen rund 500 Euro unter den entsprechenden Gehältern in der Krankenpflege), hohen psychischen Belastungen, einer hohen Zahl krankheitsbedingter Fehltage, einer häufig nur mäßigen oder schlechten Arbeitsfähigkeit und einem erhöhten Risiko des frühen Ausstiegs aus der Berufstätigkeit.[1]

Diese Arbeitsbedingungen tragen, neben anderen Faktoren wie etwa der demografischen Entwicklung oder unzureichender Personalbemessung, dazu bei, dass Arbeit in der Pflege notorisch unter Personalmangel geleistet werden muss. Zusammen mit den erhöhten Erkrankungsrisiken führt dies zu unzuverlässigen Dienstplänen (man muss einspringen oder auch in anderen Bereichen der Einrichtung aushelfen), die selbst wieder belastend wirken. Während der Corona-Pandemie hat diese prekäre Situation eine weitere Verschärfung erhalten: Pflegekräfte sind in besonderer Weise dem zusätzlichen Risiko ausgesetzt, an Covid-19 zu erkranken – und sie spielen zugleich eine Schlüsselrolle bei der Bewältigung der Pandemie.

Diese aktuellen Entwicklungen sind ein weiterer Beleg dafür, dass die Arbeit in der Altenpflege eine individuell fordernde wie auch eine gesellschaftlich hoch relevante Tätigkeit ist.

2. Arbeit in der stationären Altenhilfe: Herausforderungen für die Pflegekräfte

Altenpflege ist Arbeit an und mit Menschen in einem umfassenden Sinne, die von der krankenpflegerischen Versorgung über die persönliche Zuwendung bis hin zur Herstellung und Aufrechterhaltung von Alltag in der Einrichtung geht. Dabei sind Pflegebedürftige nicht nur »Objekte« von Pflege, sondern auch Interaktionspartner:innen, die mitspielen müssen – für eine erfolgreiche Durchführung einer Pflegehandlung wie auch für ein gelingendes Zusammenleben im Altenheim. Das ist nicht selbstverständlich, weshalb Pflegekräfte und Bewohner:innen interaktive Arbeit leisten müssen: Es muss eine Kooperationsbeziehung zwischen Beschäftigten und Bewohner:innen erst hergestellt und sodann aufrechterhalten werden. Hierfür setzen Beschäftigte bestimmte Kompetenzen ein: Sie entwickeln Routinen, verhandeln und schlichten Konflikte, sie arbeiten an den Gefühlen der Bewohner:innen, sie regulieren ihre eigenen Emotionen, sie arbeiten mit Gefühl und Gespür – und sie dürfen (oder müssen) damit rechnen, dass auch die Bewohner:innen über solche Kompetenzen verfügen und sie einsetzen (siehe hierzu Weihrich et al. 2012, aber auch Böhle/Weihrich 2020).

All dies findet in der Regel abseits der öffentlichen Wahrnehmung statt. Pflegekräfte beklagen (mit erschreckender Kontinuität über die Jahrzehnte hinweg) die fehlende gesellschaftliche Anerkennung. Anerkennung wird (wenn es gut läuft) nur in einem persönlichen Rahmen erbracht: durch Kolleg:innen, Angehörige der Pflegebedürftigen und die Pflegebedürftigen selbst.

Um unter belastenden Bedingungen die eigene Arbeitsfähigkeit zu erhalten und zugleich qualitativ gute (Interaktions-)Arbeit zu leisten, müssen Pflegekräfte bestimmte Haltungen gegenüber den Herausforderungen ihrer Berufstätigkeit entwickeln, nämlich der Konfrontation mit Leid und Tod, der Balance von Nähe und Distanz in Bezug auf die Pflegebedürftigen, der physischen und psychischen Belastung, den Anerkennungsdefiziten und der persönlichen Work-Life-Balance. Von solchen unterschiedlichen Haltungen und den damit verbundenen Arrangements mit den Anforderungen der Pflegearbeit im Heim erzählen die folgenden drei Fallbeispiele. Während unser drittes Beispiel aus einem aktuell laufenden Projekt stammt, liegen die beiden anderen Beispiele zeitlich weiter zurück. Damit wollen wir zum einen darauf aufmerksam machen, dass die Auseinandersetzungen von Altenpflegekräften mit ihren Arbeits- und Beschäftigungsbedingungen selbst eine lange Geschichte aufweisen. Zum anderen kommen in den Fallbeispielen typische Haltungen und Arrangements zum Ausdruck, die – wie im Falle der Ordensschwester – bestimmte historische Phasen der Altenpflege repräsentieren, damit aber gleichzeitig Antworten auf Probleme darstellen, die der Altenpflege inhärent und damit überhistorisch gültig sind.

Die erste Interviewpartnerin, Schwester Basilia, ist Ordensschwester in einem Pflegeheim.[2] Die Ordensregeln bestimmen den Alltag für Schwestern und Bewohner:innen und verlangen Schwester Basilia eine tiefgreifende Selbstzurichtung ab. Das Heim trägt Züge einer »totalen Institution«, wie Erving Goffman (1973) sie beschrieben hat: Das ganze Leben der »Insassen«, wie Goffman sie nennt, findet an einem einzigen – mehr oder weniger von der Außenwelt abgeschotteten – Ort statt und verläuft hoch routinisiert nach festgefügten institutionellen Regeln. Dem Personal solcher Institutionen kommt es zu, diese Ordnung zu bewahren, indem es die »Insassen« überwacht. Gleichwohl unterliegen auch die Ordensschwestern diesem Regelwerk bzw. unterwerfen sich aktiv. Die zweite Interviewpartnerin, Frau Graf, arbeitet in einer beschützenden Einrichtung für Demenzkranke und steht für eine professionalisierte Altenpflege, die sich an wissenschaftlichen Standards orientiert, die wiederum an den Bedürfnissen der Bewohner:innen ausgerichtet sind. Anders als im Orden geht es hier um eine aktive Entschärfung der totalen Institution und die Gestaltung einer für Demenzkranke zuträglichen Umgebung.[3] Am Ende werfen wir einen Blick auf die aktuelle Situation in der stationären Altenpflege. Sorgearbeit ist in der Zuständigkeit der Frauen geblieben – in der professionellen Altenpflege wie im Privaten. Das Beispiel von Frau Sowa zeigt, dass man beides mit einem robusten Arbeitsvermögen zusammenbringen kann. Frau Sowa vertraut dabei weder auf Gott noch auf die Verwissenschaftlichung der Pflege, sondern auf die eigene Leistungsfähigkeit und schieres Durchhaltevermögen.

3. Schwester Basilia – Krankendienst ist Gottesdienst

Schwester Basilia wuchs vor dem Zweiten Weltkrieg als Tochter eines Schusters zusammen mit zahlreichen Geschwistern in einem kleinen böhmischen Dorf in ärmlichen Verhältnissen auf. Im Alter von acht Jahren musste sie gemeinsam mit ihrer Mutter und den Geschwistern (der Vater war im Krieg verschollen) in den Westen fliehen. Sie wurde von ihrer Familie getrennt und auf einem Bauernhof untergebracht.

Sehr früh geriet Schwester Basilia in Kontakt mit dem Ordensleben: Bereits mit zwölf Jahren wurde sie in ein Kloster »getan«, mit 17 Jahren trat sie gleichsam selbstverständlich (»Das is halt einfach so gekommen«) dem Pflegeorden bei. Nach ihrem Noviziat, in dem sie streng von der Außenwelt abgeschirmt den Verzicht auf persönliche Ansprüche und die Unterordnung unter die Autorität des Ordens erlernte, durchlief sie eine Ausbildung zur Krankenschwester und arbeitet seitdem in der Pflege – zunächst in einem Krankenhaus, später dann in einem Pflegeheim. Dort hat sie die Position der Pflegedienstleitung inne.

Der Orden erfüllt für Schwester Basilia vielfältige Funktionen: Er entlastet von den Mühen der alltäglichen Lebensführung, da Probleme der Vereinbarkeit von Beruf und Privatleben nicht auftreten können und der Alltag als Ablauf von Beten, Arbeiten und Schlafen institutionell vollständig vorgegeben ist.[4] Und er bietet Schutz vor dem, was »draußen« vor sich geht. Darüber hinaus hat der Orden einen bestimmten gesellschaftlichen Status, den die Ordensschwestern in uniformer Weise für sich reklamieren können. Dabei ist es im Grunde nachrangig, welche Form von Arbeit dort geleistet wird (Erziehungsarbeit, Pflege oder auch nur Kontemplation). Mangelnde gesellschaftliche Wertschätzung der im Orden geleisteten Arbeit ist nicht das Problem von Schwester Basilia – ihr Problem besteht darin, dass es ihr gelingen muss, ein gottgefälliges Leben zu führen.

Schwester Basilia repräsentiert damit ein Modell der Organisation von Pflegearbeit, das auf der Überzeugung beruht, dass Krankendienst nicht als Erwerbsarbeit, sondern als Gottesdienst zu begreifen ist und deshalb Kategorien wie regulierte Arbeitszeit, angemessener Lohn, Karriere etc. keine – oder eine andere – Rolle spielen:

»Man soll ja das Tagewerk, also die ganze Arbeit mit Gott verbinden, damit man einfach Kraft hat. Also ich glaub nicht, dass ich die Arbeit so leisten könnte, wenn ich, sagen wir mal, so dahinleben würde, wie manch gewöhnlicher Mensch, der wo nie betet. Da würde ich die Arbeit nicht tun mögen, weil da hätte man keine Kraft dazu, das kann man nicht. […] Also ich denk mir, dass eine freie Schwester mehr bloß für Arbeit, also ihre Arbeit tut für Entgelt, für einen hohen Lohn und für ihre Freizeit und für ihren Mann. Dagegen wenn ich arbeite, arbeite ich zur Ehre Gottes. Ob ich jetzt Geld bekomme oder keines bekomme. Oder ob ich jetzt nach fünf Stunden aufhören darf oder nicht aufhören darf, das kommt bei mir gar nicht in Betracht.«

Die Überzeugung, dass Krankendienst Gottesdienst ist, und die Anforderungen des Pflegeheims, in dem Schwester Basilia nicht nur arbeitet, sondern auch wohnt, führen zu einer hohen Arbeitsbelastung. Um dies leisten zu können, ist Selbstdisziplinierung vonnöten: »Also das ist meine Anschauung: Der Mensch muss immer an sich arbeiten, damit er einen guten Fortschritt macht. Sonst gleitet er langsam zum Schlechten ab. Da muss man immer sich Gewalt antun.«

In solchen Verhaltensmaximen bildet sich eine über Jahrhunderte praktizierte Entsinnlichung ab, durch die Ordensschwestern auf den rechten Weg gebracht werden. Private Bedürfnisse haben hier keinen Platz, und Schwester Basilia bemüht sich darum, diesem Idealbild weiblicher Selbstverleugnung gerecht zu werden. Die einzige Abweichung, über die sie im Interview spricht, besteht darin, dass sie morgens noch ein paar Momente im Bett liegen bleibt, wenn der Wecker geklingelt hat: Im Widerspruch zur Ordensregel, nach der die Zeit zum Schlafen eine Zeit zum Schlafen ist und für nichts anderes verwendet werden soll, »döst« Schwester Basilia am Morgen gerne noch fünf Minuten und »knapst« auf diese Weise der totalen Institution doch einen kurzen Moment privater Zeit ab.

Schwester Basilia geht nach ihrem Selbstverständnis keiner Erwerbsarbeit nach, sondern einem Gottesdienst, der mal kontemplativ (beten), mal aktiv (die Arbeit in der Pflege und das Management der Einrichtung insgesamt) erfolgt. Dabei ist auch der Umgang mit den Bewohner:innen von Distanz geprägt. Genauso wenig wie Schwester Basilia unpassende individuelle Bedürfnisse zur Entfaltung kommen lässt, so wenig lässt sie sich auf persönliche Beziehungen zu den Bewohner:innen ein. Sie begründet dies damit, dass sich dadurch Bewohner:innen ungleich behandelt fühlen könnten:

»Das ist nicht leicht, jemanden auszuführen, da heißt es danach: ›Mit der geht sie weg, mit mir nicht.‹ Das ist auch im Speisesaal so. Wenn Sie im Speisesaal das Essen austeilen, da können Sie sich nicht hinstellen und mit jemandem reden. Oder mit jemandem reden, weil er blind ist, oder so. Das versteht der andere nicht. Ich hab schon g'sagt, da muss man direkt Scheuklappen hintun, nicht rechts und links schaun, und einfach jedem das Essen geben. Der eine jammert, er kriegt zu früh das Essen, er ist immer der Letzte beim Essen. Und: ›Warum lachen Sie mit mir nicht?‹ ›Mit der reden Sie auch, warum reden Sie mit mir nicht?‹ Und lauter so Sachen, gell. Da muss man einfach ganz korrekt, stur durchgehn. Das geht nicht anders.«

Schwester Basilia leistet eine bestimmte Form der Emotionsarbeit: Ihr geht es darum, sich selbst abzuhärten, um so zum einen keine unpassenden eigenen Bedürfnisse aufkommen zu lassen, zum anderen aber auch Distanz gegenüber den Bewohner:innen zu wahren.

Dies verhält sich völlig anders in unserem zweiten Fallbeispiel. Hier ist professionelles Handeln die wesentliche Referenz – genauso wie eine systematische Orientierung an den Bedürfnissen der Bewohner:innen. Außerdem ist Frau Graf, die im Folgenden vorgestellt wird, in ihrer Berufstätigkeit als Fachkraft in der Altenpflege auf gesellschaftliche Anerkennung angewiesen – hier gibt es keinen Gotteslohn.

4. Frau Graf – Altenpflege als Beruf

Frau Graf hatte schon eine Berufsausbildung, doch das war

»*nicht wirklich das, was ich mir vorgestellt hatte. […] Und dann habe ich gesagt, ›Na ja, na gut, ich probier das jetzt einfach mal‹, und war dann natürlich erst mal sehr entsetzt. Habe dann auch in einem Haus gearbeitet, wo auch die Müllsäcke noch im Flur standen und wo der Geruch wirklich, wo ich gesagt habe ›Ääh, da kommt man wirklich rein und hat einen Würgereflex‹, weil man das einfach nicht gewöhnt ist. Aber dann, so nach und nach, wo man dann die Leute so ein bisschen kennengelernt hat und dann auch gemerkt hat, da ist was vom Gefühl her. Jetzt kann ich mir nichts anderes vorstellen.*«

Während die Leitlinie von Schwester Basilia darin besteht, emotionale Distanz zu den Bewohner:innen zu wahren, war es für Frau Graf gerade die emotionale Nähe, die sie dazu bewegte, in der Altenpflege zu bleiben. In der Folge professionalisierte sie sich und ist zum Zeitpunkt des Interviews im Jahr 2009 ausgebildete Altenpflegefachkraft, hat mehrere Fortbildungen durchlaufen und ist vor Kurzem zur Wohnbereichsleitung aufgestiegen. Als Vertreterin ihres Berufsstandes thematisiert sie gleich zu Beginn des Interviews die fehlende gesellschaftliche Wertschätzung der Altenpflege:

»*Also laut der Statistik vom Robert Koch-Institut [...] stehen wir eigentlich gut da, aber wenn man so halt in der Bevölkerung fragt, was Altenpflege überhaupt beinhaltet, würden die uns ganz weit von der Krankenpflege abspalten praktisch, obwohl ich jetzt schon vielen erklärt habe, dass ich ja zum Beispiel schon die neue Ausbildung habe, die an die Krankenpflege angelehnt ist, und versucht habe, schon mal ein bisschen Einblick zu schaffen, was wir eigentlich tun, dass wir nicht nur hier sind und Inkontinenzmaterial wechseln oder Popo sauber machen, sondern dass da noch viel mehr dazugehört, dass wir uns mit Medikamenten auskennen müssen, dass wir Nebenwirkungen wissen müssen, dass wir wissen müssen, wie wir im Akutfall reagieren. Aber es ist halt immer noch so ein bisschen ... ja, also ich denke, dass das noch viel mehr in der Bevölkerung erst mal bekannt werden müsste, was wir eigentlich tun. Also da erschrecke ich mich jedes Mal wieder, dass das doch so abwertend gesehen wird.*«

Frau Graf setzt auf eine Verwissenschaftlichung und Professionalisierung der Arbeit in der Altenpflege, die sich an der Krankenpflege orientiert. Gleichzeitig begreift sie die Altenpflege aber auch als einen hochqualifizierten Beruf mit eigenen Anforderungen. So absolvierte sie nicht nur eine Ausbildung als Pflegefachkraft, sondern auch eine Weiterbildung zur gerontopsychiatrischen Fachkraft, um so für die speziellen Anforderungen der Betreuung demenziell veränderter Menschen gerüstet zu sein. Denn Frau Graf arbeitet zum Zeitpunkt des Interviews in einer beschützenden Einrichtung, die auf diese Klientel spezialisiert ist. Es ist ein gutes Haus, und Frau Graf zieht auch Wertschätzung aus der Tatsache, dass dieses Haus besser ist als andere – vor allem, was den professionellen Umgang mit demenzkranken Bewohner:innen betrifft.

In einer Einrichtung, in der sie früher tätig war, hatte sie andere Erfahrungen gemacht:

»Die Pflegekräfte waren dann auch sehr schnell überreizt, weil man nicht wirklich wusste, gut, die hatten dann auch keine Fachweiterbildungen. Man wusste wirklich nicht, wie soll man mit denen [den demenzkranken Bewohner:innen] umgehen. Sie haben halt als Störfaktor gezählt. Und ich war dann hier total überrascht, dass das hier ganz anders, dass es ruhiger ist. Hier habe ich dann auch kennengelernt, dass man mit Farben, Aroma und Licht sehr viel bewirken kann bei Demenzkranken. Habe mich dann auch sehr schnell entschieden, die Geronto-Weiterbildung zu machen [...], das war sehr lehrreich. Da lernt man halt die kompletten Krankheitsbilder. [...] Und im ersten Teil lernt man sehr viel, wie man mit Demenz-

erkrankten umgeht. Da erreicht man ganz viel bei Demenzkranken, wenn man sagt ›Ich verstehe Sie‹, weil viele, die hier reinkommen, sind halt noch im Anfangsstadium, die merken, es passiert was mit ihnen, können es nicht zuordnen und wollen dann einfach nur raus. Und wenn man dann versucht dagegenzuwirken, ist das ja für die eigentlich eine arge Gegenwehr, die verstehen dann nicht, warum wir jetzt wollen, dass sie hierbleiben.«

In der Einrichtung, in der Frau Graf arbeitet, wird der Versuch gemacht, Altenpflege aufzuwerten: Neueste Konzepte für die Betreuung demenziell Erkrankter werden adaptiert und in der Einrichtung umgesetzt. Die Debatte um die zunehmende Bedeutung der Altersdemenz und die vielfältigen Versuche, die Pflegeheime konzeptionell neu zu denken und das entsprechende Personal hierfür zu finden und zu qualifizieren, stellen auch Chancen dar, mehr Wertschätzung zu erzielen. Die Gesprächspartnerin bemängelt zwar, dass die gesellschaftliche Wertschätzung ihrer Arbeit noch nicht gerecht wird. Aber sie gewinnt dadurch, dass sie davon überzeugt ist, in einer guten Einrichtung zu arbeiten. In den Schilderungen zu ihrer gerontopsychiatrischen Weiterbildung geht es im Kern um die interaktive Arbeit an Demenzkranken – wie kann man am besten mit ihnen kommunizieren, wie kann man sie motivieren, wie kann man sie beruhigen. Frau Graf ist stolz darauf, nicht nur empathisch zu sein, sondern auch darauf, professionell zu handeln. Dies äußert sich auch in weiteren Berichten, in denen Frau Graf interdisziplinäre Fallarbeit in Kooperation mit Ärzt:innen und Therapeut:innen schildert. Gegenüber den Angehörigen wiederum nimmt sie einen Expertinnenstatus ein: Sie kann erklären, weshalb sich die pflegebedürftige Person so verändert hat, und sie hat Ratschläge parat, wie man mit ihr am besten umgehen kann.

Auch wenn die Einrichtung eine gute Einrichtung ist und Frau Graf ausführt, dass man über einen guten Pflegeschlüssel verfüge und deshalb personell im Vergleich zu anderen Einrichtungen gut ausgestattet sei, klagt sie doch auch über Zeitdruck:

»Also zeitlich, das ist natürlich oft immer schwer, weil man soll die Pflege machen, man soll so viele Nebentätigkeiten noch machen, und man soll aber auch schauen, dass es dem Bewohner gut geht. Oft ist das ein bisschen schwierig, ich finde, oft ist die Zeit dafür, für die komplette Betreuung, viel zu wenig.«

Es sind die vielschichtigen Ansprüche an die Arbeit mit den Bewohner:innen, die hier zu Zeitdruck führen. Frau Graf begnügt sich nicht damit, wie Schwester Basilia »korrekt und stur« durchzugehen, sondern versucht, die Bedürfnisse der Bewohner:innen aufzunehmen. Und das ist ja auch der Anspruch der Einrichtung.

Während Schwester Basilia sich gegenüber Gott zu verantworten hat, muss Frau Graf dies gegenüber ihrem Mann tun. Im Gegensatz zu Schwester Basilia ist sie auch für die Haus- und Familienarbeit verantwortlich und muss die beiden Formen der Sorgearbeit auf die Reihe bekommen.

»Mein Mann sagt immer, ich bin mit meinem Beruf verheiratet, weil ich komme eigentlich nie pünktlich heim. Ich bin eigentlich immer eher in der Arbeit, und er hat schon so zwischendrin gesagt, ›Mei, melde dich doch auch mal für ein Bett an. Dann brauchst gar nicht mehr hinfahren, dann bist du gleich da, wenn was ist.‹ Dann sag ich, ›Ja mei, das ist nun mal so, das sind Menschen, die kann man nicht einfach so stehen und liegen lassen. Du schraubst das Klo dann, entweder du schraubst es noch an oder du schraubst es nicht mehr an, aber bei mir ist das was anderes, ich kann den Menschen da nicht einfach in die Ecke stellen und sagen, so, morgen bin ich jetzt wieder da.‹ Aber er merkt halt auch, dass mir der Beruf Spaß macht, und mittlerweile hat er sich jetzt auch damit abgefunden. Er sagt dann schon immer, ›Jaja, ich weiß, eine Stunde später mach ich dann das Essen fertig‹.«

Das Bett im Altenheim, das Herr Graf seiner Frau spaßeshalber vorschlägt, käme nah an die Lösung heran, die der Orden im Falle der Schwester Basilia anbietet. In der modernen professionalisierten Altenpflege müssen die Beschäftigten selbst nach einer Lösung dafür suchen, die – eben nicht durchplanbare – Sorgearbeit im Altenheim mit ihrem Privatleben zu vereinbaren: einem Privatleben, in dem sie »natürlich« auch Care-Verpflichtungen zu erfüllen haben.

5. Frau Sowa – Vertrauen in die eigene Stärke

Frau Sowa, Spätaussiedlerin aus Osteuropa, haben wir für ein derzeit laufendes Forschungsprojekt interviewt. Sie arbeitet als ausgebildete Fachkraft in der Altenpflege. Daneben pflegt sie ihren schwerstkranken Mann und hat – bevor sie ihre Arbeit in der Einrichtung begonnen hat – jahrelang ihre Schwiegereltern gepflegt. Die Arbeitsanforderungen in der Einrichtung beurteilt sie vor dem Hintergrund der Arbeitsbedingungen in der Pflege in ihrem Herkunftsland: »Dass ich hier in Deutschland Leute pflege, das ist sehr, sehr leicht.« Daher verstehe sie nicht, »warum die Leute so jammern«. Das heißt nun allerdings nicht, dass die Arbeit nicht anstrengend ist. »Aber«, sagt Frau Sowa, »ich bin stark. Und ich bin selbst nicht gesund.« In der Einrichtung übernimmt sie die »schwierigen Leute mit Demenz, die kennen mich gut, ich mache Spaß mit ihnen«. Aber man müsse insgesamt schon »immer Gas geben« – sie spüre es, wenn ihr Blutdruck hochgehe, sage aber niemandem etwas davon. Auch mit der Pflege ihres Mannes – »da braucht man Kraft und Geduld« – mag sie ihre (erwachsenen) Kinder nicht belasten und steckt deshalb auch hier nicht zurück. Selbstsorge ist die Sache von Frau Sowa nicht. Sie leistet mit großem Einsatz und mit erheblicher Arbeitsbelastung professionelle und private Care-Arbeit und stellt – ähnlich wie Schwester Basilia – ihre individuellen Bedürfnisse hinter die Anforderungen der Berufs- und der Familienarbeit zurück. Sie selbst wird dabei von niemandem entlastet – auch nicht von einem Orden. Für den Druck, der auf ihr lastet, hat sie nur ein einziges Ventil: »Wenn ich alleine bin, dann kann ich weinen, dann kann ich schreien, damit das rauskommt.«

6. Arbeit in der Altenpflege: Ein skeptischer Ausblick

Während der Bedarf an Pflegekräften steigt und die Anforderungen an professionelles Handeln in der Altenpflege zunehmen, hat sich die gesellschaftliche Wertschätzung der professionellen Altenpflege in den letzten Jahrzehnten nicht wesentlich verbessert.

Wir haben eingangs behauptet, dass die Gründe für die unzureichende Anerkennung dieser Arbeit vor allem darin zu suchen sind, dass die gesellschaftlich notwendige und gleichzeitig enorm aufwändige Sorgearbeit (die berufliche und die private) insgesamt zu wenig Wertschätzung erhält. Dies wiederum liegt daran, dass die private Sorgearbeit traditionell Sache der Frauen war und es weiterhin ist, die Erbringung der entsprechenden Leistungen daher als selbstverständlich angesehen wird und die entsprechenden Kompetenzen als vorhanden gelten. Auch personenbezogene Dienstleistungen – und insbesondere die Altenpflege – werden als haushalts- und familiennah gerahmt, weil dort Arbeit an und mit Menschen geleistet wird. Schaut man sich die einzelnen Dimensionen der Interaktionsarbeit an, die in den letzten beiden Jahrzehnten herausgearbeitet und intensiv empirisch erforscht worden sind, sieht man, wie anspruchsvoll, aber auch wie belastend diese Arbeit ist. Dennoch schützt das nicht davor, dass auch die entsprechenden Kompetenzen – die Herstellung einer Kooperationsbeziehung, die Arbeit an den eigenen Gefühlen und an denen des Gegenübers sowie der Einsatz eines Arbeitsvermögens, das alle Sinne nutzt und auf Gespür beruht – als »Soft Skills« verstanden werden, die man »mitbringt« und die daher nicht entsprechend ausgebildet, gefördert und entlohnt werden müssen. So fehlt der Arbeit an und mit Menschen weiterhin die verdiente Anerkennung – aber eines fehlt ihr nicht: das Gefühl, sinnhafte Arbeit zu erledigen. Genau das trägt aber auch dazu bei, dass die Arbeit an und mit Menschen unter allen Bedingungen erledigt wird – denn es geht, wie Frau Graf sagt, um Menschen, und die kann man »nicht einfach in die Ecke stellen«.

Wenn wir noch einmal auf unsere Beispiele blicken, so erkennen wir verschiedene Haltungen zu den Herausforderungen der Pflegearbeit. Damit verbunden sind unterschiedliche Formen von Anerkennung: Schwester Basilia, für die Krankendienst Gottesdienst ist, bekommt Anerkennung durch Gott, durch ihre Position in der Ordenshierarchie, durch eine umfassende soziale Sicherheit und eine Entlastung im Bereich der alltäglichen Lebensführung. Die Kosten liegen in einer rigorosen Selbstzurichtung zur Unterdrückung individueller Bedürfnisse – die Bedürfnisse der Bewohner:innen werden ohnehin nicht besonders ernst genommen. Frau Graf steht für den modernen Weg der Anerkennung über die Professionalisierung der Pflegearbeit, deren Kern – ganz anders als bei den Klosterschwestern – die Ermittlung und professionelle Erfüllung der Bedürfnisse der Bewohner:innen ist. Auch Frau Graf bekommt Anerkennung in ihrer Führungsposition; bei der Vereinbarkeit von Arbeit und Leben aber erhält sie als Unterstützung lediglich eine (doch etwas resignierte) Akzeptanz durch den Ehemann, der zudem die schöne Formulierung benutzt, seine Frau sei mit ihrem Beruf verheiratet. Damit überträgt er die Semantik des Familienlebens mit den entsprechenden Gefühlen und Verantwortlichkeiten auf ihre Berufstätigkeit. Das Beispiel von Frau Sowa schließlich lässt die These zu, dass die Beschäftigten sich selbst ein »weibliches Arbeitsvermögen« zutrauen und abverlangen. Das Konzept des »weiblichen Arbeitsvermögens« (Ostner 1978) hat in den frühen achtziger Jahren großes Aufsehen erregt und (unseres Erachtens zu Recht) viel Kritik einstecken müssen. Und doch kann diese Figur immer noch – oder schon wieder – den Blick dafür schärfen, was pflegenden Frauen gesellschaftlich zugeschrieben und abverlangt wird, und dass – wie der Fall von Frau Sowa zeigt – die Konstruktion eines solchen Arbeitsvermögens auch das eigene Selbstbild prägt. So arbeitet Frau Sowa unentwegt und geht dabei über ihre körperliche und psychische Belastungsgrenze weit hinaus. Stärke besteht für sie darin, zum einen mit den schwierigen Bewohner:innen gut zurechtzukommen, zum anderen aber auch darin, in ihrem Privatleben alles alleine zu schultern, und niemand entlastet sie dabei. An eine Veränderung der Rahmenbedingungen denkt sie nicht, weder im Privaten noch im Beruflichen. Ganz im Gegenteil erwartet sie von ihren Kolleg:innen die gleiche Verausgabung, die sie sich selbst abverlangt.

Auf diese Weise wird sich erst einmal nichts daran ändern, dass Dienstleistungstätigkeiten unterbezahlt sind und zu wenig in humane Arbeitsgestaltung investiert wird. Leider hat hieran auch die erfolgreiche Professionalisierung der Pflegearbeit noch nicht allzu viel geändert. Vielleicht ist es tatsächlich so, dass Frauen (zusätzlich zu all dem, was sie ohnehin leisten) künftig auch noch selbst dafür sorgen müssen, dass die Rahmenbedingungen realisiert werden, die für professionelle Pflegearbeit notwendig sind – und dafür, dass eine neue gesellschaftliche Bewertung von Sorgearbeit vorgenommen wird. Entsprechende Initiativen wie »Care macht mehr« weisen die Richtung,[5] brauchen aber noch breitere Unterstützung – nicht nur von Frauen, sondern auch von Männern.

Literatur

Böhle, Fritz/Margit Weihrich 2020, »Das Konzept der Interaktionsarbeit«, in: *Zeitschrift für Arbeitswissenschaft* 74 (S. 9-22).

Dunkel, Wolfgang 1994, *Pflegearbeit – Alltagsarbeit. Eine Untersuchung der Lebensführung von AltenpflegerInnen*, Freiburg: Lambertus.

Dunkel, Wolfgang/Margit Weihrich (Hg.) 2012, *Interaktive Arbeit. Theorie, Praxis und Gestaltung von Dienstleistungsbeziehungen*, Wiesbaden: Springer VS.

Goffman, Erving 1973, *Asyle. Über die soziale Situation psychiatrischer Patienten und anderer Insassen*, Frankfurt am Main: Suhrkamp.

Institut für Arbeitsmarkt- und Berufsforschung 1990, *Teilarbeitsmarkt »Kranken- und Altenpflege« – Situation und Perspektiven* (unveröffentlichtes Manuskript), Nürnberg.

Kliner, Karin/Dirk Rennert/Matthias Richter (Hg.) 2017, *BKK Gesundheitsatlas 2017*, Berlin: MWV Medizinisch Wissenschaftliche Verlagsgesellschaft.

Ostner, Ilona 1978, *Beruf und Hausarbeit. Die Arbeit der Frau in unserer Gesellschaft*, Frankfurt am Main, New York: Campus.

Projektgruppe »Alltägliche Lebensführung« 1995, *Alltägliche Lebensführung. Arrangements zwischen Traditionalität und Modernisierung*, Opladen: Leske + Budrich.

Weihrich, Margit/Wolfgang Dunkel/Kerstin Rieder/Isabell Kühnert/Thomas Birken/Isabel Herms 2012, »Interaktive Arbeit in der Altenpflege: zwischen Arbeitswelt und Lebenswelt«, in: Wolfgang Dunkel/Margit Weihrich (Hg.), *Interaktive Arbeit*, Wiesbaden: Springer VS (S. 181-217).

Anmerkungen

1 Zu den vielfachen Belastungen, denen Beschäftigte in der Altenpflege ausgesetzt sind, liegen zahlreiche Studien und statistische Erhebungen vor. Vgl. exemplarisch den *BKK Gesundheitsatlas* 2017 (Kliner/Rennert/Richter 2017), der sich mit den beruflichen Belastungen im Gesundheitswesen befasst. Danach bewerten mehr als ein Drittel der Beschäftigten, die in Heimen tätig sind, ihre Arbeitsfähigkeit (nach dem Work Ability Index) als mäßig oder schlecht – es gibt keine andere Branche, die schlechtere Werte aufweist. Beschäftigte in Alten- und anderen Pflegeheimen weisen die höchste Anzahl von Fehltagen auf, sind also öfter krank oder erkranken schwerer als andere Beschäftigte. Die wesentlichen Erkrankungen sind dabei psychische Störungen sowie Muskel-Skelett-Erkrankungen. Der Anteil befristet Beschäftigter (in der Altenpflege 32,9 Prozent, im Durchschnitt 14,6 Prozent) wie auch die Häufigkeit von Teilzeitbeschäftigung (in der Altenpflege 55,7 Prozent, im Durchschnitt 23,3 Prozent) liegen jeweils sehr deutlich über dem Durchschnitt.
2 Das Interview mit Schwester Basilia fand im Rahmen eines Forschungsprojekts zur alltäglichen Lebensführung statt (Projektgruppe »Alltägliche Lebensführung« 1995).
3 Das Interview mit Frau Graf stammt aus einem Forschungsprojekt zur Professionalisierung interaktiver Arbeit (Dunkel/Weihrich 2012).
4 Dieser Aspekt stand im Mittelpunkt einer sehr viel ausführlicheren Interpretation des Falles »Schwester Basilia« in Dunkel (1994).
5 Siehe die Website der Initiative: {https://care-macht-mehr.com/}.

Ein Leben in Sorge um andere: Dauereinsatz in der 24-Stunden-Betreuung

Von Sarah Schilliger

Edyta Wierczok[1] begegne ich zum ersten Mal 2013 bei einem Treffen der Gruppe »Respekt«, einem basisgewerkschaftlichen Netzwerk polnischer Care-Arbeiterinnen im Raum Basel. Zu dieser Zeit forsche ich im Rahmen meiner Doktorarbeit zu transnationalen Care-Arrangements und engagiere mich beim Aufbau des »Respekt«-Netzwerkes. Einmal pro Monat versammeln sich am Sonntagnachmittag im Basler Gewerkschaftshaus im Anschluss an die polnische Messe Frauen, die in Haushalten von pflegebedürftigen Menschen rund um die Uhr Betreuungs- und Haushaltsarbeit leisten. Neben dem geselligen Zusammensein bei Kaffee und Kuchen steht bei den Treffen vor allem der Austausch über die alltäglichen Herausforderungen von Seniorenbetreuer:innen im Zentrum. Wann immer es Edyta von ihrer Arbeit her möglich ist, nimmt sie an den Versammlungen teil, bringt selbst gebackenen Kuchen mit und hat stets für alle ein offenes Ohr. In der sonntäglichen Runde blüht Edyta so richtig auf und sorgt mit ihrer humorvollen Art für gute Stimmung.

Als sie plötzlich bei den sonntäglichen Treffen fehlt, erzählen mir ihre Kolleginnen, dass sie nun in einem Haushalt beschäftigt ist, in dem von ihr sieben Tage Präsenz gefordert wird. Für eine Weile verlieren wir uns aus den Augen – bis Edyta eine neue Stelle in der Umgebung von Bern antritt, wo ich selbst wohne. Nun intensiviert sich unser Kontakt, und wir verabreden uns ab und zu an einem ihrer freien Tage oder während ihrer »Zimmerstunden«[2] nachmittags zu gemeinsamen Spaziergängen in der Natur. Edyta zeigt mir ihre Lieblingsorte, wir schlendern durch den nahe gelegenen Schlosspark oder besuchen einen Bauernhof, wo mich die Tierfreundin durch den

Pferdestall führt. Im Anschluss trinken wir Kaffee in ihrem »Schweizer Zuhause«, wobei ich auch die 97-jährige Frau Felber[3] kennenlerne, bei der Edyta wohnt und die sie rund um die Uhr betreut. Während Frau Felber unten im Wohnzimmer ihr »Mittagsschläfchen« macht, steigen wir drei Stockwerke und viele Treppenstiegen hinauf durch das große Haus mit den vielen Zimmern, die heute unbelebt sind. Die Zeit scheint hier stehen geblieben zu sein. Familienfotos im Flur erinnern daran, dass in dem Haus vor vielen Jahren mal eine Kinderschar gelebt hat. Die Kinder sind längst erwachsen und ausgezogen, der Ehemann von Frau Felber ist verstorben. Zuoberst unter dem Dach hat sich Edyta auf ein paar Quadratmetern eingerichtet. Ihr großer Koffer steht am Kopfende des Betts, einige Fundstücke aus dem Brockenhaus, vom Flohmarkt, liegen daneben – Geschenke, die sie ihrer Familie in Polen mitbringen will. Doch wann Edyta wieder einmal zu ihrer Familie nach Oberschlesien fahren kann, ist aufgrund der Reisebeschränkungen und Quarantänevorschriften wegen der Corona-Pandemie gerade ungewiss.

Als ich Edyta von dem Buchprojekt erzähle und sie frage, ob sie mir einmal etwas ausführlicher von ihrem Leben und ihrer Arbeit erzählen möchte, scheint sie etwas erstaunt zu sein: »Was soll ich dir denn erzählen? Mein Leben, von Anfang an, wo ich geboren bin, Datum, alles?« Edyta ist die Aufmerksamkeit für ihre Person nicht gewohnt, willigt dann aber sofort ein. An einem nebligen Novembertag fahre ich zu ihr aufs Land und Edyta nimmt mich während ihrer zwei Zimmerstunden mit auf eine Reise durch ihr Leben.

Die Blütezeit ist vorbei

Edyta kommt 1960 als jüngstes Kind einer sechsköpfigen Familie zur Welt. Die ersten fünf Lebensjahre verbringt sie mit ihrer Familie in einem kleinen Städtchen in Unterschlesien. Der Vater arbeitet als Buchhalter in der Holzindustrie, die Familienexistenz ist gesichert. »Dann ließen sich meine Eltern scheiden. Das war für mich eine Katastrophe. Ich musste immer zuschauen, wie sie stritten.« Edyta zieht mit ihrer Mutter und den Brüdern aufs Land. An diese Zeit hat sie schöne Erinnerungen: »Wir hatten ein Schweinchen, eine Milchkuh, Hühner, Schafe, einen Hund und eine Katze. Mama hat fast alles selber produziert, wir hatten immer Fleisch, Quark, Milch. Dort hat es mir gefallen.« Nach der Grundschule hätte Edyta eigentlich gerne einen Beruf im Gesundheitswesen erlernt, aber dafür reichte ihr Notendurchschnitt nicht. »Meine Mutter hat dann zusammen mit meinem älteren Bruder entschieden, dass ich diese Landwirtschaftsschule besuchen soll. Ich war zwei Jahre in einer Gärtnerschule und habe im Internat gelebt.« Im Anschluss daran besucht Edyta das landwirtschaftliche Technikum. »Das musste ich aber unterbrechen – im letzten Jahr vor dem Abschluss. Ich war schwanger mit meinem ältesten Sohn. Tja, ich habe mich zu früh verliebt, und wir haben Dummheiten gemacht – schade!«, erzählt Edyta mit einem Lachen, in dem gleichzeitig auch Bedauern über die zu kurze Jugend und die frühe familiäre Verpflichtung mitschwingt. Mit knapp 21 Jahren gebärt Edyta ihren ersten Sohn. Trotz Baby beendet sie das Technikum – bereits schwanger mit dem zweiten Kind, zwei weitere Kinder folgen. Die junge Familie wohnt in einem kleinen Städtchen in Oberschlesien, wo Edytas Mann als Baumeister in einer Grube arbeitet und wo auch die Schwiegereltern leben. »Das waren noch Zeiten: Zwar war die Luft schlecht, wir mussten alle zwei Wochen die Fenster putzen, weil es so viel Dreck gab von den Gruben. Aber die Region Oberschlesien hat geblüht – es gab genug Arbeit für alle.«

Nach ein paar Jahren, in denen sie zuhause bei den Kindern bleibt, tritt Edyta nach der Wende eine Stelle im Spital als Helferin in der Notaufnahme an. »Mein Wunsch, im Gesundheitswesen zu arbeiten, ging damit doch noch in Erfüllung.« Mit Begeisterung erzählt Edyta von dieser Beschäftigung, bei der sie insbesondere den Kontakt mit den Arbeitskolleg:innen schätzte. »Sechs Jahre arbeitete ich im Spital. Bis die Restrukturierung kam. Sie mussten sparen, hundert Leute haben sie auf die Straße gestellt. Ich war auch dabei.« Nach der Kündigung macht sich Edyta auf Stellensuche – und findet Arbeit in einer Geflügelfirma. »Eier einpacken, Eierkisten reparieren, Nägel reinhämmern. Das war meine neue Arbeit«, erzählt Edyta nüchtern. Kurz vor ihrer Beförderung in die Telefonzentrale der Firma zwingt sie ihr Schwager, die Stelle aufzugeben. Edyta soll zuhause bei der Familie bleiben, da die Schwiegermutter gesundheitliche Probleme hat und sich nicht wie bis anhin um Edytas Kinder kümmern kann. Die Verbitterung ist spürbar, als sie davon erzählt. Aus ihren Schilderungen schließe ich, dass ihr insbesondere die mit der außerhäuslichen Arbeit verbundenen sozialen Beziehungen fehlten. Nach einiger Zeit erfährt Edyta über familiäre Kontakte von einer Arbeitsstelle in einem deutschen Haushalt. Sie entscheidet sich, diesen »großen

Schritt« zu wagen, den sie positiv darstellt: »Ich habe immer geträumt, eine Sprache zu lernen. Deshalb habe ich zugesagt.« Und so beginnt Edyta mit 47 Jahren ein neues Leben in fremden Diensten. Die älteste Tochter übernimmt zuhause ein Stück weit ihre Rolle und kümmert sich um den jüngeren Bruder, der wegen eines Asperger-Syndroms viel Betreuung braucht, während Edyta sich fortan im Ausland um ältere Menschen kümmert.

Die Arbeit in Deutschland: »Von A bis Z ungeregelt«

In Ludwigshafen zieht Edyta in den Haushalt einer Frau ein, die an Alzheimer erkrankt ist. »Ich war zuerst einfach mal begeistert, etwas Neues anzufangen und Deutsch zu lernen. In der örtlichen Bibliothek habe ich mir ein Anfängerbuch für Deutsch ausgeliehen – *Grüß dich Peter* hieß es. Und in der Küche lief stets Radio Kultur. So bin ich in die Sprache reingekommen.« Doch diese erste Euphorie legt sich bald. Die Care-Arbeit rund um die Uhr ist sehr anstrengend und kräftezehrend.

»Ich sage dir, bei dieser Frau – das war echte Knochenarbeit. Einmal hat sie mich gekratzt, ein anderes Mal mir ins Gesicht gespuckt. Und wenn ich während des Essens mal kurz zur Toilette ging, lag der Teller danach auf dem Boden oder sie hat das Ei auf meinem Teller weggegessen. Sie war vor allem nachts aktiv. Ich konnte nie durchschlafen, keine Nacht!«

Jederzeit muss Edyta abrufbereit sein, ihr Tagesrhythmus hat sich demjenigen der betreuten Frau anzupassen, auch wenn diese Tag und Nacht verwechselt. Einen Arbeitsvertrag gibt es nicht, Edyta arbeitet schwarz, ist dementsprechend auch nicht versichert. »Mein Lohn: 999 Euro pro Monat. Und weißt du, was der Mann dieser Frau von Beruf war? Ein Jurist – so eine Frechheit!« Schon früh lernt Edyta, dass sie sich in deutschen Haushalten auf keine gesetzlichen Bestimmungen verlassen kann. »Nichts ist geregelt bei dieser Arbeit. Von A bis Z – alles im Graubereich.« Trotz widriger Umstände richtet sich Edyta in dem Pendlerleben ein, harrt jeweils für sechs Wochen in Deutschland aus und fährt dann für drei Wochen wieder nach Polen zu ihrer Familie. »Wenn ich zurückkam, war ich immer todmüde. Und zuhause in der Familie wartete auch Arbeit auf mich.«

Als sie sich mal wieder im »Urlaub« in Polen aufhält, kommt ein Anruf von der Tochter der Frau, die sie betreut: »Sie sagte mir, ich solle nicht mehr zurückkommen. ›Du bist entlassen, Edyta. Weil du meine Mutter bestohlen hast.‹« Edyta erzählt, dass sie bei einem Altkleidercontainer in der Nachbarschaft einen Sack mit Kleidungsstücken mitnahm, um ihn nach Hause zu bringen.

»Ich wollte damit Leute in Polen beschenken, die das gut gebrauchen können. Aber eine Polin aus der Nachbarschaft beobachtete mich dabei und hat rumerzählt, dass ich gestohlen hätte. Ich weiß nicht, ob das Neid war oder Spionage. Aber von da an wusste ich: Kontakte mit Polen im Ausland, das kann gefährlich sein.«

Es dauert nicht lange, bis sie über ihr privates Netzwerk eine neue Arbeit in einem Haushalt findet, nicht weit von Ludwigshafen entfernt. »Wieder ohne Arbeitsbewilligung. Immerhin gab es hier achtzig Euro mehr pro Monat, wenn der Monat 31 Tage hatte.« Als der »Opa« stirbt, den sie betreut, bietet ihr eine polnische Kollegin eine Stelle in der Schweiz an. Edyta bittet um eine Woche Bedenkzeit, bespricht sich mit ihrer Familie. Doch das Geld, das Edyta mit ihrer Arbeit im Ausland verdienen kann, wird gebraucht: Das Haus ihrer Schwiegereltern in Oberschlesien muss renoviert werden, die Tochter benötigt Unterstützung, um die in Schweizer Franken abgeschlossene Hypothek (»Eine Katastrophe!«) für ihre Wohnung abzustottern. Auch die Rentenaussichten ihres Mannes sind nicht rosig. So kommt es, dass Edyta dem Ruf in die Schweiz folgt und ihr Pendelleben weiterführt.

Entgrenzte Arbeit, begrenzter Lebensraum

Bei ihrer neuen Stelle in der Schweiz wird Edyta zum ersten Mal ein Arbeitsvertrag für ihre Arbeit im Haushalt ausgestellt.

»Endlich war ich legal beschäftigt, ich war überglücklich. 3000 Franken Bruttolohn. Ich dachte, das sei viel! Ich wusste nicht, wie viel hier ein Franken wert ist. Und zu Beginn war mir auch nicht klar, dass mir von meinem Lohn fast 1000 Franken monatlich für Kost und Logis abgezogen werden. Es blieben also noch 2000 Franken.«

Auch wenn Edyta nun ein Papier in den Händen halten kann, in dem fein säuberlich die Vertragsbedingungen festgehalten sind – 42 Stunden Wochenarbeitszeit, fünf Wochen Ferien, Sozialversicherungsabzüge, Kündigungsfrist –, merkt sie bald, dass im Arbeitsalltag vieles ungeregelt bleibt. Eine genauere Umschreibung des Pflichtenheftes fehlt. Ebenso wenig werden die vielen impliziten Erwartungen formalisiert, die mit dem Eintritt in den Haushalt einer pflegebedürftigen Person verbunden sind: die flexible Abrufbereitschaft, die Anwesenheit rund um die Uhr, die ständige Aufmerksamkeit für die betreute Person. Die Logik des Arbeitsvertrags wird konterkariert durch die Logik der häuslichen Sphäre, in der familiäre Normen wie die uneingeschränkte Verfügbarkeit der Hausfrau und der Aspekt der unbezahlten »Arbeit aus Liebe« wichtige Bezugsfiguren sind.

Dieser Kontrast scheint immer wieder auf, wenn Edyta auf ihre schon fast 13-jährige Berufsbiografie in der Betreuung und Pflege von älteren Menschen und auf die Anstellungen in inzwischen fünf verschiedenen Haushalten zurückblickt. In ihren Erzählungen schwankt sie hin und her zwischen Anekdoten zu schönen Erfahrungen und Empörung über die täglichen Zumutungen. Diese Ambivalenz spiegelt sich auch in den Anforderungen wider, denen 24-Stunden-Betreuer:innen zu entsprechen haben: sich nicht nur als Arbeitskraft zur Verfügung zu stellen, sondern als ganze Person. Es brauche »Leidenschaft« für diese Arbeit, anders gehe es gar nicht, sagt Edyta und betont, dass sie die älteren Menschen, um die sie sich kümmert, stets in ihr Herz schließe. Das Gefühl, für einen Menschen »etwas Besonderes« zu sein, sei das Schöne an ihrer Beschäftigung. Auch die Abwechslung genieße sie. Mit der Zeit hat Edyta jedoch auch gelernt, dass sie »ausgepumpt« werde, wenn sie sich zu sehr in eine Betreuungssituation hineingibt. Gleichzeitig sei es schwierig, »selber Grenzen [zu] setzen«, wenn man Tag und Nacht mit der betreuten Person im Haus lebt. Wenn Arbeitsplatz und Wohnort zusammenfallen, sind Arbeit und Freizeit zeitlich wie räumlich schwierig voneinander abzugrenzen. Edyta schildert, dass sie auch an ihrem arbeitsfreien Tag morgens Frau Felber beim Anziehen hilft und mit ihr das Frühstück einnimmt. »Und wenn ich zuhause bleibe, ruft sie mich ständig und will irgendwas.« Privatsphäre hat Edyta eigentlich nur, wenn sie das Haus und ihr Zimmer verlässt.

Es ist weniger die physische Arbeitsbelastung, die sie als besonders anstrengend beschreibt, auch wenn die Pflege und die Hausarbeit täglich viele Kraftakte erfordern. Vielmehr scheint vor allem die Anforderung, immer für die betreute Person präsent sein zu müssen, an ihren Kräften zu nagen. Als ich Edyta nach ihrem konkreten Tagesablauf bei Frau Felber frage, zählt sie eine Liste von Tätigkeiten auf, ohne diese detaillierter zu beschreiben: Körperpflege, kochen, abwaschen, Wäsche machen, Katzen füttern, einkaufen, Fenster putzen, den Boden wischen, Kleider waschen, Laub rechen, Unkraut jäten im Garten. Die meisten dieser Arbeiten gehören für Edyta zu ihrem Aufgabenprofil und scheinen ihr nicht groß der Rede wert zu sein. Viel ausführlicher beschreibt sie dann aber die Abendstunden, in denen sie mit Frau Felber im Salon sitzen muss und ihren Arbeitstag eigentlich längst für beendet erklären möchte. Zu schaffen machen Edyta vor allem die emotionalen Anteile der Care-Arbeit, die häufig als Selbstverständlichkeit vorausgesetzt und nicht als Leistung anerkannt werden.

»Frau Felber will, dass wir zusammen Sendungen im Fernsehen anschauen und danach darüber diskutieren. Häufig möchte die Dame, dass ich ihr bis 22 Uhr aus der Zeitung oder aus einem Buch vorlese. Immer wünscht sie Programm – sie kann nicht alleine sein! Und sobald ich mich wehre und meine eigene Zeit einfordere, wird es schwierig. Das erträgt sie gar nicht.«

Edyta bleibt in dem höchstpersonalisierten Arbeitsverhältnis in der häuslichen Sphäre wenig Handlungsspielraum: Formuliert sie eigene Ansprüche, riskiert sie, ihre »gute Beziehung« zu Frau Felber zu verspielen und als schlechte Betreuerin disqualifiziert und ausgewechselt zu werden. Ihre Rolle als Rechtssubjekt, das als Individuum Anspruch auf geregelte Arbeitszeiten, Freizeit und genügend Ruhezeit sowie den Schutz der eigenen Privatsphäre hat, kann dabei innerhalb der familiären Ordnung nur schwer zur Geltung kommen. So gilt es für Edyta, abends auszuharren, bis Frau Felber endlich schläft. Meistens ist sie dann zu müde für die eigene Lektüre. Falls die Energie reicht, ruft sie ihren Mann oder ihre Tochter an, bevor sie selbst zu Bett geht.

Fragiles soziales Netz

Immer wieder rückt Edyta die soziale Isolation in den Vordergrund, wenn sie über ihre Arbeit in der 24-Stunden-Betreuung erzählt. Ihre vielen sozialen Kontakte in Polen von früher sind inzwischen abgebrochen: »Über 300 Nummern habe ich in meinem Telefon gespeichert, jetzt bin ich höchstens noch mit zehn davon in Kontakt.« Es fehlen der Schwatz unter Arbeitskolleg:innen in der Kaffeepause, die spontanen Begegnungen mit Bekannten auf der Straße, das Zusammensein mit Freund:innen. Wenn Edyta etwas mehr Zeit hätte, könnte sie wenigstens mal ins Hallenbad gehen mit einer Bekannten aus dem Nachbarsdorf. Doch die zwei Zimmerstunden reichen nicht für solche Ausflüge. Die regelmäßigen Telefonate nach Polen sind Edyta zwar wichtig, stellen aber keinen Ersatz dar für unmittelbare Begegnungen und Momente der Geselligkeit im Alltag.

Ganz besonders gelitten hat Edyta unter der sozialen Isolation bei ihrer zweiten Stelle in der Schweiz. Damals lebte sie während zwei Jahren bei einer Frau, die sie sieben Tage die Woche auf Trab hielt.

»Ich wohnte in einem Kämmerchen – es war wie ein Dienstmädchenzimmer vor fünfzig Jahren! Ich hatte kein Radio, keinen Fernseher, kein Internet. Keine Privatsphäre, kein freier Tag – null. In der Nacht musste ich regelmäßig fünf Mal aufstehen. Ach ja, einmal am Tag schaute die Dame eine fünfzigminütige Serie. In dieser Zeit konnte ich aus dem Haus, Einkäufe erledigen, auf die Post gehen, um Briefe in meine Heimat zu senden.«

Trotzdem bleibt Edyta bei der Frau, bis sie stirbt. »Ich war bis zum letzten Atemzug bei der alten Dame. Denn ich hatte ihr versprochen: ›Solange Sie leben, bleibe ich bei Ihnen.‹ Dieses Versprechen habe ich gehalten. An dem Abend, als sie starb, öffnete ich das Fenster, damit ihre Seele frei wird.« Für Edyta bedeutet jeder Tod, den sie begleitet, nicht nur ein Abschiednehmen von einer Person, die sie Tag und Nacht begleitet hat, sondern auch von dem Ort, an dem sie sich für eine Zeit lang eingerichtet und wo sie – wenn auch häufig nur spärliche – Kontakte aufgebaut hat: mit der Nachbarin, der Verkäuferin im Dorfladen oder Angehörigen, die sie mag. Jede Neuanstellung ist mit einem geografischen Ortswechsel verbunden, wobei sich Edyta stets wieder an einem unbekannten Ort einfinden muss und sich von Neuem um Kontakte in ihrer Umgebung zu bemühen hat.

Einer der wenigen Fixpunkte in ihrem mobilen Leben ist für Edyta das soziale Netzwerk in Basel, das sie während ihrer ersten Stelle in der Schweiz knüpfen konnte. Dank ihrer damaligen Arbeitgeberin erfährt sie vom polnischen Gottesdienst, der jeweils Sonntagmittag in der Kirche Allerheiligen in Basel stattfindet. Edyta findet dort einen Ort, an dem sie aus der privaten Sphäre des Haushalts austreten kann und wo sie ihre Alltagssorgen für eine Weile hinter sich lassen kann. Sie knüpft Freundschaften mit polnischen Betreuerinnen und schließt sich dem gewerkschaftlichen Netzwerk »Respekt« an, das zu dieser Zeit gerade entsteht.

Es geht um Respekt

Schon bei unseren ersten Begegnungen fällt mir auf, dass Edyta im Gegensatz zu einigen ihrer Berufskolleginnen die Arbeit im Haushalt stets in einen professionellen Kontext rückt. In unserem Gespräch betont sie, dass eine gerechte Entlohnung auch Tätigkeiten wie das abendliche Vorlesen oder Fernsehschauen mit Frau Felber einschließen müsste, und rechnet vor, dass sie demnach aktuell wöchentlich mindestens 17 Stunden Überzeit leistet, für die sie nicht entschädigt wird. So richtig in Rage kommt Edyta, wenn sie von Arbeitgeber:innen erzählt, die Mindestlohnansprüche ablehnen, indem sie sich auf das Lohnniveau in ihrem Herkunftsland beziehen. »Weißt du, was mir der Sohn der Familie in Basel – er war Chef einer Rehaklinik – antwortete, als ich nach ein paar Monaten nach etwas mehr Lohn bat? ›Für euch Polen ist das doch viel Geld!‹« Ein anderes Mal wird ihr bei einem Vorstellungsgespräch gesagt, dass sie überzogene Lohnvorstellungen habe, als sie den gesetzlichen Mindestlohn einfordert: Der Mann »mit noblem Auto« hätte ihr geantwortet, dass er eine Frau aus dem ehemaligen Jugoslawien kenne, die diese Arbeit für 1600 Franken monatlich erledige. Edyta bedauert, dass sich auch ihre Landsleute häufig »nach unten« orientieren würden:

»Viele Polinnen schweigen und wehren sich nicht. Einige sagen mir: ›Ach Edyta, sei doch froh, dass du überhaupt Arbeit hast.‹ Oder sie zeigen sich überglücklich, nur weil sie aus ihrem Zimmerfenster eine schöne Aussicht auf die Alpen haben. Viele unterschreiben einen Arbeitsvertrag

für 1200 Franken monatlich und haben keine Ahnung, wie hoch das Lohnniveau hier in der Schweiz ist.«

In den rechtlichen Beratungen im »Respekt«-Netzwerk lernt Edyta, dass sie alle ihre Arbeitsstunden protokollieren muss, um diese allenfalls auch rechtlich einzufordern. Als ihre beiden Kolleginnen Bozena Domanska und Agata Jaworska mit gewerkschaftlicher Unterstützung eine private Care-Agentur vor ein Arbeitsgericht ziehen und erfolgreich unbezahlte Präsenz- und Überstunden einklagen, ist Edyta beeindruckt. Ein paar Jahre später – als sie bereits bei Frau Felber arbeitet – fasst sie den Mut, es den beiden gleichzutun. Die Angehörigen der inzwischen verstorbenen Person, bei der sie in einem »Kämmerchen« wohnen musste, fordert sie mithilfe eines Anwalts der Gewerkschaft Verband des Personals öffentlicher Dienste vor Gericht zu einer Lohnnachzahlung von rund 30 000 Franken auf. »Einige Leute sagten zu mir: ›Du wirst keinen Rappen kriegen.‹ Aber ich wollte nicht mehr passiv bleiben. Auch wenn es kein Vergnügen war für mich, vor Gericht zu gehen.« Die Richter gaben Edyta in allen Punkten recht – ihre Freude war riesig. Edyta betont, dass es ihr nicht einfach nur um das Geld gegangen sei. Respekt und Anerkennung standen dabei genauso im Zentrum: »Mir war wichtig zu zeigen, dass man auf unsere Bedürfnisse Rücksicht nehmen soll. Auch wir brauchen Schlaf, etwas Freizeit und Erholung. Ein bisschen Entspannung zwischendurch. Sonst hält man das nicht durch.«

Zurück in die Zukunft

Wie lange sie denn noch die Kraft habe, diese Arbeit in der Schweiz weiterzuführen, frage ich Edyta gegen Ende unseres Gesprächs. »Ich weiß es nicht. Ich will nicht planen. Es kommt, wie es kommen muss«, antwortet sie und macht damit deutlich, dass sie in ihrer prekären Schwebelage keine konkreten Zukunftspläne formulieren kann. Frau Felber habe sie versprochen, dass sie bei ihr bleibe, solange sie noch lebe. Gleichzeitig erwähnt Edyta, dass ihre Sorgearbeit auch zuhause in der Familie nützlich wäre – letztes Jahr ist ihr sechstes Enkelkind zur Welt gekommen. Zu der Zerrissenheit zwischen den Sorgeansprüchen hier und dort kommt die Ungewissheit hinzu, ob die in den letzten zehn Jahren angesparten Rentenansprüche aus der Schweiz reichen werden, um sich ohne finanzielle Zukunftssorgen zur Ruhe setzen zu können. Zudem müsste sie sich auch in ihrer alten Heimat wieder von Neuem einfinden. Vorerst hofft sie, dass sie in naher Zukunft etwas Urlaub bei ihrer Familie machen kann. »Kommst du mich besuchen, nächsten Sommer?«, fragt mich Edyta und schwärmt mir von der wunderschönen Natur in den Masuren vor, bis sie auf die Uhr blickt: Sie muss wieder zu Frau Felber in den Salon zurück.

Transnationale Care-Arbeit in Schweizer Privathaushalten

Längst ist es keine versteckte Notlösung mehr, sondern eine bekannte Strategie von Haushalten mit pflegebedürftigen Menschen: die Rekrutierung von osteuropäischen Migrant:innen in die sogenannte 24-Stunden-Betreuung. Mit ein paar Mausklicks kann heute ein transnationales Care-Arrangement organisiert werden. In der Schweiz wie auch in Deutschland boomt der private Markt für ambulante Pflege-, Betreuungs- und Haushaltsdienste. Die Zahl der Live-in[4]-Care-Arbeiterinnen aus osteuropäischen Ländern in der Seniorenbetreuung wird in der Schweiz auf mehrere zehntausend geschätzt, in Deutschland auf 300 000 bis 500 000. Dabei hat sich ein Rotationssystem mit Pendelmigrantinnen etabliert, die sich meist im ein- bis dreimonatlichen Rhythmus abwechseln, um in Privathaushalten von pflegebedürftigen älteren Menschen Rund-um-die-Uhr-Betreuung zu leisten. Damit wird das private Zuhause – ein Ort, an dem traditionell unbezahlte, meist weibliche Care-Arbeit dominiert – zu einem Arbeitsplatz, an dem Lohnarbeit geleistet wird. Die Arbeitskräfte auf diesem Markt sind weiterhin hauptsächlich Frauen; die Kommerzialisierung von Care-Arbeit geht mit einer Transnationalisierung des Arbeitsmarktes einher. In der Schweiz sind es Frauen aus Polen, Ungarn, der Slowakei und in jüngster Zeit zunehmend auch aus Rumänien, die im Rahmen der Personenfreizügigkeit grenzüberschreitend ihre Arbeitskraft anbieten. Einige – wie auch Edyta Wierczok – gelangen über private Netze zu ihren Arbeitsstellen. Häufig kommen die

Care-Arbeiterinnen aber über profitorientierte und transnational agierende Vermittlungs- und Verleihagenturen in die Schweiz. Diese werben damit, »bezahlbare Pflege« anzubieten, bei der gleichzeitig eine »unbezahlbare Herzlichkeit« garantiert sei.

Dass Haushalte nach »bezahlbaren« privaten Lösungen suchen, liegt wesentlich daran, dass die Pflegefinanzierung in der Schweiz hauptsächlich durch die Haushalte selbst geleistet werden muss. Während in den OECD-Ländern durchschnittlich rund 85 Prozent der Langzeitpflege öffentlich-solidarisch finanziert werden, ist der Anteil in der Schweiz niedriger als vierzig Prozent. Die kassenpflichtigen Leistungen sind sehr stark auf medizinische Pflege ausgelegt – haushaltsbezogene Dienstleistungen und Betreuungsdienste müssen aus der eigenen Tasche bezahlt werden. Das führt dazu, dass sich in den Privathaushalten zunehmend ein vergeschlechtlichter und ethnisierter Niedriglohnsektor etabliert. Die arbeitsrechtliche Absicherung der Arbeit von Care-Arbeiterinnen in der Live-in-Betreuung bleibt dabei mangelhaft. Zwar besteht für die Arbeit in Privathaushalten ein schweizweit verbindlicher Stundenlohn, die Arbeitszeiten und die Entschädigung für Rufbereitschaft insbesondere während der Nacht bleiben jedoch weitgehend ungeregelt. Die Regierung hält an dem Beschluss fest, dass bezahlte Hausarbeit nicht dem Schweizer Arbeitsgesetz unterstellt werden soll. Dessen Bestimmungen zu Arbeits- oder Ruhezeiten oder zum Gesundheitsschutz gelten für die Live-in-Betreuungskräfte deshalb nicht. Ihre Arbeit wird damit lediglich in unverbindlichen kantonalen Normalarbeitsverträgen geregelt – auch wenn dies das 2011 von der Internationalen Arbeitsorganisation verabschiedete Übereinkommen über menschenwürdige Arbeit für Hausangestellte verletzt, das die Schweiz vor rund fünf Jahren ratifiziert hat. Die Expansion des transnationalen Care-Marktes ist jedoch nicht nur Ausdruck einer verschärften Krise der sozialen Reproduktion in der Schweiz, sondern steht in direkter Wechselwirkung mit Krisensituationen in Haushalten postsozialistischer Länder Osteuropas. Hunderttausende von Menschen entscheiden sich, temporär im »Westen« einer Lohnarbeit nachzugehen, weil in den betreffenden Ländern für viele Menschen »die Löhne zu hoch sind, um zu sterben und zu niedrig, um davon leben zu können« – wie es eine Care-Arbeiterin ausdrückt, die zwischen Polen und der Schweiz hin und her pendelt, um in Privathaushalten zu arbeiten. Care-Arbeiterinnen übernehmen damit eine bedeutende Rolle in der Existenzsicherung ihrer Familien. Gleichzeitig zeigen sich in diesen Ländern neue Versorgungslücken in den Haushalten der Pendelmigrantinnen. Die Care-Krise in reicheren Ländern und wohlhabenderen Haushalten wird dabei um den Preis ihrer Auslagerung in ärmere Regionen entschärft.

Aktuelle Fälle von juristischen Klagen gegen Schweizer Agenturen und private Arbeitgeber:innen in Haushalten zeigen jedoch, dass die uneingeschränkte und unbezahlte Verfügbarkeit rund um die Uhr durch die Care-Arbeiterinnen nicht mehr klaglos akzeptiert, sondern zunehmend juristisch angefochten wird. In den letzten Jahren organisierten polnische Care-Arbeiterinnen des gewerkschaftlichen Netzwerks »Respekt« in Basel mit dem Slogan »24 Stunden Arbeit für 6 Stunden Lohn? Nicht mit uns!« eine Kampagne für mehr Freizeit und für die Entlohnung der unbezahlten Rufbereitschaft und Überzeiten. Dies ist Ausdruck davon, dass der Ausschluss des Privathaushalts aus dem Arbeitsrecht zunehmend infrage gestellt wird. Gleichzeitig gibt es für eine echte Verbesserung der Alltagsrealitäten von Care-Arbeiterinnen in Privathaushalten keine einfachen Lösungen. Entscheidend ist letztlich der Ausbau einer öffentlichen Care-Infrastruktur, mittels derer garantiert wird, dass die Care-Bedürfnisse *aller* Menschen geachtet werden, auch jener, die sich selbst um Pflegebedürftige kümmern – und die ihrer Familien.

Anmerkungen

1 Der Name ist ein Pseudonym.
2 Sogenannte Zimmerstunden sind Zeit, in der die Care-Arbeiterin zwar abrufbereit sein soll, sich aber in ihr eigenes Zimmer zurückziehen kann.
3 Der Name ist ein Pseudonym.
4 »Live-ins« werden Care-Arbeiterinnen genannt, die im Haushalt der Familie leben – im Gegensatz zu »Live-outs«, die eine eigene Wohngelegenheit außerhalb des Haushalts haben.

II

Arbeitskraft wiederherstellen: Gesundheit

Wieso gehen, wenn man was verändern kann? Krankenhauspflege zwischen Flucht und kollektivem Widerstand

Von Daniel Behruzi

»Ausbildung heißt bei mir, ich mach die Probezeit, hab dann nen Vertrag, und scheiß dann drauf. Kassier mein Cash und chill wie ein Maulwurf.« So stellt sich die tumbe Hauptfigur Boris in der Youtube-Serie *Ehrenpflegas* den Pflegeberuf vor. Viel mehr kommt dann auch nicht. Die vom Bundesfamilienministerium veröffentlichten Minivideos lösten im Corona-Herbst 2020 einen veritablen Shitstorm auf allen Social-Media-Kanälen aus, weil sie so tun, als wäre die Pflege für alle perspektiv- und lustlosen Jugendlichen gerade gut genug.

Auch Ulla Hedemann hat sich über die Werbefilmchen aufgeregt.[1] Die Kinderkrankenpflegerin sieht sie nicht nur als gut gemeinten, aber fehlgeschlagenen Versuch zur Gewinnung neuer Pflegekräfte, sondern als Ausdruck einer immer wieder neu reproduzierten, gesellschaftlichen Abwertung ihres Berufs. Die Botschaft: »Pflegen kann jeder. Man wäscht sich ja auch selbst, da kann man auch leicht andere waschen.« Dieses Bild kollidiert jedoch mit der Professionalisierung und den Ansprüchen einer neuen Generation von Pflegekräften wie Ulla Hedemann.

»Wir machen das so, weil wir es schon immer so gemacht haben.« Diesen Satz mag die 34-Jährige nicht mehr hören. Sie drängt darauf, das wissenschaftliche Fundament der Pflege auszubauen. Wie kann der Pflegeprozess am erfolgreichsten gestaltet werden? Welche Interventionen wirken sich in welcher Weise auf die Pflegequalität aus? Solche Fragen sind zunehmend Gegenstand empirischer Forschung und neuer pflegewissenschaftlicher Studiengänge, die an den Hochschulen wie Pilze aus dem Boden schießen. Ulla Hedemann geht es nicht darum, einen abgehobenen akademischen Overhead zu schaffen, sondern wissenschaftliche Erkenntnisse für die Pflege am Bett nutzbar zu machen.

Die Professionalisierung geht einher mit veränderten Ansprüchen an die eigene Stellung. Zunehmend sehen Pflegekräfte ihre Arbeit nicht mehr als karitative Wohltätigkeit, für die ein »Vergelt's Gott« ausreicht. So war es in den Ursprüngen, als Frauen vor ihrer Verheiratung als unbezahlte Pflegerinnen tätig waren, meist in kirchlichen Einrichtungen. Die Geringschätzung des Pflegeberufs erklärt sich auch aus seiner Geschichte.

Heute fordern beruflich Pflegende zunehmend selbstbewusst Anerkennung – gesellschaftlich, finanziell und in Bezug auf ihre Arbeitsbedingungen. Sie sind nicht länger bereit, weit unter ihrem Qualifikationsniveau bezahlt zu werden, sich aufzuopfern, ihre eigene Gesundheit für das Wohlergehen anderer aufs Spiel zu setzen.

Pflegende sind zum Subjekt und kollektiven Akteur geworden, was sich in der wachsenden Zahl und Intensität von Tarifkonflikten und Streiks ausdrückt. Noch Anfang des Jahrtausends waren alle – inklusive der Pflegekräfte selbst – davon überzeugt, dass eigenständige Arbeitskämpfe an Krankenhäusern ein Ding der Unmöglichkeit sind. Das hat sich grundlegend gewandelt. Krankenhausbeschäftigte sind zu einem der aktuell dynamischsten Teile der deutschen Gewerkschaftsbewegung geworden. Trendsetter dieser Entwicklung war das Berliner Universitätsklinikum Charité, an dem auch Ulla Hedemann arbeitet.

Traumberuf Pflege

Für die gebürtige Münchnerin war früh klar, wo sie beruflich hinwill. Nach ihrem Realschulabschluss wollte die damals 16-Jährige sofort in die Ausbildung zur Gesundheits- und Kinderkrankenpflegerin einsteigen. Doch sie war zu jung, es galt eine Altersgrenze von 17 Jahren. Also schob sie ein Freiwilliges Soziales Jahr ein. Doch auch danach durfte sie die Pflegeausbildung nicht beginnen – die Altersgrenze war zwischenzeitlich um ein Jahr angehoben worden. »Das war 2003, Einführung des DRG-Systems, Anfang des Personalabbaus. Da haben sie natürlich auch die Ausbildungszahlen massiv gekürzt«, sagt sie rückblickend.

Mit dem zwischen 2003 und 2005 eingeführten System der Fallpauschalen (Diagnosis Related Groups, DRG) wurde die Krankenhausfinanzierung grundlegend umgestellt. Galt zuvor das Selbstkostendeckungsprinzip – wonach die bei wirtschaftlicher Betriebsführung anfallenden Kosten von den Krankenkassen vollständig refinanziert wurden –, werden die Krankenhäuser seither über Pauschalen vergütet. Die jeweiligen Leistungen werden 1300 Fallgruppen zugeordnet. Vereinfacht ausgedrückt: Es gibt für jede Fallgruppe eine Bewertungsrelation, also eine Zahl, die die bundesweiten Durchschnittskosten ausdrücken soll. Um den Preis einer Leistung zu ermitteln, wird diese mit dem sogenannten Landesbasisfallwert multipliziert, einem Euro-Betrag, der für jedes Bundesland jährlich zwischen Landeskrankenhausgesellschaft und Krankenkassen ausgehandelt wird.

Die Kalkulation von Fallpauschalen auf der Grundlage durchschnittlicher Ist-Kosten führt dazu, dass Kliniken und Abteilungen mit einer überdurchschnittlichen Personalbesetzung die dadurch verursachten Kosten nicht vergütet werden und Verluste machen. Krankenhäuser mit einer unzureichenden Personalausstattung erhalten dieselbe Fallpauschale und können so Gewinne erzielen.

Mit dem DRG-System hat der Gesetzgeber einen permanenten Rationalisierungszwang geschaffen, der sich insbesondere in dessen Einführungsphase in einem Abbau von Pflegestellen niederschlug, »wie es ihn in der Geschichte der Bundesrepublik zuvor noch nie gegeben hatte« (Simon 2019, S. 220). So sank die Zahl der Vollzeitstellen in der Krankenhauspflege zwischen 2002 und 2007 um rund 33 000 oder mehr als zehn Prozent. Auch die Zahl der Ausbildungsplätze ging vor und während der DRG-Einführung um fast 10 000 zurück.

Berufung und Professionalität

Für Ulla Hedemann hatte der damalige Abbau von Ausbildungsplätzen zur Folge, dass sie zunächst einen anderen Weg einschlagen musste. Sie machte eine dreijährige Ausbildung zur Arzthelferin. »Arztpraxis, viel Verwaltung, viel Telefon, nur so Assistenz«, fallen ihr als Stichworte dazu ein. Nach ihrer Abschlussprüfung blieb sie nur ein Jahr, um dann doch noch eine Pflegeausbildung zu beginnen. Genauer: die Ausbildung zur Kinderkrankenpflegerin. »Weil ich lieber mit Kindern arbeite«, sagt sie. »Weil Kinder einfach ehrlicher sind. […] In der Kita – mein Freiwilliges Soziales Jahr war in der Kita – hat mir das Kind auch mal morgens gesagt: ›Ulla, du schaust heute echt scheiße aus!‹ ›Danke, ich weiß haha.‹ Aber das mag ich lieber: offene Ehrlichkeit.« Und: »Ich finde so ein Kinderlächeln wahnsinnig schön.«

Neben dem Interesse für medizinische Fragen, die Physiologie des menschlichen Körpers, ist es die Arbeit mit Menschen, die für Ulla Hedemann das Besondere an der Pflege ausmacht:

»›Arbeiten‹ heißt ganz viel in meinem Bereich. ›Arbeiten‹ heißt ja allein schon, so ein Gespräch zu führen, zu betreuen. Sich mit dem Menschen selber auseinanderzusetzen, also jetzt nicht nur so standardmäßig irgendwie, […] mit dem Menschen selber als Person, aber auch mit den Besonderheiten, Krankheiten oder so auseinanderzusetzen und dann eben personenzentriert darauf einzugehen. Ihm was Gutes tun dann halt einfach. Aber im Endeffekt ist es ja das, was man macht: Ihm hilft, sein Leben oder die Funktionen, die er im Moment nicht machen kann, oder das, was er nicht alleine hinkriegt, ihn dabei zu unterstützen, sich selbst zu versorgen.«*

Für Ulla Hedemann ist der Pflegeberuf durchaus »Berufung«, aber eben auch ein moderner Beruf: »Es hat schon was von Berufung, aber ich möchte halt da trotzdem mit 'nem professionellen Ansatz und nicht unentgeltlich rangehen, weil auch ich habe ein Leben, das finanziert werden möchte.«

»Einen Knall haben wir alle, sonst wären wir nicht hier«

Die Motivation, mit und für Menschen zu arbeiten, ist wohl der wichtigste Grund für die Berufswahl eines Großteils der Pflegekräfte. Diese Berufsethik lässt sie auch unter schwierigen Bedingungen ausharren. »Wie sagt meine Kollegin immer: ›Einen Knall haben wir alle, sonst wären wir nicht hier‹, genau.« Allerdings erkennt Ulla Hedemann unter Pflegekräften auch unterschiedliche Typen. »Es gibt Leute, die machen das einfach nur als Job, [die] so völlig rational rangehen.« Diese Kolleg:innen seien eher an Technik interessiert und an einer »Gerätemedizin« orientiert, weniger patientenbezogen, und vor allem auf Intensivstationen und in der Anästhesie zu finden. Im Kontrast dazu gebe es einen Typus, »der sagt: ›Ja, und das mache ich doch aus Nächstenliebe, und tüddel ja gerne und will gar nicht so viele Geräte oder Medizin oder Pflegediagnosen. Ich möchte einfach nur das schön machen und ich hab das schon immer so gemacht.‹« Diesen verortet sie vor allem unter Kolleg:innen mittleren Alters.

Vor allem junge Pflegekräfte formulieren hingegen professionelle Ansprüche und fordern bessere Bedingungen. Werden diese nicht erfüllt, stehen ihnen zwei Wege offen, die in Anlehnung an Hirschman (1970) als »Exit« und »Voice« bezeichnet werden können: »Schon eher in die Richtung: ›Wenn's mir nicht gefällt, wenn ich nicht das kriege, was ich will, dann gehe ich halt. Dann gehe ich ins Leasing[2] oder woanders hin oder studiere Medizin.‹« Andere aus dieser Generation setzen hingegen darauf, ihre Interessen kollektiv zu vertreten, und sind diejenigen, »die auch eben gut motivierbar sind für Arbeitskampfmaßnahmen oder sich eher auch mal einsetzen für den Beruf«.

Lange herrschte das Bild von Beschäftigten in der Pflege vor, sie würden sich aufgrund ihres »Pflegeethos« (Senghaas-Knobloch 2008) nicht kollektiv zur Wehr setzen. Arbeitskonflikte oder sogar Streiks galten als ausgeschlossen. Das hat sich geändert. Der genannte Mechanismus wirkt zwar weiterhin, verliert aber in einer neuen Generation von Pflegekräften an Prägekraft. Auch diese sehen zumeist die »Pflege als Berufung« an (Voges 2002), doch die Schlussfolgerung daraus kehrt sich potenziell um: Statt sich durch eine »Zuneigungsgefangenschaft« (Folbre 2001) zu Patient:innen von kollektivem Handeln abhalten zu lassen, ist es immer öfter gerade die Tatsache, dass Pflegekräfte im Arbeitsalltag den eigenen ethischen und professionellen Ansprüchen nicht gerecht werden können, die sie auf die Straße treibt. Im Gesundheitswesen gilt, was Dörre (2020, S. 324) auch für den Sozial- und Erziehungsdienst feststellt:

> Ausgerechnet eine berufliche Identität, die lange als Organisationshemmnis galt, verwandelte sich in eine Quelle von Reproduktions- und gewerkschaftlicher Organisationsmacht. Angesichts geringer gewerkschaftlicher Organisationsgrade und einer zerklüfteten Tariflandschaft stellen berufliche Identitäten von Sorgearbeitern trotz ihrer Partikularität eine mögliche Sinnressource dar, die durchaus in Organisationsmacht und Konfliktfähigkeit überführt werden kann.

In der Krankenhauspflege hat sich »ein neues Facharbeiter-Bewusstsein« (ebd.) herausgebildet, das eine Grundlage für erfolgreiche gewerkschaftliche Kämpfe bilden kann.

»Vergiss, was du gelernt hast«

Hintergrund ist, dass der professionelle Anspruch von Pflegekräften an ihre Arbeit mit der Realität kollidiert. Das erlebte Ulla Hedemann in ihrer Ausbildung vor allem als Widerspruch zwischen der Theorie, die in der Pflegeschule gelehrt wird, und der Praxis im Klinikeinsatz. Bei Letzterem bestehe stets der

»*Druck, dass man noch mehr arbeiten muss, oder eben noch mehr versorgen muss, mehr durchschleusen muss an Patienten. Und als Schüler [stehst du] dann da und musst alles perfekt machen und dir wird immer gesagt: ›Du bist zu langsam!‹ und ›Du musst schneller machen!‹ Und ›Scheiß auf jeden!‹, ›Vergiss, was du gelernt hast, hier ist sowieso alles ganz anders.‹*«

Auf manchen Stationen würden Auszubildende als »Lückenbüßer« und de facto als Hilfskräfte eingesetzt, die lediglich zuarbeiten und dabei wenig lernen. Auf der anderen Seite komme es zu Überforderungssituationen, wenn Auszubildende aufgrund des Personalmangels nicht angeleitet und begleitet würden, zum Beispiel bei der Medikamentenabgabe. Ulla Hedemann berichtet aber auch von positiven Beispielen und Stationsteams, die sich sehr für die Auszubildenden und eine gute Ausbildungsqualität engagieren.

Pflegekräfte im Dilemma

Der Personalmangel und die Überlastung wirken sich nicht nur in der Ausbildung, sondern in allen Bereichen der Krankenhäuser aus. Allein in der Pflege fehlen laut einer Studie aus dem Jahr 2015 – welche die Sollwerte der vom Bundesgesundheitsministerium 1993 eingeführten Pflegepersonalregelung zum Ausgangspunkt nahm – rund 100 000 Vollzeitstellen (vgl. Simon 2015, S. 5). Die Folge ist, dass die Versorgung oft nur noch aufrechterhalten werden kann, weil Pflegekräfte und andere Beschäftigte Leistungen über ihre arbeitsvertraglichen Pflichten hinaus erbringen. Laut einer Onlinebefragung von gut 3500 Pflegekräften ist das Einspringen außerhalb des regulären Dienstplans in der Krankenhauspflege sehr verbreitet: Nur vier Prozent der Pflegekräfte geben an, nie in ihrer Freizeit um die kurzfristige Übernahme von Schichten gebeten zu werden (vgl. DBfK 2016). Dem DGB-Index Gute Arbeit von 2018 zufolge müssen 68 Prozent der Beschäftigten im Gesundheitswesen oft oder sehr häufig unter Arbeitshetze und Zeitdruck arbeiten (vgl. Verdi 2019). Die repräsentative Beschäftigtenbefragung des Folgejahres stellt fest, dass über die Hälfte der Krankenpfleger:innen ihre gesetzlich vorgeschriebenen Pausen nicht (vollständig) nehmen können. Ebenfalls eine Mehrheit geht davon aus, ihre jetzige Tätigkeit nicht ohne Einschränkungen bis zum gesetzlichen Rentenalter ausüben zu können (vgl. Hoppe/Roth 2020, S. 63 ff.).

Der DGB-Index Gute Arbeit von 2019 zeigt zudem auf, dass zwischen hoher, potenziell gesundheitsgefährdender Arbeitsintensität und indirekten Formen der Leistungssteuerung in der Pflege ein enger Zusammenhang besteht (vgl. ebd.). Denn die Verantwortung dafür, die Versorgung in der bestehenden Mangelsituation aufrechtzuerhalten, wird mittels »indirekter Steuerung« (Siemens/Frenzel 2016) auf die Pflegeteams verlagert. Ulla Hedemann dazu:

»*Von ganz oben immer wieder so: euer Problem. Diese Selbstverantwortung, […] das ist ja das, was die [Stations-] Leitungen immer wieder abkriegen im Endeffekt. […] Es wird gesagt:* ›*Ihr habt X Vollkräfte, dann müsst ihr klarkommen. Entweder dann organisiert ihr euch und wenn ihr's nicht schafft, dann wird gefragt:* ›*Ja, warum habt ihr's denn nicht geschafft? Warum kriegst du dein Team nicht unter Kontrolle?*‹«

Vor allem macht der Kinderkrankenpflegerin zu schaffen, dass die Zeit fehlt, sich in Ruhe mit Patient:innen und Angehörigen zu beschäftigen. Sie beschreibt eine typische Überlastungssituation auf einer Kinderintensivstation:

»*Du hast acht Stunden und zwei Patienten, wo du eigentlich für den einen sechs Stunden bräuchtest und für den anderen, gut, vielleicht vier, aber trotzdem sind da zwei Stunden zu wenig. Und meistens ist alles parallel. Und du hast auch immer das Gefühl, du hetzt so hin und her. Und unterbrichst bestimmte Prozesse. Machst alles nur zur Hälfte oder ganz schnell. Elterngespräche führst du nur nebenbei, was ich auch immer unangenehm, was heißt unangenehm, aber für die Eltern blöd finde, weil du dir nicht mal die Zeit nehmen kannst und sagst:* ›*So, wir setzen uns jetzt mal kurz hin und Sie stellen mir Ihre Fragen oder sagen, was Sie brauchen. Und ich schaue, was ich möglich machen kann.‹ Sondern du machst immer so nebenbei, guckst aber auf die Uhr, versuchst aber voll und ganz zuzuhören, sie nicht zu unterbrechen und ihnen nicht das Gefühl zu vermitteln, dass du eigentlich schon wieder Meter weiter sein müsstest. Und hetzt irgendwie nur noch – wenn du aus dem Zimmer rausgehst –, hetzt du eigentlich nur noch hin und her. Und gehst aber raus [...] und denkst, du hast erstens nichts geschafft, alles nur zur Hälfte gemacht. Saßt eine halbe Stunde länger da, weil du noch dokumentiert hast, hast du zwischendrin nichts geschafft. Keine Pause, nicht getrunken – gut, dann muss man auch nicht pullern –, aber, uff. Es fühlt sich einfach so, so unfertig, so ... Man hat einfach kein gutes Gefühl, wenn man rausgeht. Man fühlt sich so, als hätte man was vergessen, als wäre man dem, was man gelernt hat, auch nicht gerecht geworden. Oder seinen eigenen Ansprüchen nicht gerecht geworden. Das Gelernte mal dahingestellt, aber ich hab ja auch einen Anspruch an mich, wie ich pflegen möchte. [...] Auf diese Wünsche von dem Patienten eingehen, das schaffst du dann in solchen Situationen einfach nicht.«*

Der strukturelle Personalmangel bringt Pflegekräfte in das Dilemma, sich zwischen den Bedürfnissen von Patient:innen und eigenen Interessen entscheiden zu müssen: »Entweder lässt du dir dann auch wirklich in stressigen Situationen Zeit und weißt am Anfang des Dienstes eigentlich schon, dass du mindestens ne Stunde länger bleibst, oder du machst es eben nicht und gehst dafür dann total unzufrieden raus.« Ulla Hedemann bringt diese innere Zerrissenheit mit dem in Verbindung, was Hagen Kühn

(2003) eine kognitive bzw. »moralische Dissonanz« nennt: dem Widerspruch zwischen ethischen und ökonomischen Motiven. Sie könne »nicht verstehen [...], wie ein System, wo es um Menschen geht, so gestrickt sein kann, dass es immer nur um Profit geht«. Als Beispiele nennt sie Fälle, in denen Patient:innen länger als nötig beatmet werden, um höhere Fallpauschalen abrechnen zu können.

»Dass das dann Konsequenzen für den Patienten danach hat, mehr Sedierung, danach wahrscheinlich ein Delir, also das verschlechtert das Outcome. Der ganze Krankenhausaufenthalt wird länger meistens dadurch, weil der Patient mehr Komplikationen hat, weil mehr passieren kann. Was das für Angehörige bedeutet, 24 Stunden länger am Bett zu sitzen, in einer Intensivstation sein zu müssen. Und alles nur [...], weil die Krankenhäuser besser abrechnen können. Also ja, das widerstrebt mir einfach massiv.«

Das Primat der Ökonomie hinterlässt auch Spuren im Denken der Behandelnden, was an den Äußerungen eines Oberarztes exemplarisch deutlich wird:

»Ärztliche Runde, Morgenbesprechung: ›Ja, Patient XY ist heute gestorben, bester Dank, ab heute hätte er weniger Geld gekriegt‹ [gemeint ist: Ab diesem Tag hätte sich der Patient für das Krankenhaus nicht mehr gerechnet]. *Hat danach selber auch gemerkt, dass das gerade auch sehr pietätlos war [...]. Aber alleine dieser Satz [...] zeigt, wie krass dieses DRG-System da drin ist.«*

In diese Richtung wirken auch Zielvereinbarungen mit Chefärzt:innen, deren Bonuszahlungen vom Erreichen bestimmter Fallzahlen abhängen. Solche variablen Vergütungsbestandteile machen rund vierzig Prozent des durchschnittlichen Jahreseinkommens von Chefärzt:innen aus. Ein weiteres Mittel, die Ausrichtung an ökonomischen Kennziffern im Krankenhaus durchzusetzen, sind »Warnampeln«, die auf dem Stationscomputer anzeigen, ab wann die Liegezeit eines Patienten dazu führt, dass die Klinik mit dem betreffenden Fall Verluste macht.

Die Pflege im Teufelskreis

Der durch Ökonomisierung und Personalnot geschaffene Druck hat für die Beschäftigten messbare gesundheitliche Folgen. So waren Gesundheits- und Krankenpfleger:innen laut *BKK-Gesundheitsatlas* im Jahr 2015 mit 19,3 Tagen weitaus häufiger arbeitsunfähig als der Durchschnitt der Beschäftigten, die 16,1 Tage ausfielen. Krankschreibungen aufgrund psychischer Störungen lagen gar um fünfzig Prozent höher als im Gesamtdurchschnitt (vgl. Kliner/Renner/Richter 2017, S. 34 ff.). Pflegekräfte müssen zudem doppelt so häufig eine Erwerbsminderungsrente in Anspruch nehmen als andere. Würden Krankschreibungen und Frühverrentungen auf das Durchschnittsniveau gesenkt, stünden demnach auf einen Schlag 26 000 zusätzliche Pflegekräfte zur Verfügung (vgl. Rothgang/Müller/Preuß 2020).

Das zeigt: Die gesundheitlichen Belastungen verschärfen den Personalmangel, wodurch sich wiederum die Arbeitsbedingungen verschlechtern – ein Teufelskreis. Hinzu kommen weitere Faktoren, die diesen Zusammenhang verstärken. So ist der Teilzeitanteil in der Krankenpflege überproportional hoch, denn der oben beschriebene Zeitdruck ist bei einer Vollzeitbeschäftigung auf Dauer schwer durchzuhalten. Andere geben ihren Beruf ganz auf.

Zeit der Politisierung

Auch Ulla Hedemann spielte bereits unmittelbar nach dem Abschluss ihrer Ausbildung zur Kinderkrankenpflegerin mit dem Gedanken, den Beruf zu wechseln – wegen der Arbeitsbedingungen und weil sie zunächst nicht wie gewünscht in der Kinderklinik übernommen wurde. Sie absolvierte berufsbegleitend eine Ausbildung zur Rettungsassistentin, »aber durch die [Verdi-]Betriebsgruppe kam ich dann eher auf den Trichter ›Warum rausgehen, wenn ich auch etwas verändern kann?!‹.«

Die durch ein politisches Elternhaus geprägte Kinderkrankenpflegerin – Vater und Mutter sind Sozialpädagog:innen – begann 2010, sich gewerkschaftlich zu engagieren. Bewusst entschied sie sich dafür, sich gemeinsam mit anderen Berufsgruppen bei Verdi zu organisieren, denn es »ist halt schwierig, nur alleine zu kämpfen, weil man dann eben auch sich wieder ausspielen lässt vom Arbeitgeber«. Schon wenige Monate später war sie eine der Organisator:innen eines Streiks, wie es ihn in einem deutschen Krankenhaus bis dato nicht gegeben hatte. In der Vergangenheit bedeuteten Klinikstreiks in der Regel lediglich, dass die Personalbesetzung auf Wochenendniveau heruntergefahren wurde und einige Operationen ausfielen. Das erzeugte nicht nur geringen ökonomischen Druck, es hinderte auch viele Pflegekräfte daran, sich zu beteiligen, weil die ohnehin ausgedünnte Personalbesetzung kaum noch reduziert werden konnte. An der Charité etablierte Verdi 2011 erstmals eine neuartige Streikmethode: Die Gewerkschaft kündigte mit zeitlichem Vorlauf konkret an, welche Stationen wie stark bestreikt werden, und forderte die Klinik auf, die betreffenden Betten im Vorfeld zu sperren bzw. Stationen zu schließen, um eine Patientengefährdung zu vermeiden. So wird das Dilemma von Pflegekräften, sich zwischen Streik und Patientenversorgung entscheiden zu müssen, teilweise aufgelöst. »Denn: Wo keine Patient:innen sind, kann niemand zu Schaden kommen«, wie es von Verdi hieß. 2011 konnte die Zahl der betriebenen Betten an Europas größtem Uniklinikum so innerhalb einer Streikwoche halbiert und die der Operationen um bis zu neunzig Prozent reduziert werden.

Für Ulla Hedemann war dies eine Zeit der Politisierung.

»Und dann wirst du halt so in Diskussionen reingeschmissen mit Arbeitgeber, Stationsleitungen. So wie gerade frisch aus der Ausbildung, noch vollen Respekt vor dieser ganzen Hierarchie, die im Krankenhaus ja immer noch herrscht, und du sollst mit irgendwelchen Oberärzten darüber diskutieren und die Kollegen motivieren, rauszukommen und zu machen und ja, viel Herzflattern…«

Hier wird das Arbeitskämpfen innewohnende »subversive Potenzial« (Dribbusch 2010, S. 166) deutlich. Die im Krankenhausalltag nach wie vor stark wirksamen Hierarchien werden infrage gestellt, was zu Konflikten mit dem Management, aber auch mit Teilen der Ärzteschaft führt. Die Streikenden erleben ein Gefühl der Ermächtigung und der eigenen Stärke.

»*Man war total fasziniert, wie gut das geklappt hat da. Dass der Arbeitgeber ja auch wirklich das alles umgesetzt hat, diese Bettenschließungen damals. Und total überwältigt, wie viele da waren, und wie viel sich die Kollegen auch einsetzen wollten und wie bunt das war und groß [...] – ein faszinierendes Gefühl.*«

Auf Basis dieser Erfahrung trauten sich die Verdi-Aktiven an der Charité, erstmals in einem Krankenhaus einen Tarifkonflikt für Gesundheitsschutz und mehr Personal zu führen. Bereits 2011 war deutlich geworden, dass den meisten Beschäftigten vor allem dieses Thema unter den Nägeln brannte. Und sie hatten Selbstbewusstsein getankt:

»*Man hat schon gemerkt, was das mit dem Selbstbewusstsein der Menschen gemacht hat. [...] Manche schwärmen ja heute noch von 2011. [...] [Beim Streik 2015] war die Vorfreude einfach auch groß. So dem Arbeitgeber jetzt nochmal richtig zeigen, dass ... manche haben auch einfach nur gestreikt, um des Streiks willen wollten sie streiken.*«

In diesem Arbeitskampf kamen auch neue Formen demokratischer Beteiligung zur Anwendung. So wurden aus den Teams sogenannte Tarifberater:innen gewonnen, die direkt an Mobilisierung, Organisation und Entscheidungsprozessen beteiligt wurden. An vielen anderen Krankenhäusern wurden diese Methoden später übernommen, ebenso die Forderung nach Entlastungstarifverträgen. Bis Ende 2020 hat Verdi an insgesamt 17 Großkrankenhäusern Vereinbarungen für mehr Personal und Entlastung erreicht, die zwar in der Regel die Personalnot nicht beseitigen, den Beschäftigten aber zum Teil merkliche Entlastung bringen. So musste beispielsweise das Uniklinikum des Saarlandes allein im ersten Halbjahr 2020 als Ausgleich für die Arbeit in unterbesetzten Schichten insgesamt 1425 zusätzliche Freischichten gewähren (Behruzi 2020).

Ausgehend von der Charité, hat sich in den vergangenen Jahren eine bundesweite Bewegung von Krankenhausbeschäftigten entwickelt, die sowohl in den Betrieben als auch auf politischer Ebene wirkt. So sah sich Bundesgesundheitsminister Jens Spahn (CDU) nach fortgesetzten öffentlichen Protesten veranlasst, die Pflegepersonalkosten aus den Fallpauschalen herauszunehmen und sicherzustellen, dass die Ausgaben für Pflegekräfte von den Krankenkassen vollständig übernommen werden müssen. Dies erleichtert es der Gewerkschaft wiederum, mehr Stellen und Lohnerhöhungen einzufordern. So setzte Verdi zum Beispiel in den Tarifrunden des öffentlichen Dienstes 2019 und 2020 besondere Zulagen für Pflegekräfte von bis zu 120 Euro monatlich durch, um den Beruf attraktiver zu machen.

Aus Sicht von Ulla Hedemann ist die Herausnahme der Pflegepersonalkosten aus den Fallpauschalen nur der erste Schritt. »Der zweite Schritt: das System abzuschaffen. Weil es funktioniert so nicht. […] Wenn ich sehe, dass das nicht funktioniert, dann muss ich ja das System komplett verändern und nicht einfach flicken. Manche Schuhe sind so kaputt, die kannste wegschmeißen.« Einen Beleg für die Unzulänglichkeiten des DRG-Systems sieht sie darin, dass dessen Wirkungsweise im Zuge der Corona-Pandemie durch Pauschalzahlungen an die Krankenhäuser weitgehend ausgehebelt wurde, um deren Funktionsfähigkeit zu erhalten.

Der Bundestag klatscht?
»Da fühle ich mich verarscht«

Die Stimmung unter den Kolleg:innen in den ersten Wochen der Pandemie beschreibt Ulla Hedemann als sehr solidarisch:

»Die Leute sind ja teilweise aus verschiedenen, aus den Normalstationen [...] verschoben worden in die Covid-Bereiche. Wo [...] sich auch ganz viele freiwillig gemeldet haben [...]. Der Krankenstand ist runtergegangen für die Zeit. Also es war mehr Bereitschaft da, auch einzuspringen, zu unterstützen, für die Menschen zu arbeiten. Fand ich einfach faszinierend ... findet der Arbeitgeber auch. [...] Das ist ja dann die öffentliche Debatte, dass gesagt worden ist: Ne, wie toll das alles funktioniert, dass die Krankenhäuser das aufrechterhalten, dass die Pflege da ist. Der Bundestag stellt sich hin und klatscht.«

Letzteres habe für sie allerdings

»so einen Beigeschmack – einen bitteren. Irgendwie so dieses: ›Ich klatsch mal, ihr macht mal, und um den Rest muss ich mich nicht kümmern.‹ [...] – so heuchlerisch. [...] Die Politiker haben das System entworfen. Dieses System wurde nicht von Pflegekräften oder von Ärzten eingeführt, es wurde aus der Politik eingeführt. Die Politik will, dass wir Krankenhausbetten abbauen. Die wollen, dass wir ökonomisch arbeiten und denken. Die haben uns dieses verdammte System gebracht, die Bedingungen, unter denen wir arbeiten, und sind verantwortlich dafür [...]. Und sich dann hinzustellen und zu sagen: ›Ah, toll macht ihr das!‹ Da fühle ich mich verarscht.«

Es brauche Druck von Beschäftigten, Klinikträgern und aus der Gesellschaft, um die Verantwortlichen zu einer anderen Gesundheitspolitik zu bewegen, ist die Kinderkrankenpflegerin überzeugt. Und sie meint, dass die Beschäftigten selbst eine größere Rolle in der Politik spielen sollten:

»Ich bin der Meinung, dass da Leute hinmüssen, die aus den Bereichen kommen. Also ich finde, dass ein Gesundheitsminister Ahnung von Gesundheit – also von Krankenhaus, von den Bereichen, die er vertreten soll – haben muss. Ich meine, er ist Bankkaufmann. Warum haben Politiker das Recht, jedes beliebige Amt zu besetzen, von dem sie keine Ahnung haben? Warum werden da nicht qualifizierte Menschen gesucht?«

Um Druck zu machen, startete Ulla Hedemann zu Beginn der Pandemie eine Onlinepetition für ein besseres

Gesundheitssystem, die 157 514 Menschen unterzeichneten. Sie gab großen Medien Interviews, wurde zu Talkrunden eingeladen und debattierte auch direkt mit dem Bundesgesundheitsminister. All das ist ihr immer noch sichtlich unangenehm. »Also, ich mag dieses Rampenlicht nicht«, sagt sie. »Ich mache es, weil mir die Sache wichtig ist. Aber wenn ich könnte, würde ich es mit nem Sack überm Kopf machen.« Auch im Aufsichtsrat der Charité, dem sie seit einiger Zeit als Arbeitnehmervertreterin angehört, war sie anfangs zurückhaltend. »So ›große Menschen‹ und ich kleine Pflegekraft da … Also, mittlerweile finde ich's lustig.«

Damit steht Ulla Hedemann sinnbildlich für ihre Berufsgruppe. Die Pflege hat Mut geschöpft, Selbstbewusstsein entwickelt und begonnen, sich kollektiv für die eigenen Belange einzusetzen. Damit hat sie sich bei den Verantwortlichen Respekt und in der Gesellschaft Anerkennung verschafft. In der Gesundheitspolitik ist dadurch einiges in Bewegung gekommen. Doch noch haben sich die Bedingungen in den Kliniken nicht merklich verbessert. Durch den gesellschaftlichen Diskurs der vergangenen Jahre und befördert durch die Debatten in der Pandemie, scheint es nun möglich zu sein, die jahrzehntelange neoliberale Politik im Gesundheitswesen zurückzudrängen. Diese Chance sieht auch Ulla Hedemann, die allerdings zugleich davor warnt, die Möglichkeiten ungenutzt zu lassen:

»Die Diskussion wurde aufgemacht und wie gesagt, es wurden ja alle beklatscht. Auch Kassierer und Erzieherinnen und so, die ganzen systemrelevanten Berufe, wie sie so schön heißen. […] Aber mit Beginn der Wirtschaftskrise

[...] *wird dann ganz schnell wieder vergessen, wer denn die Leistungsträger eigentlich sind.* [...] *Und wenn wir das Zeitfenster nicht nutzen, also dann wird's die nächsten Jahre auch nichts.* [...] *Jetzt ist die Zeit, wo die Berufe, die Menschen etwas bewegen könnten.«*

Literatur

Behruzi, Daniel 2018, »Kampfmethod e Ultimatum. Von disziplinierender Kollegialität zu widerständiger Solidarität – Fallbeispiele aus dem Gesundheitswesen«, in: *Industrielle Beziehungen* 4 (S. 469-494).

Behruzi, Daniel 2020, »So geht Entlastung«, in: *drei.75* (S. 3), online verfügbar unter: {https://gesundheit-soziales.verdi.de/service/drei/drei-75/++co++21bb1be6-38b0-11eb-ac49-001a4a160129}.

Deutscher Berufsverband für Pflegeberufe (DBfK) 2016, *Mein Recht auf Frei*, online verfügbar unter: {https://www.dbfk.de/media/docs/download/Allgemein/Mein-Recht-auf-Frei_Sammelband-2016.pdf}.

Dörre, Klaus 2020, *In der Warteschlange. Arbeiter*innen und die radikale Rechte*, Münster: Westfälisches Dampfboot.

Dribbusch, Heiner 2010, »60 Jahre Arbeitskampf in der Bundesrepublik. Ein Überblick«, in: Reinhard Bispinck/Thorsten Schulten (Hg.), *Zukunft der Tarifautonomie*, Hamburg: VSA (S. 145-168).

Folbre, Nancy 2001, *The Invisible Heart: Economics and Family Values*, New York: New Press.

Hirschman, Albert O. 1970, *Exit, Voice, and Loyalty: Responses to Decline in Firms, Organizations, and States*, Cambridge/Mass., London: Harvard University Press.

Hoppe, Markus/Ines Roth 2020: *Leistungssteuerung und Arbeitsintensität. Eine Sonderauswertung des DGB-Index Gute Arbeit 2019*, Berlin: Verdi-Bereich Innovation und Gute Arbeit.

Kliner, Karin/Dirk Rennert/Matthias Richter (Hg.) 2017, *BKK-Gesundheitsatlas 2017*, Berlin: MWV Medizinisch Wissenschaftliche Verlagsgesellschaft.

Kühn, Hagen 2003, »Ethische Probleme der Ökonomisierung von Krankenhausarbeit«, in: André Büssing/Jürgen Glaser (Hg.), *Dienstleistungsqualität und Qualität des Arbeitslebens im Krankenhaus*, Göttingen, Bern, Toronto, Seattle: Hogrefe (S. 77-98).

Rothgang, Heinz/Rolf Müller/Benedikt Preuß 2020: *BARMER-Pflegereport 2020. Belastungen der Pflegekräfte und ihre Folgen*, Berlin: BARMER.

Senghaas-Knobloch, Eva 2008, »Zeit für fürsorgliche Praxis. Pflegethos und Erfahrungen von Frauen und Männern in Pflegeberufen«, in: Eva Senghaas-

Knobloch/Christel Kumbruck (Hg.), *Vom Liebesdienst zur liebevollen Pflege*, Rehburg-Loccum: Evangelische Akademie Loccum (S. 77-94).
Siemens, Stephan/Martina Frenzel 2016, *Das unternehmerische Wir. Formen der Indirekten Steuerung in Unternehmen*, Hamburg: VSA.
Simon, Michael 2015, »Stellungnahme zum Regierungsentwurf eines Gesetzes zur Reform der Strukturen der Krankenhausversorgung«, Bundestagsdrucksache 18/5372, online verfügbar unter: {https://www.bundestag.de/blob/386204/29e8029bb020804c39b9c35f083da6a4/esv-prof--dr--michael-simon-data.pdf}.
Simon, Michael 2019, »Die Bedeutung des DRG-Systems für Stellenabbau und Unterbesetzung im Pflegedienst der Krankenhäuser«, in: Anja Dieterich/Bernard Braun/Thomas Gerlinger/Michael Simon (Hg.), *Geld im Krankenhaus. Eine kritische Bestandsaufnahme des DRG-Systems*, Wiesbaden: Springer VS (S. 219-251).
Verdi 2013, »Personalcheck: Die bittere Wahrheit«, online verfügbar unter: {https://gesundheit-soziales.verdi.de/themen/mehr-personal/++co++613712f0-c165-11e6-83d5-525400940f89}.
Verdi 2019, *Arbeitsintensität – Perspektiven, Einschätzungen, Positionen aus gewerkschaftlicher Sicht*, Berlin: Verdi-Bereich Innovation und Gute Arbeit.
Voges, Wolfgang 2002, *Pflege alter Menschen als Beruf: Soziologie eines Tätigkeitsfeldes*, Wiesbaden: Westdeutscher Verlag.

Anmerkungen

1 Da sie als Aufsichtsratsmitglied und wegen ihrer Auftritte in den Medien ohnehin bekannt ist, habe ich mit Einverständnis von Ulla Hedemann auf eine Anonymisierung verzichtet.
2 Der Wechsel von der Festanstellung zur Leasingkraft gilt in der Pflege als Exit-Option, da Leiharbeitsfirmen mit vermeintlich überdurchschnittlichen Löhnen, Mitbestimmungsrechten bei Dienstplänen und bezahlten Überstunden werben. Ein entscheidender Faktor dabei ist, dass sie sich als Leihbeschäftigte der Kollegialität im Team der Festangestellten entziehen können, »die im Alltag eine disziplinierende Wirkung entfaltet« und dazu beiträgt, dass Pflegekräfte ihre Schutzrechte nicht wahrnehmen und »freiwillig« gesetzliche, einzel- und tarifvertragliche Grenzen überschreiten (Behruzi 2018, S. 489).

Gespart wird am unteren Ende der Hierarchie: Umstrukturierungen und Auslagerungen in der Krankenhauswäscherei

Von Thomas Stieber

»Mein Gott, wo bin ich jetzt gelandet? Das war mein erster Eindruck am ersten Tag, weil so was habe ich nicht erwartet«,[1] dachte Fiora[2] an ihrem ersten Arbeitstag in der Krankenhaus Wäscherei KW vor mittlerweile fünf Jahren. An ihrer negativen Bewertung der Arbeitsbedingungen und sozialen Verhältnisse in diesem Betrieb hat sich seitdem nichts verändert, allerdings ist sich Fiora inzwischen im Klaren darüber, woran es liegt, dass sie sich dort so unwohl fühlt. Bevor wir Fioras Sichtweise genauer kennenlernen, lege ich zunächst dar, um was für einen Betrieb es sich bei der KW handelt. Außerdem soll die Biografie, der berufliche Werdegang und die aktuelle Lebenssituation Fioras kurz skizziert werden.

Die Wäscherei: Die Klinik schreibt rote Zahlen, »dann zieht das sich in die Töchter durch, die Töchter müssen sparen«[3]

Die Wäscherei gehört zu einem Krankenhauskomplex mit insgesamt circa 8000 Mitarbeiter:innen. Das Hospital ist laut eigenen Angaben der einzige sogenannte Maximalversorger mit Gesundheitsdienstleistungen in der Region und somit zentraler Bestandteil der öffentlichen Daseinsvorsorge. Wie in allen deutschen Kliniken hat es dort in der jüngeren Vergangenheit (insbesondere seit Einführung des DRG-Systems[4]) eine Reihe massiver Umstrukturierungen und Ökonomisierungsschübe gegeben.[5] Ein zentraler Bestandteil dieses umfänglichen Transformationsprozesses war die Ausgründung der sogenannten patientenfernen Bereiche (Wäscherei, Reinigung, Küche etc.) in hauseigene Tochterunternehmen. In der Folge existieren heute innerhalb des auf den ersten Blick unveränderten Krankenhauses mehrere ausgegründete Bereiche, mit deutlich schlechteren Lohn- und Arbeitsbedingungen. Innerhalb der jeweiligen Tochterunternehmen kam es zudem zu einer jahrzehntelangen Übergangsphase, in der zwei unterschiedliche Belegschaftsgruppen existieren, was ein erhebliches Konfliktpotenzial birgt. So gibt es in der Wäscherei sowie zum Beispiel auch im Bereich der Unterhaltsreinigung, des Patiententransports, der Spülküche oder am Speiseverteilband in der Zentralküche nach wie vor Beschäftigte mit Altverträgen bei der Klinik selbst – das heißt mit Tariflohn (Tarifvertrag des Landes) und den entsprechenden Sondervergütungen. Diese meist älteren und überwiegend deutschen Beschäftigten sollen spätestens nach ihrem altersbedingten Ausscheiden durch Beschäftigte mit Verträgen beim hauseigenen Tochterunternehmen ersetzt werden. Zwar gibt es in den meisten dieser ausgelagerten Betriebe – nach teils harten und emotionalen Arbeitskämpfen – inzwischen Haustarifverträge, was einen deutlichen Lohnzuwachs für die dort Beschäftigten bedeutet, aber nichtsdestotrotz liegt der Stundenlohn (derzeit circa 12,50 Euro brutto) immer noch mindestens zwanzig Prozent unter dem der sogenannten Altbeschäftigten. Vorher war er circa fünfzig Prozent niedriger.

Der Zugang zu den verschiedenen Jedermanns-Tätigkeiten in den Tochterbetrieben ist einfach: Hier *kann* – um eine Formulierung aus einem Managementinterview aufzugreifen – *jeder anfangen*. Interessanter ist an dieser Stelle die Frage, wer hier anfangen *muss*. Die Antwort ist meist banal: *Wer nichts anderes findet*. Dementsprechend ist auch der hohe Anteil an migrantischen Beschäftigten nicht verwunderlich, da bei ihnen oftmals Sprachprobleme, nicht anerkannte Qualifikationen, besondere rechtliche Restriktionen und verschiedene andere Problemlagen zusammenkommen. Derzeit liegt der Anteil der migrantischen Beschäftigten in den Tochterunternehmen mit zwischen circa zwanzig und über sechzig Prozent wesentlich höher als in den Bereichen der Klinik, in denen die direkte Anstellung vorherrscht, wobei eine doppelte Tendenz zu beobachten ist: zum einen ein kontinuierlicher Anstieg des Anteils von Beschäftigten mit Migrationshintergrund; zum anderen eine Diversifizierung bezüglich der Herkunftsländer der Migrant:innen.

Die Wäscherei ist organisatorisch eine Unterabteilung einer großen (über 1000 Beschäftigte) für Reinigungs- sowie für Ver- und Entsorgungstätigkeiten zuständigen Tochter GmbH. Unterhalb der Geschäftsführung der Tochter GmbH gibt es verschiedene Objektleitungen. Die Objektleiterin der KW ist für die Gesamtplanung des Arbeitsprozesses in der Wäscherei sowie für die dortigen Personalangelegenheiten verantwortlich. Unterhalb der Objektleiterin übernehmen drei Teamleitungen die konkrete Organisation und Überwachung der Arbeit in den Bereichen Eingang (unreine Seite), Wäsche/Trocknung und Sterilisation (reine Seite) sowie Warenausgang. Weitere formale Hierarchieebenen existieren nicht. Bei den circa neunzig Beschäftigten handelt es sich laut Aussage der Objektleiterin ausschließlich um »ungelernte Mitarbeiter«. Doch auch dieses Personal zu rekrutieren, wird zunehmend schwieriger, worauf das Management nicht nur mit massiver Werbung nach außen (zum Beispiel über soziale Medien), sondern auch mit diversen Zugeständnissen, Angeboten und Vergünstigungen gegenüber der aktuellen Belegschaft reagiert hat. So gibt es bei der KW inzwischen nur noch unbefristete Verträge, mit durchschnittlich 12,50 Euro brutto (für die im Tochterunternehmen Beschäftigten) einen vergleichsweise hohen Stundenlohn sowie diverse Zusatzangebote (Einkaufsgutscheine etc.) für Mitarbeiter:innen. Offenbar sind all diese Bemühungen der Mitarbeitergewinnung und -bindung jedoch nur von mäßigem Erfolg gekrönt, denn die Probleme bei der Personalrekrutierung bestehen ebenso fort wie die hohe Fluktuation der Belegschaft und vor allem ein konstant hoher (über 15 Prozent) Krankenstand.

Bei vielen Mitarbeiter:innen der übergeordneten Tochter GmbH hat die Wäscherei wegen der dortigen Arbeitsbedingungen einen schlechten Ruf. Genannt werden in diesem Zusammenhang in erster Linie die Belastung durch den hohen Lärmpegel und die besonders im Sommer hohen Temperaturen, aber auch die überwiegend fließbandartig organisierten, monotonen und einseitig belastenden Tätigkeiten schrecken ab. Manche Beschäftigte bewerben sich hingegen auch um eine Versetzung in die Wäscherei, da dort im Gegensatz zum Beispiel zur Reinigung auf den Stationen die Arbeitszeiten für viele besser sind: von Montag bis Freitag tagsüber im Einschichtbetrieb.

Das Gros der Arbeitskräfte wird für monotone und sich ständig wiederholende Fließbandtätigkeiten benötigt: für das Sortieren von Bettzeug, Handtüchern und Ähnliches oder das Aufhängen von Arztkitteln etc. auf Kleiderbügel, die an einem etwa auf Kopfhöhe der stehenden Beschäftigten befindlichen Förderband entlanglaufen. Die

Einarbeitungszeit ist sehr kurz und die Beschäftigten entsprechend leicht austauschbar. Daneben gibt es noch eine Reihe weiterer Tätigkeiten, für die zwar nicht viele Arbeitskräfte benötigt werden, dafür aber ganz besondere. Sei es, weil diese Tätigkeiten nur unter Einsatz von viel Körperkraft gemeistert werden können (zum Beispiel bei der Ankunft der schmutzigen Wäsche in fünfzig Kilogramm schweren Säcken), oder weil sie mehr Wissen und/oder Erfahrung erfordern (wie etwa in einem abgetrennten Bereich, wo steril und sehr genau gearbeitet werden muss, oder bei Tätigkeiten, die Kenntnisse über die Funktionsweise bestimmter Maschinen oder ein Verständnis des gesamten Arbeitsprozesses der Wäscherei erfordern). Hier werden laut einer Teamleiterin stets dieselben Beschäftigten eingesetzt. Aber so unterschiedlich die Arbeitsplätze in der Wäscherei im Einzelnen auch sind, sie haben doch eines gemeinsam: Es handelt sich durchweg um hochverdichtete Arbeit und um körperlich teils sehr belastende Tätigkeiten – was einer der befragten Manager auch unumwunden zugibt:

»Wenn Sie da an dem Band stehen, da kommen alle neunzig Sekunden fünfzig Kilo Wäsche raus. Dann müssen die auseinander [sortiert werden] […]. [I]ch stehe da keine zwei Stunden, und die machen das acht Stunden. Also ich breche nach zwei Stunden wahrscheinlich zusammen, weil ich Rücken habe und die Schnauze voll und haue ab. […] Das sind schon echt harte Jobs.«[6]

Fiora: »Ich habe rebelliert in dem falschen Moment«

Fiora ist zum Zeitpunkt unserer Gespräche fünfzig Jahre alt und lebt zusammen mit ihrem Mann und ihrer erwachsenen Tochter in einer kleinen Ortschaft in einer ländlichen Gegend. Geboren und aufgewachsen ist sie in Bulgarien, ebenfalls auf dem Land. Seit dem Teenageralter wohnte sie aber die meiste Zeit über in der nächsten größeren Stadt bei ihrer damals schon erwachsenen Schwester, da ihre Eltern wollten, dass sie dort ein renommiertes Gymnasium mit mathematisch-naturwissenschaftlichem Schwerpunkt besucht. Sie selbst wollte das nicht, weswegen sie stets dagegen rebelliert und letztlich auch kein Abitur gemacht hat:

»Mathematik, Physik. Das war die beste Schule da im Umkreis von bla, bla und ich wollte da gar nicht hin, weil meine Stärken oder das, was mir gefällt, waren Sprachen oder ganz andere Sachen. Philosophie oder […], das war gar nichts für mich. […] Ich hatte keine Lust, und da habe ich mich zum Abi gar nicht angemeldet. Ich habe rebelliert in dem falschen Moment.«

Das hier anklingende Narrativ der Rebellion im Allgemeinen und der »Rebellion im falschen Moment« im Besonderen zieht sich wie ein roter Faden durch das gesamte Interview. Vor allem bei den Beschreibungen ihres späteren Berufslebens taucht es immer wieder auf, wobei diese Rebellion von Fiora stets in einer eigentümlichen Ambivalenz reflektiert wird. Einerseits betrachtet sie ihre diversen Rebellionen auch heute noch als angemessene

Reaktionen auf erlittene Ungerechtigkeiten und/oder bedrückend erlebte Zustände, andererseits ist sie sich nun darüber im Klaren, dass sie damit vor allem sich selbst geschadet hat. Beides wird bei der für Fiora bis heute relevanten Thematik, ohne Abschluss von der Schule abgegangen zu sein, deutlich:

»*Hätte ich das mal gemacht wenigstens. Ich habe zu meiner Schwester gesagt, ›Du, dieser Wisch, das Diplom, diesen Wisch brauche ich nicht.‹ […] Und wie ich das gebraucht hätte. Ohne Abitur kannst du nichts machen. […] [A]ber in diesem Moment war mir alles egal. […] Die [ihre Eltern] haben es auch nicht geschafft, mir zu vermitteln, dass Bildung wichtig ist und warum sie wichtig ist, die haben es nicht geschafft. Ich muss nur lernen, ich muss nur das machen […]. Und das hat mich […] verrückt gemacht. Ich konnte nicht mehr hören, du musst, du musst, du musst. Nein, ich muss gar nicht.*«

Nach einer Ausbildung zur Schneiderin kam Fiora mit Anfang zwanzig dank der Einladung einer deutsch-bulgarischen Familie in die Gegend, in der sie auch heute noch lebt. Damals war das allerdings keineswegs so geplant, denn ihr erster Eindruck von Deutschland war alles andere als einladend: »Kalt. In aller Hinsicht. Nicht nur das Wetter. […] Ich wollte eigentlich nach zwei Wochen schon wieder nach Hause, mir hat es am Anfang gar nicht gefallen, aber Schicksal.«

Dieses »Schicksal« lässt sich wie folgt zusammenfassen: Fiora heiratete während dieses Besuchsaufenthalts einen jungen Mann aus der deutsch-bulgarischen Familie. Ob es zu dieser Heirat einfach aus beidseitiger jugendlicher Spontaneität heraus oder (auch) aus anderen Gründen kam, sei dahingestellt, jedenfalls merkte Fiora schnell, dass die Ehe keine Zukunft hatte, und strebte bereits nach drei Monaten die Scheidung an. Zu diesem Zeitpunkt wusste sie allerdings weder etwas von der rechtlichen Regelung des Trennungsjahrs, noch ahnte sie, was für ein Problem ihre geplante Scheidung bei ihrer christlich-orthodoxen und in Fragen der Lebensführung offenbar extrem konservativ denkenden Familie darstellte: »[W]o ich gesagt habe, dass ich mich scheiden lasse, hat meine Mutter zu mir gesagt am Telefon: ›Zuhause hast du nichts mehr zu suchen, bei uns in der Familie lässt sich keine scheiden.‹ Und ich wusste gar nicht, was ich machen soll.«

Ihre Lage war in der Tat mehr als schwierig, denn Fiora konnte nun weder ohne Weiteres zurück in ihr Heimatland, noch hatte sie – nach dem Bruch mit ihrem Mann und dessen Familie – in Deutschland irgendeine Anlaufstelle. Vor diesem Hintergrund erschien ihr das Jobangebot als Küchenhilfe und Zimmermädchen in einem Landgasthof, wo sie auch wohnen konnte, als optimale (Übergangs-)Lösung. Viele Alternativen dazu hätte es wohl weder in puncto Arbeit noch hinsichtlich anderer Wohnmöglichkeiten gegeben, denn Fiora verfügte über kein Einkommen, kein Vermögen und konnte damals zudem noch kaum Deutsch. Inzwischen spricht sie es fließend, ohne jemals einen Sprachkurs besucht zu haben – gewisse Schwierigkeiten bestehen ihrer Ansicht nach aber bis heute fort: »Das habe ich mir so selber beigebracht. […] Ich habe mit der/die/das immer noch nicht verstanden. Habe ich auch noch nie jemanden gefunden bis jetzt, der mir klarmachen könnte, warum das so ist [...]. Aber ganz ehrlich unter uns, es stört mich, dass ich das nicht kann, nicht richtig.«

Ein Bekannter der Gasthofinhaber fuhr sie zu ihrem Anwalt, den sie wegen ihrer laufenden Scheidung damals regelmäßig aufsuchen musste. Auf diesen Fahrten lernte sie den Mann kennen, mit dem sie auch jetzt noch verheiratet ist. Obwohl diese Ehe sich schnell als ähnlich unglücklich erwies wie ihre erste, ließ sie sich dieses Mal nicht scheiden, da inzwischen ihre gemeinsame Tochter auf der Welt war und sie fürchtete, dass sich die Scheidung auf das Kind nachteilig auswirken würde:

»*[N]achdem ich schwanger geworden bin, dann war ja sowieso klar, [...] und so ist halt jetzt 26 Jahre, und die Ehe läuft seitdem so beschissen, aber ich habe durchgehalten, weil meine Tochter kann da ja nichts für, unsere Tochter kann da nichts für. Und ich wusste ganz genau, [...] wenn ich mich scheiden lasse oder mich trenne, es wäre nie der Mann gewesen, der dazu gestanden hätte und für seine Tochter, und habe ich gesagt, das mache ich nicht. Der hat immer gesagt, also wenn, dann geht der nicht mehr arbeiten, und ich wollte auch nicht auf Sozialhilfe angewiesen sein. Ich habe einen Stolz, sage ich mal. Stolz ist ein blödes Wort, aber bei solchen Sachen war mir wichtig.*«

Inzwischen ist ihr Mann, ein gelernter Maurer, arbeitslos und chronisch krank, und ihre Tochter absolviert neben ihrer Berufstätigkeit bei einem Automobilzulieferer gerade noch einen Masterstudiengang, so dass sich Fiora derzeit (immer noch) in der Rolle der Familienernährerin sieht. Bis auf kurze Phasen der Arbeitslosigkeit und Krankheit war Fiora immer erwerbstätig, davon gut zehn Jahre in einer anderen Wäscherei, wo sie aber schließlich wegen gesundheitlicher Probleme aufhören musste. Als die nicht zuzuordnenden Schmerzen schlimmer wurden, stimmte sie schließlich einer Einweisung in die psychosomatische Abteilung des Krankenhauses zu, in dessen Wäscherei sie heute arbeitet. Im Nachhinein betrachtet sie diese Zeit als sehr hilf- und auch lehrreich. Zum einen habe sich ihr Gesundheitszustand nachhaltig gebessert und zum anderen habe sie viel über sich und ihre Bedürfnisse gelernt. Zunächst wehrte sie sich aber innerlich wie verbal gegen die erzwungene Untätigkeit, die ihr fremd und unangenehm war: »Ich habe mich vier Wochen gewehrt, ich habe mit der Ärztin bei jeder Visite gestritten, weil ich wollte, dass sie sich um meine Befunde kümmern, ich musste malen, ich musste Gespräche führen, das war für mich alles Hokuspokus, ich kannte so was nicht. Ich wollte schnipp-schnapp, Schmerzen weg, wieder arbeiten.«

In dieser Passage verweist Fiora am Rande auch auf ihr allgemeines Arbeitsethos, auf welches sie an anderen Stellen genauer eingeht: »Ich arbeite wirklich so gerne. Also mein Tag ist perfekt, wenn ich weiß, ich habe heute meine Pflicht getan für meine Existenz, mein Brot verdient, dann komme ich abends nach Hause, dann ist mein Leben perfekt.«

Was hier anklingt, lässt sich als eine sehr grundsätzliche und vermutlich tief verankerte Vorstellung davon zusammenfassen, was gerechtfertigt ist und was nicht. Eine Vorstellung, die sich sowohl auf die eigene Leistung wie auch auf eine angemessene Gegenleistung bezieht. Letztere drückt sich vor allem in einem als gerecht erachteten Lohn aus, ist aber keineswegs auf diesen beschränkt – von zentraler Bedeutung sind auch Aspekte der Anerkennung und Wertschätzung.

Die Arbeit: »So was darf es überhaupt nicht geben«

Während ihres Krankenhausaufenthalts vor etwa zehn Jahren erkundigte sich Fiora bereits über die Arbeit in der dortigen Wäscherei. Der damalige Stundenlohn von circa sieben Euro war ihr aber deutlich zu wenig. Gut fünf Jahre später – noch vor dem Haustarifvertrag – lag der Lohn bei der KW zwar immer noch in Höhe des Mindestlohns, war also weiterhin gering, Fiora befand sich aber inzwischen beruflich in einer wesentlich schlechteren Lage. Mehrere Versuche, nach ihrer krankheitsbedingten Unterbrechung beruflich wieder Fuß zu fassen, waren gescheitert; die Bundesagentur für Arbeit verweigerte ihr die gewünschte Umschulung, ein Beschäftigungsverhältnis im Verkauf endete nach einem Konflikt mit einem Vorgesetzten etc. Nun war sie arbeitslos, der Abstieg in den Leistungsbezug nach dem Zweiten Buch des Sozialgesetzbuches (besser bekannt als Hartz IV) drohte, und das einzige alternative Jobangebot war eine Teilzeitbeschäftigung mit vergleichbar niedrigem Stundenlohn. In dieser Situation schrieb Fiora eine Initiativbewerbung an die KW und fand sich dort wenig später in einem Arbeitsumfeld wieder, das sie von Anfang an als verstörend empfand: »[A]m ersten Tag mein erster Eindruck war: Wo bist du hier gelandet? […] Das ist schlimm. Dieses Zwischenmenschliche, Wertschätzung ist ein Fremdwort. […] Es ist so eine bedrückende Atmosphäre, dass man intuitiv merkt, hier stimmt irgendwas nicht.«

Heute ist Fiora der Überzeugung, dass diese »bedrückende Atmosphäre« gewissermaßen über dem ganzen Krankenhaus liegt. Die schlechte Stimmung gehe ursächlich auf die Ausgründung der patientenfernen Bereiche zurück, betreffe prinzipiell aber das ganze Haus. Allerdings sei die Stimmung dort besonders schlecht, wo Mutter- und Tochterbeschäftigte, wie eben in der KW, direkt zusammenarbeiten:

»[E]s hat damit angefangen, wo der Mutterkonzern Tochtergesellschaften gegründet hat und billig Leute da angestellt haben, dann waren schon zwei Klassen Menschen. Das ist schon ein Riesenproblem. […] [I]ch meine, ich weiß, wo das herkommt, aber in der Wäscherei ist es wirklich schlimm. Und ich weiß nicht, warum niemand was macht. Das läuft schon seit Jahren so.«

Auf die sich hier aufdrängende Frage, wer denn etwas machen könnte, hat Fiora eine eindeutige Antwort. Da die Probleme ihres Betriebs auf konkrete politische Entscheidungen zurückzuführen sind und im Kontext gesamtgesellschaftlicher Fehlentwicklungen betrachtet werden müssen, können sie letztlich auch nicht haus- oder betriebsintern gelöst werden, sondern nur auf politischer Ebene:

»Ich finde, die Politik hat Schuld daran, so was darf es nicht geben, nicht in einem demokratischen Land so wie

hier. So was darf es überhaupt nicht geben. Es kann nicht sein, dass in einem Betrieb für die gleiche Arbeit [...] die [...] von dieser Tochtergesellschaft mehr arbeiten müssen, zittern müssen und Angst haben um ihre Jobs, weil die werden nur runtergedrückt, und die anderen machen sich das Leben schön, verdienen fast das Doppelte, das geht nicht.«

Fiora befürwortete den Arbeitskampf um den Haustarifvertrag und beteiligte sich auch an den Streiks. Bezüglich der Frage, ob die erkämpften Verbesserungen für die Beschäftigten des Tochterunternehmens auch die angedeuteten Problematiken an der KW lösen können, ist sie allerdings ausgesprochen pessimistisch: »Nachdem wir gestreikt haben jetzt ein paar Mal, kriegen wir auch zwei Euro mehr die Stunde. Es war schwierig, aber das hat die Probleme noch nicht gelöst, weil der Hass ist so groß. Das ist fast jeder gegen jeden. Vertrauen kannst du niemandem mehr.«

Auf meine Bitte, dies genauer zu beschreiben, fragte Fiora nach Papier und Stift, um die Problematik an der KW bildlich darzustellen. Sie malte den Oberkörper, den Hals und Kopf eines menschlichen Körpers, die den Betrieb und seine einzelnen funktional-organisatorischen Einheiten repräsentieren sollen. Der Körper, das heißt die Belegschaft, ist von drei Spaltungslinien durchzogen. Die erste und gravierendste ist die zwischen Beschäftigten des Mutter- und des Tochterunternehmens, die zweite (West- vs. Ostdeutsche) und dritte (Deutsche vs. Ausländer) stellen in gewisser Weise Sekundärphänomene dar. Zwar folgen sie ihrer eigenen Logik und schaffen ihren jeweils eigenen Unfrieden, doch ohne die primäre, von oben durchgesetzte Spaltung in »zwei Klassen Menschen« würden diese Konfliktlinien nicht in der jetzigen Form Wirkung entfalten. Der Kopf der Figur ist der operative Geschäftsführer, der die grundsätzlichen Entscheidungen trifft. Augen gibt es keine, die Figur ist blind. Der Mund ist die Objektleiterin, durch diesen spricht der Kopf nach unten – allerdings nicht direkt zum Körper, sondern zum Hals. Dieser besteht aus den drei Teamleiter:innen, die im Gegensatz zu Kopf und Mund im Betrieb sichtbar sind und dort für den reibungslosen Ablauf des Arbeitsprozesses sowie für die Einteilung des Personals an die Arbeitsplätze zuständig sind. Daneben existiert aber auch noch eine weitere, informelle Struktur der Kommunikation bzw. eher der Überwachung. So ist Fiora der Überzeugung, dass die Objektleiterin, gewissermaßen an der nächst niedrigeren Hierarchieebene vorbei, den Betrieb und die einfachen Beschäftigten auch direkt überwachen lässt – nämlich durch etwa eine Handvoll Mitarbeiter:innen, die alle aus derselben Stadt kommen wie ihre Chefin: »Also die Frau kommt nie in den Betrieb. Die hat ihre Spitzel draußen, muss man so sagen […], und die haben richtig Macht in der Wäscherei. Also die stehen einfach da und schauen dir auf die Finger, also du merkst wirklich, wie die dich beobachten. Die sind wie Videokameras.«

Neben diesem informellen und als illegitim empfundenen Herrschafts- und Kontrollsystem – wie es etwa in dem Begriff des »Spitzels« oder den fehlenden Augen der gemalten Betriebsfigur zum Ausdruck kommt –, dem allgemeinen Unfrieden und den genannten Spaltungslinien ist die (oftmals geradezu demonstrativ zur Schau gestellte) mangelnde Wertschätzung seitens fast aller Vorgesetzten das größte Problem. Dies wurde Fiora besonders eindrücklich bewusst, als sie gegen Ende ihrer Probezeit zum ersten Mal seit ihrer Einstellung wieder mit der Objektleiterin zu tun hatte, und diese im Mitarbeitergespräch Tomaten verspeiste, während sie mit einer ganzen Reihe haltloser Anschuldigungen und unnötiger Ermahnungen, aus Fionas Sicht, geradezu um sich warf. Schwerer als dieses Beispiel wiegt aber das »Einbahn-Duzen« seitens mancher höherer Vorgesetzter, denen man bei besonderen Anlässen manchmal im Betrieb oder dessen Umfeld begegnet. Oder die Tatsache, dass die direkten Vorgesetzten (die Teamleitungen) regelmäßig zu Seminaren, in denen es um Themen wie Wertschätzung geht, geschickt werden,[7] dies aber völlig ohne Wirkung bleibt, weil die derart Zwangsbeschulten das Ganze wohl als eine Art sozialpädagogischen Hokuspokus ohne Relevanz für die betriebliche Praxis abtun:

»*[D]ie [...] mussten Schulungen machen so mit Wertschätzung und so [...], mussten sie ja. Die kamen zurück und haben draußen laut gesagt, Frau A hat laut gesagt: ›Ach, das war doch Zeitverschwendung, wir werden uns nicht mehr ändern, wir machen so wie bisher, es hat immer gut geklappt.‹ Und der Herr B [...] hat zu seinen Mitarbeitern gesagt, wo die gefragt haben: ›Na, wie war es, und so?‹ – ›Jetzt muss ich euch sogar noch lieb haben.‹*«

Die mangelnde Wertschätzung äußert sich aber auch jenseits derartiger Aussagen, nämlich durch ein schlichtes Unterlassen normalerweise üblicher Höflichkeitsgesten –

zum Beispiel, dass neue Mitarbeiter:innen von der Geschäftsführung des Betriebs begrüßt werden:

»*Ich war ein halbes Jahr da [...], und ich kannte den Mann noch gar nicht [...], und habe ich die Susanne, die Arbeitskollegin gefragt: ›Sag mal, wer ist dieser Wuschelkopf?‹ Und die fing an zu lachen und sagt: ›Dein Chef [...]. Ja, das ist der große Chef hier.‹ Da war ich auch irgendwie, weiß ich nicht, ich habe in vielen Betrieben gearbeitet, aber da bei Vorstellungsgesprächen oder da hat der Chef sich vorgestellt. So kenne ich das.*«

Fiora ist inzwischen der Meinung, dass die Stimmung in der KW aufgrund der skizzierten Problemlagen nachhaltig vergiftet ist und eine Änderung dieser Zustände nicht mehr ohne Weiteres möglich. Zu dieser Überzeugung gelangte sie nicht zuletzt aufgrund zweier, als besonders schmerzhaft erlebter Beobachtungen. Zum einen nahm sie wahr, dass die Verbesserung des Betriebsklimas nach dem erfolgreichen Arbeitskampf um den Haustarifvertrag lediglich kurze Zeit anhielt, dann aber schnell wieder dem KW-typischen »Alle gegen alle«, dem allgemeinen »Hass« wich. Zum anderen sieht sie auch den seit mehreren Jahren existierenden Betriebsrat des übergeordneten Tochterunternehmens bezüglich der Probleme in der KW als machtlos an – nicht zuletzt, weil bisher alle in den Betriebsrat gewählten Wäschereibeschäftigten diese Position lediglich als Sprungbrett benutzten, um sich auf andere Stellen innerhalb der Krankenhaus-Tochter GmbH zu bewerben: »Sobald die im Betriebsrat waren, haben sie natürlich [...] zuerst Kontakt mit den Stellenausschreibungen. Dann haben sie sofort andere Jobs gefunden, sind auch weg von der Wäscherei. Das hat mich auch geschockt […], dass jeder nur seinen eigenen Nutzen [verfolgt].«

Während kollektive Aktionen gegen die spezifischen betrieblichen Problemlagen anscheinend wirkungslos bleiben und aktive Veränderungen auf diverse Weise blockiert erscheinen, ist der passive Widerstand laut Fiora allgegenwärtig. Dieser äußert sich in erster Linie in Form eines permanent hohen Krankenstands sowie einer starken Fluktuation. Allerdings wirkt sich beides letztlich nachteilig auf die verbleibenden und anwesenden Beschäftigten aus – und das sind meist genau diejenigen, die infolge fehlender Alternativen auf den Job in der KW angewiesen sind. Für sie – zu denen Fiora sich aufgrund ihrer Familienernährerinnenrolle und der Einschätzung ihrer Chancen auf dem Arbeitsmarkt zählt – kommt zu den geschilderten Problemen noch die permanente Sorge um den Arbeitsplatz. Denn aufgrund des hohen Krankenstands und der Schwierigkeiten, überhaupt verlässliches Personal zu finden, steht die Möglichkeit einer Auflösung der KW und einer kompletten Fremdvergabe der entsprechenden »patientenfernen« Tätigkeiten im Raum:

»[D]er Krankenstand ist in der Wäscherei so hoch, das ist unheimlich. Die schaffen ihre Wäsche nicht, schicken sie immer in fremde Wäschereien irgendwo ganz weit weg […]. Das Ganze lohnt sich nicht. Und die Sache ist die, die Wäscherei wird es auch nicht mehr lange geben. Das macht uns allen Angst, vor allem die, die es noch lange bis zur Rente haben. Das ist diese Unsicherheit da, der Druck, der dahinter steht, Existenzangst. […] Die Fluktuation ist

sehr hoch. Ist kein Wunder [...]. Weil jemand, der ein bisschen Verstand hat, sozial eingestellt ist, fleißig und alles, möchte auch was zu sagen haben, möchte gehört werden, und das passiert nicht. [...] Ich zum Beispiel, ich bin fünfzig Jahre alt jetzt. [...] Ich habe nicht mehr so viel Mut wie früher. Und vor allem mein Mann ist arbeitslos, krank und ich kann mich auf niemanden verlassen. Also ich muss, weil ansonsten hätte ich [...] mir gar nicht gefallen lassen alles.«

Ein Sonderfall?

Ist die KW ein besonders drastischer, ein außergewöhnlicher Fall – Fioras Sichtweise lediglich eine eigensinnige Dramatisierung? Meines Erachtens trifft all das nicht zu. Die geschilderte betriebliche Konstellation der Ausgründung patientenferner Bereiche ist mittlerweile an deutschen Krankenhäusern nichts Ungewöhnliches mehr (vgl. zum Beispiel Bündnis Krankenhaus statt Fabrik 2020, Simon 2020). Ähnliches gilt für den skizzierten biografischen Rahmen und die Bedingungen, die bestimmte Personen – beispielsweise Frauen mit Migrationshintergrund – gewissermaßen in Betriebe wie die KW hineinführen und schließlich darin festhalten. Denn auch wenn jede Biografie natürlich ihre Einzigartigkeiten aufweist, lassen sich doch wiederkehrende Muster der Bündelung von ganz bestimmten Benachteiligungen und Problemlagen ausmachen. Und auch die dargestellte subjektive Verarbeitung dürfte nichts Ungewöhnliches sein – ungewöhnlich ist lediglich, dass sie derart klar artikuliert wird. Konkret: Viele Beschäftigte hatten wahrscheinlich schon einmal das Gefühl, dass in einem Betrieb irgendetwas grundlegend nicht stimmt, aber die meisten dürften andere Deutungsangebote gewählt haben: »Der hat heute wohl gerade schlechte Laune« oder »Miese Stimmung hier, aber egal, ich bin ja nicht mit dem Betrieb verheiratet« etc. Fiora hingegen betont nicht nur ihr von Anfang an negatives Gefühl, sondern theoretisiert ihr Unbehagen nach und nach aus. Die so entstandene Erklärung für das, was nicht stimmt, verweist auf eine verstörende betriebliche Sozialwelt, auf eine Arbeitssituation, die es »gar nicht geben dürfte«. Das von Fiora skizzierte Bild dieser sozialen Welt sperrt sich auf vielfältige Weise gegen geläufige Vorstellungen von Arbeit, Betrieb und Gesellschaft. Es ist eigensinnig, emotional und lässt ein tief empfundenes Leiden an den im Betrieb und darüber hinaus vorgefundenen Verhältnissen von Macht und Ohnmacht erahnen.

Wer sich, etwa als Gewerkschafter:in oder als Arbeitsforscher:in, kritisch mit diesen Verhältnissen auseinandersetzt, sollte nicht nur das subjektiv empfundene Leid ernst nehmen, sondern auch versuchen, Sichtweisen wie die Fioras nachzuvollziehen. Denn zu den herrschenden Verhältnissen von Macht und Ohnmacht gehört nicht zuletzt, dass derartige Standpunkte – sofern sie überhaupt artikuliert werden und nicht ganz im Dunklen bleiben – vielen als abwegig, irrational oder gar absurd erscheinen, während etwa die massive materielle und diskursive Abwertung der Arbeit in einer Krankenhauswäscherei im Allgemeinen nicht diese Assoziationen hervorruft. Im Gegenteil: Hier scheinen die Zauberwörter »patientenfern« und »alternativlos« nicht nur die von Fiora benannten

Ungerechtigkeiten zu legitimieren, sondern sogar die Tatsache vergessen zu machen, dass ein Krankenhaus ohne saubere Bettwäsche, OP-Unterlagen und Arbeitskleidung für Ärzt:innen und Pflegekräfte nicht funktionieren würde, dass also auch die Wäscherei eines Krankenhauses »systemrelevant« ist.

Literatur

Bündnis Krankenhaus statt Fabrik (Hg.) 2020, *Krankenhaus statt Fabrik: Das Fallpauschalensystem und die Ökonomisierung der Krankenhäuser – Kritik und Alternativen*, online verfügbar unter: {www.krankenhaus-statt-fabrik.de}.

Simon, Michael 2020, »Das DRG-Fallpauschalensystem für Krankenhäuser: Kritische Bestandsaufnahme und Eckpunkte für eine Reform der Krankenhausfinanzierung jenseits des DRG-Systems«, Working Paper Forschungsförderung 196, Düsseldorf: Hans-Böckler-Stiftung.

Anmerkungen

1 Vgl. SOFI, Archiv Refugees at Work, R2_B_01 (Beschäftigte Wäscherei). In diesem Artikel wird meistens aus diesem Interview-Transkript zitiert, weshalb im Folgenden auf die entsprechende Quellenangabe in der Fußnote verzichtet wird. Die entsprechenden Angaben finden sich daher nur bei Zitaten aus anderen Transkripten.
2 Bei allen im Folgenden verwendeten Namen handelt es sich um Pseudonyme.
3 Vgl. SOFI, Archiv Refugees at Work, R2_b_E_03 (Management Tochterunternehmen).
4 »DRG (Diagnosis Related Groups) sind Fallgruppen. Sie stellen den durchschnittlichen Kostenaufwand für eine bestimmte Behandlung eines Patienten mit einer bestimmten Diagnose dar und sind damit die Grundlage für die Vergütung der Krankenhäuser (die Fallpauschalen)« (vgl. Bündnis Krankenhaus statt Fabrik 2020, S. 23).
5 Die Ökonomisierung des Gesundheitswesens im Allgemeinen und von Krankenhäusern im Besonderen ist sowohl mit Blick auf das Patient:innenwohl wie auch von gewerkschaftlicher Seite hinsichtlich seiner Auswirkungen auf die Arbeitsbedingungen kritisiert worden (vgl. z. B. Bündnis Krankenhaus

statt Fabrik 2020). Auch wissenschaftliche Publikationen zu dieser Thematik liegen vor. Vgl. z. B. Michael Simon (2020, S. 176-178). Laut Simon sind die Beschäftigten im Servicebereich (also z. B. der Wäscherei eines Krankenhauses) die größten Verlierer der Umstrukturierungen der letzten dreißig Jahre und insbesondere der Umstellung auf das DRG-System.

6 Vgl. SOFI, Archiv Refugees at Work, R2_b_E_03 (Management Tochterunternehmen).

7 Das Topmanagement des Krankenhauses und/oder die dafür zuständigen Stellen reagieren mit diesen Seminaren auf die durchaus bekannten sozialen Probleme in den Tochterunternehmen bzw. deren Folgewirkungen, wie den hohen Krankenstand.

An den Rand geschoben: »Bettenschubser:innen« in der Krankenhauslogistik

Von Ingo Singe

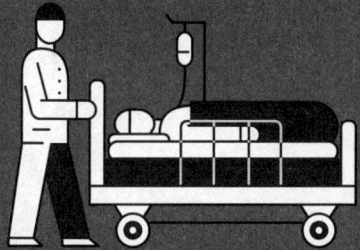

Nachdem Stefan mich am Eingang der Klinik in Empfang genommen hat, folge ich ihm in den Keller des Krankenhauses, in das Gedärm des Komplexes. Zwischen den Rohren und Leitungen der Versorgungsinfrastruktur liegt der fensterlose Aufenthaltsraum der »Bettenschubser«. Bettenschubser – das ist die Selbstbezeichnung derer, die für den internen Patiententransport zuständig sind. Die sechs Patiententransporter, in diesem Falle alle männlich, sind nur eine kleine Beschäftigtengruppe in dem Haus, in dem rund dreihundert Menschen arbeiten.

Um die Gemütslage meiner Gesprächspartner – neben Stefan noch dessen Kollege Marc, beide zwischen vierzig und fünfzig Jahren alt – ist es an diesem Tag nicht zum Besten bestellt.[1] Die Stimmung ist buchstäblich im Keller, denn das Unternehmen hat den Bettenschubsern nur einen abgelegenen, dreckigen Pausenraum in den Katakomben des Krankenhauses zugestanden. Diese symbolische Missachtung ist immer wieder ein Thema. Gerade dreht sich die Diskussion jedoch um etwas anderes. Denn Stefan und Marc stehen am Ende einer Auseinandersetzung, in der es um ihren Job, um ihre Beschäftigung geht. Das Unternehmen, in dem sie arbeiten, ein Krankenhausverbund, der sich als GmbH zu hundert Prozent in kommunalem Besitz befindet, möchte die Krankenhauslogistik effizienter gestalten. Betroffen sind alle Logistikkräfte an den verschiedenen Klinik-Standorten, insgesamt mehr als 150 Personen von über 7500 Beschäftigten. Neben den Bettenschubsern gehören noch andere Kräfte zur Logistik, darunter die Beschäftigten, die für den Material- und Warentransport und den Güterverkehr zuständig sind. Zum Zweck der Leistungssteigerung der logistischen Bereiche sollen nicht nur neue Tools zur Prozesssteuerung genutzt werden, die den Patiententransportern über ein sogenanntes Logbuch Aufträge zuweisen und sie so entsprechend des Aufkommens dirigieren. Wesentlich für die Pläne des Managements, die aus Empfehlungen einer namhaften Unternehmensberatung erwachsen sind, ist die Zusammenfassung der Logistiker aus dem fast ein Dutzend Häuser umfassenden Krankenhausverbund unter einer zentralen Leitung und Steuerung. Diese soll, so haben es die Beschäftigten nach und nach erfahren müssen, durch die Servicegesellschaft des Verbundes erfolgen. Für die Logistiker droht damit ein Betriebsübergang zu einem neuen Unternehmen. Über die konkreten Formen und Folgen dieses Transfers herrschte lange Unklarheit. Die schleppende Informationspolitik der Geschäftsführung trägt dazu bei, dass sich Unsicherheitsgefühle festsetzen. Was bedeutet, so fragen sich die Logistiker:innen, der Übergang in die tariflich schlechter gestellte Servicegesellschaft für das eigene Entgelt, für die Zuordnung zu Erfahrungsstufen, für die Beschäftigungssicherheit und den zukünftigen Arbeitsort?

Verschoben

Für Stefan und Marc folgt aus der Tatsache, dass die Krankenhausleitung die Logistik rationalisieren und die Kolleg:innen in die Servicegesellschaft überführen will, eine akute Zuspitzung von Unsicherheit und Instabilität. Neu sind derartige Erfahrungen aber für beide keineswegs. Im Gegenteil: Die Wahrnehmung, dass das eigene (Arbeits-)

Schicksal wesentlich von anderen bestimmt wird, dass man in der Arbeitswelt auch gegen den eigenen Willen an einen Ort gestellt wird, ist beiden nicht fremd. Die Erfahrungen früherer Restrukturierungsprozesse, die dann teilweise abgebrochen oder gar zurückgedreht wurden, führten zu einer Grundskepsis bezüglich der Kompetenz und Motive des Managements. Stefan berichtet über seine Erfahrungen aus mehreren Jahrzehnten Beschäftigung im Klinikum:

»*Also, ich bin durch etliche Häuser gelaufen, habe meinen Rettungssanitäter hier gemacht, bin Krankenwagen gefahren, na ja und zum guten Schluss bin ich dann auch in der Leitstelle gewesen, und jetzt bin ich hier gelandet. […] Ohne, dass ich das weiter ausführen möchte, ich bin im Klinikum Krankenwagen gefahren. Dann war da irgendwann ein Umbruch. Dann hieß es, die Krankenwagen werden abgeschafft, da kam das schon mit der Servicegesellschaft. Dann haben sie diese Krankenwagen abgeschafft, für mich gab es keine Arbeitsstelle mehr. So, und dann bin ich in die Leitstelle. Dann: ›Jaaaaa, hier müssen Sie jetzt auch weg, weil Sie zu teuer sind.‹ Dann bin ich hierhergekommen. Versetzt worden. Ich wollte nicht hierher, ich musste hierher. Nimm! Friss oder stirb! Vier Monate später gibt die Dame, die zu der Servicegesellschaft gehört, zu: ›Uns ist aufgefallen, dass wir vielleicht eigene Krankenwagen brauchen.‹ Die ganzen Krankenwagen hatten sie aber verkauft, die Leute haben sie fast alle entlassen. Es war keiner mehr da. Drei Monate später fällt denen ein: ›Ah, das ist zu teuer, wenn wir das weggeben, das können wir auch intern regeln.‹*«

Marcs berufliche Biografie würde von ihm selbst wohl als eine Form des Abstiegs beschrieben werden. Als gelernter Fotograf hat er lange selbstständig in der Medienbranche (TV-Produktion) gearbeitet. Er macht keinen Hehl daraus, dass diese Arbeit seine eigentliche Leidenschaft darstellt. Fast trotzig verweist er auf seine ursprünglichen beruflichen Fähigkeiten, wie um sich gegen die Zumutungen und Abwertungen zu behaupten, die die Arbeit als Bettenschubser mit sich bringen. Als Freiberufler war Marc »Einzelkämpfer«, der »von Auftrag zu Auftrag« arbeitete, bis »die Branche einfach immer mehr eingeschränkt wurde, kaputtgestampft wurde. […] [A]lso war für mich irgendwann das Ende der Fahnenstange erreicht, weil einfach zu wenige Jobs da waren.« Die Arbeit im Krankentransport war für Marc angesichts schrumpfender Chancen in der Medienwirtschaft ein Ausweg aus einer beruflichen Sackgasse – stellt sich jedoch ebenfalls als eine solche heraus. Seine aktuelle Beschäftigung im Klinikum ist zwar befristet, die Hoffnung auf eine Verstetigung war zu Beginn aber nicht unrealistisch und die Bezahlung nach dem Tarifwerk des öffentlichen Dienstes erschien – zumindest im Vergleich zu den üblichen Entgelten für ähnliche Tätigkeiten auf dem freien Markt – auf geringem Niveau akzeptabel. Die Pläne der Krankenhausleitung zum Betriebsübergang machen seine Hoffnungen auf Stabilität wieder zunichte, er spricht die daraus erwachsenden psychischen Belastungen offen an. Dabei ist Marc eine Person, die im Laufe ihrer Berufsbiografie stets unter Bedingungen der Unsicherheit hat agieren müssen und die Kompetenz bewiesen hat, sich auf schwankendem Terrain zu orientieren und zu handeln. Aber der fortgesetzte Zwang, sich zu bewähren, hat an Marc gezehrt:

»*Ich habe ja nun knapp zwanzig Jahre als Selbstständiger gearbeitet. Ich sage mal ganz grob: Ich bin es gewohnt, immer, jede Minute, Werbung für meine eigene Person zu machen, einen guten Job abzuliefern, dann werde ich wieder gebucht. […] Aber ab einem gewissen Alter – ich will es mal so ausdrücken: Mein Bruder hat immer gesagt: ›Du musst mal in ein ruhigeres Fahrwasser kommen!‹ Und es ist mittlerweile – ich bin quasi von einer Existenzangst in die nächste gehüpft. Das zehrt an den Nerven, das geht ein bisschen auf die Psyche. Und in diesem Job hier habe ich auf so etwas schon mal gar keine Lust mehr. Gewisses Alter, gewisse Erfahrungen, gebranntes Kind. Ich habe gar keinen Bock mehr. Und jetzt geht es schon wieder los für mich. Zeitverträge. Also, diese Zukunftsängste nerven.*«

Für Marc ist zum Zeitpunkt unseres Gespräches unklar, inwieweit die gesetzlichen Schutzregelungen, welche die Beschäftigten im Falle eines Betriebsüberganges vor einer Verschlechterung der Konditionen bewahren sollen, für ihn als befristet Beschäftigten gelten. Dazu kommt: Marc kennt die Arbeitsbedingungen, die bei vielen externen Dienstleistungsanbietern im Krankenhaussystem vorherrschen, aus eigener Erfahrung. Bevor er nämlich den Sprung in die mitbestimmte und tarifierte Welt des aktuellen Unternehmens schaffte, war er andernorts für einen »Serviceprovider« in unterschiedlichen Krankenhäusern im Einsatz. Für ein externes Unternehmen also, das Krankenhäusern die Dienstleistung »Patiententransport« verkauft, so wie andere Anbieter Reinigungsleistungen, Gebäudemanagement oder IT-Services anbieten. Marc fürchtet einen »Rückfall« in diese Bedingungen der Servicedienstleister, deren Realität ihm immer noch in den Knochen steckt:

»Und ja, da sind wir nach Mindestlohn plus Prämie bezahlt worden. Also TVöD [Tarifvertrag für den öffentlichen Dienst] war da gar kein Thema, kannten wir gar nicht. Also, der Mindestlohn wurde bezahlt, und dann gibt es die Transportprämien, also ich habe dort einen Euro brutto pro Transport bekommen. Das heißt: Jede Verzögerung aus welchen Gründen auch immer – Akte ist noch nicht da, Sauerstoff nicht vorhanden, dies, das, jenes, Patient muss noch mal Pipi machen, wie auch immer. Jede Verzögerung ging natürlich auf meine Kosten als Transporter. Weil theoretisch könnte ich den Job in fünf Minuten erledigen, hat jetzt aber leider eine Viertelstunde gedauert. Und insofern kann ich nicht sieben Transporte pro Stunde machen und freu mich drüber, sondern es sind dann leider nur drei oder vier geworden. Es gab dann die Anwesenheitsprämie. Wenn ich da bin, kriege ich eine gewisse Prämie, und wenn ich mich krankmelde, auch wenn mein Kind krank ist und ich zuhause bleiben muss, mussten wir drei Monate auf die Anwesenheitsprämie verzichten. Drei Monate, summa summarum 105 Euro netto dann. Und es gab am Anfang sogar, die wurde dann aber abgeschafft, eine Nichtraucherprämie. Weil, es heißt ja, wenn du sechs Zigaretten pro Tag rauchst à zehn Minuten, machst du ja eine Stunde länger Pause. Und diejenigen, die dann wirklich nicht geraucht haben, oder die, die nie erwischt wur-

den beim Rauchen, die haben dann diese Prämie genossen. Die hatten zum Beispiel jetzt 19 Cent brutto mehr pro Stunde. [...] [D]u wurdest da manchmal wie getriebenes Vieh behandelt: Akkord, Akkord, Akkord, Akkord! ›Warum ist der nicht da? Wieso bist du noch nicht da? Warum dauert das so lange? Welche Gründe gibt es bitte schön?‹ Es gab auch Kontrollgänge von den Vorgesetzten, die dann in alle Ecken geguckt haben: Wer steht rum? Wer raucht? Wer läuft langsam, wer läuft schnell? Es gab Kontrollgänge, entsprechend hatten die Leute auch schnell die Schnauze voll. Es gab eine hohe Fluktuation dann in dem Betrieb. Und da hab ich dann zum Beispiel nur als Vergleich in der Firma brutto so viel verdient wie jetzt netto nach TVöD.«

Ungeschützt durch Tarif und Mitbestimmung finden sich die Beschäftigten in Wäschereien, bei Sicherheitsdienstleistern oder eben im Transport in materiell äußerst prekären Verhältnissen wieder. Dies sind die Wirkungen der Ökonomisierung des Gesundheitswesens für die abhängig Beschäftigten in diesen Tätigkeitsbereichen. Aber mit dem Outsourcing geht nicht ausschließlich eine materielle Schlechterstellung der Arbeitenden einher, die sich mit Niedriglöhnen arrangieren müssen. Bei einigen Serviceanbietern herrscht ein Menschen- und Beschäftigtenbild vor, das den Beschäftigten das inhaltliche Interesse an der Arbeit als Motivationsgrundlage (»Die Beschäftigten des Krankenhauses arbeiten gemeinsam für das Patientenwohl«) abspricht und sie stattdessen rein durch materielle Anreize und direkte Kontrolle zur Arbeit »motivieren« will. Die Herabsetzung (»getrieben wie Vieh«) der Beschäftigten beinhaltet entwürdigende Momente. Und die im Gesundheitssystem immer stärker wirkende Kostenlogik, die sich im Fall von Marc in der Steuerung seiner Arbeit durch Akkordsysteme niederschlägt, fördert auch bei den Beschäftigten ein Denken und Verhalten, das den maximalen Verdienst ins Zentrum stellt. Marcs Interesse muss es unter diesen Bedingungen sein, möglichst viele Fälle in möglichst kurzer Zeit abzuarbeiten und jeden Arbeitsaufwand zu vermeiden, der dieses Ziel gefährden könnte: Sei dies ein beruhigendes Gespräch mit Patient:innen oder aber die kleinen, informellen Unterstützungsleistungen für die hochbeanspruchte Pflegekraft. Im Extremfall werden Patient:innen zum ärgerlichen Störfaktor, wenn deren Bedürfnisse (»Muss noch mal Pipi«) die schnellstmögliche Arbeitserledigung (die »reine Transportleistung«) – und damit Marcs Akkordeinkommen – behindern. Die Logik der wirtschaftlichen Effizienz unterspült das Ethos der Sorge um die Patient:innen, die eine zentrale Motivationsgrundlage für Arbeit im Care-Sektor darstellt. Und zusätzlich werden die Kooperationsbeziehungen derjenigen beschädigt, deren Tätigkeiten doch erst im Zusammenspiel qualitativ hochwertige Gesundheitsdienstleistungen erbringen sollen. Werden die Arbeitenden gezwungen, in erster Linie den eigenen finanziellen Nutzen im Auge zu behalten, und werden sie zudem von unterschiedlichen Unternehmen beschäftigt, nimmt die Bereitschaft zu wechselseitiger Unterstützung im Arbeitsprozess ab. Wenn Prozesse der betrieblichen Externalisierung forciert werden, sei es nun in Form eines vollständigen Outsourcings oder eines Betriebsübergangs von Beschäftigtengruppen, drohen nicht nur die Kooperationsbeziehungen in der eigentlichen Arbeitsverrichtung beschädigt zu werden, es kommt zu einer Zersplitterung der Belegschaft. Stefan beschreibt seine Erfahrungen und seine Perspektiven folgendermaßen:

»Vor allen Dingen, die Sache ist ja: Sie fangen ja jetzt mit uns an, das zu machen, das ist ja nur die Spitze. Oder was heißt, sie haben ja früher schon mit der Küche angefangen, mit der Putzfrau, jetzt mit dem Bettenschubser. Das hört ja nicht auf. Im Grunde werden es nur noch die Schwestern irgendwann sein und der Arzt. Alles andere ist weg.«

Ein Haustechniker, der sich spontan in das Gespräch einschaltet, ergänzt:

»Ich könnte mir auch vorstellen, dass es irgendwann nur noch eine Krankenhausbetreibergesellschaft gibt. So dass Krankenhäuser zur Verfügung stehen und kaufen sich das Personal, das mietet sich hier quasi ein. […] Früher hat man in seinem Frühstücksraum sein Wort nicht verstanden vor lauter Gequake beim Frühstück von den ganzen Putzmädels. Und heute? Stecknadel. Alles ruhig.«

Der Markt und die Zersplitterung des Krankenhauses

Im deutschen Gesundheitswesen findet seit dem Jahrtausendwechsel eine starke Ökonomisierung statt, die Abläufe sind einer betriebswirtschaftlichen Kennziffernsteuerung unterworfen und werden von entsprechenden Steuerungsmechanismen beherrscht. Kühn (2004, S. 26) beschreibt eine Zweck-Mittel-Umkehr dergestalt, dass

»Geld [...] nicht Mittel zur Sicherstellung der Versorgung (bleibt), sondern die Versorgung von Kranken [...] tendenziell zum Mittel (wird), durch das Gewinn erzielt werden kann«. Ökonomisierung ist somit zu unterscheiden von jenen einfach »kostendämpfenden« Reformen im Gesundheitswesen, mittels derer schon seit Mitte der siebziger Jahre versucht wurde, einer vermeintlichen Kostenexplosion Herr zu werden. Der »Wachstumsmarkt Gesundheit« ist für private Unternehmen und Anleger in steigendem Maße attraktiv. Die Ökonomisierung im Gesundheitswesen wird seit 2003/04 insbesondere durch die sogenannten Fallkostenpauschalen (Diagnosis Related Groups, DRG) vorangetrieben. Im Kern handelt es sich hierbei um ein Festpreissystem: Krankenhäuser erhalten für die jeweiligen Behandlungsfälle eine pauschale Vergütung. Liegen die realen Behandlungskosten über der Vergütung, entstehen Defizite, liegen sie darunter (unter anderem durch verkürzte Verweildauer oder kostenorientierte Personalpolitiken), lassen sich Gewinne erzielen. Angesichts der hohen Bedeutung der Personalkosten (sechzig Prozent) für die Gesamtkostenstruktur von Krankenhäusern setzten Gewinnstrategien lange vor allem an diesem Punkt an. Personalkostensenkung erfolgte zum einen oft durch den Abbau von Pflegekräften. Gleichzeitig wurden Methoden der Restrukturierung, die unter dem Motto der »Konzentration auf das Kerngeschäft« in der Industrie prominent wurden, auf die Krankenhäuser übertragen. Diese sollen sich auf die Kernbereiche medizinischer Leistungserbringung fokussieren. Andere Funktionen und Leistungen werden zunehmend am Markt eingekauft (Küche, Sicherheit, Labor, aber auch Pflegeleistungen), das Krankenhaus als »integriertes Ganzes« wird tendenziell aufgelöst. Damit geht eine Fragmentierung der Belegschaften einher: Die Leistungen eines Krankenhauses entstehen als Kooperation von Arbeitenden, die aber bei unterschiedlichen Unternehmen beschäftigt sind und unterschiedlichen Beschäftigungsbedingungen unterliegen.

Auch Krankenhäuser in öffentlicher Trägerschaft, die als GmbH Gewinnziele verfolgen, haben die Auslagerungsstrategien, sei es nun vollumfängliches Outsourcing oder wie im geschilderten Fall ein Betriebsübergang in eine Tochter GmbH, in den letzten Jahren energisch verfolgt. Zu den von Auslagerung betroffenen Funktionen gehörten zunächst in erster Linie Security, Catering und Hausdienstleistungen, dann aber auch Funktionen im Bereich Diagnostik/Labor, unterstützende Leistungen in der Pflege und eben logistische Tätigkeiten. Diese werden als Leistungen eingekauft: Die Arbeitenden gehen Beschäftigungsverhältnisse mit einem neuen Unternehmen ein, bleiben aber in die konkreten Arbeitsvollzüge im Haus integriert. Derartige Auslagerungsstrategien versprechen im Wesentlichen zwei Vorteile: eine erhöhte Flexibilität, die sich aus (kurzfristigen) Vertragsbeziehungen mit Dienstleistern ergeben kann, und Kostenersparnisse, die erzielt werden, wenn Konditionen in den »empfangenden« Unternehmen die Tarife der abgebenden Unternehmen unterschreiten. Der Benchmark für unternehmerische Externalisierungsentscheidungen ist in erster Linie der Marktpreis bestimmter Leistungen. Es überrascht nicht, dass die Entgelte in Tochterfirmen von Krankenhaus GmbHs oft kaum über dem Mindestlohn liegen. Gewerkschaften stehen gelegentlich vor dem Dilemma, ob sie derartige Niedriglohnverhältnisse in Tochterunternehmen tariflich absichern und damit anerkennen wollen, um trotz substanzieller Verluste für die Arbeitenden wenigstens die institutionelle Regulierungsstruktur zu bewahren, oder ob man dies verweigert und damit ein Abwandern von Arbeit in den nichttarifierten Teil des Dienstleistungssektors riskiert. Der Verbleib im Tarifbereich wird häufig »erkauft« durch materielle Absenkungen, besonders im Bereich der unteren Entgeltgruppen, das heißt dort, wo ein komplettes Outsourcing die höchsten Kostenwirkungen für das Management erzielen würde.

»[I]ch bin mir sicher, dass sie nicht damit gerechnet haben, dass die Leute sich so wehren« (Stefan)

Die Pläne der Geschäftsführung zum Transfer der Logistik in die Servicegesellschaft wurden nicht widerspruchslos hingenommen. Den Beschäftigten stehen keine rechtlichen Optionen zur Verfügung, das Ansinnen des Managements grundsätzlich zu verhindern. Aber: Über betriebliche Aktionen versuchen die Gewerkschaft Verdi, die gewerkschaftlich orientierten Betriebsrät:innen und die Betroffenen selbst, die Bedrohungslage in den Häusern publik zu machen, Unterstützung zu gewinnen und sozialen Druck aufzubauen. Im Verlauf der sich über mehrere Wochen entwickelnden Kampagne erschien es kaum je so, als könne man eine vollständige Kehrtwende im Management erzwingen. Aber es geht auch darum, Rückenwind für die wahrscheinlich unabwendbare Aushandlung einer Betriebsvereinbarung mit der Servicegesellschaft zu generieren und Regelungen zu ermöglichen, die über die rechtlichen Erfordernisse des Bestandschutzes im Zusammenhang mit Betriebsübergängen (§ 613a BGB) hinausgehen. Die Bettenschubser:innen und die anderen Logistikkräfte aus den verschiedenen Krankenhäusern nutzen Flugblattverteilungen, Fotokampagnen und Unterschriftenlisten, um auf ihr Anliegen hinzuweisen. Und es kommt zu direkten Begegnungen der Geschäftsführung mit den Logistiker:innen, darunter auch Stefan und Marc. Im Rahmen von Betriebsversammlungen oder im Zuge der Übergabe einer Protestresolution, für die die Unterschriften von 2000 Beschäftigten gesammelt wurden, üben die Logistiker:innen eine facettenreiche Kritik an den Plänen der Geschäftsführung. Jenseits ihrer materiellen Interessen, die die Beschäftigten durch den Betriebsübergang bedroht sehen, geht es auch um Selbstachtung. Man will sich »nicht widerspruchslos verschieben lassen«, wie es eine Bettenschubserin während eines Gewerkschaftstreffens formuliert. Tatsächlich wird in der Kritik an den Unternehmensplänen deutlich, welche Ansprüche die Beschäftigten an Arbeit haben – genauer: was ihnen als »gute Arbeit« gilt. Das Engagement der Betroffenen speist sich wesentlich aus der Erfahrung von Anspruchsverletzungen und der Befürchtung eines weiteren Zerfalls der Qualität von Arbeit und Beschäftigung durch den Betriebsübergang. Ein Bettenschubser beklagt diese Verletzungen in einem emotionalen Redebeitrag anlässlich einer Protestaktion in Anwesenheit des Managements. Man fühle sich schon als Logistiker falsch bezeichnet und abgewertet, so der altgediente Bettenschubser. Schließlich sei die eigene

Tätigkeit eine verbindende, zwischen Pflegenden, Ärzt:innen und Patient:innen, die mit hohen kommunikativen Anteilen und Empathieanforderungen einhergehe. Eigene kompensatorische Leistungen im Arbeitsprozess seien wichtig, um die Schwächen der Arbeitsprozessorganisation zu glätten: Ohne wechselseitige Unterstützung könnten Pflege und Logistik nicht gut zusammenwirken. Das Bild der Arbeit, das er zeichnet, hebt sich deutlich ab von dem eines einfachen »Bettenschubsers«. Seine Anklage gegen die Geschäftsführung lautet: Sie wissen gar nicht, wie wir arbeiten. Sie sehen nicht, was wir wirklich tun. Sie reduzieren uns auf eine enge Funktion. Und jetzt glauben sie, dass man diese Funktion eben auch einfach ausgliedern könne, ohne dem Ganzen zu schaden. »Das Ganze sind wir und all die anderen Kolleg:innen in den Häusern«, sagt er. Diese Kritik ist enorm kraftvoll, weil sie die Maßnahmen des Managements als sachlich unbegründet und zerstörerisch erscheinen lässt. Die Qualität der Dienstleistung – das »Patient:innenwohl«, das die Krankhausleitung als oberstes Organisationsziel proklamiert – wird als eine originäre Leistung der Beschäftigten sichtbar, die gegen alle widerstrebenden Faktoren (insbesondere den Personalmangel) tagtäglich mit hohem Einsatz »erkämpft« wird. In dieser Argumentation wird die Bedeutung des Erfahrungswissens der Beschäftigten betont, die gelernt haben, wie man mit außergewöhnlichen emotionalen Zuständen von Patient:innen umgehen kann. Die erfahrenen Beschäftigten sind mit den Prozessen derart vertraut, dass Probleme früh identifiziert werden können und Lösungswege bekannt sind. Aus der langjährigen Beschäftigung (»in Treue zum Haus«) erwachse eine Identifikation mit dem Krankenhaus und damit eine wichtige Motivationsquelle. Und nur über die langjährige Kooperation mit den Kolleg:innen entstehe ein Maß an Vertrauen und wechselseitigem Verständnis, das einen glatten Arbeitsablauf im Sinne der Patient:innen erlaube. Wo der Patient:innentransport zu einer extern erbrachten Dienstleistung wird und alle Prozesse rechenbar gemacht werden, so mag man die Kritik abstrakter formulieren, werden die organischen Kooperationsbeziehungen zerschnitten und die wechselseitigen, dem Management oft verborgen bleibenden Unterstützungsleistungen reduziert – zum Nachteil der »Dienstleistungsqualität«. Allein: Die guten Argumente gegen den Betriebsübergang trugen nicht dazu bei, das Management zu einer Umkehr zu bewegen. Zum Zeitpunkt des Gespräches mit Stefan und Marc scheint der Betriebsübergang nicht mehr abzuwenden, die Beschäftigtenkritik ist weitgehend ohne Resonanz bei den Entscheidungsträger:innen geblieben. Das Leid in der Arbeit resultiert hier auch aus der Erfahrung von Herrschaft: Die Logistiker:innen wurden nie gefragt, sich aktiv für eine Verbesserung der Arbeitsprozesse einzusetzen. Und nun geht die Reise in Richtung Betriebsübergang, die Warnungen und Befürchtungen der Beschäftigten sind auf taube Ohren gestoßen.

»… ausgebeutelt, ausgebeutet, verlassen«

Zu dem Gespräch mit Stefan und Marc im Pausenraum der Bettenschubser gesellen sich spontan zwei Haustechniker hinzu, die sich hier nach ihrer Schicht umziehen.

Das Themenspektrum erweitert sich. Der Betriebsübergang der Logistiker:innen löst eine Debatte über Notwendigkeit und Verfall öffentlicher Dienstleistungen aus, es wird nun über gesellschaftliche Ungleichheit und politische Einflussmöglichkeiten diskutiert. Die Frage, nach welchen Grundsätzen ein Krankenhaus denn arbeiten solle, wird fast schon entgeistert zur Kenntnis genommen. Es scheint, als hinterfrage ich etwas Selbstverständliches. Einer der Haustechniker antwortet erregt: »Äh, na ja. Krankenhaus. Soll man dazu noch was groß sagen? Feuerwehr. Muss man dazu noch groß was zu sagen? [...] Das ist für das Volk. Das ist zum Wohl des Volkes da. Ja, und das sollte auch so bleiben.« Auch Stefan und Marc vertreten engagiert die Auffassung, dass Krankhäuser öffentliche Institutionen seien sollten, die »nichts zu erwirtschaften« hätten. Aber so selbstverständlich es den vieren erscheint, dass das Gesundheitswesen in öffentliche Hand gehört, so deutlich formulieren sie auch, dass diese Position im politischen Raum kaum repräsentiert wird. Man fühlt sich diesbezüglich alleingelassen: »Ja, die Linken vielleicht. Aber ansonsten niemand. Auch keine AfD«, sagt Marc. Die Ursachen für die eigenen Probleme verortet man beim gesellschaftlichen Oben, bei den am ökonomischen Gewinn orientierten Eliten, bei »Reich und Schön«, wie es einer der Techniker ausdrückt. Diese einflussreichen Akteure verfügen durchaus über andere Handlungsoptionen, aber auf sie lässt sich kaum Einfluss nehmen:

»Da kann man mit Sicherheit was machen, aber es liegt nicht an uns, das liegt auch mit Sicherheit nicht an Verdi. Das liegt an keinem Betriebsrat, das muss von noch weiter

oben kommen. Das ist eher ein riesiges, das ist ein Politikum. [...] So, und wenn man mal in die Liste guckt, wer ganz oben steht bei den Klinikbetreibern, Helios, Asklepios, Ameos. Da braucht man nur mal gucken, wo die sitzen. Bei Reich und Schön. Und das ist nicht gerechtfertigt, wenn es um die Gesundheit geht.«

Und so verbinden sich für die Beschäftigten die konkreten, durch den Betriebsübergang befeuerten Ängste vor einer Verschlechterung der eigenen Situation (»Wir haben es doch ein bisschen gut, weil wir einen kommunalen Arbeitgeber haben«) und die konkrete Erfahrung mit der Macht der Geschäftsführung im Betrieb, die trotz einiger Zugeständnisse an den geplanten Restrukturierungsprozessen festhält, mit der Wahrnehmung einer umfassenderen gesellschaftlichen Machtverschiebung. In Betrieb, Gesellschaft und Politik läuft der Trend gegen einen selbst, gegen die Beschäftigten:

»Und in den letzten zwanzig Jahren hat also die Arbeitgeberseite immer mehr Oberhand gewonnen. Die dürfen machen, was sie wollen, und dann versucht die Politik da noch so ein bisschen reinzusteuern, mit Mindestlohn oder sonst irgendwelchen Regelungen. Aber die Arbeitnehmer sind eigentlich immer mehr ausgebeutet, ausgebeutet, verlassen« (Marc).

Wie alternative Entwicklungspfade gegen mächtige herrschende Interessen beschritten werden könnten, bleibt undeutlich. Marc erkennt an, dass Verdi viel »Kraft und Power« in die Auseinandersetzung um den Betriebsübergang investiert habe, aber er befürchtet, dass die Gewerkschaft und die Betriebsrät:innen im Endeffekt »zu wenig Macht« hätten. Stefan hält das solidarische Kollektivhandeln aller Tätigkeits- und Berufsgruppen für nötig. Ohne Eigenaktivität der Kolleg:innen ließe sich nichts erreichen: »[F]ür mich ist eine Gewerkschaft ja auch nur so stark wie die Leute, die dahinterstehen. Das heißt, wenn die nicht kommen, dann geht es auch nicht. [...] Aber umso mehr Leute, umso mehr Eindruck.« Die Möglichkeit, durch gemeinsames Interessenhandeln die eigene Schwäche zu überwinden, ist im Denken von Marc und Stefan präsent. Aber bezüglich der praktischen Realisierbarkeit von solidarischem Handeln haben beide große Zweifel. Stefan beklagt, dass die meisten Kolleg:innen nur nörgelten, aber »selbst keinen Zug« machten. Marc spricht auch von sich selbst, wenn er auf die Disziplinierung durch Angst verweist, die offensichtlich auch in Zeiten des neuen deutschen Arbeitsmarktwunders ihre Wirkung entfaltet:

»Da kann ich aus eigener Erfahrung sagen, durch die verschiedensten Bereiche, wo ich gearbeitet habe, ob das Systeme und Bereiche waren, nicht nur Krankenhäuser, sondern auch verschiedene Berufssysteme, Selbstständigkeit, Festanstellung hier und da, dass viele einfach Angst haben, ihr Gesicht zu zeigen, und einfach Angst haben. Und deswegen hoffen, hoffentlich machen die [die Gewerkschaften] etwas für mich.«

Einer der Haustechniker pflegt eine derbere, radikalere Rhetorik. Er sieht sich in einem Krieg »mit denen da oben« und denkt, »wenn man das so machen würde wie die Franzosen oder wie so manch andere, dann würden die hier ganz schön blöde gucken«. Die Sehnsucht nach »Französischen Zuständen« und das Plädoyer für eine offene Konfrontation mit den Herrschenden (»Kanzleramt zuscheißen«) verweisen auf eine tiefsitzende, auch aus der Arbeitserfahrung resultierende Wut und auf eine teilweise Abkehr vom politischen System. Ob und in welcher Form diese Gefühle und Erfahrungen tatsächlich handlungsleitend werden und von wem sie genutzt werden können, ist eine offene Frage.

Literatur

Kühn, Hagen 2004, »Die Ökonomisierungstendenz in der medizinischen Versorgung«, in: Gine Elsner/Thomas Gerlinger/Klaus Stegmüller (Hg.), *Markt versus Solidarität. Gesundheitspolitik im deregulierten Kapitalismus*, Hamburg: VSA (S. 25-41).

Anmerkungen

1 Diesem Text liegen Interviews, Beobachtungen und Dokumentenanalysen zugrunde, die ich ursprünglich im Rahmen des von der Hans-Böckler-Stiftung geförderten Projekts zum Thema »Vertrauensleute und Beteiligung« am Zentrum für Arbeit und Politik der Universität Bremen durchgeführt habe. Beteiligt waren Erhard Tietel und Frank Meng als gemeinsame Projektleiter sowie Olaf Katenkamp.

III

Arbeitskraft aufrechterhalten: Ernährung

Den Blicken der anderen entzogen: Der alltägliche Kampf in der verborgenen Stätte der Restaurants

Von Jacqueline Kalbermatter

»Und wenn sie sagen, dass ich das alles heute abwaschen muss, dann wasche ich alles ab.« Dieser Satz von Jeremy, einem geflüchteten Arbeiter mit unsicherem Aufenthaltsstatus, spiegelt wider, was für viele migrantische Arbeiter:innen in gastronomischen Betrieben in der Schweiz und Europa eine Selbstverständlichkeit ist. Ihr Arbeitsalltag spielt sich in der Küche ab, hinter verschlossenen Türen. Abgetrennt von der zumeist geräuschvollen Kulisse in Restaurants und Hotels, geschieht er meist unbemerkt von den Gästen und einer breiteren Öffentlichkeit. Die vielen Menschen vertrauten Restaurantbesuche und Hotelaufenthalte gewähren selten Einblicke in den im *back of the house* stattfindenden Arbeitsprozess. In der verborgenen Stätte der Restaurants zeigt sich indes, dass die obige Aussage keineswegs mit der Passivität dieser Arbeiter:innen gleichzusetzen ist. Im Gegenteil, die Gespräche, die ich mit geflüchteten Arbeiter:innen geführt, und die Einblicke, die ich während meines Forschungsaufenthaltes in einem gastronomischen Betrieb erhalten habe, offenbaren ihre alltäglichen Kämpfe um Rechte sowie gesellschaftliche Teilhabe. Sie sind im Arbeitsprozess mit spezifischen Formen der Disziplinierung konfrontiert, die auf der Exklusion ihrer Rechte durch migrations- und asylpolitische Regulierungen basiert (Kalbermatter 2020).[1] Um diese Rechte durch einen stabilen Aufenthalt in der Schweiz zu erlangen, bringen sie im Gegenzug die Bereitschaft auf, Disziplinierungen und harte Arbeitsbedingungen zu dulden.

Alle Arbeiter:innen, denen ich begegnete, so auch Jeremy, sind als ungelernte Arbeitskräfte in gastronomischen Betrieben in der Schweiz beschäftigt.[2] Ihre spezifischen

Aufgaben sind abhängig von der Größe und der damit verbundenen arbeitsteiligen Organisation der untersuchten Gaststätten. So verrichten Geflüchtete in kleinen Betrieben (1-9 Beschäftigte) je nach (zeitlichem) Bedarf des Unternehmens Tätigkeiten in der Küche wie Kochen und Vorbereitungen von Speisen, Abwasch- und Putz- sowie teilweise auch Servicearbeiten. In mittleren (10-49 Beschäftigte) und großen Betrieben (ab 50 Beschäftigte) sind sie als sogenannte Officemitarbeiter:innen vornehmlich für den Abwasch zuständig, putzen und räumen auf und übernehmen gelegentlich Hilfstätigkeiten wie Rüst- und Schneidearbeiten in der Küche.

Als Officemitarbeiter arbeitet auch Jeremy seit nunmehr fünf Jahren. Während er im Stundenlohnpensum angestellt ist, verfügt Andrew, auch ein Geflüchteter mit unsicherem Aufenthaltsstatus, über eine Festanstellung als Officemitarbeiter. Wenngleich sich die Beschäftigungsformen von Jeremy und Andrew unterscheiden, sind beide seit Jahren mit einem unsicheren Aufenthaltsstatus und prekären Arbeitssituationen konfrontiert.

Während meines Forschungsaufenthaltes war ich selbst insgesamt knapp zwei Monate als Officemitarbeiterin in einem gastronomischen Betrieb tätig. Diese Arbeiter:innen sind in ihrem Arbeitsalltag einer Belastung ausgesetzt, in der eine immense physische Verausgabung (etwa durch das Heben und Tragen schwerer Töpfe, das Schrubben verkrusteter Pfannen und das Ausräumen des heißen Geschirrs aus der Spülmaschine) zumeist mit einer äußerst hohen Arbeitsintensität einhergeht. Ihre Position wird in der untersten Stufe der betriebsinternen Hierarchie angesiedelt und ist mit der Abwertung ihrer Arbeit verbunden.

So beobachtete ich während meines Forschungsaufenthaltes, dass sowohl Köch:innen und Serviceangestellte als auch Officemitarbeiter:innen selbst immer wieder ein Bild reproduzieren, in dem sie deren Arbeit als »minderwertig« und »schmutzig« konstruierten und ausschließlich »Ausländern« bzw. »Flüchtlingen« zuordneten. Während meines Forschungsaufenthaltes brachte meine Präsenz in der Rolle als Officemitarbeiterin – die über eine spezifische Kleidung auch sichtbar ist – diese betrieblichen Ordnungen immer wieder ins Wanken. Als Schweizerin klassifiziert, schien ich in dieser Position schlichtweg »fehl am Platz« zu sein, da die als »männlich« – was mit der körperlichen Anstrengung begründet wird – und »schmutzig« konstruierte Arbeit ausschließlich »Ausländern« vorbehalten ist. Nicht nur die Unternehmer:innen, sondern auch die Arbeiter:innen legitimieren die Zuweisung der Geflüchteten mit unsicherem Aufenthaltsstatus in die Position am unteren Ende der betrieblichen Hierarchie auf naturalisierende und kulturalisierende Art und Weise. Wir sollten den Betrieb als einen Ort von Aushandlungsprozessen zwischen Arbeiter:innen und Unternehmer:innen begreifen, wo nicht nur Arbeitskonflikte im engeren Sinne geführt, sondern auch soziale Differenzierungen hinsichtlich der geografischen Herkunft und des Aufenthaltsstatus der Arbeiter:innen ausgehandelt werden.

Die Lebenswelten von Jeremy und Andrew erlauben uns, den Blick auf die Arbeitskontrolle und -steuerung innerhalb gastronomischer Betriebe zu schärfen. Wenden wir uns zunächst dem Aufenthaltsstatus der beiden zu: Jeremy lebt seit über 15 Jahren mit einem unsicheren Aufenthaltsstatus in der Schweiz. Nachdem er zu Beginn über ein Jahr lang auf seinen Asylentscheid gewartet hatte, wurde sein Antrag schließlich abgelehnt, und er erhielt den Status der sogenannten vorläufigen Aufnahme (Ausweis F)[3], die für ihn – wie für viele andere Geflüchtete – zu einer dauerhaften Realität geworden ist. Andrew hingegen hat vor über fünf Jahren einen Asylantrag gestellt (Ausweis N)[4] und sieht sich seither einem sich in die Länge ziehenden Verfahren ausgesetzt, wobei ein negativer Entscheid zur Folge hätte, dass er die Schweiz verlassen müsste. Immer wieder bereitet ihm seine Situation schlaflose Nächte:

»*Ich bin jetzt seit sechs Jahren weg von [meinem Herkunftsland]. Sechs Jahre, aber ich weiß noch nicht, ob ich bleiben kann oder nicht, dieser Entscheid ist noch nicht da, und das ist schwierig für uns. Ich habe manchmal auch überlegt, all diese Leute, meine Kollegen, meine anderen Freunde haben alle einen B-Ausweis[5] bekommen. Aber ich bin immer noch in Unsicherheit. Ja, das ist ein bisschen – ich denke manchmal nach, manchmal kann ich nicht schlafen. Wenn ich im Bett bin, überlege ich, was ist mein Plan, wie mache ich weiter. Das ist ein bisschen schwierig für mich.*«

Jeremys Erhalt einer vorläufigen Aufnahme bedeutet zwar eine geringfügige Verbesserung gegenüber dem Aufenthaltsstatus als Asylsuchender, dennoch besteht die Möglichkeit, dass die vorläufige Aufnahme aufgehoben wird, wenn die Voraussetzungen dafür nicht mehr erfüllt sind. Auch dies würde dann bedeuten, dass er die Schweiz verlassen muss. Eine permanente Angst vor einer drohenden Abschiebung, eine immerzu spürbare Repression, eine allgegenwärtige Unwägbarkeit und eine stetige Sorge um die Zukunft, haben schon vor Jahren Eingang in das Leben der beiden gefunden. Die einzige Chance auf ein Bleiberecht in der Schweiz, mit dem sich Geflüchtete mit unsicherem Aufenthaltsstatus aus ihrer prekären Situation hieven können, stellt eine Arbeitsstelle dar. Und es ist genau dieses Arbeitsverhältnis, das einerseits den Schlüssel zur Überwindung ihres Elends bietet, das auf ihrer aufenthaltsrechtlichen Situation gründet, und damit andererseits selbst jenes Elend bedeutet, das sie jeden Tag von Neuem zu erdulden bereit sind.

Die Kontrolle über den Arbeitsprozess wird bei ihnen durch eine Art der Teilauslagerung der Disziplinierung sichergestellt, die analytisch in drei Formen gefasst werden kann: *betriebsinterne direkte Disziplinierung*, *betriebsinterne indirekte Disziplinierung* und *externe Disziplinierung*. In einer arbeitsintensiven Branche wie der Gastronomie nimmt dies in der Organisation des Arbeitsprozesses keineswegs eine unbedeutende Rolle ein: Die Überwachung der Arbeit ist hier wesentlich, um einen reibungslosen betrieblichen Ablauf sicherzustellen und damit die Arbeitskosten auf ein Minimum zu reduzieren. Obgleich in der hierarchischen Arbeitsorganisation der gastronomischen Betriebe die direkte Kontrolle im Sinne von Appellen, Abmahnungen oder Drohungen den Arbeitsprozess beherrscht, spielt diese für die Arbeitsdisziplin der Geflüchteten mit unsicherem Aufenthaltsstatus eine untergeordnete Rolle.

Wie ich während meines Forschungsaufenthaltes in einer Gaststätte beobachtete, sind migrantische und insbesondere geflüchtete Arbeiter:innen im Arbeitsprozess einer spezifischen Kontrolle ausgesetzt: Diese äußert sich etwa in Drohungen, in denen der Verlust des Jobs mit dem etwaigen Verlust des Aufenthaltsstatus bzw. der Abschiebung gleichgesetzt wird, rassistischen Äußerungen, kulturalistischen Zuschreibungen und der Herabsetzung als Geflüchtete. Diese *betriebsinterne direkte Disziplinierung* stellt die Arbeitsdisziplin migrantischer Arbeiter:innen durch ihre Stigmatisierung aufgrund ihrer geografischen Herkunft sicher.

Darüber hinaus sind geflüchtete Arbeiter:innen mit betrieblichen Kontrollstrategien konfrontiert, die ihre unsichere aufenthaltsrechtliche Situation einschließen. Dennoch handelt es sich hierbei lediglich um ein Sichtbarmachen, um eine Demaskierung einer auch unabhängig davon wirkenden Disziplinierung, die in der Exklusion der Rechte von geflüchteten Arbeiter:innen begründet liegt. Diese Art von Disziplinierung muss nicht aktiv durch Überwachung in den gastronomischen Unternehmen hergestellt werden: Die *betriebsinterne indirekte Disziplinierung* geht aus einem spezifischen Verhältnis zwischen Arbeiter:innen und Unternehmer:innen hervor. Dieses asymmetrische Verhältnis nimmt kurzzeitig eine besondere Form an, da Unternehmer:innen und geflüchtete Arbeiter:innen ein gemeinsames Interesse daran haben, die mit dem Aufenthaltsstatus einhergehenden Unsicherheiten und insbesondere die institutionellen Hürden auf dem Arbeitsmarkt zu überwinden,[6] um die Beschäftigung im Betrieb auf den Weg zu bringen. Dieses kurzzeitige Bündnis reproduziert die Arbeitsdisziplin der Geflüchteten längerfristig insofern, als sich bei ihnen eine Art der Dankbarkeit einstellt, die ihren Ausdruck in Loyalität und Fügsamkeit findet. Hier kommt eine subtile Disziplinierung zum Vorschein, in der die Dankbarkeit von den Unternehmer:innen nicht aktiv eingefordert werden muss, da die Geflüchteten sie als Verbündete in ihrem Bestreben um eine Aufenthaltsbewilligung wahrnehmen und das Besetzen der Arbeitsstelle auf ihre Gutmütigkeit zurückführen. Sie befinden sich in einer unsicheren Aufenthaltssituation, die für sie eine außerordentliche Zermürbung darstellt, eine Aufenthaltsbewilligung würde für sie eine Befreiung aus dieser Situation bedeuten; als Voraussetzung dafür gelten unter anderem eine mindestens fünfjährige Aufenthaltsdauer in der Schweiz und eine Arbeitsstelle, welche die Sozialhilfeunabhängigkeit garantiert.

An dieser Stelle kommt nun die dritte, die *externe Disziplinierung* zum Vorschein. Für Geflüchtete ist die Arbeitsstelle der Schlüssel zur Überwindung ihrer aufenthaltsrechtlichen Situation. Ihre Sicherheitsbestreben konzentrieren sich daher darauf, den Job zu behalten und die strategische Bereitschaft aufzubringen, ihre Arbeitsbedingungen zu dulden. Und genau diese Fügsamkeit entspricht dem unternehmerischen Bedarf in gastronomischen Betrieben: Die Arbeitsorganisation und Strategien zur Arbeitskostensenkung sind im Wesentlichen darauf ausgerichtet, möglichst schnell auf kurzfristige und saisonale Nachfrageschwankungen reagieren zu können. Dies wiederum bedingt den zeitlich flexiblen Einsatz von Arbeitskräften, die Variation der Arbeitszeit, hohe Arbeitsintensität sowie regelmäßige Überstunden. Diese Art der Flexibilität betrachten die Unternehmer:innen als unverzichtbares Instrument, um einen störungsfreien Ablauf der Arbeitsprozesse zu gewährleisten.

Während die Arbeitszeit von fest angestellten Geflüchteten je nach Anspruch des Unternehmens in Phasen hoher Nachfrage mit Überstunden verbunden ist und diese in Phasen tiefer Nachfrage abgebaut werden, ist die Arbeitszeitregulierung für Geflüchtete im Stundenlohnpensum mit zusätzlichen Herausforderungen verbunden. Wird ihr Pensum je nach Bedarf phasenweise hoch- und wieder runtergeschraubt, kann das für sie bedeuten, hohe Lohnschwankungen in Kauf nehmen und sich so einrichten zu müssen, dass sie sozialhilfeunabhängig bleiben und den Erhalt einer Aufenthaltsbewilligung nicht gefährden. Auch die in gastronomischen Betrieben erforderlichen kurzfristigen Arbeitseinsätze gehören für Geflüchtete mit unsicherem Aufenthaltsstatus selbstredend dazu. Besonders ausgeprägt ist dies etwa bei Jeremy der Fall: Über fünf Jahre lang befriedigte er unentwegt das unternehmerische Verlangen nach kurzfristigen Einsätzen – selbst dann, wenn die Planung innerhalb weniger Stunden oder gar Minuten wieder umgeworfen wurde:

»*Das ist normal für mich. Ich arbeite, warum? Ich muss arbeiten, ich muss viel arbeiten. Meine Kinder sagen: ›Hey Papi, warum machst du das?‹ Nein, ich weiß, der Chef sagt dann zu mir: ›Verschwinde.‹ Und dann, wo soll ich dann hingehen? Mit dem F-Ausweis habe ich diese Arbeit gefunden, ich muss das machen. Fünf Jahre – während fünf Jahren arbeitete ich dort auf diese Art. Einmal sagen sie: ›Hallo, heute ist frei.‹ Ich gehe nach Hause, ich gehe nach Hause um sieben Uhr, sechs Uhr. ›Hallo, jetzt musst du kommen‹ – ja, immer so. Am Sonntag gehe ich in die Kirche. Einmal um zehn Uhr rufen sie von der Arbeit an. Ich gehe von der Kirche nach draußen. Ich gehe, was ist los? ›Du musst – wir haben viele Leute – du musst heute kommen. Okay, du bist in der Kirche, ja, aber nicht später.‹ Okay, dann gehe ich arbeiten. Kein Plan, seit fünf Jahren arbeite ich auf diese Art.*«

Es geht aber nicht nur um zeitliche Flexibilität. Unternehmen verfügen auch flexibel über die Arbeitskraft Geflüchteter in Bezug auf deren Anwendung in unterschiedlichen Bereichen. So decken etwa gastronomische Firmen mit mehreren Betriebsstandorten ihren kurzfristigen Bedarf in einer Filiale mit dem Einsatz von Officemitarbeiter:innen aus anderen ab. Aus unternehmerischer Sicht wird der Ablauf des Betriebs reibungslos garantiert, da ungelernte Arbeiter:innen unmittelbar eingesetzt werden können und keine Einarbeitungsphase notwendig ist. Zudem beobachtete ich während meines Forschungsaufenthalts in einem gastronomischen Betrieb auch den Einsatz von Officemitarbeiter:innen für Arbeitsbereiche, die im Grunde genommen gelernten Arbeitskräften zufallen würden. So werden sie etwa von Köch:innen in Leitungsfunktionen beauftragt, solche Arbeitsaufgaben in der Küche zu übernehmen, wenn die Nachfrage im Restaurant hoch ist oder Produktionszeitdruck in der Küche herrscht. Dabei sind die Officemitarbeiter:innen jedoch mit einem selektiven Wissenstransfer konfrontiert, der sie in dieser Position isoliert. Die Wissensvermittlung der Köch:innen beschränkt sich lediglich auf das Wissen für die unmittelbare praktische Anwendung. In einer Art Bewährungsprobe müssen sie die ihnen aufgetragene Arbeit den Köch:innen in Leitungsfunktionen vorführen, woraufhin diese über deren Qualität befinden und je nach Dringlichkeit entscheiden, ob ihre Arbeitskraft dafür zum Einsatz kommt. Bewähren sich die Officemitarbeiter:innen nicht, werden sie angewiesen, sich wieder den Aufgaben im Rahmen ihrer Arbeitsstelle zuzuwenden.

Eine besondere Herausforderung für Geflüchtete mit unsicherem Aufenthaltsstatus stellt schließlich die Existenzsicherung dar, da sich die Gastronomie ohnehin bereits durch niedrige Löhne auszeichnet. So zeigt etwa die schweizerische Lohnstrukturerhebung von 2018 (BFS 2020), dass die Gastronomie mit einem Median des monatlichen Bruttolohnes (Vollzeitäquivalent) von 4413 Franken den zweitletzten Platz in der Lohnskala der Wirtschaftszweige besetzt (Persönliche Dienstleistungen verfügen über den niedrigsten Medianlohn von 4144 Franken). Als ungelernte Arbeitskräfte befinden sich die Officemitarbeiter:innen auf der untersten Stufe der Lohnhierarchie: Entsprechend des im Landes-Gesamtarbeitsvertrag des Gastgewerbes festgehaltenen Mindestlohnes für Vollzeitmitarbeiter:innen ohne Berufslehre gilt für sie ein monatlicher Bruttolohn von 3407 Franken.[7] So vermögen geflüchtete Arbeiter:innen mit unsicherem Aufenthaltsstatus ihre Existenz dann nicht zu sichern, wenn der Lohn von Festangestellten das einzige Einkommen eines Mehrpersonenhaushaltes darstellt oder wenn sie über ein niedriges Stundenlohnpensum verfügen. In der Gastronomie setzen Unternehmer:innen neben der Beschäftigung von Festangestellten auch auf den Einsatz von Arbeitskräften im Stundenlohnpensum, um kurzfristige und saisonale Nachfrageschwankungen auszugleichen und somit Lohnkosten zu senken. Da der Erhalt einer Aufenthaltsbewilligung im Grunde an existenzsichernde Arbeitsverhältnisse gekoppelt ist, kann dies auch dazu führen, dass Geflüchtete den Anspruch auf Urlaub – obwohl er formell festgelegt ist – aufgrund der damit verbundenen Lohnausfälle nicht geltend machen.

Wie der Fall von Andrew zeigt, nehmen manche mehrere Jobs an, um sich über Wasser zu halten. Er sichert seine Existenz durch eine Festanstellung als Officemitarbeiter und eine zusätzliche Arbeit im Stundenlohnpensum in der Gastronomie und hat sich somit von der Sozialhilfe gelöst. Damit ist er seinem Ziel – einer Aufenthaltsbewilligung – einen Schritt näher gekommen und blickt nun hoffnungsvoll auf eine Zukunft in der Schweiz. Entsprechend arrangiert er sich mit der Belastung, die er aufgrund der Koordination zweier Jobs und dem damit einhergehenden hohen Arbeitspensum erlebt:

»Ja, ich finde, das ist gut. Aber es ist ein bisschen stressig, wenn Saison ist im Sommer habe ich viel Stress, viel Stress. Dann kommen viele Leute, und an zwei Orten zu arbeiten, ist ein bisschen stressig. Man hat nicht frei, nur im Sommer. Aber im Winter ist es wieder ruhig, nicht so viele Touristen. Aber im Sommer – so fünf Monate lang – muss man ein bisschen Gas geben, so an beiden Orten zu arbeiten. Das ist schwierig im Sommer. Aber nur an einem Ort ist ok, aber jetzt arbeite ich an beiden Orten, und das ist ein bisschen schwierig während fünf Monaten. Und nach Oktober habe ich wieder während vier Monaten keine Arbeit mehr dort. Dann ist ein Restaurant zu. Dieses Restaurant ist vier Monate zu. So, dann habe ich mehr frei. Dann wird es ein bisschen ruhiger [lacht].«

Zugleich bleibt die Angst davor, seine Arbeitsstelle wieder zu verlieren, die durch seine Arbeitsbiografie zusätzlich genährt wird. Denn die zahlreichen vergeblichen Bemühungen, als Asylsuchender überhaupt Zugang zum Arbeitsmarkt zu finden, und die bittere Erfahrung, einen hart erkämpften Job wieder aufgeben zu müssen, hat er als permanente Bedrohung verinnerlicht. Andrew erzählt mir in unserem Gespräch von seiner hürdenvollen Arbeitssuche und dem Verlust einer früheren Festanstellung:

»*Und nachher versuchte [der Unternehmer] diese [Arbeitsbewilligung] für eine Hundert-Prozent-Arbeitsstelle zu kriegen. Aber das erste Mal hat das Migrationsamt die Arbeitsbewilligung nicht gegeben, abgelehnt. Dann hat das Migrationsamt geschrieben, du musst jetzt beim RAV [dem Regionalen Arbeitsvermittlungszentrum] eine Stellenanzeige machen. Und wenn man niemanden findet, dann geben wir eine Bewilligung. Und dann versuchte er es* [mit einem Stellenprofil als Allrounder, das die Kenntnis spezifischer kulinarischer Spezialitäten voraussetzt, Anmerkung der Verfasserin]. *Er versuchte es, und ungefähr so fünf Leute haben sich gemeldet. Aber niemand* [mit Kenntnis über diese Spezialitäten, Anm. d. Verf.], *alle aus anderen Ländern: Italiener, Albaner, Portugiesen. Und dann sagte [der Unternehmer], du* [bringst diese Kenntnis mit, Anm. d. Verf.] *und diese Leute nicht. Und dann hat er den Bescheid vom RAV erhalten und die Quittung erhalten, und dann habe ich eine Hundert-Prozent-Stelle erhalten. Das ist das System des N-Ausweises. Aber mit dem N-Ausweis ist es schwierig, eine Arbeitsbewilligung zu erhalten. Mit anderen Ausweisen ist es einfacher, aber*

mit dem N-Ausweis muss man ein bisschen versuchen. Das ist schwierig.«
Interviewerin: »Und wie lange hast du dort gearbeitet?«
Andrew: »Ungefähr sechs Monate lang arbeitete ich zu hundert Prozent. Aber das Restaurant lief nicht so gut. Der Unternehmer hat auch gesehen, dass er nicht genug Geld hat, um meinen Lohn zu bezahlen. Und dann sagte er, es ist besser, wenn du irgendwo eine andere Arbeit findest. Dann versuchte ich es in einem anderen Restaurant. Und dann ist es einfach eine Stundenlohnanstellung. […] Aber seit der frühere Chef mich angemeldet hat, damals zu hundert Prozent, habe ich keine Sozialhilfeleistungen mehr genommen. Und dann bleibe ich so hier. […] Und dann versuchte ich auch eine Hundert-Prozent-Arbeit zu erhalten. Aber er sagt, dass es nicht so gut läuft, nur im Sommer, in der anderen Zeit kann er nicht zahlen. Dann sagte ich einfach, okay, dann schreibst du einfach Stundenlohn und ich versuche, noch eine andere Arbeit zu suchen.«

Jeremy hingegen schaffte es in all den Jahren nicht, die Sozialhilfeabhängigkeit zu überwinden, da die Lohnarbeit zur Existenzsicherung des Mehrpersonenhaushalts mit seiner Frau und mehreren Kindern – seine erwachsenen Kinder sind bereits ausgezogen – nie ausreichte. Gleichwohl hat er sich jahrelang an seine Arbeit im Stundenlohnpensum geklammert, da er – wie andere Geflüchtete – hoffte, den Sprung in eine Festanstellung dereinst zu schaffen und auf diese Weise seine Chancen auf eine Aufenthaltsbewilligung zu erhöhen. Zugleich kennt auch er die fehlenden Perspektiven auf dem Arbeitsmarkt nur allzu gut, denn sein 15-jähriger Aufenthalt in der Schweiz ist geprägt von permanenten Pendelbewegungen zwischen Beschäftigungsprogrammen und prekären Arbeitsverhältnissen. Nachdem Jeremy eine vorläufige Aufnahme erhalten hatte, fand er relativ bald Zugang zum Arbeitsmarkt und arbeitete etwa zwei Jahre lang in der Reinigungsbranche. Dann jedoch wurde ihm gekündigt, und es folgte eine jahrelange erfolglose Suche nach einer Arbeitsstelle im ersten Arbeitsmarkt. Stattdessen besetzte Jeremy zwei Stellen in Beschäftigungsprogrammen, die er mittlerweile seit über zehn Jahren innehat. Seine jetzige Arbeitsstelle will er deshalb auf keinen Fall gefährden:

»Die eine Chefin sagte immer: ›Das ist nicht so, das ist nicht so. Pause nur, wenn das fertig ist, dann gehst du in die Pause.‹ Aber ich sagte nichts, ich ging nur arbeiten.«
Interviewerin: »Und wieso hast du nichts gesagt?«
Jeremy: »Ich habe keine Papiere, ich habe einen F-Ausweis. Ich habe Angst, dass sie vielleicht sagen, verschwinde. Was mache ich dann, ich muss arbeiten, bis ich einen B- oder C-Ausweis habe, und dann sagt die Schweiz, so und so und dann mache ich das so. Aber ich habe keine Rechte, keine Papiere.«
Interviewerin: »Okay, weil du Angst davor hattest, dass du mit dem …«
Jeremy: »Ja, ich habe sicher Angst.«
Interviewerin: »Und darum hast du dir gesagt, du sagst lieber nichts.«
Jeremy: »Nichts sagen, immer machen, immer für die Küche, immer alles, was kommt. Und wenn sie sagen, dass ich das alles heute abwaschen muss, dann wasche ich al-

les ab. Immer sagen sie: ›Du musst das jetzt so machen‹, und dann muss ich das. Alles mache ich, alles. Ich wasche einfach nur ab. Warum? Ich habe keine Papiere, das ist das Problem.«

Mittlerweile haben sich Jeremys Hoffnungen jedoch als Illusion erwiesen: Auch bei dieser Arbeitsstelle wurde ihm gekündigt. Und erneut sieht er sich mit einer Situation konfrontiert, in der seine Aussicht auf eine Aufenthaltsbewilligung in weite Ferne gerückt ist. Daran ändern auch die wenigen Stunden, die er nun als Reinigungskraft arbeitet, und die beiden Stellen in den Beschäftigungsprogrammen nichts. Während unseres Gespräches schwankt Jeremy beständig zwischen Zuversicht und Verzweiflung – die zuweilen gar in Resignation mündet – hin und her.

Tiefes Unbehagen drückt Jeremy auch in Bezug darauf aus, dass das Verlassen der Schweiz für ihn zur Folge hätte, sich von seiner Familie trennen zu müssen. Denn all seine Kinder leben in der Schweiz und einige von ihnen verfügen mittlerweile über einen stabilen Aufenthaltsstatus: »Meine Kinder sind in der Schweiz, meine Kinder sind in der Schweiz. Ich mache nichts Kriminelles, ich stehle nichts, ich arbeite […]. Ich gehe in ein anderes Land, aber meine Kinder sind in der Schweiz, wohin soll ich gehen? Das ist mein Problem.«

Auch Andrew quält die Tatsache, dass er seine Familie im Herkunftsstaat nicht treffen kann. Mit dem Erhalt einer Aufenthaltsbewilligung verbindet er auch die Hoffnung, seine Eltern wiederzusehen; ein Ereignis, das ihm aufgrund des Reiseverbots für Asylsuchende bislang verwehrt blieb. Im Gegensatz zu Jeremy wagt er es mittlerweile, eine Zukunftsperspektive zu entwerfen, in der eine Aufenthaltsbewilligung einen Wendepunkt in der langen Zermürbungsphase einläuten wird:

»*Ich warte nur auf meinen Ausweis. Ich muss den wechseln, ich muss reisen, ich kann nicht so hier nur in der Schweiz bleiben. Meine Freunde, ich habe schon so einen Freund* [in einer Schweizer Stadt, Anm. d. Verf.]. *Aber ich muss reisen, muss meine Eltern sehen, das ist meine Priorität. Meine Eltern sind sehr alt, jetzt sehr alt, ich muss sie sehen, bevor etwas passiert. Dann muss ich mein Leben – nachher will ich heiraten. Das ist mein Ziel jetzt. Das ist das Ziel. Ja, es ist genug Stress* [lacht], *es ist genug Stress jetzt. Meine erste Priorität ist, meine Eltern zu sehen. Das ist meine erste Priorität* [weint]. *Ich denke jeden Tag daran, das ist ein bisschen – meine Freunde, alle haben geheiratet. Wenn ich mit Freunden spreche – was machst du dort, aber alle haben Kinder und Familie und so. Ich bin noch so alleine hier. Das ist ein bisschen traurig für mich. Alle sprechen so mit mir, ja was machst du, alle bekommen einen B-Ausweis, warum bekommst du keinen. Aber ich weiß nicht, was passiert ist mit meinem Fall beim BFM* [das ehemalige Bundesamt für Migration, seit 2015: Staatssekretariat für Migration, Anm. d. Verf.]. *Aber ich habe schon alle meine Beweise gegeben, aber das BFM hat noch nicht entschieden. Aber ich weiß nicht, was der weitere Plan ist. Wenn ich diesen B-Ausweis bekomme, dann muss ich meine Eltern sehen, zuerst meine Eltern. Das ist mein Ziel, das ist mein Ziel jetzt.*«

Wie aus den Fällen von Jeremy und Andrew hervorgeht, sind Geflüchtete mit unsicherem Aufenthaltsstatus neben der Ungewissheit über den Verbleib in der Schweiz auch mit rechtlichen Einschränkungen konfrontiert. Diese erleben sie hinsichtlich der sozialen Sicherung: Sie erhalten minimale Sozialhilfeleistungen, die weit unter den Unterstützungsleistungen für die restliche Bevölkerung liegen. Bezüglich ihrer Familie herrschen Unsicherheiten, da der sogenannte Familiennachzug für vorläufig Aufgenommene an eine Arbeitsstelle gebunden und für Asylsuchende nicht möglich ist. Das Reiseverbot für Asylsuchende und die eingeschränkten Reisemöglichkeiten für vorläufig Aufgenommene machen es unmöglich, sich mit der Familie im Herkunftsstaat außerhalb der Schweiz zu treffen. Und genau diese Exklusion ihrer Rechte ermöglicht es den gastronomischen Unternehmen, die für sie »passenden« ungelernten Arbeitskräfte mit der entsprechenden Fügsamkeit und raumzeitlichen Flexibilität zu mobilisieren.

Zweifelsfrei ist es zunächst einmal das Elend der geflüchteten Arbeiter:innen mit unsicherem Aufenthaltsstatus, das uns beim Überschreiten der Schwelle zur verborgenen Stätte der Restaurants entgegentritt. Ein Elend, das im Arbeitsalltag der gastronomischen Betriebe scheinbar stumm ertragen wird. Das sollte uns jedoch keineswegs darüber hinwegtäuschen, dass sich dahinter ebenfalls ein Kampf um Rechte verbirgt, der angesichts seiner gesellschaftlichen Tragweite wohl alles andere als geräuschlos ist.

Literatur

Bundesversammlung der Schweizerischen Eidgenossenschaft 1998, »Asylgesetz«, online verfügbar unter: {https://www.fedlex.admin.ch/eli/cc/1999/358/de}.
Dies. 2005, »Bundesgesetz über die Ausländerinnen und Ausländer und über die Integration«, online verfügbar unter: {https://www.fedlex.admin.ch/eli/cc/2007/758/de}.
Bundesamt für Statistik (BFS) 2020, »Schweizerische Lohnstrukturerhebung. Monatlicher Bruttolohn (Zentralwert) nach Wirtschaftszweigen und Grossregionen. Privater Sektor, Schweiz 2018«, online verfügbar unter: {https://www.bfs.admin.ch/bfs/de/home.assetdetail.12488387.html}.
Kalbermatter, Jacqueline 2020, *Bleiberecht in der Gastro-Küche. Migrationspolitische Regulierungen und Arbeitsverhältnisse von Geflüchteten mit unsicherem Aufenthaltsstatus*, Zürich: Seismo Verlag.

Anmerkungen

1 Die Untersuchung basiert auf 17 problemzentrierten Interviews mit Unternehmer:innen, neun mit geflüchteten Arbeiter:innen mit unsicherem Aufenthaltsstatus sowie auf einer teilnehmenden Beobachtung und informellen Interviews mit Arbeiter:innen in einem gastronomischen Betrieb. Die ethnografische Feldforschung umfasst zwei Forschungsphasen während je drei Arbeitswochen im Sommer 2015 und im Frühling 2016.
2 Eine Ausnahme stellt eine junge Arbeiterin dar, welche die einzige befragte Frau ist. Sie reichte als unbegleitete Minderjährige ein Asylgesuch in der Schweiz ein, verfügt mittlerweile über eine Aufenthaltsbewilligung und schloss zum Zeitpunkt des Interviews ihre Ausbildung als Servicefachangestellte ab. Die Überrepräsentation männlicher Arbeiter in der Fallauswahl ist unter anderem mit der Normierung der körperlich anstrengenden Arbeit ungelernter Arbeitskräfte in der Gastronomie als »männliche« zu erklären.
3 Die vorläufige Aufnahme (Ausweis F) gilt als »Ersatzmaßnahme«, die dann angewendet wird, wenn Personen aus der Schweiz weggewiesen wurden, aber sogenannte »Wegweisungsvollzugshindernisse« vorliegen. Dies ist dann der Fall, wenn der Vollzug der Wegweisung unzulässig (Verstoß gegen Völkerrecht), unzumutbar (konkrete Gefährdung der Person aufgrund von Krieg, Bürgerkrieg, allgemeiner Gewalt und medizinischer Notlage im Heimat- oder Herkunftsstaat) oder unmöglich ist (vollzugstechnische Gründe) (Art. 83 Abs. 1-5 des Bundesgesetzes über die Ausländerinnen und Ausländer und über die Integration).
4 »Asylsuchende« sind Personen, die ein Asylgesuch gestellt haben und im Asylverfahren stehen. Sie erhalten einen Ausweis N und haben grundsätzlich ein Anwesenheitsrecht in der Schweiz. Im Asylverfahren soll geprüft

werden, ob sie die dem Asylgesetz entsprechenden »Flüchtlingseigenschaften« erfüllen (Art. 3 Abs. 2 des Asylgesetzes).
5 »Vorläufig Aufgenommene« und »Asylsuchende«, die sich seit Einreichung des Asylgesuchs mindestens fünf Jahre in der Schweiz aufhalten und bei denen »wegen der fortgeschrittenen Integration ein schwerwiegender persönlicher Härtefall vorliegt«, können über ein Härtefallgesuch eine Aufenthaltsbewilligung (Ausweis B) erhalten (Art. 14 des Asylgesetzes).
6 Unternehmer:innen müssen bei der Anstellung von »Asylsuchenden« den sogenannten »Vorrang« einhalten. Das bedeutet, dass Schweizer:innen, Personen mit C-, B- und F-Ausweis sowie Personen, die Anspruch auf Leistungen der Arbeitslosenversicherung haben, der »Vorzug« bei Arbeitsstellen zusteht. Für »vorläufig Aufgenommene« galt während des Erhebungszeitraums der Untersuchung (2014-2016) die Bestimmung, dass sie zwar grundsätzlich freien Zugang zum Arbeitsmarkt haben, Unternehmer:innen für ihre Anstellung aber ein Gesuch um Erteilung einer Arbeitsbewilligung einreichen müssen. Diese Bewilligungspflicht für vorläufig Aufgenommene wurde am 1. Januar 2019 durch eine Meldepflicht ersetzt.
7 Stand am 1. Januar 2014 während der Datenerhebungsphase; im aktuellen Landes-Gesamtarbeitsvertrag des Gastgewerbes beträgt dieser Mindestlohn 3470 Franken.

Auf das Riechen, Schmecken, Fühlen und Sehen kommt es an: Einfacharbeit in der Lebensmittelproduktion

Von Edelgard Kutzner

Die industrielle Herstellung von Lebensmitteln stand bislang nur selten im Fokus wissenschaftlicher Studien oder politischer Diskurse, sie erfolgt nahezu unsichtbar. Dabei nimmt ihre Bedeutung stetig zu. Viele Menschen greifen auf industriell produzierte Fertigprodukte, Tiefkühlware oder sogenannte Convenience-Produkte zurück. Hergestellt werden sie zum größten Teil mit natürlichen Zutaten (die ein Qualitätsmerkmal darstellen), deren Verarbeitung nicht oder nur zum Teil automatisierbar ist. Um die Qualität sicherzustellen, kommt es in der Produktion wesentlich auf menschliches Riechen, Schmecken, Fühlen und Sehen an.[1]

»Lebensmittel sind mein Leben«

Frau Starke[2] ist zum Zeitpunkt des Interviews fünfzig Jahre alt. Sie arbeitet seit ihrem fünfzehnten Lebensjahr in der Lebensmittelbranche. Nach ihrer Ausbildung als Bäckereifachverkäuferin hat sie mehrere Jahre in einer Bäckerei gearbeitet, danach für einige Zeit in einem Drogeriemarkt und in einem Lebensmittelgeschäft. Sie ist mit zwei Brüdern aufgewachsen, das hat sie nach eigenen Aussagen »frech« werden lassen. Sie hat schon in früher Kindheit gelernt, ihre Interessen durchzusetzen und auch einmal zu sagen, »das lasse ich mir einfach nicht mehr bieten«, und daraufhin das Unternehmen zu wechseln. Sie traut sich auch etwas zu. So war sie etwa in einem Lebensmittelmarkt bereits als Marktleiterin tätig.

Beim jetzigen Unternehmen Backfabrik[3] ist sie seit 2004 beschäftigt. Hier hat sie verschiedene Arbeitsplätze in der

Produktion von Lebensmitteln durchlaufen. Seit einigen Jahren ist sie Mitglied des Betriebsrats, seit Kurzem ist sie dafür von der Arbeit freigestellt. Backfabrik ist ein expandierendes Unternehmen in einer eher ländlichen Region. Am Standort werden tiefgekühlte Pizzen hergestellt. Die Firma ist tarifgebunden, von den Beschäftigten sind etwa 45 Prozent Mitglieder der Gewerkschaft Nahrung-Genuss-Gaststätten.

Das Unternehmen wächst. 2004 lag die Zahl der Beschäftigten bei circa 800, aktuell sind es fast 1400, etwa 75 Prozent davon Frauen. Zurzeit ist vieles offen, angedacht ist, weitere 200 Arbeitsplätze zu schaffen. Das Thema Automatisierung und Digitalisierung spielt auch in diesem Unternehmen eine Rolle. Allerdings sind Grenzen gesetzt, unter anderem durch die Beschaffenheit von nicht so ohne Weiteres normierbaren und standardisierbaren Zutaten für die Lebensmittelproduktion und durch die notwendigen Qualitätskontrollen.

Das mehrstündige Gespräch fand im September 2020 bei Frau Starke zuhause statt. Auf diese Arbeit aufmerksam wurde ich durch ein Foto in einer Tageszeitung, auf dem zu sehen war, wie Frauen an einem Fließband Salamischeiben per Hand auf eine fast fertige Pizza legten. Viele Menschen verzehren Fertigpizzen, kaum jemand weiß allerdings, wie, von wem und unter welchen Bedingungen sie hergestellt werden. Diese unsichtbare Arbeit wollte ich näher kennenlernen und sichtbar machen.

Einkommen: »Als Produktionshelfer mit der kleinsten Lohngruppe als Teilzeit«

Angefangen hat Frau Starke als Produktionshelferin.

»*Mit der kleinen Lohngruppe, mit der kleinsten Lohngruppe als Teilzeit. Ich habe das schon so oft gesagt: Ich bin damals arbeiten gefahren, um arbeiten zu können. Also eigentlich verrückt. Wir hatten die Lohnsteuerklasse fünf, oder ich hatte Lohnsteuerklasse fünf, er [der Ehemann] ist bei der drei geblieben. [Ich] hatte da knapp 600 Euro raus, also zwischen 550 und 700 Euro […] netto. Hatte ich raus. Dann bin ich in die Nachtschicht gegangen, und bei uns ist das so, wenn Nachtschicht, dann mindestens für sechs, sieben, acht Wochen.*«

Einen Wechsel zwischen Früh-, Spät- und Nachtschicht gab es nicht.

»*Ja. Also bei – also wir haben ganz am Anfang Früh-, Spät-, Nacht[schicht gearbeitet]. Ging aber zu viel auf den Kreislauf, und wir hatten zu viele Kranke, und viele sind umgekippt. Die Nachtschicht ist freiwillig. Man muss sich tatsächlich drauf bewerben, aber dann halt eben für ein Jahr oder – ja damit kam ich super parat. Nachtschicht hat finanziell echt viel ausgemacht, dann hatte ich auch schon mal 800 Euro, dann haste schon gedacht, bist im Himmel…*«

Der Aufstieg in eine höhere Lohngruppe ist durchaus möglich:

»Sie fangen mit der kleinen [Lohn-]Gruppe an, und sollten Sie eine Qualifikation in einer anderen Lohngruppe den Job kriegen, dann ja. Wenn Sie nur vertretungsweise diese Lohngruppe machen, dann bekommen Sie diesen Tageszuschlag[4]*. Also es ist nicht automatisch. Wir haben Bereiche in der Technik, in der Nachtreinigung, die können sich das erarbeiten, aber wir kleinen Frauen am Band nicht.«*

Auf die Frage, ob das Einkommen des Mannes von Frau Starke ausreichen würde, die Familie zu ernähren, antwortet sie: »Wenn's sein müsste ja, wenn's sein müsste.«

Teilzeit: »Wir mussten immer flexibel hin und her hüpfen«

Frau Starke hat zunächst als Teilzeitbeschäftigte gearbeitet mit einem Umfang von 87 Stunden im Monat, später hat sie dann die Arbeitszeit auf 103 Stunden erhöht. Vollzeit- und Teilzeitbeschäftigte erledigen unterschiedliche Aufgaben in der Produktion.

»Die Firma braucht nen gewissen Pool an Teilzeit, weil diese Bänder, die Produkte werden ja immer wieder umgestellt. Macht ja nicht die eine Linie immer nur dasselbe Produkt, sondern die werden ja umgestellt. Und bei der einen Pizza brauchst du sechzig Leute, bei den anderen brauchste vielleicht siebzig oder nur zwanzig. Wir haben einen festen Pool an Vollzeit, die immer fest an ihrem Platz sind, und diese Teilzeitfrauen: Wir mussten immer flexibel hin und her hüpfen. Von Verpackung zur Belegung, das

sind so die zwei Hauptbereiche. Dann gibt's noch – wir haben Frauen im Backbereich, die auch Teige herstellen, aber die haben Muckis, ne? Die schweren Kästen, die die schieben müssen, aber die wollen das auch. Wir haben den Bereich Qualitätskontrolle, wir haben einen Gewürzraum, da war ich jetzt zum Schluss, wo man nach einer Rezeptur Trockengewürze zusammenstellt. Die werden an die Linie geschickt, und der Mann da vor Ort, der tut dann noch die anderen Sachen dazu, deswegen braucht man diesen gewissen Pool an Teilzeit.«

Arbeitsabläufe: »[Da] stehen nochmal Frauen, die nochmal mit nem Löffelchen bisschen verteilen, weil das maschinell nicht so funktioniert«

Die konkreten Arbeitsabläufe schildert Frau Starke wie folgt:

»Also bei Anlieferung, wenn die [Rohstoff-]Produkte kommen, war ich nie dabei. Weiß ich jetzt auch nur aus der Theorie: Die kommen dann in Silos gepackt. Der Bäcker macht seinen Teig. Dann geht das Ganze, wird gepresst auf einen Teller, wird durch den Gärschrank gefahren, in den Backofen, dann läuft das den Kühlturm hoch und dann wird's mit nem Förderband in die Belegung gebracht. Also jetzt kann man das nicht so unbedingt hier so [zeigt ein Foto] Backlinie, dann ist der Drehturm. Ich glaube, ne halbe Stunde, dann ist die Pizza abgekühlt, dann wird die mit nem Förderband in die Belegung gebracht. Dann sitzen hier zwei Frauen am Band und kontrollie-

ren die Böden nach gut, schlecht, zu groß, zu klein. Dann ist die nächste Station, wo die Tomatensoße draufkommt bei der [Pizza A], die ist ja relativ dick, auch da stehen nochmal Frauen, die nochmal mit nem Löffelchen bisschen verteilen, weil das maschinell nicht so funktioniert. Dann kommt der Käse, dann – ich nehme jetzt mal ganz klassisch die Salami oder die [Pizza B], da haben wir nochmal ein bisschen mehr. Die wird maschinell draufgeschnitten, dann stehen zwei Frauen, die die kaputten Scheiben runterholen. Die Salami hat ja die Enden, und dann ist da oft so ein Geschnipsel. Die sammeln die ab, dann stehen wieder zwei Frauen da und legen neue Scheiben drauf. Dann gehts weiter zum Schinken, wir haben richtigen Schinken, und der ist teuer. Da wird auch nichts mehr nachgestreut, dann wird der nur noch fürs Auge schön verteilt. Dann geht's weiter zum Champignon, da hat man als Frau fast nur noch die Endkontrolle, und dann kommen die Kräuter drauf. Eine Frau macht sauber, so das komplette Band, sorgt wieder für Neues, guckt, dass die Kräuter da sind. Dann ist die Belegung beendet, geht in den Kühlturm hoch, läuft wieder dreißig Minuten im Froster und wird dann in die Verpackung [transportiert]. In der Verpackung sitzen wieder zwei Frauen, die machen die Sichtkontrolle, das, was unten übersehen worden ist oder was zu schwer, zu leicht – das macht die Waage, dann fliegen die raus und kommen in die zweite oder dritte Wahl, und dann werden die Pizzen verschweißt, da sind zwei Frauen an den Maschinen, die immer wieder die Rollen nachfüllen und gucken, dass es schön [vorangeht], ja dann kommt's in Kartons. Wenn die mit den Kartons fertig sind, dann läuft's wieder über ein Band zu der Palettierung, da steht ne Frau und macht denn per Hand, setzt dann die ganzen Kartons [auf die Palette]. [...] Was ich auch ganz wichtig finde, habe ich noch gar nicht gesagt: Wir – also du machst nicht alle acht Stunden nur die Böden, acht Stunden nur absammeln, acht Stunden, sondern jede Stunde, jede Stunde wird getauscht. [...] So ist das so'n Rundgang. Man macht zwar immer wieder mal das Gleiche, aber jede Stunde geht man an ne andere Position.«

Dass rotiert werden kann, liegt auch daran, dass die verschiedenen Tätigkeiten recht einfach und schnell zu erlernen sind:

»Ja, wir haben so zwei Wochen Belegung, zwei Wochen Verpackung, und dann kommen dann so die kleineren: Gewürzraum oder Teig. Wie der Mensch sich anbietet oder anstellt und möchte. [...] Man wird einer erfahrenen Kollegin an die Seite gestellt. Und so spezifische Sachen, da ist dann die Führungsposition gefragt.«

Im Sommer wird es in der Pizzaproduktion sehr warm:

»[O]der wenn's jetzt so warm war wie jetzt im Sommer, dann wird auch nochmal zusätzlich eine Frau mehr eingeteilt, damit die anderen, ja damit man öfters abgelöst [werden kann], auch mal für zu trinken. Wir haben überall dann Tee und Wasser stehen, damit man mal trinken kann.«

Der Zeitpunkt des Gesprächs mit Frau Starke fiel in die Anfangszeit der Corona-Pandemie. Zum Schutz der Beschäftigten wurden verschiedene Maßnahmen ergriffen.

»So wie jeder mag. Also entweder mit nem Visier oder mit nem Mundschutz, und am Band selber ist – man kann nicht immer diesen Anderthalb-Meter-Abstand halten, wenn wir uns jetzt gegenüber sind, dann ist man mit so einer Folie geschützt oder halt eben an der Seite mit ner Folie.«[5]

Die Corona-Pandemie und die damit verbundene Schließung von Restaurants hatten zu einem verstärkten Konsum von Fertiggerichten geführt. Die Arbeit wurde also nicht weniger.

»Im Gegenteil. Die [Lebensmittelgeschäfte] haben sich die Läger vollgemacht. Wir haben Sonderschichten gemacht, und ganz viele haben gesagt: ›Ach komm, die Krankenschwestern leisten ihren Dienst, das hier ist jetzt unser Beitrag dazu.‹ Das fand ich wirklich toll.«

Unterschiedliche Arbeitsplätze für Frauen bzw. für Männer: »Im Gegenteil, wir haben viele Frauenplätze, wo auch Männer mittlerweile mit eingearbeitet werden«

Arbeitsplätze werden häufig mit Frauen bzw. Männern differenziert besetzt. Begründet wird dies mit geschlechterstereotypen Vorstellungen, wonach das jeweilige Geschlecht besser geeignet sein soll als das andere (Kutzner 2020). Dies trifft auch auf die Arbeit in der Produktion zu, wobei sich manche Dinge zu ändern beginnen:

»Ja, ne tolle Frage, ne berechtigte Frage. Wir sind sehr engagiert, unsere Frauen zu fördern, auch im Führungsbereich zu fördern. Die kommen da nämlich auch, meiner Meinung nach, viel zu kurz. Da brauche ich ja nur hier unseren Gemeinderat zu sehen, der ist so männerlastig, [...] und genauso ist es in den Firmen auch. Du siehst immer nur die Schlipsträger und ab und zu auch mal ein Kleidchen dazwischen. Und so versuchen wir auch, wenn wir neue Stellen zu vergeben haben, oder grade, wenn es so Lohngruppenarbeiten sind, dass die Frauenquote dann auch stimmt. Wir haben nicht unbedingt spezifisch Frauen- und Männerplätze. Im Gegenteil, wir haben viele Frauenplätze, wo auch Männer mittlerweile mit eingearbeitet werden, so im Gewürzraum, für mich eine der tollsten Arbeiten bei uns im Dings. Die anderen mögen sie nicht, weil es so staubig [ist] oder zu sehr – in Anführungsstrichen – ›stinkt‹, aber wir müssen unsere Tonnen selber auffüllen mit den Gewürzen. Dann hast du auch schon mal 25 Kilogramm dabei. Da wird jetzt in den letzten Jahren auch schon mal ein Mann mit reingesteckt.«

Männer sind in der Produktion für besondere, in der Regel höher bezahlte Arbeiten vorgesehen:

»Jetzt grad so bei der Pizza A, da werden 2,5 Tonnen Zucker in einer Schicht verschaufelt, und die Männer haben dann aufgefüllt – im Qualitätsbereich, was immer bisher Frauen gemacht haben, gut bezahlt mit der Lohngruppe eins. Also die eins ist die beste in der Produktion, die zwei, die drei. Die wurden dann mit der eins bezahlt auch da, wenn sich ein Mann interessiert, der wird dann mit ein-

gearbeitet. Wir haben nicht unbedingt spezifisch. Wir hatten auch schon eine Frau als Gabelstaplerfahrer, die aber dann einen größeren Schaden hinterlassen hat, und dann sind sie da nochmal wieder zurückgetreten. Gebranntes Kind scheut das Feuer.«

Frau Starke hat im Unterschied zu ihren Kolleg:innen gern in der Gewürzmischung gearbeitet. Was genau hat ihr da so gut gefallen?

»Keine Ahnung, eigentlich kann das keiner verstehen. Man kam da raus und hat gestunken nach [Gewürzmittelmischung], so dieser Grundfond war ja nur [Gewürzmittelmischung]. Die Stärke, die hat überall geklebt. Hat man ne Kräutermischung gemacht für die Thunfischmischung, hat man nach Oregano und so gestunken. Ich hab's geliebt, weil ich konnte meinen Kopf mit benutzen. Wir durften buchen, wir durften rechnen, wir durften bestellen, das war ja halt auch mein Job, den ich vorher in den Supermärkten und Discountern gemacht hab. Ja, ich konnte eben schaffen halt.«

Hierarchie: »Ja, aber da haben wir auch Frauen. Aber überwiegend sind es tatsächlich Männer.«

Die Entwicklungsmöglichkeiten in der Produktion sind begrenzt.

»Es gibt also die Produktionsmitarbeiterinnen, dann haben wir einen Koordinator. Der Koordinator sorgt dafür,

dass die Waren am Band sind, der kümmert sich um Bestellungen, und dann gibt's den Meister. Früher gab es einen Linienführer, heute ist es der Meister, der für die Belange eigentlich da sein sollte, für die Mitarbeiter.«

Der Anteil der Frauen in diesen Positionen ist sehr gering. Lediglich bei den Koordinator:innen gibt es vereinzelt Frauen.

»Ja, aber da haben wir auch Frauen. Aber überwiegend sind es tatsächlich Männer. […] Ja, bei uns war's so, wir hatten früher unsere Linienführer und unsere Qualitätskontrollen am Band. Das war's, und dann wurde umstrukturiert. Es kam der Koordinator dazu und der Meister. […] Und auch in den Zahlen ganz gut, aber die haben null Plan von Menschenführung, […] und wir sind nicht alle als Meister geboren, die sind vielleicht in ihrem Fach ganz gut.«

Das Miteinander bei der Arbeit: »[D]as fehlt bei uns einfach, mal so'n Lächeln, nicht immer alles so verbissen sehen«

Das Miteinander bei der Arbeit entsteht unter anderem durch Kollegialität und Kommunikation. Allerdings sind die Abläufe genau festgelegt:

»Wir haben zwei Mal eine Viertelstunde Pause, ein Mal eine halbe Stunde Pause. Unser Weg in die Kantine ist relativ lang, so dürfen wir zwei Mal 20 Minuten Pause

machen und ein Mal 35 Minuten Pause. Diese 35 Minuten werden aber nicht bezahlt und kommen später mit 0,4 Stunden pro Tag aber aufs Arbeits[zeit]konto gutgeschrieben.[6] *Wenn ich zwischendurch auf Toilette muss […], und es wird nicht übertrieben, dann haben wir ne Frau, die – wir haben immer eine Frau am Band, die saubermacht, die sich mal kurz dahinstellt. […] Wie gesagt Fließband: Man kann es ja nicht anhalten, und dann kommen unsere Pausenspringer, die uns dann ablösen für in die Pause zu gehen.«*

Kommunikation am Arbeitsplatz ist begrenzt möglich:

»Also mit der, die genau gegenübersteht oder die – also die daneben ist ja ein bisschen weiter. […] Jetzt gerade zur Corona-Zeit nicht, weil wir ja alle geschützt sind, aber generell ja.«

Für das Miteinander bei der Arbeit ist das Betriebsklima entscheidend (Kock/Kutzner 2014; Kock/Kutzner 2018). Hierin drückt sich auch die Wertschätzung dieser Arbeit und der Arbeiter:innen durch Vorgesetzte aus.

»Als Betriebsrat, wir bekommen ja ganz viel mit. Und wir haben Gespräche, wo's dann wirklich um Kindergartengespräche geht, wo's, wo der Mensch sich nen bisschen mehr Wertschätzung wünscht, und die Führungskraft kann's nicht zeigen. Manchmal ist es einfach nur so eine Hand auf die Schulter legen. Ich hab eine tierische Angst vorm Zahnarzt, und wenn ich dann da liege mit großen Augen, und er legt mir einfach nur die Hand auf die Schul-

ter, wird's leichter, und das vergleiche ich immer dann so, das fehlt bei uns einfach, mal so'n Lächeln, nicht immer alles so verbissen sehen. Und als ich angefangen hab, da war die Welt noch in Ordnung, sag ich mal so. Wir haben gelacht, wir haben gesungen, wir hatten Spaß. Wenn ich heute als Betriebsrat durch die Hallen gehe, ist es immer alles in Ordnung, ja gut, jetzt gerade aktuell mit Corona-Zeit, glaube ich, ist es eh schwierig, die Leute reden nicht so viel, weil diese Folien da hängen. Die Situation macht auch Angst. Wir stehen zum Glück alle in Lohn und Brot, aber so – wir haben ja innerhalb von kürzester Zeit ganz viel ändern müssen [wegen der Corona-Pandemie]. Das hat auch Ängste geschürt und so'n bisschen Aufklärung auch, und wir haben einen tollen Werksleiter, über den lasse ich auch nix kommen, der hat über Videos versucht, auch Aufklärungsarbeit zu machen und diese Ängste auch einfach zu nehmen. Trotzdem ist es in der Praxis, glaube ich, anders. […] Ich glaub, da die psychischen Belastungen, die sind tatsächlich eigentlich so zwischenmenschlich. Der Umgang so miteinander, ne?«

Wertschätzung: »Mal am Band vorbeizugehen und zu sagen: ›Mädels, ich wünsche euch ein schönes Wochenende.‹«

Obwohl die Welt im Großen und Ganzen ganz in Ordnung sei, fehlt es an Wertschätzung durch Vorgesetzte.

»Also Firma [Backfabrik] versucht, die Wertschätzung zu halten, aber der direkte Vorgesetzte, der kann das nicht.

Pausen, Tarife, Urlaub ist alles da, also bei uns [im Betriebsrat] ist der Schwerpunkt einfach dieses Zwischenmenschliche, aber mit Sicherheit, wir gucken wirklich, dass es den Leuten gut geht. Wenn jemand langzeitkrank ist, und er kommt zurück, wir versuchen da, den Arbeitsplatz zu finden und zu suchen und Hilfestellung zu geben. Wir haben eine tolle Schwerbehinderten-Vertreterin, die unterstützt so ihre Schwerbehinderten. Wie ich das von unserem vorherigen, von dem Vorgänger, der hat nix gemacht, und die setzt sich wirklich ein. Also da sind wir schon auf einem guten Weg. Diese Männerlastigkeit wird es vermutlich immer geben.«

Wertschätzung drückt sich für Frau Starke auch im Umgangston aus.

»Der Ton macht die Musik. Ich kann jemanden höflich bitten, was zu tun, oder ich kann den wegjagen wie nen Hund, das zu tun, oder wie ich eben sagte: Mein Zahnarzt, der legt dann einfach mal die Hand auf meine Schulter, und alles wird gut. So Kleinigkeiten: einfach mal zu lächeln. Mal am Band vorbeizugehen und zu sagen: ›Mädels, ich wünsche euch ein schönes Wochenende.‹ Unser Schichtleiter, mein damaliger Schichtleiter, den wir hatten, der ist jetzt leider im Labor Gruppenleiter, der kam oft zu uns, der war in der Nachtschicht Schichtleiter bei mir, und der kam dann zu uns ans Band und sagt: ›Und Mädels, alles klar?‹ Und wenn dann die Maschine ausgefallen ist, dann hat der sich die Salamischeiben geholt und ist mitgelaufen. Das würde heut kein Schichtleiter mehr tun.«

Wertschätzung der Mitarbeiter:innen sehen Schichtleiter:innen nicht als ihre Aufgabe an:

»Das würde auch kein Meister tun, der würde die Frauen rennen lassen. ›Das gehört nicht zu meiner Aufgabe.‹«

Betriebsratsarbeit: »War immer schon so ein bisschen Weltverbesserer«

Die Wahl zur Betriebsrätin war für Frau Starke eine Möglichkeit zur Mitgestaltung der Arbeitsbedingungen. Den Weg dahin schildert sie wie folgt:

»Ich habe mich 2010, 2004 habe ich [beim Unternehmen Backfabrik] angefangen, 2010 habe ich mich einfach mal [zur Wahl in den Betriebsrat] aufstellen lassen. Ich war die erste Teilzeit, und war eigentlich nur so ein Spiel: Was passiert, ne? War immer schon so ein bisschen Weltverbesserer, damals noch. Man wird hier schnell auf den Boden geholt. Man hat Ideen, man hat Visionen, und hab gedacht, das probierst jetzt einfach mal, ohne irgendeine Absicht, ohne überhaupt zu wissen, was ein Betriebsrat überhaupt tut und macht, blauäugig und naiv. Ich denk, das probierst du jetzt mal, weil wenn ich irgendwas am Meckern und am Maulen war, da haben dann schon mal ein paar Kollegen gesagt: ›Ja, dann musst du in den Betriebsrat gehen‹, ne?«

Stabilisierung und Neuverhandlung der Arbeitsbedingungen

In der Ernährungsindustrie arbeiteten 2019 nach Angaben der Bundesvereinigung der Deutschen Ernährungsindustrie 608 553 Beschäftigte in 6119 Betrieben. Damit ist sie der viertgrößte Industriezweig in Deutschland. Darüber hinaus zählt die Ernährungsindustrie zu den Branchen mit einem hohen Anteil von Einfacharbeit. Damit sind Arbeiten gemeint, die keine Berufsausbildung erfordern und nach kurzen Qualifizierungs- oder Einarbeitungsphasen ausgeführt werden können. Entsprechend hoch ist der Anteil angelernter Arbeiter:innen in Produktion und Verpackung, viele von ihnen sind Frauen (Abel et al. 2011, S. 29).

Die aktuell zu beobachtenden Automatisierungs- und Digitalisierungsbestrebungen gehen auch an dieser Branche nicht spurlos vorbei. Automatisierung bedeutet Übertragung von Arbeitsabläufen auf selbsttätige Maschinen, Digitalisierung meint die Erfassung und Verarbeitung produktionsrelevanter Daten zur Steuerung der Produktionsprozesse. Das Ausmaß von Automatisierung und Digitalisierung[7] und der damit verbundene Wegfall einfacher Produktionsarbeit unterscheidet sich zwischen den Unternehmen wie auch innerhalb einzelner Firmen erheblich. Während beispielsweise die Herstellung von Speiseeis voll automatisiert ist, finden sich bei Herstellern von Plundergebäck Abteilungen, in denen Frauen nach wie vor per Hand die Ecken des Teigs zusammenfalten, anderswo belegen Frauen Tiefkühlpizzen, die am Fließband an ihnen vorbeiziehen, mit fehlenden Ananasstückchen.

Trotz zunehmender Automatisierung (zum Beispiel durch den Einsatz von Robotern) fallen also noch etliche manuelle Arbeiten an. Eine Gewerkschaftssekretärin berichtete von einem Lebensmittelbetrieb, in dem man allgemein der Auffassung sei, nur Frauen hätten die notwendige Geschicklichkeit zur Verpackung von Gebäck, sie seien mit dem Verpacken von 60 000 Plätzchen pro Stunde schneller als Maschinen. Ein anderes Beispiel ist die Verpackung hochwertiger Pralinen. Sie werden zwar automatisiert in die Schachteln gelegt, dann allerdings von Frauen noch genau ausgerichtet. Frauen werden als gewissenhafter und schneller angesehen als Maschinen.

In einem anderen Interview beschrieb eine weitere Gewerkschaftsvertreterin eindrucksvoll den Einsatz von Robotern bei der Verpackung von Pralinen:

»*Und so schnell, dass du das gar nicht siehst. Und wenn du nicht wüsstest, dass du in einer Schokoladenfabrik bist, hätte das auch in der Automobilindustrie sein können. Du kommst da rein und siehst Robbis und hörst auch die Geräusche: Sssssssssss. Und dann gehst du näher ran, und dann siehst du irgendwann: Oh, das sind Pralinen. […] Dann gehst du noch näher ran und siehst: Zwischen dieser Robbi-Linie sitzen Frauen. Drei an dieser Seite, drei auf der gegenüberliegenden Seite. Und immer wieder, wenn das unterbrochen ist, sitzen da Frauen, und die haben vor sich die gleichen Pralinen und überprüfen, ob die Robbis alles richtig gemacht haben. Und wenn nicht, füllen sie nach oder drehen die richtig. […] Und da hab ich gedacht: Wow, Robbi, Frau – einfache Arbeit, so nebeneinander, ne? Das fand ich sehr beeindruckend.*«

In solchen Zusammenhängen scheint Frauen eher die Rolle von »Lückenbüßerinnen« einer noch nicht ausgereiften Technologie zugewiesen zu werden – solange diese neuen Technologien noch nicht zufriedenstellend sind, halten sie die Stellung. Sie schaffen damit ein Flexibilitätspotenzial, das Unternehmen nutzen, um nach neuen Formen von Technikeinsatz und Arbeitsorganisation zu suchen (Kutzner 2019).

Auf der anderen Seite gibt es Beispiele dafür, dass durch den Einsatz neuer Technologien für Frauen Chancen zur Übernahme höherwertiger Arbeiten entstehen können. Insbesondere da, wo die Automatisierung der Produktion weiter fortgeschritten ist, sind umfangreiche Qualitätskontrollen notwendig, damit die Lebensmittel den Anforderungen entsprechen. Durch die automatisierte Sortierung und Portionierung hat sich auch die Tätigkeit der zuständigen Frauen verändert. Die Arbeit entwickelte sich von der manuellen Tätigkeit hin zu einer überwachenden/kontrollierenden Tätigkeit, kombiniert mit der Behebung von kleineren Fehlern. Solche Tendenzen können durchaus zur Aufwertung der Arbeit von Frauen führen. In den meisten Fällen geht die Übernahme anspruchsvoller Arbeiten allerdings nicht mit einer Höhergruppierung in Bezug auf die Bezahlung einher.

Die Gewerkschaft Nahrung-Genuss-Gaststätten hat deshalb damit begonnen, die Entlohnungsstrukturen in dieser Branche in den Blick zu nehmen. Ein Beispiel: In einem Lebensmittel produzierenden Betrieb wurden die Tätigkeiten von Frauen durch Aufgaben der Qualitätssicherung angereichert und erweitert. Früher wurde die Qualität des Produktes geprüft und das Ergebnis in einer

Kladde an der Maschine notiert. Per Hand trugen die Beschäftigten ein, ob die Zutaten des Produkts gleichmäßig auf der Oberfläche verteilt waren, ob das Gewicht der Becher allen Vorgaben entsprach. Heute wird dafür ein Tablet an der Anlage genutzt. Hier geben Frauen diese und zahlreiche weitere Prüfparameter ein, die automatisch weitergeleitet und bei der Steuerung der Maschinen berücksichtigt werden. Die Digitalisierung hat damit die Abläufe in der Produktion optimiert. 2010 sind Betriebsrat und Gewerkschaft aktiv geworden. Zusammen mit den betreffenden Frauen wurde jede einzelne Tätigkeit angeschaut, mit Punkten versehen und daraus ein Punktesystem erarbeitet. Je nach Punktzahl wurden die Frauen Tarifgruppen zugeteilt. In Lohngruppe drei kommt, wer unter einfachstem Einsatz von EDV arbeitet. Lohngruppe vier setzt eine EDV-Schulung voraus. In dieser Lohngruppe vier sind heute achtzig Prozent der Frauen eingruppiert. Ihre Arbeit ist anspruchsvoller geworden und wird nun auch entsprechend bezahlt. Zudem wurde vereinbart, dass Produktionsarbeiterinnen Weiterbildungsmöglichkeiten erhalten und dadurch ihre Entwicklungsperspektiven verbessern können.

Die Arbeits- und Lebenssituation von Frau Starke gewährt Einblicke in eine gesellschaftlich notwendige, aber wenig beachtete Arbeit. Im Bewusstsein, ein gesellschaftlich notwendiges Produkt herzustellen, schätzt Frau Starke ihre Arbeit als sinnerfüllend ein. Aus ihren Schilderungen geht hervor, dass die Produktion von Lebensmitteln durchaus aufwändig ist. Was sie kritisiert, ist vor allem ein Mangel an Anerkennung und Wertschätzung ihrer Arbeit bei einigen Vorgesetzen wie auch in der Gesellschaft insgesamt. Als Betriebsrätin versucht sie, im Kleinen Abhilfe zu schaffen.

Literatur

Abel, Jörg/Peter Ittermann/Hartmut Hirsch-Kreinsen 2011, »Einfacharbeit in der Ernährungsindustrie – Anforderungen und Perspektiven«, in: *Soziologische Arbeitspapiere* 29, online verfügbar unter: {https://www.ssoar.info/ssoar/bitstream/handle/document/35334/ssoar-2011-abel_et_al-Einfach arbeit_in_der_Ernahrungsindustrie_Anforderungen.pdf?sequence=1&is Allowed=y&lnkname=ssoar-2011-abel_et_al-Einfacharbeit_in_der_Ernah rungsindustrie_Anforderungen.pdf}.

Kock, Klaus/Edelgard Kutzner 2014, »*Das ist ein Geben und Nehmen*« – *Eine empirische Untersuchung über Betriebsklima, Reziprozität und gute Arbeit*, Berlin: Edition Sigma.

Dies. 2018, »Arbeit als kollegiales Handeln – Praktiken von Solidarität und Konkurrenz am Arbeitsplatz«, in: *Industrielle Beziehungen* 4 (S. 446-468).

Kutzner, Edelgard 2019, »Geschlechterverhältnisse in Prozessen der Digitalisierung industrieller Einfacharbeit. Stabilisierung oder Neuverhandlung?«, in: *Arbeit* 28/4 (S. 381-400).

Dies./Victoria Schnier 2019a, »Industrielle Einfacharbeit, Geschlecht und Digitalisierung. Eine explorative Studie«, FGW-Studie Digitalisierung von Arbeit 15, Düsseldorf: Forschungsinstitut für gesellschaftliche Weiterentwicklung.

Kutzner, Edelgard/Victoria Schnier 2019b, »Geschlechterverhältnisse in Digitalisierungsprozessen industrieller Einfacharbeit – Szenarien und Interventionsmöglichkeiten«, in: Hartmut Hirsch-Kreinsen/Peter Ittermann/Jonathan Falkenberg (Hg.), *Szenarien digitalisierter Einfacharbeit*, Baden-Baden: Nomos/Edition Sigma (S. 191-213).

Anmerkungen

1 Unsere Studie, »Die Zukunft der industriellen Einfacharbeit aus der Geschlechterperspektive«, wurde finanziert durch das Forschungsinstitut für gesellschaftliche Weiterentwicklung und basiert auf Gesprächen mit Expert:innen und Beschäftigten, Betriebsbesichtigungen, Arbeitsplatzbeobachtungen und Sekundäranalysen in zwölf Betrieben (Ernährungsindustrie, Automobilindustrie, Elektroindustrie, Maschinenbau). Ein Schwerpunkt lag in der Ernährungsindustrie. Die Studie wurde von der Verfasserin zusammen mit Victoria Schnier und Lena Kaun an der Technischen Universität Dortmund, Sozialforschungsstelle durchgeführt (Kutzner 2019; Kutzner/

Schnier 2019a; Kutzner/Schnier 2019b). Das nachfolgende Gespräch mit Frau Starke ist in diesem Zusammenhang entstanden.
2   Name geändert.
3   Name geändert.
4   Tageszuschlag bedeutet, dass Frau Starke für den Tag, an dem sie Arbeiten erledigt, die laut Tarifvertrag einer höheren Lohngruppe zugeordnet sind, diese auch entsprechend bezahlt bekommt.
5   Nach unserem Gespräch wurde hier die Maskenpflicht eingeführt.
6   In Arbeitszeitkonten werden die geleisteten Arbeitszeiten erfasst. So soll die Flexibilität des Arbeitseinsatzes erhöht werden, wenn also viel Arbeit zu erledigen ist, sollen die Beschäftigten vor Ort sein, Mehrarbeitsstunden werden hier angespart. Wenn weniger zu tun ist, sollen sie die angesparten Stunden abfeiern.
7   In unseren Interviews wurden die Begriffe »Digitalisierung« und »Automatisierung« zumeist in gleicher Weise verwendet. Digitalisierung in der Produktion bedeutet oftmals lediglich, dass Verbrauchsmaterialien wie Schrauben automatisch nachbestellt werden. Assistenzsysteme bspw. bei der Verpackung von Nahrungsmitteln werden oft als Automatisierung erlebt.

»Bis ich auf dem Feld umfalle und nicht mehr kann«: Saisonarbeiter:innen in der Landwirtschaft

Von Max Schnetker

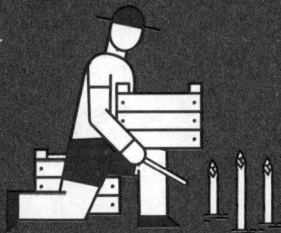

»Ich werde in der Landarbeit arbeiten, bis ich nicht mehr kann. Bis ich auf dem Feld umfalle und nicht mehr arbeiten kann.«

Im Mai des Jahres 2020 traten die überwiegend aus Rumänien stammenden Saisonarbeiter:innen auf einem Erdbeer- und Spargelhof in Bornheim bei Bonn in einen wilden Streik. Die Verwaltung des Betriebs hatte ihnen vor Ablauf ihrer Verträge gekündigt und weigerte sich, die Löhne für schon geleistete Arbeit auszubezahlen. Die Saisonarbeiter:innen standen buchstäblich vor dem Nichts, einige von ihnen verfügten nicht einmal über genügend Geld, um nach Rumänien zurückzukehren. Ihnen drohte die Obdachlosigkeit, da sie nicht in Deutschland sozialversichert waren. In dieser Situation weigerte sich eine große Gruppe, ihre Unterkünfte zu verlassen, anstatt die Felder abzuernten.

Einer dieser Saisonarbeiter:innen ist Alexandru, der so freundlich war, ausführlich von seiner Situation zu berichten. Da Alexandru kein Deutsch spricht, war das hier wiedergegebene Gespräch nur dank der Unterstützung eines Dolmetschers, Sergiu Arbore, möglich. Sergiu und Alexandru stehen seit dem Streik in engem Kontakt miteinander. Das Gespräch ist also nicht nur ein soziologisches Interview, sondern auch eine Unterhaltung unter Freunden. Um das Verständnis des hier teilweise wiedergegebenen Interviews zu erleichtern, ist es zunächst nötig zu erläutern, wie es zustande kam und auf welche Situationen Alexandru in seinen Schilderungen Bezug nimmt.

Alexandru reist seit einigen Jahren nach Deutschland, um Schwerstarbeit in der Landwirtschaft zu leisten. Er verdient dabei zwar nie mehr als den Mindestlohn, was aber im Verhältnis zu den Verdienstmöglichkeiten in Rumänien trotzdem gutes Geld für ihn ist. Er kam während des ersten Corona-Lockdowns, nachdem sich Innen- und Landwirtschaftsministerium auf besondere Einreisemöglichkeiten für Saisonarbeiter:innen verständigt hatten. Auch die Dauer einer kurzfristigen Beschäftigung – der Zeitraum, in dem ein:e Arbeiter:in ohne Sozial- und Krankenversicherung angestellt werden kann – wurde in der Pandemie für Saisonarbeiter:innen eigens von 70 Tagen auf 115 Tage erhöht. Dadurch wurden die Lohnkosten für landwirtschaftliche Betriebe in der Pandemie erheblich gesenkt. Alexandru ging mit seiner Partnerin und einer Gruppe von Freund:innen zu jenem Erdbeer- und Spargelhof in Bornheim. Hier hatte er bereits zuvor gearbeitet, mit dem Inhaber war er per Du und mit den Arbeitsbedingungen einigermaßen zufrieden. Was er und seine Freund:innen bei der Anwerbung nicht wussten: Der Betrieb war zwischenzeitlich insolvent geworden und die Verwaltung wurde von einem gerichtlich bestellten Insolvenzverwalter übernommen, einem Bonner Anwalt, der unter den Saisonarbeiter:innen als »Herr Schulze« bekannt wurde. Alexandru hatte einen Vertrag über drei Monate, er konnte jedoch lediglich 19 Tage dort arbeiten, bevor die Insolvenzverwaltung die Ernte einstellte und die Arbeiter:innen aufforderte, das Gelände zu verlassen. Für diese 19 Tage à 8 Stunden Arbeit sollte Alexandru laut Lohnkalkulation 416 Euro und 61 Cent erhalten. Tatsächlich erhielt er dann jedoch noch weniger. Die ohnehin schon deutlich unter dem Mindestlohn angesiedelte Lohnkalkulation wurde durch verschiedene Abzüge gedrückt, darunter 99 Euro Miete für die Betriebsunterkunft und 127,50 Euro für Verpflegung. Das Essen, das bereitgestellt wurde, war zum Teil abgelaufen oder nicht fertig gekocht. Die Unterkünfte in dem zwischen Bahntrasse, Klärwerk und Friedhof gelegenen maroden Containerdorf, in dem die Saisonarbeiter:innen des Betriebs untergebracht wurden, waren deutlich überbelegt. In Zimmern von 15 Quadratmetern wurden fünf bis sechs Menschen untergebracht, obwohl in den Mietverträgen jede:r Arbeiter:in ein solches Zimmer zur alleinigen Nutzung zugesichert wurde. Selbstverständlich ist eine solche Unterbringung auch ein Verstoß gegen die Vorschriften der Arbeitsstättenregel sowie der Corona-Verordnungen. Die hygienischen Zustände wurden bereits vor dem Streik vom Gesundheitsamt beanstandet. Hohe Zäune und ein aggressiv auftretender Sicherheitsdienst taten ihr Übriges, um einen Eindruck, der eher an ein Straflager erinnert, entstehen zu lassen.[1] Die spektakulären Ereignisse rund um den Kampf für die Auszahlung der Löhne werden hier nicht wiedergegeben, da sie bereits an anderer Stelle sehr ausführlich dokumentiert worden sind (vgl. Claire/Frings/Malamatinas 2020).

Meine Bekanntschaft mit Alexandru begann gegen Ende des Bornheimer Streiks. Für eine kleine Gruppe, zu der auch Alexandru gehörte, konnten neue Jobs auf anderen Höfen gefunden werden. Alexandru, seine Freundin sowie ein mit ihnen befreundetes Ehepaar fanden für zwei Monate Arbeit auf einem nach dem Prinzip der Solidarischen Landwirtschaft (SoLaWi) organisierten Biohof in der Nähe von Mönchengladbach. Ich vermittelte zwischen ihnen und dem neuen Bauern als Gewerkschaftsvertreter. Alexandru zieht im Interview seine Anstellung dort immer wieder als Beispiel für ein auf Respekt basierendes Arbeitsverhältnis heran.

Leider war es uns nicht möglich, nach Ablauf des Vertrages auf dem SoLaWi-Hof eine weitere Beschäftigung für Alexandru und seine Freund:innen bei einem vertrauenswürdigen Unternehmen zu finden. Da sie darauf angewiesen waren, die Saison durchzuarbeiten, ließen sie sich von einem englischen Personaldienstleister anwerben, der sie auf einen Hof in der Nähe von Bristol vermittelte.

»In England war es wirklich scheiße. […] Wir mussten zehn Stunden arbeiten mit einer halben Stunde Pause Maximum. Wenn ich auf die Toilette gehen wollte, musste ich nachfragen, wie in der Schule. Wenn ich mal mit jemanden gesprochen habe auf dem Feld, kam direkt: ›Ja nee, geh nach Hause, du kriegst keine Kohle mehr für den Tag.‹ Ich habe einmal gesagt, mein Fuß tut weh, ich kann gerade nicht in dieser Geschwindigkeit gehen. Der meinte dann: ›Ok, du bist dann fertig für heute.‹ Ich habe dann kein Geld für den Tag bekommen. Die Leute haben uns wie Hunde behandelt.«

Alexandru blieb nach diesen Erlebnissen nicht lange in England, sondern kehrte nach Rumänien zurück. Eigentlich hatte er im September vor, zu einem Hof in Belgien zu reisen, um dort bis zum Ende der Saison zu arbeiten. Leider erkrankte seine Freundin, und er blieb mit ihr in Rumänien, um sie zu pflegen. Da ihnen der Job in Belgien entgangen war und sie sonst kein Einkommen hatten, zogen Alexandru und seine Freundin nach ihrer Genesung mit einem Zelt in die Berge, um dort Pilze zu sammeln und diese zu verkaufen. Später erreichte sie doch noch ein Arbeitsangebot von einer Farm in Griechenland, mit der sie in der Vergangenheit gute Erfahrungen gemacht hatten. Zum Zeitpunkt der Entstehung dieses Textes arbeitete Alexandru dort.

»Seitdem ich 14 Jahre alt bin, arbeite ich in der Landwirtschaft«

Alexandru ist 45 Jahre alt. Er und seine Partnerin versorgen mit ihren Einkommen vier Kinder im Alter zwischen 16 und 19 Jahren. Die Kinder bleiben während der Arbeitssaison zuhause. Das Land, auf dem Alexandrus Haus steht, gehört der Gemeinde und grenzt an einen Fluss. Theoretisch stünde ihm eine Fläche zur Verfügung, auf der er privat Gartenbau betreiben oder Geflügel halten könnte, aber aufgrund von Überschwemmungen ist das unmöglich. Er setzt jedoch wenig Hoffnungen darauf, dass die Gemeinde etwas unternimmt, um das Überschwemmungsproblem in den Griff zu bekommen, da er darauf seit 1995 wartet. Ganz allgemein erwartet Alexandru wenig Unterstützung von staatlichen Stellen, seien es rumänische, deutsche oder englische. Neben den Kindern im Teenageralter hat Alexandru noch zwei erwachsene Söhne aus erster Ehe, die als Lagerarbeiter für eine Logistikfirma tätig sind. Die erwachsenen Söhne halten sich zumeist selbst über Wasser, ab und zu sind aber auch sie noch auf finanzielle Hilfen angewiesen. Neben den Kindern kümmert sich Alexandru auch um seinen kranken Vater. Dieser war Bergarbeiter und bezieht nun eine kleine Pension, er wird im familiären Rahmen gepflegt.

Seine ersten Erfahrungen mit landwirtschaftlicher Arbeit machte Alexandru bereits als Jugendlicher. Er wuchs in einer Großfamilie mit 13 Geschwistern auf. Das Einkommen seines Vaters als Bergmann reichte nicht aus, um die Familie zu ernähren. So mussten er und seine Geschwister früh einen Beitrag zum Familieneinkommen leisten. Mit 14 Jahren begann er, auf den Feldern der Umgebung zu arbeiten.

»Seitdem ich 14 Jahre alt bin, arbeite ich in der Landwirtschaft. Wir sind zu Leuten gegangen in der Nachbarschaft, die Felder hatten, und wir haben einfach alles gemacht, was gebraucht wurde. Pflücken, pflanzen, was auch immer. Wir waren halt 14 Geschwister, und seitdem habe ich das immer weitergemacht. Wir hatten nicht viel Glück als Familie, also mussten wir als Kinder arbeiten. Ich war nur acht Jahre auf der Schule, es gab auch nicht unbedingt viele andere Jobs, die ich dann machen konnte. Auch in der Gegend nicht, ich habe auch selbst ein wenig Kohle so gemacht, aber meistens war die Landwirtschaft für die Familie.«

Abgesehen von einer Anstellung auf dem Bau im Alter von 16 Jahren hat Alexandru sein ganzes Leben in der Landwirtschaft gearbeitet. Eine formale Qualifikation oder Berufsausbildung hat er nicht. Er hat jedoch aufgrund seiner jahrzehntelangen Tätigkeit in dem Bereich Erfahrung in der Aufzucht verschiedener Feldfrüchte.

Interviewer: »Was machst du alles so an Feldarbeit? Gibt es eine, die besonders gut ist oder die du lieber machst als andere, oder gibt es Feldarbeit, die besonders schwer ist und bei der du lieber nicht arbeitest?«
Alexandru: »In Griechenland habe ich Orangen, Trauben, Baumwolle, rote Beete und so geerntet, Gurken, Tomaten, Kartoffeln, Äpfel, ich hab fast alles gemacht. Das Schwierigste ist die Orange. Das gibt aber gutes Geld. Es ist schwer, weil man die ganze Zeit hoch und runter steigen muss und weil die diese Stacheln haben, die wehtun. Baumwolle ist das Einfachste. Wenn es nicht um die Kohle ginge, würde ich Baumwolle machen.«

Alexandru zieht aus seiner Erfahrung und seinem Können einen gewissen Stolz. Er erzählt sehr positiv über seine Arbeit auf dem SoLaWi-Hof, bei der man ihn eigenständig arbeiten ließ und er das Gefühl hatte, dass seine Expertise anerkannt wurde.

Interviewer: »Ich habe ja mit dem Bauern in [SoLaWi-Hof] für dich und die anderen geredet. Der war sehr beeindruckt, wie schnell und hart ihr arbeitet. Was kannst du dazu sagen, wie schafft ihr das?«
Alexandru: »Ich habe das mein ganzes Leben gearbeitet, deshalb weiß ich schon, was eine Tomate braucht, was ein Garten braucht, was dies braucht oder jenes. Ich kann das relativ schnell lesen. Der [Bauer] zeigt mir das, und obwohl wir nicht dieselbe Sprache sprechen, verstehe ich relativ schnell, was da gebraucht wird, und kann das den anderen erklären. Dann können wir alle relativ gut und flott arbeiten. Das ist mein eigenes Prinzip. Ich lüge da

nicht, ich kriege das Geld, und dafür will ich ehrlich arbeiten. Ordentlich arbeiten.«

[…]

Interviewer: »Wie muss Landarbeit sein, damit sie würdevoll ist? Was muss eingehalten werden?«

Alexandru: »Also, zumindest dass die Leute uns nicht beschimpfen, dass sie mit uns menschlich umgehen. Dass man pro fünf Stunden Arbeit mindestens eine halbe Stunde Pause kriegt, damit man Zeit hat, ein Sandwich zu essen. Dass man sich nicht für einmal pinkeln gehen entschuldigen muss, dass nicht die ganze Zeit [jemand] wie mit der Peitsche kommt: mach, mach, mach. Dass die Leute verstehen, dass du arbeitest, aber dir zulassen, in deinem Rhythmus zu arbeiten.«

Alexandru macht bei seiner Arbeit im Ausland jedoch oft die Erfahrung, dass die Bedingungen nicht seiner Erwartung an eine würdevolle Arbeit entsprechen.

Seine ersten Erfahrungen mit Landarbeit im Ausland machte er 2005, also noch vor dem EU-Beitritt Rumäniens. Er ging nach Griechenland und arbeitete dann die nächsten drei Jahre auf einem Hof dort. In den folgenden Jahren arbeitete er immer wieder in Griechenland, wenn auch nicht mehr jedes Jahr. Die Tätigkeit im Ausland ist für Alexandru auch dann mit finanziellen und gesundheitlichen Risiken verbunden, wenn gerade keine globale Pandemie herrscht. Hinzu kommt die emotionale Belastung durch die lange Trennung von Familie und Freunden. Dass er diese Reisen trotzdem immer wieder auf sich nimmt, liegt an den Lohndifferenzen zwischen den Ländern.

»In Rumänien ist es im Moment wirklich hart, gerade habe ich auch ein wenig von Spenden gelebt, die mir eine rumänische NGO gegeben hat. In Rumänien habe ich vor Kurzem einen Vertrag bekommen, wo ich selbst eine eigene Unterkunft, alles Mögliche zahlen müsste. Da war es nur 350 Euro im Monat. Also minus Steuer wären es nur 250 Euro im Monat, was man auf die Hand gekriegt hätte. In Griechenland würde man, aber da arbeitet man sieben Tage die Woche, also jeden Tag, da gibt es am Ende 800 Euro auf die Hand, also nach Steuerabzug und alles. In Deutschland bei Klaus, da, wo ich vor drei Jahren korrekt bezahlt wurde, kriegte ich am Ende an die 1300 Euro.«

Korrekt bezahlt wurde er allerdings nur insofern, als dass die tatsächlich geleisteten Stunden auch ausbezahlt wurden, im Gegensatz zu seiner Anstellung auf demselben, nun unter Insolvenzverwaltung stehenden Hof im Jahr 2020. Denn ein großes Problem, mit dem Alexandru immer wieder zu kämpfen hat, ist die willkürliche Beendigung der Arbeitsverhältnisse durch die Unternehmen. Das ist ihm auch bei seiner ersten Anstellung in Bornheim passiert.

Interviewer: »Wenn du eine Arbeit hast, wie lange kannst du arbeiten, wie lange kannst du planen, wie lange sind die Verträge? Kannst du zumindest einen Sommer lang sicher sein, dass du was hast, oder musst du eigentlich immer suchen? Wie gefährdet oder wie prekär ist deine Arbeit?«
Alexandru: »Ok. Jetzt in Griechenland war es relativ gut, da konnte ich von September arbeiten bis März oder Februar, also sechs Monate. Das ist aber auch das Maxi-

mum, auf das ich hoffen kann. Mein längster Vertrag war auch sechs Monate. Und auch bei meinem längsten Vertrag war es nach zwei Monaten beendet, weil die meinten: ›Ok, es ist doch zu Ende.‹ Es ging schneller, als wir dachten. Es passiert relativ oft, dass man einen Vertrag hat für die Dauer von drei Monaten, und es geht doch nach zwei Monaten zu Ende. Und jetzt bei Klaus war ich zwei Wochen da, ich wollte drei Monate da arbeiten, dann habe ich 250 Euro bekommen dafür.«

Interviewer: »Das passiert also auch in Deutschland ziemlich oft?«

Alexandru: »Ja, ich war drei Mal in Deutschland. Das erste Mal hatte ich einen Vertrag für drei Monate, aber ich habe nur anderthalb Monate gearbeitet, dann war es zu Ende. Beim zweiten Mal war es ein Sechs-Monate-Vertrag, nach zwei Monaten war es für das ganze Team dann zu Ende. Und dieses Mal wieder. Meine Erfahrungen sind definitiv diese.«

Interviewer: »Was machst du denn in so einer Situation? Findest du dann Arbeit in Deutschland, in einem anderen Land oder musst du erst mal zurück nach Rumänien? Wie gehst du mit so einer Situation um, wenn es plötzlich vorbei ist?«

Alexandru: »Meistens ist es so, dass man nicht in dem anderen Land bleiben kann. Meistens wirst du direkt nach Hause geschickt von der Farm, bei der du gearbeitet hast. Du bist auf der Liste, dann weißt du, ok, wenn nicht, muss ich noch eine eigene Unterkunft extra dazu zahlen und organisieren. Also gehe ich nach Hause, versuche, da irgendwie durchzukommen, jeden Tag bei anderen Leuten im Dorf zu arbeiten, meistens so für zwanzig Euro am

Tag, und dann durch Freunde einen neuen Job im Ausland finden.«

Dass sein Beschäftigungsverhältnis vor Ablauf der vereinbarten Frist beendet wird, ist für Alexandru eine häufige Erfahrung, auf die er sich einstellt. In den gängigen Verträgen für Saisonarbeiter:innen in der Landwirtschaft wird eine Kündigungsfrist von einem Tag festgelegt. Diese Verträge machen es extrem schwer, sich gegen Lohnraub zu wehren. Theoretisch stünde Alexandru die Möglichkeit offen, gegen vorenthaltene Löhne oder nicht ordnungsgemäße Kündigungen gerichtlich vorzugehen. Diese theoretische Möglichkeit ist für ihn jedoch keine reale Option. Einen Rechtsstreit um Lohn zu führen, würde voraussetzen, dass er in dieser Zeit einen Ort zum Wohnen hat und Einkommen, von dem er leben kann. Die Unterbringung von Saisonarbeiter:innen erfolgt allerdings üblicherweise in Unterkünften, deren Vermietung an das Arbeitsverhältnis gekoppelt ist. Die Kündigung des Vertrages bedeutet also auch den Verlust der meist relativ günstigen Unterkunft. Zwar gilt die Kündigungsfrist zum nächsten Kalendertag, die in den Arbeitsverträgen festgelegt wird, nicht automatisch auch für die Werkmietverträge. Es ist für Unternehmen jedoch recht einfach, Fakten zu schaffen, wie in Bornheim durch Drohungen des Sicherheitsdienstes geschehen. Saisonarbeiter:innen wie Alexandru bleibt in diesem Fall nur die Möglichkeit, in ihre Heimat zurückzukehren. Selbst wenn rein juristisch gute Aussicht bestünde, gegen einen Hofbetreiber vor Gericht zu ziehen – von Rumänien aus lässt sich eine solche Klage ohne eine Vertretung in Deutschland kaum realisieren.

Interviewer: »*Weil es immer Probleme mit dem Lohn und den Verträgen gibt, was kann man dagegen machen? Welche Möglichkeiten siehst du? Wenn du abgezockt wirst, was kannst du tun?*«

Alexandru: »*Nichts generell. Ich nehme, was ich kriege, und dann geh ich zurück nach Hause. Ich denke nicht an die Polizei, die wird dann sagen, keine Belege, ich kann die Sprache auch nicht, also generell nichts. Außer was jetzt mit der FAU [gemeint ist Basisgewerkschaft Freie Arbeiter*innenUnion] war, das war die einzige Hilfe.*«

Interviewer: »*Und du wüsstest auch nicht, wen du sonst fragen sollst, außer der FAU jetzt?*«

Alexandru: »*In Rumänien hatte ich auch mal ein Problem und habe bei der Arbeitssicherheit angerufen. Die haben gesagt:* ›*Ja, was können wir da machen?*‹*, und haben aufgelegt. Da habe ich keine Hoffnung mehr.*«

Was Saisonarbeiter:innen wie Alexandru bleibt, sind Druckmittel wie die kollektive Arbeitsniederlegung, um zumindest unmittelbar Lohnforderungen durchzusetzen. Da wilde Streiks allerdings in Deutschland unüblich sind, bieten diese Formen des Arbeitskampfes wiederum Anlass für Zuschreibungen, die antiziganistischen Stereotypen entsprechen. Die Folgen von Armut und Marginalisierung werden dabei zum Ausdruck eines nationalen Kollektivcharakters der Armen und Marginalisierten umgedeutet. Hier soll das kurz anhand eines Auszuges aus der Bonner Lokalzeitung, dem *General-Anzeiger*, dokumentiert werden. Die Aussagen eines ehemaligen Angestellten der Klaus und Sabine Ritter GbR werden dort so wiedergegeben:

So sei auch stets Unruhe ausgebrochen, wenn ein Erntehelfer medizinische Versorgung brauchte. Denn man habe nicht gewusst, mit welchen Papieren der Betroffene zum Arzt gebracht werden sollte, erzählt ein Mensch, der es wissen muss, aber anonym bleiben will. Diese Person berichtet zudem von einem »schlimmen Umgang« mit den Erntehelfern bei Ritter. Den Angaben zufolge waren aber auch Erntehelfer Teil des Problems, besonders die »Clans«, die angereist seien. »Wenn die gesagt haben, es wird nicht gearbeitet, wurde nicht gearbeitet.« Schon immer sei es so gewesen, dass rumänische Erntehelfer der Meinung waren, dass sie zu wenig Geld bekommen. »Die waren immer am Pokern.« (Westbrock 2020)

Die in dem Artikel anhand eines Zollberichtes dokumentierte Tatsache, dass auf diesem Hof Saisonarbeiter:innen durch unkorrekte Abrechnungen und unrechtmäßige Kündigungen um ihren vertraglich vereinbarten Lohn gebracht worden sind, wird in der Wiedergabe der hofinternen Quelle zur bloßen Meinung der »pokernden« Rumän:innen. Streiks rumänischer Saisonarbeiter:innen werden in die Nähe von Clan-Kriminalität gerückt. Dass man sich mit Freund:innen und Verwandten auf den Weg macht, um im Ausland zu arbeiten, hat jedoch naheliegende Gründe, die nichts mit Kriminalität zu tun haben.

Interviewer: »Als wir uns kennengelernt haben, waren du und [Alexandrus Partnerin] mit einer Gruppe Freunden unterwegs. Ihr seid dann ja auch zusammen zum SoLaWi-Hof. Da wäre die Frage, macht man das immer so, dass man als Gruppe unterwegs ist, wenn man zur Arbeit reist?

Fährt man zusammen von Rumänien aus, oder wie funktioniert das?«

Alexandru: »Meistens geht man in der Gruppe. Wenn man alleine geht, ist es ein wenig härter als Ausländer. Man kennt niemanden, man spricht die Sprache nicht, es ist ideal, wenn du mit fünf Leuten [zusammen] bist, die du halt kennst. Dann hat man die Pause zusammen, dann spricht man ab und zu mit jemanden. Eher so fünf bis acht Leute, wie viele in so einen Bus passen. Die tun sich dann zusammen und machen den Weg zusammen.«

Interviewer: »Und das sind dann auch Leute, die zum Beispiel in Rumänien dann im selben Dorf oder in der Nähe wohnen, mit denen man dann zu tun hat oder die man über die Arbeit im Ausland kennt?«

Alexandru: »Normalerweise geht man mit Familie, Freunden aus dem Dorf und so was. Aber es passiert auch ab und zu, dass du alleine gehst mit der Frau und dann noch ein paar Leute auf dem Weg abholst, die zu demselben Ort hinfahren müssen, und du die Leute dann so kennst.«

Saisonarbeiter:innen verlassen sich zur Organisation ihrer Reisen und zur Alltagsbewältigung in Deutschland auf ein Netzwerk sozialer Beziehungen, das sich räumlich um die Höfe und Betriebe strukturiert, in denen sie regelmäßig tätig sind. Diese Netzwerke werden jedoch nicht nur von den Saisonarbeiter:innen etabliert. Auch die Landwirt:innen verlassen sich auf diese Netzwerke, um Arbeitskräfte zu rekrutieren (vgl. Becker 2010, S. 140-144).

Interviewer: »*Dann die Frage, wie man die Arbeit findet. Sucht man von Rumänien aus, oder kommt jemand und wirbt einen an? Wie funktioniert das?*«
Alexandru: »*Ich erfahre das immer von jemand anderem. Ich erfahre von einer Farm, die Leute braucht, dann rufe ich noch ein paar Freunde an.*«
Interviewer: »*Und die erfahren das über Menschen, die schon mal auf der Farm gearbeitet haben und den Bauern kennen?*«
Alexandru: »*Auch oft von anderen Freunden.*«

»Das ist alles, was ich mir wünsche«

Saisonarbeiter:innen wie Alexandru bezeichnet man euphemistisch als Erntehelfer:innen. Eine Bezeichnung, bei der eine Konnotation von leichten Hilfsarbeiten mitschwingt und die verdeckt, welche Knochenarbeit von diesen »Helfer:innen« geleistet wird. Außerdem verschleiert diese Bezeichnung die entscheidende Rolle, die migrierende Arbeiter:innen in der Agrarproduktion in Deutschland spielen.[2] In der Bezeichnung »Erntehelfer« erscheint das Ideal der bäuerlichen Produktion der fünfziger Jahre noch intakt. Der Terminus suggeriert, dass Agrarproduktion nach wie vor von bäuerlichen Familienverbänden getragen wird, die sich zur Ernte einige Helfer:innen auf den Hof holen. Selbstverständlich hat sich in der Landwirtschaft schon lange ein Strukturwandel vollzogen, im Zuge dessen nicht nur Kapital konzentriert und Arbeitsprozesse rationalisiert wurden, sondern auch die familiäre Ausbeutung von Arbeitskraft in kleinen Betrieben durch eine Produktion in Großbetrieben mit Lohnarbeiter:innen abgelöst wurde (vgl. Klockgether/Garming/Dirksmeyer 2016, S. 113).

In der Corona-Pandemie wurde es dann für alle offensichtlich: Osteuropäische Saisonarbeiter:innen sind so unverzichtbar, dass sich Innen- und Landwirtschaftsministerium mitten im ersten Lockdown auf Sonderregelungen verständigten, um Menschen aus Rumänien einzufliegen. Wie es ihnen ergangen ist, während der Pandemie in Deutschland und anderen Ländern Europas, wird aus Alexandrus Schilderungen deutlich. Sie bekamen es mit verschiedenen Formen von Lohnraub zu tun. Sei es, dass man sie schlicht für geleistete Arbeit nicht bezahlte, wie auf dem insolventen Hof in Bornheim, seien es überhöhte Abzüge für Verpflegung und Unterkunft, wie in dem Fall in Bristol, oder Tricksereien bei der Erfassung der abgelieferten Stiegen in der Akkordarbeit. In Deutschland wird die Akkordarbeit regelmäßig benutzt, um bei der Bezahlung von Saisonarbeiter:innen in der Landwirtschaft den Mindestlohn zu unterlaufen. Dass es sich dabei nicht nur um Einzelfälle handelt, ist Gewerkschaften seit Langem bekannt.

Die ohnehin befristeten Beschäftigungsverhältnisse werden durch die gängige Praxis willkürlicher Kündigungen noch prekärer. Armut und fehlende Rücklagen machen jede Kündigung zur Katastrophe, die nur die Option der Rückkehr in den Heimatort lässt, um sich dort mithilfe familiärer und nachbarschaftlicher sozialer Netze durchzuschlagen.

Zudem sind rumänische Saisonarbeiter:innen durch die häufig bestehende Sprachbarriere, rassistische Zuschreibungen sowie – bei Großbetrieben – die kasernenartigen Unterkünfte vom Rest der Gesellschaft isoliert. Dass osteuropäische Saisonarbeiter:innen ein so wichtiger Produktionsfaktor sind, liegt also vor allem daran, dass sie durch ausbeuterische Arbeitsverhältnisse besonders verwundbar sind. Zugleich können sie nicht einfach durch deutsche Arbeitslose ersetzt werden, wie der Versuch, diese zur Feldarbeit zu mobilisieren, zeigte:

> Bei gegenwärtigem Lohnniveau und den staatlich zugesicherten Transferzahlungen im Falle der Arbeitslosigkeit stellt offensichtlich die Konsequenz einer Kündigung häufig keinen ausreichenden Anreiz zur gewissenhaften Ausführung der übertragenen Aufgaben dar. Um die Motivation diesbezüglich zu erhöhen, müsste die Differenz zwischen dem Einkommen aus der Saisonbeschäftigung und dem Arbeitslosengeld erhöht werden. […] Zum einen könnte dieses durch Lohnsteigerungen, zum anderen durch eine Reduzierung der staatlichen Unterstützung erfolgen (Holst/Hess/von Camon-Taubadel 2008, S. 367).

Arbeiter:innen mit Anspruch auf Sozialleistungen in Deutschland sind demnach für landwirtschaftliche Arbeit nicht prekär genug. Man bleibt also auf Arbeiter:innen angewiesen, die noch ärmer sind. Das Zusammenspiel von Prekarität, Rassismus und Rechtsbeugung sowie die Förderung dieser Zustände durch Berufsverbände und Ministerien schafft Bereiche, die von der Mehrheitsgesellschaft nicht wahrgenommen werden und in denen die Überausbeutung von Saisonarbeiter:innen durchgesetzt werden kann.

Die Umstände zu garantieren, die für niedrige Lebensmittelpreise sorgen, wird in der globalen Standortkonkurrenz zur Staatsräson, da sie es ermöglichen, das Lohnniveau gering zu halten, ohne dass es zur Verelendung breiter Bevölkerungsschichten und damit zu einer Gefährdung des sozialen Friedens kommt. Die Personalkosten sind gerade in den wenig mechanisierten Bereichen der Landwirtschaft der größte Faktor der Produktionskosten, im Erdbeer- und Spargelanbau beispielsweise liegen sie bei dreißig bis sechzig Prozent (vgl. Schulte/Theuvsen 2015, S. 267ff.). Die Überausbeutung migrierender Saisonarbeiter:innen ermöglicht es Landwirtschaft und Einzelhandel, Lebensmittel zu niedrigen Preisen bereitzustellen. Das exportorientierte Wirtschaftsmodell des »Standort Deutschland« wird durch geringe Lebensmittelpreise gefördert, da diese wiederum als Teil des Preises der Ware Arbeitskraft in die Produktionskosten anderer Industriezweige eingehen. Die Steigerung der absoluten Mehrwertrate in der Landwirtschaft durch Ausbeutung auf Verelendungsniveau ermöglicht die Steigerung der relativen Mehrwertrate in anderen Industriezweigen.

Ein anderes Phänomen, das hier nicht gänzlich unerwähnt bleiben soll, ist der Import von Lebensmitteln aus den Plantagen Südeuropas. Alexandru hat seine Erfahrungen in einem griechischen Betrieb positiv geschildert, jedoch werden in exportorientierten Landwirtschaftsbetrieben in Mittelmeeranrainerstaaten oft *sans-papiers* unter sklavereiähnlichen Bedingungen ausgebeutet (vgl. Reckinger 2018). Da eine organisierte und politisch handlungsfähige Arbeiterschaft zumindest theoretisch diese Zustände bekämpfen und die Einhaltung zumindest minimaler Standards durchsetzen könnte, werden in der Landwirtschaft Arbeiter:innen eingesetzt, die besonders prekär leben, die keine politische Vertretung haben, die nicht gewerkschaftlich organisiert sind und die sozial marginalisiert sind. Dies alles trifft auf Saisonarbeiter:innen aus Rumänien zu.

Interviewer: »Wie viele Jahre denkst du, wirst du Landarbeit machen? Hast du schon eine Idee, was danach kommt?«
Alexandru: »Ich werde in der Landarbeit arbeiten, bis ich nicht mehr kann. Bis ich auf dem Feld umfalle und nicht mehr arbeiten kann. Dann ist es zu Ende. Gerade habe ich keinen Plan für danach.«
Interviewer: »Was wünschst du dir für deine Zukunft, und was wünschst du dir für die Zukunft von euren Kindern?«
Alexandru: »Für die Kinder, dass die ein Haus haben, das Nötige kriegen, was sie zum Leben brauchen. Dass ich ihnen helfen kann. Für mich möchte ich noch ein paar Jobs machen, mal in Griechenland und in Deutschland. Dass ich die Kohle an die Bank geben kann und dann von dem Geld, das dann auf der Bank ist ... Ich nicht so viel arbeiten muss und ein wenig mal zuhause bleiben kann. Das ist alles, was ich mir wünsche.«

Literatur

Becker, Jörg 2010, *Erdbeerpflücker, Spargelstecher, Erntehelfer. Polnische Saisonarbeiter in Deutschland – Temporäre Arbeitsmigration in Europa*, Bielefeld: Transcript.

Claire, Alice/Christian Frings/John Malamatinas 2020, »Der Streik bei Spargel Ritter«, in: *analyse & kritik* (21. Mai 2020), online verfügbar unter {https://www.akweb.de/bewegung/der-streik-bei-spargel-ritter/}.

Holst, Carsten/Sebastian Hess/Stephan von Camon-Taubadel 2008, »Betrachtungen zum Saisonarbeitskräfteangebot in der deutschen Landwirtschaft«, in: *Berichte über Landwirtschaft* 86, Stuttgart: Kohlhammer (S. 361-384), online verfügbar unter: {https://www.bmel.de/SharedDocs/Downloads/DE/Service/Berichte-Landwirtschaft/2008_Heft3_Band86.pdf}.

Klockgether, Kathrin/Hildegard Garming/Walter Dirksmeyer 2016, »Strukturen und Strukturwandel im deutschen Freilandgemüsebau«, in: *Thünen Report* 44 (S. 113-133), online verfügbar unter: {https://www.thuenen.de/media/publikationen/thuenen-report/Thuenen_Report_44.pdf}.

Reckinger, Gilles 2018, *Bittere Orangen. Ein neues Gesicht der Sklaverei in Europa*, Wuppertal: Peter Hammer Verlag.

Schulte, Michael/Ludwig Theuvsen 2015, »Lohngestaltung von EU-Saisonarbeitskräften auf Spargel- und Erdbeerbetrieben«, in: *Thünen Report* 22 (S. 267-282), online verfügbar unter: {https://www.thuenen.de/media/publikationen/thuenen-report/Thuenen-Report_22.pdf}.

Westbrock, Sven 2020, »Zollbericht belegt: Schon 2018 Missstände bei Spargel Ritter«, in: *General-Anzeiger* (8. Juni 2020), online verfügbar unter: {https://ga.de/region/voreifel-und-vorgebirge/bornheim/spargel-ritter-aus-bornheim-schon-2018-wurde-lohn-zu-spaet-ausgezahlt_aid-51549287}.

Anmerkungen

1 Die Zustände in den Unterkünften sind online dokumentiert: {https://bonn.fau.org/und-hierfuer-haben-sie-uns-unterkunftskosten-berechnet/}.
2 Für eine Einordnung der Saisonarbeit in Theorien der Migrationssoziologie vgl. Becker (2010, S. 17-56).

Eine Riesensauerei:
Prekäre Beschäftigung in der Fleischindustrie

Von Felix Bluhm und Peter Birke

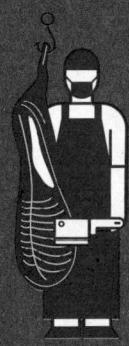

Es ist bereits Abend, als wir Hasim[1] Anfang März 2019 in einem Beratungszentrum in einer größeren deutschen Stadt treffen. Das Interview ist Teil eines Forschungsprojektes, in dem wir die Arbeitsbedingungen von migrantischen Beschäftigten in verschiedenen Branchen untersuchen. In der Fleischindustrie haben wir dabei seit Frühjahr 2017 sowohl Arbeiter:innen befragt, die zuvor in osteuropäischen EU-Staaten gelebt haben, als auch solche, die als Geflüchtete nach Deutschland gekommen sind.

Obwohl an diesem Tag von der Anreise und vorherigen Terminen bereits etwas ermattet, sind wir gespannt auf das Gespräch. Denn unsere Kontaktperson, die als Beraterin aktiv ist und während des Interviews auch als Dolmetscherin fungiert, hat uns einen interessanten Gesprächspartner angekündigt. Neben der Beraterin, die wir bereits bei einem früheren Treffen kennengelernt haben, sitzt uns ein kräftiger Mann mittleren Alters gegenüber, der zu dem Gespräch auch sein etwa zehnjähriges Kind mitgebracht hat. Das Verhältnis zur Beraterin ist offensichtlich herzlich und von Dankbarkeit für vorherige Unterstützung geprägt. Als wir unsere Anliegen formuliert haben, scherzt er an sie gewandt: »Ja, kein Problem. Wir machen alles für dich.«

Unsere Vorinformationen zu Hasims Situation sind eher spärlich. Per E-Mail haben wir lediglich erfahren, dass er eine Zeit lang bei einem auf die Weiterverarbeitung spezialisierten Tochterunternehmen eines international agierenden Fleischkonzerns gearbeitet hat. Wenig überraschend stellt sich dann im Gespräch heraus, dass er dort nicht direkt beschäftigt war, sondern innerhalb von zwei Jahren nacheinander bei verschiedenen Subunternehmen:

»*Und aber was mich halt total geärgert hat, da in diesen Verträgen und diesen, ja, dass man … Also, ich war jetzt, in zwei Jahren habe ich dann drei Firmen gewechselt sozusagen in der Zeit.* […] *Ja, also ich habe ja da zwei, zweieinhalb Jahre gearbeitet und drei verschiedene Firmen, also wieso haben die mir nicht gleich einen Vertrag gegeben? Wieso kam dann dieser ganze Wechsel und so?*«

Hasim ist damit einer der Arbeiter:innen aus dem schwer überschaubaren Universum der deutschen Fleischindustrie, zu deren tatsächlicher Zahl sich angesichts der auf Unternehmen, Subunternehmen und Subsubunternehmen verteilten Beschäftigungsstrukturen kaum seriöse Angaben machen lassen. Denn wie Satelliten kreisen um die größeren Unternehmen eine Vielzahl von Werkvertrags- und Leiharbeitsfirmen, deren Existenz oft nur von kurzer Dauer ist, die dann jedoch nicht selten unter neuem Namen und in kaum veränderter Form wiederauftauchen. Schätzungen aus den vergangenen Jahren gingen davon aus, dass fünfzig bis neunzig Prozent der Arbeiter:innen in der Fleischproduktion über solche Subunternehmen beschäftigt wurden (vgl. Hans-Böckler-Stiftung 2019, S. 3). In einem von uns untersuchten Großbetrieb, der in dieser Hinsicht nicht untypisch sein dürfte, lag der Anteil der bei Subunternehmen Beschäftigten an der Gesamtbelegschaft nach Angaben des Managements bei knapp über siebzig Prozent. Lediglich vermuten lässt sich angesichts der undurchsichtigen Strukturen und einer völlig unzureichenden statistischen Erfassung, dass in der deutschen Fleischindustrie etwa 200 000 bis 300 000 Personen arbeiten (vgl. Bundestags-Drucksache 19/23 510;

Refslund 2012, S. 123). Als sicher kann nur gelten, dass der Großteil dieser Menschen ebenso wie Hasim, der zuvor in Rumänien gelebt hat, aus verschiedenen osteuropäischen Ländern nach Deutschland migriert ist.

Der Einsatz dieser migrantischen Arbeitskräfte ist eine wesentliche Grundlage für die immense Ausweitung der deutschen Fleischproduktion. So ist die Menge des produzierten Schweinefleischs im Zeitraum von 1994 bis 2016 um etwa die Hälfte gewachsen, beim Geflügel hat sich die Produktion fast verdreifacht. Während sich beim Schweinefleisch seitdem wieder ein leichter Rückgang beobachten lässt, nimmt die Geflügelproduktion weiter zu (vgl. Destatis 2020; Heinrich-Böll-Stiftung/BUND 2016, S. 8). Die enorme Steigerung des Produktausstoßes in den letzten Jahrzehnten ist einerseits auf eine erhöhte Produktivität zurückzuführen, zugleich jedoch auf die Verlagerung von Produktionskapazitäten nach Deutschland, die durch ein ausgeprägtes Lohngefälle zu einigen benachbarten Ländern verursacht wird. Bezogen auf das gleiche Produkt liege der Lohnanteil etwa im Vergleich zu Dänemark bei »fünfzig bis sechzig Prozent«, so ein Manager eines international tätigen Konzerns. Als weiteres Motiv für Verlagerungen wird von dieser Seite benannt, dass es darum gehe, sich der Macht gewerkschaftlich organisierter und kampferfahrener Belegschaften zu entziehen. Denn im Gegensatz zu Deutschland, wo die zuständige Gewerkschaft Nahrung-Genuss-Gaststätten in den Fleischbetrieben kaum präsent ist, gibt es in einigen europäischen Nachbarländern stabil verankerte Gewerkschaften und tarifvertraglich gut abgesicherte Bedingungen. Im Zusammenhang damit haben Konzerne wie

Vion aus den Niederlanden und Danish Crown aus Dänemark erhebliche Produktionskapazitäten verlagert und gehören hierzulande inzwischen zu den größten Fleischproduzenten – der Abstand zum Marktführer Tönnies ist indes noch immer erheblich. Dabei wurden teilweise neue Standorte aufgebaut, teilweise – so auch im Fall des Betriebs, in dem Hasim gearbeitet hat – bestehende Produktionsstätten übernommen und modernisiert sowie erweitert. Diese Übernahmen sind zugleich Teil eines Konzentrationsprozesses, in dem die großen Fleischkonzerne kleinere Betriebe verdrängen (vgl. Hans-Böckler-Stiftung 2019; Refslund 2012).

Die beschriebene Expansion der deutschen Fleischindustrie basierte ursprünglich auf (im Zuge der EU-Osterweiterung etablierten) Regelungen zur Werkvertragsvergabe und Arbeitnehmerentsendung. Diese ermöglichten es den Unternehmen, große Kontingente osteuropäischer Arbeiter:innen über offiziell in den Herkunftsländern angesiedelte (Briefkasten-)Firmen zu den deutlich schlechteren Bedingungen der Entsendestaaten zu beschäftigen (vgl. McGauran 2016, S. 19-32; Wagner 2018). Erst mit einem 2014 im Kontext einer öffentlichen Skandalisierung der Arbeitsbedingungen vereinbarten Branchenmindestlohn von anfangs 7,75 Euro, der für allgemeinverbindlich erklärt wurde und auch die entsendeten Beschäftigten erfasste, begann die Entsendung für die Unternehmen zunehmend unattraktiver zu werden. Ebenso hat in der Folge der allgemeine Mindestlohn als offizielle Lohnuntergrenze zum generellen Bedeutungsverlust der Entsendungen beigetragen. Im Jahr 2015 verkündeten Unternehmen zur Reduktion des öffentlichen

Drucks mit einer »Selbstverpflichtung« (SPA 2016) den zukünftigen Verzicht auf derartige Beschäftigungspraxen. Doch vielfach wurden einfach »die bisherigen osteuropäischen Werkvertragsunternehmen – teils mit Unterstützung der Unternehmen aus der Fleischwirtschaft – in deutsche GmbHs umgewandelt« (Bosch et al. 2018, S. 22), und ein tatsächlicher Wandel ließ sich trotz vollmundiger Ankündigungen kaum feststellen. Systematischer Lohnbetrug blieb an der Tagesordnung, und die neben ihrer Rolle in der Produktion oft in einer Zusatzfunktion als Vermieter und Transportunternehmen fungierenden Subunternehmen unterliefen den Mindestlohn durch diverse Tricks wie unbezahlte Mehrarbeit, Abzüge für Schutzkleidung und Werkzeug, überhöhte Mieten und Transportkosten oder willkürliche Kürzungen für vermeintliche Fehler.

Nur für einen Teil der Arbeiter:innen ergaben sich in den letzten Jahren substanzielle (finanzielle) Veränderungen, und zwar insbesondere deshalb, weil die Unternehmen deren Unzufriedenheit bei ihren Planungen zunehmend in Rechnung stellen mussten. Denn angesichts der miserablen Bedingungen versuchen die meisten Arbeiter:innen, dieser Industrie schnell wieder zu entkommen, und Hasim stellt mit seinem relativ kurzen Verbleib keineswegs die Ausnahme dar. Sobald sich eine Gelegenheit ergibt, suchen viele entweder in anderen Bereichen oder in anderen Ländern mit höheren Löhnen und besseren Standards Arbeit. Zudem hat es eine Zunahme kollektiver Aktionen gegeben, bei denen Beschäftigte in der Fleischindustrie streikten und damit drohten, den Betrieben den Rücken zuzuwenden.

Das medial gern aufgegriffene Bild der »Wegwerfmenschen« (Benning 2019) verdeckt nicht nur das Agieren der Arbeiter:innen, sondern ebenso, dass sie in der alltäglichen Praxis das Management der Fleischkonzerne vor erhebliche Schwierigkeiten stellen. Denn anders als oft angenommen, handelt es sich keineswegs durchgängig um beliebig austauschbare Arbeitskräfte, so dass eine hohe Fluktuation für die Unternehmen durchaus ein Problem darstellt. Zwar ist es richtig, dass viele Tätigkeiten allenfalls eine sehr kurze Anlernzeit erfordern und die Arbeiter:innen daher vergleichsweise leicht ersetzbar sind. Letztere können sich lediglich den Umstand zunutze machen, dass die Branche mit höchst verderblichen Waren hantiert, verfügen aber sonst über vergleichsweise geringe Chancen zur Durchsetzung besserer Bedingungen. Zu dieser Gruppe gehörte auch Hasim, der überwiegend als Reiniger eingesetzt worden ist. In den Kernbereichen der Produktion sieht es jedoch anders aus. Denn hier beklagen Managementvertreter:innen in den letzten Jahren einen zunehmenden Mangel an »Fachkräften«, die in der Lage sind, anspruchsvollere Aufgaben, wie zum Beispiel das Öffnen des Schlachtkörpers oder das Auslösen von Knochen, zu bewältigen. Keineswegs könne man dort »die Leute an ein Band stellen und sagen ›An‹, und es funktioniert«, vielmehr würden langwierige Anlernprozesse benötigt. Die Aussichten, Veränderungen zu bewirken und Forderungen durchzusetzen, sind daher für die Arbeiter:innen in diesen Positionen deutlich besser. Und es kann kaum überraschen, dass sich in diesen zentralen Produktionsbereichen in den letzten Jahren auch Versuche der Unternehmen beobachten ließen, die Belegschaften stabil zu halten, um Störungen durch Jobwechsel zu vermeiden – durch finanzielle Anreize ebenso wie durch vereinzelte Experimente mit Direktanstellungen.

Die infolge der Corona-Ausbrüche in der Fleischindustrie eingeleiteten Bemühungen um eine Begrenzung von Werkverträgen und Leiharbeit konzentrieren sich nun ausgerechnet auf die durch komplexere Tätigkeiten geprägten Bereiche, in denen das bisherige Modell ohnehin unter Druck geraten ist. Zwar kann man zum Zeitpunkt der Abfassung dieses Beitrags, Ende Februar 2021, feststellen, dass die Fleischlobby mit ihren Versuchen zur Aufweichung der geplanten Regelungen weniger erfolgreich war, als sich anfangs befürchten ließ, und es in den letzten Monaten tatsächlich in größerem Umfang zur Umwandlung von Werkvertragsverhältnissen in Direktbeschäftigung gekommen ist. Doch einerseits ist vieles gegenwärtig deshalb noch offen, weil die juristischen Auseinandersetzungen um das Anfang 2021 in Kraft getretene Arbeitsschutzkontrollgesetz gerade erst begonnen haben. Und andererseits bezog sich schon der im Juli 2020 vorgelegte Regierungsentwurf, der oft als umfassendes Verbot von Werkverträgen und Leiharbeit verstanden wurde, klar auf das »Kerngeschäft der Fleischindustrie« (Bundesregierung 2020, S. 2) und sah nur eine Abschaffung »im Bereich der Schlachtung einschließlich der Zerlegung von Schlachtkörpern sowie im Bereich der Fleischverarbeitung« (ebd., S. 12) vor. Zahlreiche Arbeiter:innen, die jenseits dieses »Kerngeschäfts« andere, für die Produktion von Fleischwaren dennoch zwingend notwendige Tätigkeiten – von der Ausstallung über den Transport der Tiere bis zur Reinigung der Anlagen – verrichten, drohten damit leer auszugehen. Zudem ist es unwahrscheinlich, dass der stark vernutzende Charakter der Arbeit alleine mit der Frage von Werkverträgen und Leiharbeit steht und fällt. Hasim jedenfalls hätte von einer Neuregelung vermutlich kaum profitiert, so dass seine Geschichte wohl ebenso in der jüngsten Vergangenheit wie in der näheren Zukunft verortet sein könnte.

»Und dann kriegen wir immer Ärger mit der Ausländerbehörde«

Hasim wurde in einem arabischen Land geboren, hat aber mehrere Jahrzehnte in Rumänien gelebt, bevor er vor wenigen Jahren erstmals nach Deutschland gekommen ist. Vor dem Hintergrund dieser doppelten Migrationsgeschichte bündeln sich bei ihm und seiner Familie viele der rechtlichen Probleme, die uns in ganz ähnlicher Weise von fast allen Interviewpartner:innen berichtet worden sind. Eine prekäre aufenthaltsrechtliche Situation und die Verkoppelung von Arbeit, Aufenthaltsrecht sowie Ansprüchen auf Sozialleistungen schränken die eigenen Wahlmöglichkeiten stark ein und führen zu ständigem Ärger mit Behörden. Oft sind sie der entscheidende Faktor dafür, dass Arbeiter:innen überhaupt in der Fleischindustrie landen bzw. dort trotz der katastrophalen Bedingungen verbleiben. In Hasims Fall ergibt sich eine starke Abhängigkeit vom rechtlichen Status seiner Frau:

»Ich bin seit [über zwanzig] Jahren in Rumänien und auch verheiratet mit einer Rumänin und habe auch [mehrere]

Kinder mit dieser Rumänin, und ich habe trotzdem keine Staatsbürgerschaft. […] Ja, hier haben wir ja auch Probleme, weil die sagen ja, dass meine Frau auch arbeiten muss, die sozusagen EU-Bürgerin ist, weil sonst, wenn nur ich arbeite, dann haben wir keinen Aufenthalt und dann kriegen wir immer Ärger mit der Ausländerbehörde. Also ich habe jetzt erst im letzten Jahr auf meinen rumänischen Aufenthalt eine Arbeitsgenehmigung quasi drauf gekriegt. Ich verstehe nicht, warum ich das dann hier dann nicht habe, weil ich habe ja eine Arbeitserlaubnis in Rumänien, und hier ja dann nicht und so.«

»Aber hier spricht das Papier, und da habe ich nicht so viele Chancen«

Ebenso typisch wie derartige Probleme ist die Erfahrung der Entwertung von Qualifikationen und Arbeitserfahrungen im Zuge der Migration nach Deutschland. Zwar hat Hasim im Unterschied zu einigen unserer anderen Interviewpartner:innen keinen akademischen Abschluss und auch nicht in einem entsprechenden Beruf gearbeitet. Er betont daher auch nicht in gleicher Weise, dass er an einem gesellschaftlichen Abstieg leidet. Doch verfügt er über langjährige Berufserfahrung, ist durchaus stolz auf seine dabei erworbenen Fähigkeiten und war in Rumänien als Selbstständiger tätig. Eine Ausnahme – zumindest in Bezug auf unsere Untersuchung – stellt Hasim nur insofern dar, als dass für ihn die Schlachtung und Fleischverarbeitung keineswegs unbekanntes Terrain sind, auch wenn er zuvor noch nie in der Industrie beschäftigt war.

Alles andere als ungewöhnlich ist hingegen, dass er sich aufgrund der schwierigen wirtschaftlichen Lage in Rumänien auf die Suche nach Arbeit in Deutschland gemacht hat. Zudem ist uns die von ihm geäußerte Hoffnung, auch in der Bundesrepublik wieder als Selbstständiger zu arbeiten, in verschiedenen Interviews immer wieder begegnet. Doch ebenso wenig ungewöhnlich ist, dass ihm dieser Weg bislang versperrt geblieben ist, da er vorher in Ländern gelebt hat, in denen eine formalisierte Berufsausbildung kaum eine Rolle gespielt hat. In Deutschland hingegen »spricht das Papier«:

Interviewer 1: »Haben Sie eine Ausbildung in dem Bereich als Schlachter?«
Hasim: »Ja, also ich habe eine Ausbildung als Fleischer gemacht in Rumänien. Und jetzt haben wir auch einen Antrag gestellt auf Anerkennung, aber also es sieht nicht gerade so aus, als ob es anerkannt wird, weil das ist in Rumänien eine kurze Ausbildung, also drei Monate, und das wird ... Also muss man gucken mit Praktikum, aber wahrscheinlich nicht. Ich selber arbeite also mit Fleisch seit [Jahrzehnten]. Also es ist quasi mein Beruf. [...] Vorher habe ich zwanzig Jahre in Rumänien gearbeitet und da auch meinen Laden sozusagen gehabt, also selbstständig.«
Interviewer 2: »Wie kam das, dass Sie dann hier [in diese Gegend] gekommen sind?«
Hasim: »Ja, das Geschäft läuft nicht mehr.«
[...]
Interviewer 1: »Ja, ich wollte gerne nochmal nach dieser Anerkennung der Qualifikation fragen. Was muss man machen, um die Qualifikation anerkannt zu bekommen?«

Hasim: »Ja, also ich war ja auch [...] dann in der Beratung, und die hat dann mich gefragt, wie das ist, und das vorgeschlagen, dass die das anerkennen. Dann hat die bei der Handwerkskammer angerufen und sich da erkundigt. Dann haben die halt gesagt, was ich brauche, also sozusagen mein Abschlussdiplom oder Zeugnis und Arbeitsnachweise über meine Berufserfahrung. [...] Also die haben ja gesagt, dass Berufserfahrung ja eigentlich gar nichts zählt, sondern nur der Ausbildungsweg und die Ausbildungsdauer, und in Deutschland ist das ja eine dreijährige Ausbildung, und das war ja eine dreimonatige Ausbildung, und die meint, das kann halt sein, dass das gar nicht zugelassen wird.«
[...]
Interviewer 1: »Welche Vorteile würde so eine Anerkennung bringen?«
Hasim: »Na ja, also ich könnte mich ja zum Beispiel selbstständig machen, mein eigenes Geschäft machen. Ich könnte mit anderen Firmen zusammenarbeiten, ich könnte mehr Geld kriegen, und es geht ja auch ein bisschen so um die Anerkennung, [...] und wenn jetzt ein deutscher Fleischermeister mit mir sozusagen um die Wette ein Kalb schlachten würde, dann würde ich das machen, während ich Kaffee trinke. Aber hier spricht das Papier, und da habe ich nicht so viele Chancen. Also ob man gut ist, das steht nur auf dem Papier.«

»Wenn du da drin bist, dann kommst du auch nicht mehr raus, nur vom Friedhof«

Obwohl erfahrener Fleischer, landet Hasim so erst mal als »Ungelernter« in der Fleischindustrie. Seine erlernten Fähigkeiten kann er dort nicht zur Geltung bringen, denn die unübersichtlichen Beschäftigungsstrukturen und die informellen Rekrutierungswege führen dazu, dass er von einer Leiharbeitsfirma angestellt wird, die primär für die Reinigung von Kisten und Gefäßen im laufenden Produktionsprozess zuständig ist. Wie in der Branche üblich, zahlt Hasim einem »Vermittler«, zu dem Bekannte den Kontakt hergestellt haben und der selbst bei dem Fleischunternehmen bzw. der Leihfirma arbeitet, ein Bestechungsgeld, damit dieser ihn in den Betrieb bringt. Dort angekommen, sieht er sich mit einer Produktion konfrontiert, die unter hohem Druck stattfindet und bei der die Leiharbeiter:innen für alle möglichen Aufgaben herangezogen werden:

»Also, es gab einen Vermittler, der kriegt dann immer so 200, 300 Euro Bestechung sozusagen, dass wir da eingestellt werden. Ein Rumäne war das. Und, ja, und dann ist man dann drin und dann, wenn du da drin bist, dann kommst du auch nicht mehr raus, nur vom Friedhof, weil also wie ich das meine, ist, da gibt es einfach immer unglaublich viel zu tun. Wenn gerade keine Fleischlieferung ist, dann wird man dann geschickt zu Reinigung oder zu Verpackung, oder wenn zum Beispiel das Fließband kaputtgeht und nicht mehr weiterläuft, da holen die ja keinen Elektriker oder so, sondern dann schicken die einen selber so. Sagt man: ›Ja, geh mal dahin und reparier

das Laufband.‹ Also, es ist einfach da unheimlich viel zu tun.«

Interviewer 1: »Und dieser Vermittler, also wie sind Sie mit dem in Kontakt gekommen?«

Hasim: »Ja, irgendwie sind wir über so Bekannte hierhergekommen. Ja, ich will jetzt nicht sagen, bei wem hier. Also, das war irgendwie so eine Geschichte, und dann hier dann sind wir dann zu dem gekommen.«

[...]

Interviewer 1: »Und wo haben Sie hauptsächlich gearbeitet, in welchem Bereich? Jetzt haben Sie ja gesagt, Sie haben ganz verschiedene Sachen gemacht, aber welche Bereiche waren das hauptsächlich? Also welche Tätigkeiten?«

Hasim: »In der Reinigung, Kistenreinigung.«

[...]

Interviewer 2: »Also gar nicht irgendwie Schneidetätigkeit oder so, obwohl Sie diese Arbeitserfahrung haben.«

Hasim: »Nein.«

Interviewer 1: »Okay. Und wussten die das, dass Sie diese Qualifikation haben?«

Hasim: »Also, das ist ja so [...], die haben dann verschiedene Leiharbeiter [gemeint sind hier Leiharbeitsfirmen], und je nachdem, bei welchem Leiharbeiter man ist, macht man dann das. Also die einen Leiharbeiter sind für Fließband, die anderen für das Schneiden und die anderen so, und ich war halt bei dem Leiharbeiter, der für die Reinigung halt zuständig ist. Also, aber wenn wir jetzt fertig waren mit der Reinigung und dann noch Zeit war, dann haben die uns ja schon dann geschickt bei also Schneiden oder Fließband oder so oder Verpackung. Also, das war schon auch so.«

»Ich konnte die Finger nicht mehr selbstständig öffnen und schließen«

Überwiegend wird Hasim allerdings in der Reinigung eingesetzt. Die Arbeit ist hochgradig belastend und führt bei ihm zu schwerwiegenden Gesundheitsproblemen. Zwar wird nach Beschwerden der Arbeiter[2] Spezialkleidung zur Verfügung gestellt, mit der sich zumindest die Probleme durch die eingesetzten Reinigungschemikalien grundsätzlich reduzieren ließen. Doch das geforderte Arbeitstempo und die anstrengende Betätigung machen es unmöglich, die Schutzausrüstung auch tatsächlich zu nutzen:

Interviewer 1: »*Vielleicht nochmal zur Tätigkeit selbst: Was mussten Sie denn konkret machen? Also wie muss man sich das vorstellen, reinigen? Was wurde gereinigt, mit was für Mitteln? War das eine harte, körperliche harte Arbeit?*«
Hasim: »*Also, es gab sozusagen so riesige Behälter, wo dann so ein spezielles chemisches Mittel reinkam für die Reinigung, und für die Kisten, da gab es sozusagen Maschinen auch, die das gemacht haben, also die man bedient hat, aber für diese Buchsen, das sind so Fünfzig-Kilo-Dinger, wo dann das Fleisch reinkommt, da gab es keine Maschinen. Das musste man dann per Hand machen. Also sozusagen ein Mal mit diesem Schlauch aus dieser Pumpe mit dieser Spezialreinigung und danach ausspülen mit heißem Wasser. […] Und also bis heute habe ich an meinen Armen so einen Ausschlag. Also das kommt immer und geht, so kleine Pusteln und so, und dann habe ich das auch gesagt bei der Arbeit, dass ich davon Ausschlag krie-*

ge. Dann haben die mir so eine Creme gegeben, und dann habe ich mich dann damit eingecremt, und dann ist es kurz weggegangen, und dann ist es immer … Also, wenn das diese Buchsen sind [...], dann schießt man da diese Lösung rein, und da muss man dann so reingehen, und dann muss man das wieder auskippen und dann wieder hoch. Dann irgendwie so eine Folie drauf tun und dann, das ist halt total schwer. Das ist dann so dreißig, vierzig Kilo schwer, und das macht man dann die ganze Zeit. Und deswegen also wurde ich auch operiert an der Hand. [...] Ich konnte die Finger nicht mehr selbstständig öffnen und schließen, sondern musste das dann immer mit der anderen Hand nachhelfen, und dann wurde das hier operiert, weil das einfach so schwer ist dann mit der Zeit.«

Interviewer 1: »Gab es auch andere Kollegen, die sich über diese Sachen beschwert haben? Also über die Chemikalien und die schwere Arbeit?«

Hasim: »Wir haben alle zusammen mit dem gesprochen und uns beschwert und gesagt, dass das mit den Chemika … Also weil alle einfach damit Probleme hatten. Und die haben dann gesagt: ›Ja, das ist halt so.‹ Das ist so eine Spezialfirma, die das bringt, und es gibt Spezialchemikalien für jedes und das, ja. Die haben dann so Spezialanzüge gehabt, also Ganzkörperanzüge auch mit Kopfschutz und alles, aber die Anzüge kann man nicht, also da kann man höchstens zwei, drei Minuten oder eine Minute, und dann ist man total am Schwitzen. Das ist einfach unmöglich. Das Wasser, mit dem man das ausspült, das ist so vierzig, fünfzig Grad heiß, und das ist einfach … Man kann einfach nicht diese Anzüge tragen und dabei arbeiten.«

»Entweder du gibst uns unbefristete Verträge, oder wir gehen«

Hasim ist mit Mitte fünfzig bereits erheblich älter als die meisten Arbeiter:innen in der Branche. Doch auch für seine jüngeren Kolleg:innen sind die Bedingungen unerträglich, so dass viele schnell wieder das Weite suchen: »Viele hören auch nach paar Monaten auf, also zwei, drei Monaten, weil die das nicht aushalten, die Arbeit.« Sich auf diese Weise den katastrophalen Zuständen zu entziehen ist für alleinstehende Beschäftigte sicherlich leichter als für Arbeiter:innen mit kinderreichen Familien wie Hasim, die in ihrer Mobilität zumeist stärker eingeschränkt sind und es ihrem Nachwuchs oft nicht zumuten wollen, das gewohnte Umfeld erneut für den Wechsel in andere Orte oder Länder aufgeben zu müssen. Bevor er selbst die Industrie wieder verlässt, kämpft Hasim zunächst für eine unbefristete Direktanstellung. Denn solange Alternativen fehlen, werden die Arbeiter:innen – wie wir schon hinsichtlich der gesundheitlichen Belastungen sehen konnten – auch innerhalb der Fleischbetriebe für Verbesserungen aktiv und beschweren sich über die Bedingungen. In dem Betrieb, in dem Hasim arbeitet, ist es anderen Arbeiter:innen zuvor durch eine Arbeitsniederlegung gelungen, unbefristete Verträge und höhere Löhne durchzusetzen. In seiner eigenen Arbeitsgruppe misslingt es allerdings, den nötigen Zusammenhalt für eine kollektive Aktion herzustellen:

»Wir hatten im Team am Anfang, wo wir gearbeitet haben, hatten wir einen deutschen Vorarbeiter, und der war ganz nett, so, und zugewandt, und wir haben dann immer

mit ihm also uns beschwert und unsere Probleme gesagt, und dann hat er gesagt: ›Mensch, so, das wird so nicht. Ihr müsst das so machen, wie die Polen das gemacht haben‹, *weil die Polen haben wohl alle zusammen, vierzig, fünfzig Leute waren das, sind dann zum Chef gegangen, haben gesagt:* ›Entweder du gibst uns unbefristete Verträge, oder wir gehen.‹ *Und dann, wenn so viele Leute auf einmal gehen, das ist dann natürlich ein Problem für die. Und dann sind die alle, also haben alle gemeinsam die Kleidung, also die Arbeitskleidung weg, also runtergeworfen auf den Boden und sind dann gegangen, und dann wurden die bei den Werkstoren quasi abgefangen, zurück, und die haben alle unbefristete Verträge. Und wir in unserem Team, wir haben das halt nicht hingekriegt und, ja, dann hat uns halt immer dieser Vorarbeiter, dieser Deutsche, gesagt:* ›Ja, ihr müsst euch zusammentun, ihr müsst das kollektiv machen, weil wenn ihr das einzeln macht, das interessiert die ja nicht, ob einer geht oder nicht.‹ *Genau, aber das hat nicht geklappt.«*

Interviewer 1: »Und warum meinen Sie, dass das nicht geklappt hat?«

Hasim: »Also bei uns im Team, also das war ja ein hauptsächlich rumänisches Team, und dann weißt du, wie das ist bei den Rumänen. Die sprechen immer alle hinter dem Rücken der anderen und sagen zum einen das, und dann zu dem Chef sagen die was anderes. Also, das war einfach nicht.«

In diesem Fall klappt es also nicht, zusammen mit Kollegen Druck zu machen, stattdessen kommt es zunehmend zur Flucht aus der Fabrik. Auch Hasim versucht, durch die Drohung mit Kündigung, für sich selbst bessere Bedingungen auszuhandeln. Als das ebenfalls misslingt, hat er endgültig genug:

»Am Ende aber sind ganz viele gegangen. Dann war ich am Ende alleine, und dann habe ich gesagt: ›Ja, also entweder könnt ihr mir eine Gehaltserhöhung machen oder besser meinetwegen keine Gehaltserhöhung, aber dann unbefristeten Vertrag.‹ Ja, genau, das wollten die dann nicht. […] Ja, dann habe ich gesagt: ›Dann habe ich auch keine Lust, dann gehe ich eben.‹«

Die Hoffnung auf eine attraktivere Beschäftigung in einem kleinen arabischen Geschäft, die Hasim bereits in Aussicht hatte, zerschlägt sich zunächst aufgrund seines prekären Aufenthaltsstatus. Erst nach einer zwischenzeitlichen Rückkehr nach Rumänien lässt sie sich dennoch realisieren:

»[Wir] Araber treffen uns ja regelmäßig in der Moschee und tauschen uns aus und sagen: ›Ja, wo arbeitest du, wo arbeitest du und so‹, und dann hatte ich den kennengelernt, und er sagte, er will ein Geschäft aufmachen […]. Und dann war das aber so, dass meine Frau, die wollte zurück nach Rumänien. Die wollte hier nicht bleiben, und dann sind die zurück, und ich durfte ohne sie hier, hatte ich keinen Aufenthalt. Dann musste ich sozusagen nachgehen, und dann haben wir uns aber doch jetzt letztes Jahr entschieden, wiederzukommen, und dann habe ich dann sofort, bin ich dann zu dem, und dann nach, ja, habe ich sofort, konnte ich da anfangen.«

»Es gibt auch, glaube ich, niemand, der bis zur Rente da arbeiten will«

Letztlich hat Hasim durch einen glücklichen Zufall einen vergleichsweise passablen Weg aus der Fleischindustrie gefunden. Dieser Branche zu entkommen, war aus seiner Sicht alternativlos. Denn obwohl Hasim sich durchaus vorstellen kann, eine körperlich fordernde Tätigkeit wie die Arbeit als Fleischer bis zur Rente auszuüben, hält er es angesichts der von ihm erlebten Bedingungen für unmöglich, in der Fleischindustrie langfristig durchzuhalten. Er selbst leidet bis heute unter den Folgen der dortigen Beschäftigung:

Interviewer 1: »Kann man eigentlich auf Dauer in der Fleischindustrie arbeiten? Also jetzt bis, was weiß ich, bis zur Rente? Wäre das eine Arbeit, die Sie sich vorstellen könnten, bis zur Rente zu machen?«

Hasim: »Nein, das glaube ich, das kann ich mir nicht vorstellen. Es gibt auch, glaube ich, niemand, der bis zur Rente da arbeiten will. Ich kann jetzt zum Beispiel gar nicht arbeiten ohne so einen speziellen Gurt, so einen Rückstützgurt oder so, und also ich bin ja beim Arzt und kriege regelmäßig auch Akkupunktur, weil ich Probleme mit der Wirbelsäule habe, und ich kann gar nicht heben, wenn ich das nicht umhabe. Ja, sehr schwere Arbeit.«

So schwere Arbeit, dass sie sich wohl nur mit einem grundsätzlichen Wandel der Branche halbwegs erträglich gestalten ließe. Einem Wandel, der in jedem Fall nur auf Kosten der – teils immensen – Profite der Unternehmen realisierbar wäre und zumindest eine grundsätzliche Umorganisation der Arbeitsprozesse, eine allgemeine Entprekarisierung, eine Beschränkung von Arbeitsintensität und -geschwindigkeit sowie kürzere und andere Arbeitszeiten beinhalten müsste.

Literatur:

Benning, Günter 2019, »Für Würde und Gerechtigkeit. Peter Kossens Rede in Stapelfeld«, in: *Westfälische Nachrichten* (2. Januar 2019), online verfügbar unter: {https://www.wn.de/Muensterland/Kreis-Steinfurt/Lengerich/3602896-Fuer-Wuerde-und-Gerechtigkeit-Peter-Kossens-Rede-in-Stapelfeld}.
Bosch, Gerhard/Frederic Hüttenhoff/Claudia Weinkopf/Eva Kocher/Heiner Fechner 2018, »Kontrolle und Durchsetzung von Mindestarbeitsbedingungen. Einhaltung von Mindestlohnansprüchen am Beispiel des Bauhauptgewerbes, der Fleischwirtschaft und des Gastgewerbes«, Working Paper Forschungsförderung 095, Düsseldorf: Hans-Böckler-Stiftung, online verfügbar unter: {https://www.boeckler.de/pdf/p_fofoe_WP_095_2018.pdf}.
Bundesregierung 2020, »Entwurf eines Gesetzes zur Verbesserung des Vollzugs im Arbeitsschutz (Arbeitsschutzkontrollgesetz)«, Deutscher Bundestag, Drucksache 19/21978, online verfügbar unter: {https://dip21.bundestag.de/dip21/btd/19/219/1921978.pdf}.
Destatis 2020, »Fleischproduktion im 1. Halbjahr 2020: -0,6 % gegenüber Vorjahr«, Pressemitteilung 298 (7. August 2020), online verfügbar unter: {https://www.destatis.de/DE/Presse/Pressemitteilungen/2020/08/PD20_298_413.html}.
Hans-Böckler-Stiftung 2019, »Branchenmonitor Schlachten und Fleischverarbeitung, Düsseldorf«, online verfügbar unter: {https://www.mitbestimmung.de/assets/downloads/wmp_Branchenmonitor_Schlachten_und_Fleis-1.pdf}.
Heinrich-Böll-Stiftung/BUND 2016, *Fleischatlas 2016. Deutschland Regional*, Berlin, online verfügbar unter: {https://www.boell.de/de/2016/01/13/fleischatlas-deutschland-regional?dimension1=ds_fleischatlas_regional}.
McGauran, Katrin 2016, *Die Auswirkungen von Briefkastenpraktiken auf Arbeitnehmerrechte und Staatseinnahmen. Vier Fallstudien zur Nutzung von Briefkastenfirmen und Durchlaufgesellschaften zur Umgehung bzw. Vermeidung von Arbeitnehmerrechten, Sozialleistungen und Unternehmenssteuern*, online verfügbar unter: {https://www.etuc.org/sites/default/files/publication/files/ces_letterbox_companies_de_web.pdf}.
Refslund, Bjarke 2012, »Offshoring Danish Jobs to Germany: Regional Effects

and Challenges to Worker's Organization in the Slaughterhouse Industry«, in: *Work Organization, Labour & Globalization* 6/2 (S. 113-129).

Sozialpolitischer Ausschuss der Fleischwirtschaft (SPA) 2016, *Standortoffensive deutscher Unternehmen der Fleischwirtschaft. Selbstverpflichtung der Unternehmen für attraktivere Arbeitsbedingungen*, online verfügbar unter: {https://www.vdew-online.de/wp-content/uploads/2014/08/Bericht_final.pdf}.

Wagner, Ines 2018, *Workers without Borders. Posted Work and Precarity in the EU*, Ithaka, London: Cornell University Press.

Anmerkungen

1 Name geändert.
2 Für die Reinigungsarbeiten, die Hasim ausführen musste, werden nach seiner Auskunft nur Männer eingesetzt. Die Arbeit sei körperlich so schwer, »das kann man nicht schaffen als Frau«. Feststellen lässt sich in jedem Fall, dass solche Zuschreibungen an die Geschlechter für die Aufgabenzuweisung in der Fleischindustrie eine große Rolle spielen. Dabei kann es hinsichtlich der konkreten Tätigkeiten allerdings durchaus Unterschiede zwischen einzelnen Betrieben geben.

Digitale Unterschichtung:
Migrantische Arbeit bei Dienstleistungsplattformen

Von Simon Schaupp

»Hat jemand für Februar sein Gehalt bekommen?«, fragt eine:r der Kurier:innen im Gruppenchat des Essenslieferdienstes. Im Minutentakt kommen die Antworten.

»Ich nicht!«

»Noch nicht.«

»Nein.«

»Nein.«

»Ich weiß nicht, aber ich brauche das Geld jetzt.«

»Ich habe im letzten Sommer, als ich angefangen habe, zwei Monate lang nur von Trinkgeldern gelebt.«

»Wie hast du das hingekriegt?«

»Miete?«

»Er hat im Park geschlafen.«

Der ausbleibende Lohn ist nichts Neues für die Fahrradkurier:innen. Regelmäßig kommen sie in existenzielle Nöte. Teilweise geht das so weit, dass sich die Essenslieferant:innen selbst nicht genügend Essen leisten können oder, wie im zitierten Fall, dass sie obdachlos werden. Diesen Abwertungstendenzen soll hier nachgegangen werden. Im Zentrum steht dabei das Erleben von Rajesh und José,[1] zwei migrantischen Arbeitern bei einer Essenslieferplattform, die ich Smart Delivery nennen werde.

Zwar gibt es keine offiziellen Beschäftigungsdaten aus der Branche der Dienstleistungsplattformen, aber die bisherige Forschung legt nahe, dass die Mehrheit der Arbeiter:innen Migrant:innen sind (vgl. van Doorn et al. 2020). Das gilt sowohl für Länder des globalen Nordens, wie etwa Deutschland (vgl. Fairwork 2020, S. 7), als auch für Länder des globalen Südens, wie etwa Südafrika oder Nigeria (vgl. Anwar und Graham 2020). Forschung zum Zusammenhang zwischen der Regulierung von Migration und prekärer Arbeit bei Dienstleistungsplattformen ist leider bislang fast vollständig ausgeblieben. Deshalb soll dieser Aspekt hier ins Zentrum gerückt werden. Grundlage dafür ist eine ethnografische Untersuchung der Arbeit bei Smart Delivery. Dafür habe ich selbst fünf Monate lang im Rahmen einer teilnehmenden Beobachtung als Kurier bei Smart Delivery gearbeitet. Neben informellen Gesprächen habe ich zwölf etwa einstündige »verstehende Interviews« (Kaufmann 2015) mit Kurier:innen und Manager:innen geführt. Aus diesen habe ich die Gespräche mit Rajesh und José ausgewählt, weil sie als typische »Rider«[2] gelten können: Männer Ende zwanzig, die aus dem nichteuropäischen Ausland stammen.[3] Sie sind – das will dieser Beitrag zeigen – in besonderer Weise von einem Abwertungsprozess betroffen, der als digitale Unterschichtung bezeichnet werden kann.

Migrantische Arbeit und Digitalisierung

Migrantische Arbeiter:innen wie Rajesh und José bilden die menschliche Basis des gewaltigen Booms der Essenslieferdienste, der im Zuge der Corona-Pandemie noch einmal an Fahrt aufgenommen hat. Im untersuchten Fall hatten ungefähr drei Viertel der einfachen Rider keine deutsche Staatsbürgerschaft, die meisten von ihnen stammten aus dem nichteuropäischen Ausland. Viele haben studiert oder studieren noch.

Rajesh: »*Ich komme aus Chennai in Indien. Hier in Deutschland studiere ich Umweltwissenschaften. Ich brauchte einen Job, um mein Studium zu finanzieren.*«

José: »*Ich habe tatsächlich sieben Jahre lang in Santiago de Chile als Ingenieur gearbeitet. Hier in Deutschland war es ein bisschen schwierig, einen Job zu finden, wegen der Sprache. Deshalb arbeite ich jetzt seit fünf Monaten für Smart Delivery. Jetzt ist mein Deutsch zwar nicht perfekt, aber ich kann ein Gespräch führen, und ich habe mich für einige Stellen beworben. Eine davon habe ich bekommen, deshalb habe ich hier schon gekündigt.*«

Rajesh: »*Ich habe mich auch schon für einen Bürojob bei Smart Delivery beworben. Aber sie haben nicht geantwortet.*«

Die meisten Rider sind, wie Rajesh und José, für ihre Tätigkeit stark überqualifiziert. Aufgrund von Sprachbarrieren und Diskriminierung auf dem Arbeitsmarkt gelingt es nichteuropäischen Migrant:innen oft nicht, einen Job zu finden, der ihrer Qualifikation angemessen ist. Plattformen wie Smart Delivery sehen sie dann als Ausweg, da dort die Einstiegsbarrieren niedrig sind. Der wichtigste Grund dafür ist, dass die Rider ihre Anweisungen nicht von menschlichen Vorgesetzten bekommen, sondern von einer App auf ihrem Smartphone, die in vielen verschiedenen Sprachen angezeigt werden kann. Im untersuchten Fall erlaubte ihr hoher Bildungsgrad den Ridern, sich untereinander auf Englisch zu verständigen. Im Kontakt mit Kund:innen erlebten sie jedoch regelmäßig Sprachbarrieren in Verschränkung mit rassistischer Diskriminierung.

Rajesh: »Manchmal machen sich Kunden über mich lustig. Meistens denken sie, dass ich kein Deutsch verstehe. Manchmal verletzt mich das. Ich mache nichts Falsches. Ich mache keine Schwarzarbeit oder so. Einmal habe ich gesagt, ich verstehe Deutsch, bitte sagen Sie nicht solche Sachen. Dann haben sie sich entschuldigt.«

Neben der englischen Arbeitssprache trug auch ein automatisierter Bewerbungsprozess dazu bei, dass die Arbeit bei Smart Delivery für Migrant:innen einfacher erreichbar war als andere Jobs. Die Bewerbung erfolgte online über eine leicht zu findende Website. Dort gaben die Bewerber:innen ihre Daten ein und erhielten dann postalisch einen Arbeitsvertrag.[4] Einzige Voraussetzung war der Besitz eines Fahrrads und die Fähigkeit, dieses zu fahren. Darüber hinaus gab es im Normalfall kein Auswahlverfahren. Stattdessen, so erklärte ein lokaler »Rider Captain«,[5] sei es »das Smart-Delivery-Prinzip, dass man jeden einstellt«. Attraktiv war für viele migrantische Arbeiter:innen darüber hinaus, dass Smart Delivery mit flexiblen Arbeitszeiten warb. Denn so wie Rajesh und José haben die meisten von ihnen noch weitere Verpflichtungen, wie etwa ein Studium oder einen zusätzlichen Job, denen sie nachkommen müssen.

Neben den technischen und organisationalen Voraussetzungen im Arbeitsprozess hat die Integration migrantischer Arbeiter:innen jedoch auch politisch-regulatorische Voraussetzungen. So wurde – auch als Reaktion auf einen angeblichen Fachkräftemangel angesichts der Digitalisierung[6] – im August 2019 das Fachkräfteeinwanderungsgesetz verabschiedet. Trotz anderslautender Behauptungen hat die Digitalisierung in Deutschland jedoch auch die Gesamtnachfrage nach gering qualifizierten Arbeitskräften nicht gesenkt (vgl. Zika et al. 2018). Daher werben Unternehmensverbände dafür, die liberalen Regelungen zur Arbeitszuwanderung über das Segment der Hochqualifizierten hinaus auszudehnen (vgl. Fuchs et al. 2019). Ein Schritt in diese Richtung wurde bereits mit der Verabschiedung des Integrationsgesetzes im Jahr 2016 getan. Dieses Gesetz erleichtert einerseits Asylsuchenden den Zugang zur Erwerbstätigkeit, stellt andererseits aber auch eine Verbindung zwischen Aufenthaltsrecht und der Verpflichtung zur Aufnahme einer Erwerbstätigkeit her. In der Tat nahmen dadurch Zahl und Anteil der als erwerbstätig gemeldeten Migrant:innen aus außereuropäischen Ländern zu, allerdings fast ausschließlich in Sektoren, die für die Ausbeutung billiger Arbeitskräfte bekannt sind (vgl. Birke und Bluhm 2019). Dies scheint durchaus gewollt zu sein. So treten Unternehmensverbände einerseits für die Liberalisierung des Zugangs zum Arbeitsmarkt für Asylsuchende ein. Andererseits fordern sie eine Ausweitung der Möglichkeit zur Zeitarbeit und eine Aufhebung der Gleichwertigkeitsprüfung, die es ihnen ermöglichen würde, Geflüchtete systematisch unterhalb der ortsüblichen Löhne zu beschäftigen (vgl. AGV-BW 2021).

Diese Regularien dienen nicht nur zur Beschaffung billiger Arbeitskräfte, sondern auch zur Herstellung von Gehorsamkeit. So kann etwa die Koppelung von Aufenthaltsstatus und Erwerbsarbeit nicht nur zur direkten Disziplinierung der Beschäftigten genutzt werden. Sie kann auch zu impliziten Bündnissen zwischen migrantischen Beschäftigten und ihren Vorgesetzten im Kampf um einen

Aufenthaltstitel führen (vgl. Kalbermatter 2020). Diese Vorzüge sind dem Management von Smart Delivery durchaus bewusst. »Wenn es Probleme gibt, sind das meistens die Deutschen«, erklärt etwa der lokale Rider Captain.

José: »An einem Tag habe ich mich sehr viel beschwert, ich weiß nicht mehr, worüber. Und dann haben sie vielleicht versucht, etwas zu finden, um mich zu feuern [lacht]. Sie haben mich angerufen und haben gesagt, ›Dein Ausweis ist abgelaufen‹.[7] Ich habe eine Aufenthaltserlaubnis für Deutschland, aber mein Aufenthaltstitel ist abgelaufen, obwohl ich eine Aufenthaltserlaubnis und eine Arbeitserlaubnis hatte. Sie haben mir einen Tag gegeben, um das Problem zu lösen.«

Organisierte Distanzierung

Über Kontrolle und Überwachung in der Plattformarbeit ist bereits viel geschrieben worden. Auch bei Smart Delivery werden aus dem Arbeitsprozess umfassende Daten erhoben, beispielsweise zur Fahrgeschwindigkeit, zur Anzahl der erledigten Aufträge und zur Zeit, die bei den Kund:innen verbracht wurde. Diese Daten werden auf verschiedenste Weise an die Rider zurückgeleitet. Während der teilnehmenden Beobachtung bekamen wir etwa regelmäßig automatisierte Evaluations-E-Mails zugesandt, in denen die eigene Leistung mit derjenigen der Kolleg:innen verglichen wurde. Diese E-Mails schlossen stets mit dem Appell, die eigene Leistung weiter zu verbessern, und waren verbunden mit einem Bonussystem. Darüber hinaus erhielten die Rider von den Apps im Arbeitsprozess selbst unmittelbar Feedback, etwa Warntöne oder automatisierte Anrufe, in denen sie aufgefordert wurden, ihre Lieferung abzuschließen. Diese Logik des unmittelbaren Feedbacks geht zurück auf die Managementkybernetik und kann deshalb als kybernetische Kontrolle bezeichnet werden (vgl. Schaupp 2020).

Rajesh: »*Also, zunächst gibt es keinen Chef für uns. Es ist so, als wäre man selbstständig. Aber die Sache ist die, in bestimmten Fällen habe ich das Gefühl, dass sie uns überwachen. Und sie wissen das. Manchmal sagen sie mir, ›Fahre ins Zentrum der Zone‹. Ich sage, ›Ich habe keine Bestellung, ich brauche eine Pause, lasst mich atmen‹. Aber sie sagen immer, ›Nein, du musst da hin‹. Die App zeigt dir dann diese Nachricht: ›Fahren Sie sofort zum Zentrum der Zone!‹ Warum? Wenn ich eine Bestellung bekomme, fahre ich zum Restaurant! Wenn du zu langsam bist oder eine Bestellung nicht akzeptierst, weil du zum Beispiel dein Telefon nicht überprüfen kannst, bekommst du Nachrichten und einen automatischen Anruf.*«

José: »*Diese Roboterstimme ist ziemlich seltsam. Ich erinnere mich, dass ich beim ersten Anruf nicht abgenommen habe. Dann klingelte es wieder, und ich nahm ab, und es war der Roboter, die Roboterfrau.*«

Rajesh: »*Wenn du nicht tust, was sie dir sagen, ruft der Roboter dich erneut an. Dann wird deine Schicht unterbrochen.*«

José: »*Vor Kurzem hatte mein Handy kein Netz. Da haben sie meine Schicht [und die Bezahlung] dann unterbro-*

chen. Es gibt auch einen Bonus, wenn man schnell arbeitet. Ich weiß aber nicht, wie der berechnet wird. Vielleicht steht es im Vertrag, aber der ist auf Deutsch. Es ist praktisch unmöglich, den Bonus zu bekommen. Einmal war ich zwei Wochen hintereinander unter den besten zehn Prozent. Vielleicht wird der Bonus über ganz Deutschland berechnet, denn ich habe noch nie von jemandem gehört, dem er wirklich gezahlt worden ist. Am Anfang habe ich wirklich mein Bestes gegeben, um den Bonus zu erhalten. Und dann wurde mir klar, dass es keinen Sinn macht, meinen Körper und mein Rad zu sehr zu belasten. Es lohnt sich einfach nicht, zu versuchen, schnell zu fahren und das Produkt so schnell wie möglich auszuliefern, also vergesse ich jetzt den Bonus.«

Da die Steuerung der Kurierarbeit zu großen Teilen automatisiert ist, können die Beschäftigten bei organisatorischen Fragen, etwa zu Urlaub, Krankheit oder Gehaltsabrechnungen, das Unternehmen nur in den seltensten Fällen direkt erreichen. Die algorithmische Arbeitssteuerung fungiert in diesem Sinne als Trennwand zwischen Management und Beschäftigten. Letztere werden einerseits vom organisationalen Kern des Unternehmens ferngehalten – sowohl in kommunikativer Hinsicht als auch in Hinblick auf soziale Absicherung –, andererseits aber engmaschig technisch kontrolliert. Dabei wird eine starke Informationsasymmetrie etabliert. Während die Firmen umfassend Informationen aus dem Arbeitsprozess der Kurier:innen sammeln, verfügen Letztere nur über die allernötigsten Informationen, um ihre Arbeit zu erledigen – teilweise nicht einmal diese. Die Informationsasymmetrie vervollständigt die (für niedrig qualifizierte migrantische Arbeit typische) organisierte Distanzierung der Unternehmen von den Arbeitskräften, wie sie zum Beispiel auch bei den Leiharbeiter:innen der Fleischindustrie oder den agenturvermittelten Pflegekräften zum Einsatz kommt. Diese ermöglicht es den Konzernen, sich der Verantwortung für Arbeitskräfte weitgehend zu entziehen – sogar wenn diese bei der Arbeit zu Tode kommen (vgl. Ross 2019). Das wird von migrantischen Arbeitskräften in der plattformvermittelten Kurierarbeit ebenso berichtet wie in der Landwirtschaft.

Rajesh: »*Wenn du eine Frage stellst, dauert es mindestens zehn bis fünfzehn Tage, bis du eine Antwort von der Zentrale bekommst. Wenn du ihnen schreibst, stellen sie dir nur Rückfragen und glauben dir nichts. Ich habe ihnen immer gesagt, ›Ich lüge nicht, das ist mir passiert‹. Ich denke, ›Okay, wenn man sich in dieser Situation befindet, muss man verstehen, wie es ist‹. Sie sitzen irgendwo herum, etwa dreihundert Kilometer entfernt, und sie stellen diese Art von Fragen. Und das stresst mich persönlich wirklich. Denn sie wissen nicht, was hier vor sich geht, aber sie sagen dir, ›Hey Mann, tu dies, tu das‹. Aber ich habe ihnen immer gesagt, sie sollen einfach herkommen und sehen, wie es genau ist. Das macht mich irgendwie wütend.*«

José: »*Früher hat die App zumindest noch mehr Informationen angezeigt. Zum Beispiel konntest du sehen, wie viel Geld du bis zu diesem Zeitpunkt verdient hast und wie viele Stunden du gearbeitet hast. Das ist jetzt weg. Das Management kannst du nur per E-Mail erreichen, und diese Leute antworten dir erst nach zwei Wochen. Oder sie antworten gar nicht auf deine Fragen. Manchmal habe ich das Gefühl, dass die Zentrale nur von einer oder zwei Personen besetzt ist, die Multitasking betreiben: Bestellungen koordinieren, E-Mails beantworten, Gehaltsabrechnungen machen. Vielleicht kommt deshalb auch das Gehalt immer zehn Tage zu spät.«*

Rajesh: »Letzten Monat hatte ich einen Unfall. Mein Handy funktionierte nicht mehr, und ich war verletzt und konnte nicht mehr arbeiten. Bei dem Unfall ist das Display meines Smartphones gesplittert, und sie haben mich nur gefragt, was genau passiert ist. Ich war nicht in der Lage zu erklären, was genau passiert war. Nach zwei Tagen schrieb ich ihnen eine E-Mail, um zu schildern, was passiert war, aber sie glaubten mir nicht. Ich fragte, ob es möglich sei, dafür eine Rückerstattung zu bekommen, weil es während der Arbeit passiert sei. Aber sie haben nicht geantwortet.«

Die organisierte Distanzierung durch das Unternehmen führt im Arbeitsalltag dazu, dass die Rider meist versuchen, ihre Probleme selbst zu lösen, etwa indem sie sich gegenseitig bei Reparaturen oder der Klärung rechtlicher Fragen unterstützen. Das dürfte der Intention der Plattformkonzerne entsprechen, die Aufgaben, die üblicherweise einer Personalverwaltung zukommen würden, an die Beschäftigten selbst auszulagern. So ist es auch wenig überraschend, dass, wie etwa José berichtet, die Rider eigene digitale Daten erheben. Sie erfassen zum Beispiel tatsächlich zurückgelegte Distanzen oder Arbeitszeiten, um fehlende oder als nicht vertrauenswürdig eingeschätzte Daten des Unternehmens zu ergänzen. Das Ausmaß der organisierten Distanzierung war während der teilnehmenden Beobachtung unter den migrantischen Ridern deutlich stärker ausgeprägt als unter den deutschen, denen es leichter fiel, im Notfall Ansprechpartner:innen beim Unternehmen zu finden.

Digitale Unterschichtung

Die Bezahlung der Kurier:innen bei Smart Delivery orientierte sich zum Zeitpunkt des Gesprächs am Mindestlohn. Allerdings mussten sie von diesem noch ihre Arbeitsmittel, also Smartphone und Fahrrad, beschaffen und instand halten. Das erwies sich oft als teurer, als die Rider erwartet hatten. Zunächst ist der Verschleiß der Räder bei starker Benutzung (in einer durchschnittlichen Schicht werden circa sechzig Kilometer zurückgelegt) recht hoch. Die damit einhergehenden Kosten waren Anlass für Proteste der Rider. Als Reaktion darauf wurde eine Verschleißpauschale in Form von Guthaben bei einem überteuerten Onlineshop für Fahrradzubehör eingeführt. Hohe Kosten verursacht auch das Smartphone. Zum einen ist für die App, mit der die Rider gesteuert werden, ein Handyvertrag mit viel Datenvolumen erforderlich, was teuer ist. Vor allem aber werden die Geräte bei der Arbeit oft beschädigt. Das kann etwa bei Unfällen, wie dem von Rajesh, passieren, aber auch im normalen Arbeitsprozess, wenn einem Rider zum Beispiel das Handy aus der Hand fällt, weil er über einen Bordstein fährt. In der Folge muss dann ein neues, oft mehrere hundert Euro teures Smartphone angeschafft werden. Darüber hinaus ist auch die Verbindung der Rider zur Plattform gekappt, was bedeutet, dass sie nicht mehr arbeiten können und das Einkommen ausbleibt. In solchen Fällen kam es während der teilnehmenden Beobachtung vor, dass die Beschäftigten am Ende des Monats nicht nur ohne Einkommen, sondern sogar mit Verlusten dastanden.

José: »Wir beschweren uns alle darüber, dass wir nicht gut bezahlt werden. Wir setzen nicht nur unseren Körper, sondern auch unsere eigene Ausrüstung, unser eigenes Fahrrad, ein. Wenn etwas kaputtgeht, müssen wir es von unserem Geld bezahlen. Das ist ein Nachteil. Gott sei Dank hatte ich noch nie einen Unfall. Mir ist bisher auch nichts kaputtgegangen. Aber so langsam verschleißen einige Teile an meinem Fahrrad, und vielleicht in ein paar Wochen muss ich sie austauschen. Das hat mir bei Smart Delivery wirklich nicht gefallen. Es gibt dieses Programm, mit dem du bei jeder Arbeitsstunde etwa fünfundzwanzig Cent sparst und davon irgendwann Ersatzteile oder Werkzeug kaufen kannst. Aber auf der Website, wo du das angesparte Geld verwenden kannst, sind die Preise zweieinhalb oder dreimal so hoch wie in normalen Läden. Vor einiger Zeit habe ich mich darüber beschwert, dass wir das Bargeld, das wir kassieren, in unserer Freizeit zur Bank bringen müssen und so weiter. Wir werden nicht dafür bezahlt, das ist nicht fair. Dann schrieb jemand auf Whatsapp, dass wir bezahlt werden. Er schickte nur einen Screenshot von einem Handy oder Computer. Und wir bekamen Informationen von verschiedenen Kanälen. Und eigentlich halte ich das für ein beschissenes Management. Sie sollten eine offizielle E-Mail an alle schicken und das war's. Ende. Als ich dieses Bild erhielt, schickte ich es ihnen per E-Mail, und sie haben geantwortet und sagten, ja, wir werden diese Stunde zusätzlich bezahlen. Zuletzt haben sie es vor zwei Monaten gezahlt. Diesen Monat haben wir es nicht erhalten. Und sie sagten, wir würden eine Stunde pro Monat zusätzlich erhalten und nicht alle zwei oder drei Monate oder einmal im Leben eine zusätzliche Stunde. Ich schickte den Screenshot von meinem Lohnzettel mit der Frage: Wo ist das Geld?«

Die Umgehung des gesetzlichen Mindestlohns durch Abzüge oder die Auslagerung von Betriebskosten auf Beschäftigte ist kein Spezifikum der Plattformökonomie. Stattdessen ist dies ein struktureller Bestandteil der Ausbeutung migrantischer Arbeit in Deutschland. So wird etwa von Beschäftigten in der Agrarindustrie, die über Werkverträge aus dem Ausland kommen, berichtet, dass sie Unterkunft und Verpflegung vom Unternehmen beziehen müssen und die Kosten dafür dann vom Lohn abgezogen werden. Oft setzen die Firmen diese willkürlich und zu hoch an. In einem bekannt gewordenen Fall rumänischer Erntearbeiter:innen etwa blieben nach den Abzügen von den versprochenen 2000 Euro Monatslohn nur noch 200 bis 250 Euro übrig (vgl. Wigand 2020, S. 7). Rechtlich ermöglicht wird die migrantische Niedriglohnarbeit meist durch Leiharbeit (die etwa in der Fleischindustrie und Spargelernte zur Norm gehört) oder Minijobs, wie beispielsweise bei Smart Delivery. Beide Formen werden regelmäßig dazu genutzt, arbeitsrechtliche Standards, wie Lohnfortzahlung im Krankheitsfall oder den Anspruch auf bezahlten Urlaub, zu unterlaufen (vgl. Voss und Weinkopf 2012). Die organisierte Distanzierung bei Plattformen wie Smart Delivery weitet die Möglichkeiten des Unterlaufens gesetzlicher Standards technisch noch einmal aus. Besonders die algorithmische Arbeitssteuerung mit ihrer Überwindung von Sprachbarrieren erlaubt einen erweiterten Zugriff auf migrantische Arbeiter:innen. Beides trägt zu einer neuen »digitalen Unterschichtung«[8] bei.

Man kann davon ausgehen, dass die Digitalisierung insgesamt zu einer steigenden Lohnungleichheit beiträgt: Auf der einen Seite führt die Nachfrage nach hoch qualifizierten Arbeitskräften zu steigenden Löhnen im Hochlohnbereich, etwa bei Ingenieur:innen; auf der anderen Seite erhöhen Arbeitsverdichtung und Automatisierung den Lohndruck auf mittel und gering qualifizierte Beschäftigte (vgl. Staab und Prediger 2019). Diese steigende Ungleichheit befeuert wiederum den Trend digitaler Unterschichtung: Sie macht es immer leichter und profitabler für Unternehmen, mittels algorithmischer Arbeitssteuerung hoch bezahlte durch niedrig bezahlte Arbeit zu ersetzen. Dabei werden vorhandene Qualifikationen (wie im Fall von Rajesh und José) oft weder anerkannt noch vergütet. Dasselbe gilt auch für Privathaushalte: Die wachsenden Differenzen zwischen hoch bezahlter und niedrig bezahlter Arbeit lassen den komparativen Kostenvorteil für reiche Haushalte wachsen, wenn sie Haushaltsarbeiten an andere auslagern. So kommt es zu einer neuen Welle der Kommodifizierung von Haushaltsarbeit.

Neben der steigenden Lohnungleichheit ist ein weiterer wichtiger Grund für die zunehmende Kommodifizierung der Haushaltsarbeit die voranschreitende Arbeitsverdichtung, die man in den letzten Jahrzehnten in fast allen

Wirtschaftssektoren beobachten konnte. So fühlen sich im deutschen Durchschnitt 53 Prozent der Beschäftigten bei der Arbeit sehr häufig oder oft gehetzt (vgl. DGB-Index Gute Arbeit 2019). Dieser intensivere Zugriff auf das menschliche Arbeitsvermögen steigert seinerseits die notwendige Menge an sogenannter Reproduktionsarbeit, also die Haushalts- und Care-Arbeit, mittels derer Menschen täglich wieder arbeitsfähig gemacht werden. So hindert die arbeitsbedingte Erschöpfung 41 Prozent der Beschäftigten in Deutschland daran, sich um private oder familiäre Angelegenheiten zu kümmern (vgl. DGB-Index Gute Arbeit 2017, S. 5) Dazu gehört auch, dass 23 Prozent an einem »normalen« Arbeitstag keine Zeit haben, selbst zu kochen (vgl. Kelber und Rauch 2017, S. 33). Infolgedessen steigt die Nachfrage nach bezahlter Reproduktionsarbeit. In der Gesundheitsbranche ist dieser Zusammenhang offensichtlich, wenn etwa Arbeitsbelastungen zu stressbedingter Krankheit führen. Ähnliches gilt aber auch für den Konsum im Allgemeinen: Wer sich besonders ausgebrannt fühlt oder wenig Zeit hat, wird eher bei einem Onlineversandhändler bestellen, als sich auf einen Einkaufsbummel zu begeben. Auch Plattformen für Haushaltsarbeit füllen Lücken, die die verdichtete Lohnarbeit in die Haushaltsarbeit gerissen hat (vgl. Huws 2019).

Lieferdienste wie Smart Delivery bieten unter anderem jenen eine Alternative, die nach der Arbeit zu erschöpft zum Kochen sind oder sogar bei der Arbeit essen müssen. Darauf deutet auch die Tatsache hin, dass rund achtzig Prozent derjenigen, die in Deutschland regelmäßig bei einer Lieferplattform bestellen, Zeitmangel als hauptsächlichen Grund dafür angeben (vgl. Deliveroo 2018). Die

Lieferplattformen stillen aber nicht nur den unmittelbaren Hunger ihrer Kund:innen. In ihrer Werbung heben sie sich von klassischen Pizzalieferdiensten vor allem durch die Inszenierung von hochwertigem Essen jenseits der Systemgastronomie ab. Das ermöglicht es den erschöpften Arbeitssubjekten, auch auf der heimischen Couch am Mittelschichtsideal von Essen als Lifestyle festzuhalten. Überqualifizierte und unterbezahlte migrantische Plattformarbeiter:innen wie Rajesh und José werden so zu einer neuen Dienerschicht dieser erschöpften Mittelklasse. Dieses Verhältnis wird durch den Werbeslogan einer großen Vermittlungsplattform für Haushaltsarbeit auf den Punkt gebracht: »Wochenenden sind zum Brunchen da. Ihre Reinigungskraft finden Sie auf Helpling.de«.

Literatur

Arbeitgeberverband Baden-Württemberg (AGV-BW) 2021, »Integrationsgesetz erleichtert Zugang zum Arbeitsmarkt«, in: *Arbeitgeber*, online verfügbar unter: {https://www.agv-bw.de/arbeit-und-soziales/arbeitsmarktpolitik/integrationsgesetz}.

Anwar, Mohammad Amir/Mark Graham 2020, »Between a Rock and a Hard Place: Freedom, Flexibility, Precarity and Vulnerability in the Gig Economy in Africa«, in: *Competition & Change*, online verfügbar unter {https://doi.org/10 1177/1024 5294 20914473}.

Birke, Peter/Felix Bluhm 2019, »Arbeitskräfte willkommen. Neue Migration zwischen Grenzregime und Erwerbsarbeit«, in: *Sozial.Geschichte Online* 25 (S. 11-14), online verfügbar unter: {https://doi.org/10 17185/duepublico/70 543}.

Deliveroo 2018, »Acht von zehn Deutschen bestellen aus Zeitmangel beim Lieferdienst«, Pressemitteilung vom 9. November 2008, online verfügbar unter: {https://pressemitteilung.ws/node/747 919}.

DGB-Index Gute Arbeit 2017, *DGB-Index Gute Arbeit: Der Report 2017*, Berlin: DGB Index.

DGB-Index Gute Arbeit 2019, *DGB-Index Gute Arbeit: Der Report 2019*, Berlin: DGB Index.

van Doorn, Niels/Fabian Ferrari/Mark Graham 2020, »Migration and Migrant Labour in the Gig Economy: An Intervention«, in: *Social Science Research Network*, online verfügbar unter: {https://papers.ssrn.com/abstract=3622589}.

Fairwork 2020, *Fairwork Germany Ratings 2020: Labour Standards in the Platform Economy*, Berlin, Oxford: Fairwork Foundation.

Fuchs, Johann/Alexander Kubis/Lutz Schneider 2019, *Zuwanderung und Digitalisierung: Wie viel Migration aus Drittstaaten benötigt der deutsche Arbeitsmarkt künftig*, Gütersloh: Bertelsmann Stiftung, online verfügbar unter: {https://www.bertelsmann-stiftung.de/de/publikationen/publikation/did/zuwanderung-und-digitalisierung/}.

Huws, Ursula 2019, »The Hassle of Housework: Digitalisation and the Commodification of Domestic Labour«, in: *Feminist Review* 1 (S. 8-23).

Kalbermatter, Jacqueline 2020, *Bleiberecht in der Gastro-Küche: Migrationspolitische Regulierungen und Arbeitsverhältnisse von Geflüchteten mit unsicherem Aufenthaltsstatus*, Zürich: Seismo.

Kaufmann, Jean-Claude 2015, *Das verstehende Interview. Theorie und Praxis*, Konstanz, München: UVK Verlagsgesellschaft.

Kelber, Cornelia/Christian Rauch 2017, *Seamless Life: Die Intelligenz des Alltagsmanagements von morgen*, Zukunftsinstitut, online verfügbar unter: {https://www.zukunftsinstitut.de/fileadmin/user_upload/Publikationen/Auftragsstudien/SiemensHausgeraete-SeamlessLife-LowRes.pdf}.

Ross, David 2019, »Dead Meat: There's a Human Cost to the Uber-fast Food Delivery Gig Economy – But No One Is Keeping Tabs«, in: *The New Daily* (3. November 2019), online verfügbar unter: {https://thenewdaily.com.au/news/national/2019/11/03/deliveroo-uber-delivery-rider-deaths-safety/}.

Schaupp, Simon 2020, »Taylorismus oder Kybernetik? Eine kurze Ideengeschichte der algorithmischen Arbeitssteuerung«, in: *WSI-Mitteilungen* 3 (S. 201-208).

Staab, Philipp/Lena J. Prediger 2019, *Digitalisierung und Polarisierung. Eine Literaturstudie zu den Auswirkungen des digitalen Wandels auf Sozialstruktur und Betriebe*, Düsseldorf: Forschungsinstitut für gesellschaftliche Weiterentwicklung.

Voss, Dorothea/Claudia Weinkopf 2012, »Niedriglohnfalle Minijob«, in: *WSI-Mitteilungen* 1 (S. 5-12).

Wigand, Elmar 2020, »Verschweigen, verdrängen, ignorieren«, in: *Analyse & Kritik* (15. Juni 2020), online verfügbar unter: {https://www.akweb.de/politik/verschweigen-verdraengen-ignorieren/}.

Zika, Gerd/Robert Helmrich/Tobias Maier/Enzo Weber/Marc Ingo Wolter 2018, »Arbeitsmarkteffekte der Digitalisierung bis 2035: Regionale Branchenstruktur spielt eine wichtige Rolle«, Nürnberg: IAB-Kurzbericht, online verfügbar unter: {http://doku.iab.de/kurzber/2018/kb0918.pdf}.

Anmerkungen

1 Namen geändert. Die Interviews wurden vom Autor aus dem Englischen übersetzt, die Textstellen sind nach der thematischen Struktur des Aufsatzes angeordnet.
2 Diese Selbstbezeichnung der Fahrradkurier:innen wird im Folgenden übernommen.
3 Am Standort, an dem die Untersuchung durchgeführt wurde, waren von fünfzig Kurier:innen nur zwei Frauen, und nur eine Person war älter als vierzig.
4 Anders als bei vergleichbaren Plattformen sind die Rider bei Smart Delivery nicht als Selbstständige klassifiziert, sondern erhalten befristete Teilzeitverträge.
5 Ein Rider Captain ist ein Kurier mit geringfügiger Personalverantwortung.
6 »Digitalisierung« ist zu einem schillernden Begriff geworden, der unterschiedliche Aspekte der Verbreitung digitaler Technologien bezeichnet. Konkret zeichnet sich die gegenwärtige Welle der Digitalisierung der Arbeitswelt vor allem durch den Einsatz vernetzter digitaler Steuerungssysteme aus, die menschliche Arbeit und Maschinen steuern.
7 Im Original auf Deutsch.
8 Der Begriff der Unterschichtung bezog sich zunächst auf die Situation der sogenannten »Gast«- oder »Fremdarbeiter:innen« in den sechziger Jahren (Hoffmann-Nowotny 1973).

ped # IV

Arbeitskraft reproduzieren:
Versorgung mit Waren

»Strike is something that happens
to the permanent workers«:
Der Kampf um den Alltag bei Amazon

Von Peter Birke und Felix Bluhm

Der Onlineversandhandel ist während der Corona-Pandemie enorm gewachsen. Er hat zahllose neue Kund:innen gewonnen, und sein Umsatz hat im Laufe des Jahres 2020 auch in Deutschland alle bisherigen Rekorde gebrochen (HDE 2020b). Zugleich wächst die Dominanz großer, weltweit aufgestellter Handels- und Logistikkonzerne. Amazon ist als Newcomer der späten neunziger Jahre schon seit Langem in der Bundesrepublik der weitaus größte Player (HDE 2020a). Die Zahl seiner Distributions- und Verteilzentren nimmt jährlich zu, auch die Auslieferung wird inzwischen teilweise direkt durch Amazon organisiert.

Von den derzeit etwas mehr als 30 000 Beschäftigten des Onlineversandhandels sind nach Angaben des Konzerns rund 16 000 bei Amazon angestellt, viele davon befristet. Hinzu kommt noch ein örtlich teils sehr hoher Anteil an Leiharbeiter:innen. Im Laufe des Jahres 2020 vermeldete Amazon immer wieder neue Rekordgewinne (siehe unter anderem Postinett 2020). Dahinter verbirgt sich die Erweiterung der Aktivitäten des Konzerns auf neue, profitable Geschäftsfelder (wie Cloud Computing oder digitale Werbung) sowie eine erhöhte Nachfrage nach online gehandelten Waren, aber auch eine höhere Produktivität. Grundlage dafür sind steigende Belastungen der Beschäftigten.

Während der Pandemie war es den Arbeiter:innen auf dem Arbeitsweg, an den Bändern und an den Packstationen nicht einmal ansatzweise möglich, der Forderung nach Social Distancing zu folgen. Angesichts von Masseninfektionen kam es deshalb bereits im Frühjahr 2020 in vielen Ländern (und seitdem permanent) zu Protesten und Streiks, wobei das repressive Vorgehen des Konzerns gegen gewerkschaftliche Organisierung die Konflikte zusätzlich eskalierte.[1] Schnell gesellte sich neben die Forderung nach Schutz vor Infektionen jene nach einer Verbesserung der Arbeitsbedingungen insgesamt. Auch in Deutschland kam es an mehreren Standorten zu Aktionen, anders als in Frankreich waren jedoch bei Redaktionsschluss im Februar 2021 zu keinem Zeitpunkt Distributionszentren geschlossen worden, die eine erhöhte Infektionszahl aufwiesen. Im Gegenteil: Es gelang dem Konzern, insbesondere in den gewerkschaftlich schwach organisierten Betrieben, eine massive Ausweitung der Arbeitszeit durchzusetzen (Müller 2020).

Wie in vielen anderen Bereichen ließen diese Konflikte Bedingungen hervortreten, die seit Langem bekannt sind und die in der Pandemiezeit nur in einer deutlicheren Form sichtbar wurden. Wir zeigen dies hier anhand von Gesprächen mit zwei Beschäftigten, die wir im Rahmen einer Studie des Soziologischen Forschungsinstituts Göttingen (SOFI) geführt haben.[2] Ein entscheidendes Moment dieser beiden Gespräche ist die Einsicht in unterschiedliche Rechte und Handlungsspielräume, über die Beschäftigte bei der Einstellung und im Arbeitsprozess verfügen: Sei es aufgrund des Aufenthaltsstatus – in dem im Folgenden vorgestellten Betrieb haben speziell auf den unteren Hierarchieebenen über neunzig Prozent der Belegschaft keinen deutschen Pass –, des (eingeschränkten) Zugangs zu anderen Beschäftigungsmöglichkeiten, des (prekären) Beschäftigungsstatus sowie der (fehlenden) Routine und Kenntnisse, die sich erst mit längerer Tätigkeit und Betriebszugehörigkeit einstellen. Unsere These ist, dass dies sowohl die Kontroll- und Herrschaftsposition des Managements als auch die Möglichkeiten, Widerstand zu leisten, entscheidend prägt.

Tag null bei Amazon

Unsere beiden Interviewpartner treffen wir in einem Café eines Kulturzentrums sowie in einem Bahnhofsrestaurant. Der erste Interviewte, nennen wir ihn Frank,[3] ist nur für die »Hochsaison« (Peak Season) angestellt, die überall im Versandhandel im September anfängt und bis kurz nach Weihnachten dauert. Als wir uns am 11. Dezember 2018 begegnen, nähert sich bereits sein Vertragsende. Frank, Mitte zwanzig, studiert und hat einen deutschen Pass. Für ihn ist die Tätigkeit ein notwendiger Zuverdienst, zudem auch in anderer Hinsicht praktisch, denn er schreibt zum Zeitpunkt der Befragung eine Seminararbeit über den Onlineversandhandel.

Der zweite Interviewte ist Mitte dreißig. Wir nennen ihn Josef. Er war zum Zeitpunkt des Interviews (7. März 2019) vor etwas mehr als zwei Jahren aus einem Land in Subsahara-Afrika eingewandert. Obwohl er dort durchaus »in trouble with government« gewesen sei, bezeichnet er sich im Interview selbst nicht als »geflüchtet«, da er aufgrund einer Familienzusammenführung nach Deutschland gekommen ist. Der Aufenthalt von Josef in Deutschland hängt, wie bei vielen von uns Befragten, an dem Nachweis, dass er in der Lage ist, sich selbstständig zu versorgen. Das heißt, er muss Erwerbsarbeit annehmen. Josef hat dafür bis vor Kurzem in Kauf genommen, in einer etwas mehr als dreihundert Kilometer südlich gelegenen Stadt zu arbeiten, wo er sich eine Unterkunft mit acht Kolleg:innen teilte und nur zum Wochenende zur Familie reiste:

»Weißt du, als ich nach Deutschland gekommen bin, ich kam im Laufe von 2016, da konnte ich wirklich kaum Deutsch sprechen. Und, ohne Scherz, selbst wenn du putzen gehst, […] dann musst du in der Lage sein, die Sprache zu sprechen. Und dann war nur Amazon in der Lage, jemanden zu nehmen, der weder Englisch noch eine andere der gebräuchlichen Sprachen spricht. Also musste ich meine Stadt verlassen und im Süden arbeiten. […] Ich, ähm, zuerst blieb ich … dort in der Nähe des Bahnhofs und schlief in einem verlassenen Haus, ok? Aber die waren bald in der Lage, das zu möblieren, weil in dieser Zeit kamen eine Menge Studierender, um dort zu arbeiten, und ich denke, die Besitzer des Hauses haben die Gelegenheit ergriffen […]. Ich zahlte [denen] 250 Euro pro Monat.«

Der aktuelle Job ist nur eine halbe Stunde Fahrt von seinem Wohnort entfernt und deshalb für Josef eine echte Verbesserung, denn nun kann er auch werktags bei seiner Familie übernachten. Zusätzlich ist der Job hilfreich bei der – für Josef enorm schwierigen – Wohnungssuche:

»Nein, das ist nicht einfach. […] Eine Wohnung für eine Familie kostet so um die tausend Euro. Wir haben nicht wirklich viele Möglichkeiten. Vielleicht in den Außenbezirken, aber auch da ist es nicht so einfach. Viele Vermieter wollen keine Ausländer in ihren Häusern.«

Im Interview verwendet Josef sehr viel weniger Zeit darauf als Frank, die Einstellungsprozedur zu schildern. Aus seiner Sicht war die Einstellung »very easy«. Er erklärt sich diesen Umstand damit, dass der Betrieb »desperately« Leute suche. In der Tat hat das Distributionszentrum mit seinen je nach Saison zwischen etwa 1700 und 2200 Beschäftigten, wie wir in vielen anderen Interviews aus dem Sample erfahren, erhebliche Rekrutierungsprobleme. Das dürfte der Grund dafür gewesen sein, dass der Betrieb zeitweise, wie Josef ausführt, Leute ohne Deutsch- oder Englischkenntnisse einstellte. Dementsprechend gilt das Unternehmen bei vielen von uns befragten Migrant:innen als Möglichkeit, wenn man nirgends sonst eine Stelle findet.

Frank hat schon bei der Einstellungsprozedur andere Erfahrungen gemacht. Josef, der sehr gut Englisch spricht, hat einen Abschluss als Ingenieur an einer Universität seines Herkunftslandes, dennoch ist offenbar eher Frank ein Kandidat für eine Karriere im Unternehmen. Er berichtet, dass er aus Sicht der Rekruiterin für eine Tätigkeit als Vorgesetzter infrage kommt. Die Tatsache, dass die Vorkenntnisse der Bewerber:innen so unterschiedlich wahrgenommen werden, mag eine Ursache dafür sein, dass wir im Management des Unternehmens viele deutsche Absolvent:innen der Kultur- und Sozialwissenschaften treffen, während zugleich ein erstaunlich hoher Anteil der von uns interviewten Migrant:innen, die einfach zu erlernende Tätigkeiten in den Logistikzentren ausüben, abgeschlossene Ausbildungen oder sogar Universitätsabschlüsse vorweist. Die Spaltung der Belegschaft nach Herkunft und Aufenthaltsrecht hat insofern auch ein Moment der Abwertung von Vorkenntnissen im Arbeitsalltag, was die Fluktuation erhöht: Wenn sich der Aufenthalt in Deutschland verstetigt, hofft man, schnell eine bessere Arbeit zu finden. In der Bewerbungsprozedur geht es jedoch darüber hinaus auch darum, die sozial-moralischen Haltungen des Bewerbers oder der Bewerberin zu ermitteln und zugleich bereits im Bewerbungsgespräch zu formen. Konkrete Vorkenntnisse werden hingegen, hier sind die Schilderungen der beiden Befragten einvernehmlich, kaum abgefragt. Frank berichtet:

»*Im [Bewerberzentrum] ist [man] aufgerufen worden und dann, genau, musste man [...] am Tablet einmal so einen Test ausfüllen mit, wo es darum ging, innerhalb von einem bestimmten Zeitrahmen Antworten zu geben: [...] [W]ie verhält man sich, wenn man auf der Arbeit mitbekommt, dass Personen etwas mitgehen lassen? [...] [Es] war ein Fragebogen, der so eine halbe Stunde angesetzt war, der [Mobilität] abgefragt hat, aber auch so, ob Leute zum Beispiel eine zweite Chance verdient hätten, auch so, ob Leute aus dem Knast, die vorher im Knast waren, bei Amazon arbeiten sollten. Und es ging auch viel darum, genau, wie man sein eigenes Arbeitsverhalten [...] einschätzt, ob man [...] teamfähig ist.*«

Das Erstgespräch wurde dabei nicht mit Beschäftigten aus dem HR-Management oder der Personalabteilung geführt, sondern mit Kolleg:innen, die ohne besondere Voraussetzungen im Recruiting eingesetzt werden. Vorgespräche zu Neueinstellungen können insofern bei Amazon als »einfache« Tätigkeiten gelten, für die es keine zusätzliche Vergütung gibt. Nachdem der Fragebogen ausgefüllt und ein Erstgespräch geführt war, wartete Frank »sehr lange« auf eine Nachricht, bis er schließlich nach einem weiteren Vorgespräch zu »Day Zero« eingeladen wurde:

»*Um 6:30 Uhr da angekommen, [...] neben dem Haupteingang [gibt es einen eigenen] Bewerbereingang, und im Endeffekt lief das ein bisschen fast ab wie beim, auf dem Amt erst mal, also man saß in so einem Warteraum mit [...] zwanzig, dreißig Leuten [...]. Es lief in einer Dauerschleife so ein Imagevideo von sieben Minuten, Imagevideo über die Arbeit bei Amazon, [...] wo so Leute interviewt werden in allen möglichen Arbeitsbereichen. Und [lacht] ich konnte auf jeden Fall am Ende dieses Tages dieses Video nicht mehr sehen, weil das einfach wirklich so, also bestimmt dreißig Mal gesehen wurde. Dann wurde nur einzeln aufgerufen, ich glaube es gab fünf oder sechs Parallelabwicklungen. Am Anfang [...] musste man alle seine Dokumente abgeben. [...] Sozialversicherungsnummer, Krankenkasse, also Bescheinigung der Krankenkasse, Bankverbindung, oder also sozusagen einmal das Standardrepertoire und, wenn nötig, natürlich auch dann die Arbeitsgenehmigung. So, dann wurde man irgendwann dann einzeln aufgerufen, dann musste man [...] sich wieder hinsetzen, musste weiter warten, dieses Video gucken, dann wurde man noch mal aufgerufen, um ein Bild zu machen, für das Badge*[4]*, [...] dann musste man sich wieder hinsetzen. Nach zwei Stunden oder so gab es in zwei Seminarräumen parallel versetzt Vorträge.*«

In einem Vortrag geht es um Regeln für den Unfallschutz am Arbeitsplatz, der andere ist ein Imagevortrag von Amazon (»Aufstiegsmöglichkeiten«), schließlich wird der Arbeitsvertrag unterzeichnet. Der Prozess, an dessen Ende man eine Amazon-Trinkflasche überreicht bekommt, dauert insgesamt länger als die spätere Einweisung am Arbeitsplatz. Es ist der Beginn des Initiations-, Kontroll- und Formungsprozesses, der zugleich mit dauerhaft prekären Arbeitsverhältnissen verknüpft ist. Im Falle unseres Untersuchungsbetriebs waren alle neuen Arbeitsverhältnisse befristet. Dieser Umstand erhöht die – angesichts der Unterschiede in der Vorsituation: mit oder ohne Wohnung, mit oder ohne deutschen Pass usw. – je spezifisch ungleich verteilten Zwänge, zunächst die Vertrags- und dann die Arbeitsbedingungen zu akzeptieren.

Oder auf »Amazonisch«: Hat Josef oder Frank an »Day One« den Status als »Amazonier« erworben, so verliert er ihn am »Release Day« (der Tag, an dem der Arbeitsvertrag endet, oft für eine ganze Reihe von Beschäftigten) wieder. Wenn er das Badge und die Trinkflasche nicht abgeben muss, macht er dann einen weiteren Schritt, wobei eine Festbeschäftigung wahrscheinlicher wird, aber keineswegs garantiert ist. Im Winter 2020/21 waren etwa die Hälfte der in der »einfachen« Qualifikationsstufe Beschäftigten (»Level 1«) in unserem Untersuchungsbetrieb befristet, außerhalb der Peak Season sinkt dieser Anteil etwas. Befristung ist ein entscheidendes Kontrollinstrument des Managements (vgl. auch Friedrich/Jolmes 2020).[5] Im Arbeitsprozess selbst wird dieses Instrument mit »Feedback«, das heißt mit einer ständigen Überprüfung und Moderation der erreichten Arbeitsgeschwindigkeit, verbunden.

»Work Hard, Make History«

Nach dem »Tag 1« müssen alle Beschäftigten, so Frank, »ganz normal mitarbeiten«. Je nachdem, in welchem Distributionszentrum man sich befindet, ist die Zuführung der Waren ins Lager bereits automatisiert bzw. roboterisiert oder nicht. In dem hochmodernen Betrieb, in dem Frank und Josef beschäftigt sind, kommt ein Aufbau mit vielen kleinen Fächern zu den Arbeiter:innen. Es werden also keine Regale mehr »abgelaufen«, sondern diese kommen zu den Beschäftigten und werden an den Stationen befüllt. Dabei war diese in drei identischen Abteilungen (»Floors«) organisierte Tätigkeit (»Stow«) sowohl für Frank als auch für Josef der Einstieg bei Amazon. »Stow« heißt konkret das Einlagern von Gegenständen, in der Größenordnung zwischen Kugelschreiber und Kaffeemaschine. Die von einem (menschlichen) »Cart-Runner« an die Station gefahrenen Gegenstände werden dazu zuerst abgescannt. Auf einem kleinen Bildschirm werden sodann Informationen über die Ware angezeigt, danach wird ein Regalfach eingescannt und die Ware eingelagert. Das vor der Station geparkte Regal wird, wenn es dem Stower voll erscheint, weggeschickt, und die Waren werden »chaotisch« eingelagert, das heißt: Es gibt keine festen Lagerplätze. Die Lagerorte sind lediglich dank der digitalen Erfassung im Warenwirtschaftssystem nachvollziehbar.

Sowohl Frank als auch Josef berichten, dass es trotz des sehr engen Aufgabenzuschnitts Konflikte um die Interpretation der betrieblichen Arbeitsanforderungen gibt. Weil etwa im Falle des Stowers keineswegs Fließ- und Förderbänder das Arbeitstempo bestimmen, wird die

Leistungsvorgabe des Betriebs nur durch zusätzliche Moderation bzw. zusätzlichen Druck seitens der Vorgesetzten durchsetzbar. Einig sind sich dabei alle Befragten, dass die durch das Management geforderte Stückzahl seit einigen Jahren kontinuierlich zunimmt. Frank erzählt:

»Wenn du eine gute Connection hast zu einem Cart-Runner, kriegst du halt immer kleinere Produkte, kriegst du sozusagen dadurch eine gute Rate. Genau, und gleichzeitig ist der Cart-Runner immer auch die Person, an die sich alle Leute wenden und meckern. Also, die Leute wollen die ganze Zeit immer kleine Produkte, und gerade in der Phase, als es nur große Produkte gab, da gab es schon auch immer Leute, die dann meinten: ›Ey, Cart-Runner, bring mir jetzt kleinere Produkte‹, so, ne, und es gibt einfach, gab keine kleinen Produkte, und dann gab's Streit, das schon, auf jeden Fall. Weil die Rate, […] die macht die Leute fertig. Das ist die Anzahl der Produkte, die man pro Stunde einlagert. 250 Produkte pro Stunde. Ich weiß nicht, ich bin bei, wenn's gut läuft, bei 150 und 200.«

Dass der Cart-Runner, also die Person, die die Waren an die Pick-Stationen fährt, eine wichtige Rolle hat, wird von Josef bestätigt. Josef ist mittlerweile aber auch an anderen Arbeitsplätzen eingesetzt, an denen ein Band zwar in kontinuierlichem Tempo Gegenstände anliefert, ohne dadurch jedoch tatsächlich eine kontinuierliche Arbeitsgeschwindigkeit zu determinieren:

»Bei Amazon nennen wir das Cherry-Picking. Die Arbeiter:innen sind in einer Reihe aufgestellt. Und dann bewegt

das Band die Gegenstände [im Original: *items*, die Waren, Anmerkung der Verfasser]. *Ich nehme die weg, und wenn ich fertig bin, nehme ich den nächsten, weil das Band weiterläuft. Aber manchmal nehmen Arbeitende sich gezielt kleinere Gegenstände, weil sie, wenn sie tausend von diesen nehmen* [zeigt auf den auf dem Tisch liegenden Stift], *kann ich das schneller erledigen.«*

Die Erfahrung mit Tricks und Kniffen lässt die Souveränität der Beschäftigten – wie überall auch bei Amazon – nach und nach wachsen. Sie ist gerade in einem Betrieb mit niedrigem gewerkschaftlichem Organisationsgrad, neben der Entfristung von Beschäftigungsverhältnissen, sicherlich ein zentrales Moment der Souveränität gegenüber Vorgesetzten. Nahezu alle von uns Befragten bestätigen dies: Sie sind sich einig, dass der Druck auf befristete Beschäftigte besonders stark, dass die Einarbeitung entsprechend hart ist, dass aber nach einer Entfristung mehr Freiräume erkämpft werden können.

Vom Management erfahren wir in unseren Interviews, dass es ein »Gleichgewicht« zwischen Befristung und Entfristung schaffen will, denn es sieht durchaus das Problem der »ständigen Einarbeitung« und die Notwendigkeit einer gewissen Routinisierung, damit die selbst festgelegten, in Konkurrenz zu anderen Standorten, Margen umgeschlagen werden können.[6] Aus Sicht der Beschäftigten erscheint die Managemententscheidung über die Verlängerung befristeter Verträge oder gar über eine Entfristung jedoch als harte, geradezu unmenschliche Auslese. In einem intransparenten und auch von informellen Beziehungen abhängigen Verfahren werden immer wieder

Krankheitstage und Arbeitsgeschwindigkeit als Kriterien für Nichtverlängerungen angegeben. Wie mittlerweile auch in der Medienberichterstattung sehr deutlich geworden ist, verbinden viele der befristet Beschäftigten, das war bei den von uns Interviewten nicht anders, insbesondere den »Release Day« geradezu mit Albträumen.

Aber trotz der doppelten Einschränkung kollektiver Handlungsfähigkeit – eine stark hierarchisierte und segmentierte Belegschaft mit unterschiedlichen Sozial- und Aufenthaltsrechten plus die Ungewissheit aufgrund von Befristungen – kommt es ständig zu mehr oder weniger offenen Kämpfen um die Leistungsbemessung. Aus unseren Interviews lässt sich jedenfalls in keiner Weise entnehmen, dass das Einscannen der Waren als solches oder die Auswertung der so gewonnenen Informationen über Arbeitsgeschwindigkeit und Fehlerquoten durch einen Algorithmus per se diese Konflikte verdünnt und eine Art »technisches« Gerechtigkeitsprinzip etabliert. Dies gilt nicht selbst in dem von uns untersuchten gewerkschaftlich kaum organisierten Unternehmen.[7]

Ein Beispiel: Ob man eine Kaffeemaschine oder einen Kugelschreiber verpacken soll, beeinflusst selbstverständlich den Warenumschlag pro Stunde. Was also »an die Station kommt«, macht einen Unterschied, was die Möglichkeiten betrifft, die geforderte Stückzahl zu erreichen. Es ist deshalb Gegenstand permanenter Aushandlungen und Kämpfe – zwischen Kolleg:innen, aber auch gegenüber den Vorarbeiter:innen. Das »Feedback« der Vorgesetzten dient hier weniger dazu, eine objektiv feststellbare Leistungsbemessung zu kommentieren und zu steuern. Vielmehr stehen drei andere Ziele im Mittelpunkt: die »Übersetzung« prekärer Beschäftigung in Arbeitskontrolle (zum Beispiel durch die Bewertung von »Mitarbeiter:innen« in Probezeit und vor Vertragsende); das Vorgehen gegen individuelle Leistungsverweigerung (inklusive Diebstahl, Sabotage etc.); und die Unterbindung von kollektiver Solidarisierung, also etwa von Absprachen zwischen Beschäftigten, Arbeitsleistung zurückzuhalten. »Feedback« ist dabei nicht die unmittelbare Folge der Umsetzung digitaler Technologien, die die Arbeitsleistung der Kolleg:innen kontrollieren, sondern ein Werkzeug, mit dem ein laufender Konflikt moderiert und bearbeitet wird.

Aber noch mehr: Wenn über »Feedback« bei Amazon öffentlich debattiert wird, dann geht es zunächst um ein »unmittelbares« Feedback der Vorgesetzten (»Leads«), die einzelne Beschäftigte mit dem Stand der Erkenntnisse über deren aktuelle Arbeitsleistung konfrontieren, die ständig in Echtzeit überwacht wird. Die Journalisten Sebastian Friedrich und Johannes Jolmes (2020) bezeichnen dieses System als digitales Panoptikum: Verhaltenssteuerung und Arbeitskontrolle finden wesentlich dadurch statt, dass »der Vorgesetzte alles sieht«. In unseren Interviews haben wir jedoch festgestellt, dass Kontrolle bei Amazon viel mehr Dimensionen hat als »nur« die Echtzeitüberwachung. Diverse Methoden werden genutzt, angefangen von der ideologischen Einbindung (der Sinnspruch »Work hard, have fun, make history« steht über dem Eingang zum Innenbereich des Betriebs), über sogenannte 1-zu-1-Gespräche zwischen Vorgesetzten und Untergebenen bis hin zu kleinen Untersuchungen zu Feedbackmustern der Beschäftigten, die fast einen sozialwissenschaftlichen Charakter annehmen.

All diese Maßnahmen dienen dazu, immer mehr Konkurrenz zwischen den Beschäftigten zu schüren. So werden Wettkämpfe zwischen den Floors (Gruppen, die dieselbe Tätigkeit verrichten) inszeniert, deren Resultate in den jeweiligen Arbeitsbesprechungen während der Schicht verkündet werden. Es wird eine »Power Hour« ausgerufen, falls der Floor bei den Lieferungen im Rückstand ist. Schnelles Arbeiten wird mit kleinen Sachprämien vergütet. Es gibt den (besonders leistungsfähigen) »Mitarbeiter des Monats« und eine wahre Propagandamaschine, welche die Unternehmenskultur medial vermittelt, sowie Rituale wie das Abklatschen nach einem Meeting. So berichtet Frank über das Ende des After-Break-Meetings am Black Friday:

»Dann endet so ein Meeting immer damit, dass alle die Hände in die Mitte packen und dann ›one, two, three‹ also den Store oder den Floor nochmal so, genau, schreien sie so einmal so in die Mitte, alle die Hände nach oben.« Interviewer: »Und machen sich die Leute über so etwas lustig oder machen sie das mit? Was hast [du] für einen Eindruck, wie das ankommt?«

Frank: »Sowohl als auch. Also es gibt Leute, die finden das witzig und lustig.«

Insgesamt wird die Legitimität der Leistungsanforderungen des Unternehmens in unserem Sample sehr unterschiedlich beurteilt (vgl. ähnlich, aber quantifizierend: Apicella 2016). Wir können eine Polarisierung beobachten zwischen einer gewissen Identifikation mit dem Unternehmen und totaler Ablehnung seiner Art, Beschäftigte zu kontrollieren und gegeneinander antreten zu lassen. Deutlich wurde das auch in der Corona-Zeit. Es kam zu vehementen Protesten gegen die mangelhaften Hygienemaßnahmen, die aber zumindest in Deutschland immer nur einen Teil der Belegschaften erfassten. Es zeigt sich auch hier: Ob man bereit ist, sich für bessere Arbeitsbedingungen einzusetzen, hängt auch damit zusammen, ob man mit einem unbefristeten Arbeitsvertrag, einer unbefristeten Aufenthaltsgenehmigung und/oder einem Netzwerk von unterstützenden Kolleg:innen arbeitet. Es ist einer der wesentlichen Gründe dafür, dass das Unternehmen in Deutschland ohne größere Arbeitsniederlegungen durch die Pandemie gekommen ist.

Solidarität und Organisierung

Seit 2013 finden in Amazon-Standorten Streiks mit dem Ziel einer Tarifierung nach den Maßstäben des Einzelhandels statt, was eine wesentliche Verbesserung gegenüber den bisher geltenden Logistiktarifen bedeuten würde. Bislang hat sich das Unternehmen allerdings noch nicht einmal auf Verhandlungen eingelassen. Doch die tarifpolitische Auseinandersetzung ist dennoch nicht wertlos, denn die Beschäftigten bearbeiten darin auch konkrete Probleme im Arbeitsprozess. Durch den von der Gewerkschaft Verdi geführten Konflikt um Tariffragen werden betriebliche Aushandlungsprozesse möglich, die oft völlig andere Gegenstände haben – wie etwa Autoritätskonflikte, aber auch und vor allem die Arbeitsgestaltung und die Arbeitsbedingungen selbst (vgl. Apicella 2020). Vor allem ein Problem hat die Gewerkschaft noch nicht lösen können: Sie hat noch keinen Weg (und keine Ressourcen) gefunden, die Spaltung der Belegschaften in Menschen mit ganz unterschiedlichen Handlungsspielräumen (sozial und aufenthaltsrechtlicher Art) wirksam zu bekämpfen (Löw 2020). Dieses Problem wird unzweifelhaft in dem Maße größer, in dem die Ausbreitung von Amazon in immer weitere Teile der »letzten Meile bis zum Kunden« voranschreitet. Schon jetzt gibt es wichtige Hinweise darauf, dass die Arbeit in den Verteilzentren des Onlineversandriesen noch stärker durch eine »multiple Prekarität« geprägt ist als in den mittlerweile teilweise gewerkschaftlich organisierten großen Lagern.

Für Josef, der ansonsten sehr deutlich macht, dass es auf eine solidarische Verteilung ankommt, wenn es um die konkrete Arbeitsbelastung geht, ist die Frage nach dem Streik im Wortsinn »jenseitig«: Ja, sagt er, er habe den letzten Verdi-Streik mitbekommen. Aber das seien Leute »outside with Plakate making Protest«. Streik, fährt Josef fort, »is something that happens to the permanent workers«, etwas, das den unbefristet Beschäftigten *passiert*. Was wir als »kleine Streiks« bezeichnen, also die spontane Verweigerung der Weiterarbeit in einzelnen Abteilungen, wird von ihm gar nicht mit diesem Begriff verbunden. Eine ähnliche Tendenz der Auseinanderentwicklung von gewerkschaftlichen Protestformen und Alltagskonflikten zeigte sich in der Corona-Krise. Als im Unternehmen immer mehr Beschäftigte positiv getestet wurden, äußerte Verdi in der medialen Öffentlichkeit bestens hörbar Kritik, während in den betroffenen Unternehmensstandorten von einer Welle von Krankschreibungen und hektischer Neurekrutierung berichtet wurde (Birke 2020). Die zugleich immer weiterlaufende Runde von Tarifstreiks schien mit diesen Konflikten nicht verbunden – als sei dies etwas, das in einem Feld »außerhalb« des Konzerns geschehe.

Insgesamt hängt die Möglichkeit kollektiven Handelns (nicht nur im Fall der Beschäftigten bei Amazon) sehr stark davon ab, wie groß die Unterschiede innerhalb der Belegschaft sind. Dies verändert sich allerdings permanent, wozu in den vergangenen Jahren auch eine Welle von Standorteröffnungen beigetragen hat. Es ist deshalb notwendig, den Zusammenhang zwischen der Expansion des Unternehmens und der inneren Differenzierung der Belegschaft besser zu verstehen. Das gilt nicht nur für die Frage nach der Reichweite und Wirksamkeit von Streiks und gewerkschaftlichen Aktionen. Es ist auch wichtig, wenn man das Managementkonzept von Amazon verstehen möchte. Es ist ein System der permanenten Eingriffe, der dauernden Anfeuerung, das auch auf Seiten der Vorgesetzten zu einer schnellen Ermüdung, zu einem großen Verschleiß und einer hohen Fluktuation führt. Die »Kronzeug:innen« gegen Amazon, die in jüngster Zeit ihre Stimme erhoben haben, sind ein Beleg; die bekannt gewordene und skandalisierte systematische Überwachung von Betriebsräten sowie die Dokumentation der Aktivitäten von »feindlichen« Gewerkschafter:innen und Kritiker:innen ist ein anderes Beispiel dafür, dass die Kontrolle der Beschäftigten bei Amazon mehr als den Scanner und die Robotik voraussetzt. Der alltägliche Klassenkampf ist hier nicht suspendiert, aber er verbindet sich – vielleicht in einer neuen Qualität – mit Kämpfen um gesicherten Aufenthalt, um Wohnraum und den Anspruch auf Sozialleistungen: In Betrieben wie dem hier untersuchten sind nicht nur der Arbeitsdruck oder die gesundheitlichen Gefährdungen im Alltag, sondern auch Fragen der Wohnsituation und des Aufenthaltsrechts sehr bedeutende Ansatzpunkte.

Literatur

Apicella, Sabrina 2016, »Amazon in Leipzig. Von den Gründen, (nicht) zu streiken«, in: *Studien 9*, herausgegeben von der Rosa Luxemburg Stiftung, Berlin, online verfügbar unter: {https://www.rosalux.de/fileadmin/rls_uploads/pdfs/Studien/Studien_09-16_Amazon_Leipzig.pdf}.

Dies. 2020, »Rough Terrains. Wages as Mobilizing Factor in German and Italian Amazon Distribution Centers«, in: *Sozial.Geschichte Online* 27 (S. 81-96).

Birke, Peter 2020, *Coesfeld und die Folgen: Arbeit und Migration in der Pandemie*, online verfügbar unter: {https://doi.org/10 17185/duepublico/72 003}.

Burawoy, Michael 1982, *Manufacturing Consent: Changes in the Labor Process under Monopoly Capitalism*, London: University of Chicago Press.

Butollo, Florian/Thomas Engel/Manfred Füchtenkötter/Robert Koepp/Mario Ottanio 2018, »Wie stabil ist der digitale Taylorismus? Störungsbehebung, Prozessverbesserungen und Beschäftigungssystem bei einem Unternehmen des Online-Versandhandels«, in: *AIS-Studien* 11/2 (S. 143-159).

Friedrich, Sebastian/Johannes Jolmes 2020, »Amazon: Der Vorgesetzte sieht alles«, in: *Panorama* (ARD) (15. Oktober 2020), online verfügbar unter: {https://daserste.ndr.de/panorama/archiv/2020/Amazon-Der-Vorgesetzte-sieht-alles,amazon430.html}.

Postinett, Axel 2020, »Amazon profitiert von der Coronakrise«, in: *Handelsblatt* (30. Juli 2020), online verfügbar unter: {https://www.handelsblatt.com/technik/it-internet/onlinehaendler-amazon-profitiert-von-coronakrise-und-verdoppelt-quartalsgewinn/26 053 530.html}.

Handelsverband Deutschland (HDE) (Hg.) 2020a, *Zahlenspiegel 2020, Stand September*, online verfügbar unter: {https://einzelhandel.de/index.php?option=com_attachments&task=download&id=10482}.

Ders. (Hg.) 2020b, *Online-Monitor. Newsletter, Dezember 2020*, online verfügbar unter: {https://einzelhandel.de/images/E-Commerce/Online_Monitor/20201210_HDE_IFH_OnlineNewsletter_2020_Dez.pdf}.

Jaehring, Karen 2019, »Amazon ist kein Vorreiter. Zu den Tiefenstrukturen des ›Digitalen Taylorismus‹ und verbleibenden Spielräumen kollektiver Interessenaushandlung«, in: *Industrielle Beziehungen* 2 (S. 169-188).

Löw, Neva 2021, »Arbeitskämpfe im Migrationsregime nach 2015. Ein Streik bei Amazon«, in: Sonja Buckel (Hg.), *Kämpfe um Migrationspolitik seit 2015*, Bielefeld: Transcript, i. E.

Mason, Sarah 2020, »High Score, Low Pay: Why the Gig Economy Loves Gamification«, in: *The Guardian* (20. November 2018), online verfügbar unter: {https://www.theguardian.com/business/2018/nov/20/high-score-low-pay-gamification-lyft-uber-drivers-ride-hailing-gig-economy}.

Anmerkungen

1 Eine Sammlung von Berichten zu den Arbeitskämpfen bei Amazon während der Pandemie findet sich hier: {https://www.labournet.de/internationales/frankreich/arbeitskaempfe-frankreich/haltet-das-maul-und-arbeitet-mehr-die-ruecksichtslose-politik-von-amazon-ruft-immer-mehr-widerstand-her vor-weltweit/}.
2 In der Untersuchung wurden seit Ende 2017 (auch) Arbeitsbedingungen und -konflikte im Onlineversandhandel berücksichtigt. Dort haben wir Befragungen in vier Distributionszentren und zwei Leiharbeitsunternehmen durchgeführt, worunter auch ein Betrieb war, der nicht zu Amazon gehört. Neben den 60 geführten leitfadengestützten Interviews mit Arbeiter:innen, Betriebsrät:innen und Vertreter:innen von Gewerkschaft und Management haben wir mehrere Distributionszentren besichtigt sowie unter anderem gewerkschaftliche Organisierungsprozesse und Beratungssituationen beobachtet.
3 Die hier verwendeten Namen der beiden Interviewten sind Pseudonyme. Für das Folgende: »Josef«: SOFI-Archiv, Sample Refugees at Work, L1_B_4, (Josef). Original auf Englisch. »Frank«: SOFI-Archiv, Sample Refugees at Work, L1_B_13.
4 Das Badge ist ein kleiner Ausweis, der offen sichtbar getragen werden muss. Es markiert auch die Hierarchieposition im Betrieb.
5 Das gilt so nicht für alle Standorte des Unternehmens, mitunter wird bspw. auch massiv auf Leiharbeit zurückgegriffen (in einigen neuen Verteilzentren die Mehrheit der Beschäftigten), mitunter auch auf »Praktika« o. Ä.
6 SOFI-Archiv, Sample Refugees at Work, Interview Management, L1_Be_5, S. 17.
7 Diese Beobachtung steht auch der sozialwissenschaftlichen These entgegen, dass Amazon ein Paradebeispiel für die Entwicklung einer neuen, verdichteten sozial-technischen Kontrolle sei, die jedenfalls zunächst mehr oder weniger bruchlos funktioniert (vgl. hierzu Jaehring 2019, Butollo et al. 2018).

Von Kund:innen und Kündigung: Arbeit im Einzelhandel

Von Wolfgang Menz und Sarah Nies

»Lieber saudoof und reich, als intelligent und ... beim Supermarkt an der Kasse.« (Carmen und Robert Geiss)

Nicht nur die hier zitierten Fernsehmillionär:innen, auch die Interviewpartner:innen in unseren Forschungsprojekten greifen immer wieder auf bestimmte Berufe als symbolische Chiffren für die soziale Bewertung von Arbeit zurück. Etwa auf »die Krankenschwester« als Sinnbild für eine selbstlose, qualifizierte und höchst anerkennungswürdige, aber hoffnungslos unterbezahlte Tätigkeit. Oder auf »Müllmänner« als Beispiel für eine körperlich anstrengende und gesellschaftlich wichtige, aber nicht unbedingt angenehme Arbeit. »An der Kasse sitzen« gilt demgegenüber als gleichermaßen statusniedrige wie wenig anspruchsvolle Arbeit, als Anzeichen für gesellschaftlichen Abstieg. »Immerhin muss ich nicht im Supermarkt an der Kasse sitzen« ist eine verbreitete Formel, mit der sich Interviewpartner:innen aus unterschiedlichsten Berufsgruppen vergewissern, dass der eigene Job zwar nicht ideal sein mag, dass es aber noch schlimmer kommen könnte.

Dem steht allerdings ein erheblicher Arbeitsstolz der Beschäftigten gegenüber. Soziologische Studien berichten immer wieder von einem ausgeprägten Arbeitsethos im Lebensmitteleinzelhandel (der natürlich weit mehr umfasst als »nur« die Arbeit an der Kasse). Und dieses Ethos besteht womöglich nicht *trotz*, sondern gerade *wegen* der erfahrenen gesellschaftlichen Abwertung und schlechter Arbeitsbedingungen (Kupfer et al. 2019).

Die problematischen Arbeitsbedingungen im Einzelhandel sind vielfach dokumentiert. Im DGB-Index Gute Arbeit (2019) erzielt der Handel (inklusive des Großhandels) im Branchenvergleich den schlechtesten Wert der Arbeitsqualität. Eine Erwerbstätigenbefragung des Bundesinstituts für Berufsbildung sowie der Bundesanstalt für Arbeitsschutz und Arbeitsmedizin belegt hohe Arbeitsbelastungen aufgrund von Monotonie und geforderter Arbeitsgeschwindigkeit (Marschall/Barthelmes 2016, S. 89). Die Bezahlung ist schlecht: Der durchschnittliche Bruttoverdienst pro Stunde von Vollzeitbeschäftigten mit Berufsausbildung lag im Jahr 2017 bei 15,70 Euro im Einzelhandel gegenüber 18,84 Euro im Dienstleistungssektor insgesamt und 22,93 Euro in der Industrie (Holst/Scheier 2019, S. 55f.) – und der Abstand wächst. Für Teilzeit- und geringfügig Beschäftigte dürfte der Unterschied noch größer sein.

Die Branche befindet sich derweil keineswegs in ökonomischen Schwierigkeiten. Sieht man von einzelnen Krisenjahren ab, steigen die Umsätze kontinuierlich, und die Beschäftigtenentwicklung ist positiv. Im Jahr 2018 waren 3,58 Millionen Menschen im Einzelhandel beschäftigt[1] – kaum weniger als in der gesamten Metall- und Elektroindustrie einschließlich der Automobilindustrie. Der Anstieg ist allerdings stark durch wachsende Teilzeitarbeit bedingt (2012: 26,3 Prozent, 2019: 36,3 Prozent). Vollzeitbeschäftigte bilden eine abnehmende Minderheit (2012: 43 Prozent, 2019: 37,9 Prozent).[2]

Insolvenzen, Schließungen und Übernahmen (am bekanntesten: Schlecker, Karstadt, Hertie, Kaiser's Tengelmann) produzieren Unsicherheit, ebenso Reorganisationen und verschachtelte Unternehmensstrukturen. So beschäftigen viele Möbelketten ihre Mitarbeiter:innen über rechtlich getrennte Gesellschaften. Im Lebensmitteinzelhandel werden die einzelnen Märkte häufig von selbstständigen Unternehmer:innen geleitet – bei den Marktführern Edeka und Rewe etwa zu achtzig bzw. vierzig Prozent (Holst/Scheier 2019).

Charakteristisch für die Arbeit im Einzelhandel ist ihr ausgeprägter Kundenbezug, sie ist zu großen Teilen »interaktive Arbeit« (Dunkel/Weihrich 2012), sie findet im Austausch mit, in Orientierung an, manchmal auch im Konflikt mit Kund:innen statt. Diese nehmen dabei eine ambivalente Rolle ein: Einerseits sind sie wichtige Adressaten für Arbeitsleistung und -anspruch. »Gute Arbeit zu leisten« heißt für die Beschäftigten immer auch: den Bedürfnissen der Kund:innen gerecht zu werden, in ihrem Interesse zu handeln (vgl. Hilf et al. 2018). Wenn dies gelingt und auch entsprechend wahrgenommen wird, können diese eine wichtige Quelle von Anerkennung sein (Voswinkel 2005). Andererseits sind die Kund:innen aber auch Ursache von Missachtung und Herabwürdigung, manchmal sogar von Beleidigungen und sexueller Belästigung. Und bisweilen sind sie einfach »Störfaktoren«, die den eigenen Arbeitsablauf unterbrechen oder zusätzlichen Arbeitsaufwand bedeuten, was die ohnehin schon stressige Arbeit noch belastender macht.

Diese ambivalente Rolle der Kund:innen ebenso wie die Erfahrungen mit beruflicher Unsicherheit und geringer gesellschaftlicher Anerkennung werden in den Schilderungen von drei Beschäftigten deutlich, die wir hier zu Wort kommen lassen wollen.[3]

»Es ist ein undankbarer Job« – Arbeitserleben der Frau S. im Lebensmitteleinzelhandel

»So macht es mir schon Spaß, aber manchmal hast du schon die Schnauze voll, weil es wird immer mehr gefordert. Immer weniger Personal.« Schon in den ersten Sätzen des Interviews macht Frau S. ihrem Unmut Luft. Dahinter, auch das klingt in dem Zitat schon an, steht keine grundsätzliche Ablehnung ihrer Arbeit, die Tätigkeit im Einzelhandel war sogar mal ihr Berufswunsch: »Das wollte ich eigentlich schon – irgendwie als Kind wollte ich schon immer. Habe ich auch gesagt, entweder im Büro – Sekretärin – oder Verkäuferin.« Eine entsprechende Ausbildung hat Frau S. allerdings nicht abgeschlossen.[4] Dass sie schließlich doch im Einzelhandel gelandet ist, hat weniger damit zu tun, dass sie ihren Berufswunsch gezielt verfolgt hätte, als dass sich unter veränderten Lebensumständen ein Job im Einzelhandel als Gelegenheit geboten hat, Kinderbetreuung und Arbeitstätigkeit unter einen Hut zu bringen:

»Und damals war ich dann geschieden und allein, und dann habe ich halt eine Arbeit gesucht, alleinerziehend, und dann hat das so ganz gut gepasst, weil das gleich bei mir um die Kurve war. Habe zu Fuß hergehen können. Meine Tochter ist in die Schule gekommen. Und dann habe ich jeden Tag in der Früh arbeiten können. Da haben wir aufgehabt von acht bis um eins. Alle 14 Tage am Samstag, und das war halt ideal für mich. Und Spaß hat es mir halt auch gemacht.«

Typischerweise ist die Arbeit im Lebensmitteleinzelhandel durch eine »Konstruktion des ›Dazuverdienens‹« (Hilf et al. 2018, S. 61) geprägt: Die überwiegend weiblichen Beschäftigten (der Frauenanteil liegt bei 76 Prozent) leisten einen Zuverdienst zum Haushaltseinkommen, das im traditionellen Arrangement überwiegend durch den männlichen Familienernährer erwirtschaftet wird. Symptomatisch für diese Konstruktion ist der hohe Anteil von Teilzeitarbeit (65 Prozent, Holst/Scheier 2019), die im Einzelhandel zudem noch häufiger als in anderen Branchen unfreiwillig erfolgt (Voss-Dahm 2009). Dort, wo dieses traditionelle Arrangement nicht greift, ist die Lebenssituation oft prekär. So war es auch Frau S. als Alleinerziehende mit drei Kindern nicht möglich, ihren Lebensunterhalt ausschließlich über den Teilzeitjob im Einzelhandel zu finanzieren, so dass sie noch eine Stelle als Bedienung in einem Lokal annahm. Dadurch stellte sich das Vereinbarkeitsproblem nunmehr an anderer Stelle – in den Abendstunden, wenn sie ihrem Zweitjob nachging. Möglich war ihr das nur, weil sie die Betreuungsarbeit über ihre (Herkunfts-)Familie abfangen konnte.

»Ich habe halt meine Mutter gehabt oder meine Schwester. Meine Tochter war die meiste Zeit eigentlich außer Haus. Weil es anders nicht gegangen ist. Die hat dann, wenn ich abends gegangen bin, meistens bei meiner Schwester oder bei meiner Mutter geschlafen. Weil es anders nicht gegangen wäre. Und die haben mir das in Anführungszeichen zum Nulltarif gemacht, sonst wäre das gar nicht gegangen.«

Seit mittlerweile 23 Jahren arbeitet Frau S. nun fest angestellt und in Teilzeit für eine der führenden Supermarktketten (nennen wir sie Reweka) – als Angelernte zunächst ausschließlich an der Kasse, mittlerweile »eigentlich als Mädchen für alles«, derzeit vorwiegend im angegliederten Getränkemarkt. Spaß macht ihr die Arbeit »eigentlich auch heute noch«, allerdings wuchs in den letzten Jahren die Unzufriedenheit – vorwiegend, weil sie sich von verschiedenen Seiten in ihrer Arbeit nicht anerkannt oder gar missachtet fühlt. An erster Stelle steht hier die Beziehung zu den Kund:innen:

»Weil du musst dir sehr viel von den Kunden gefallen lassen. Du sollst immer freundlich und nett sein. Du hast halt auch nicht immer den gleichen Tag. Dir geht's auch manchmal nicht gut. Aber du sollst immer ... Cheese! Du musst dir alles von den Leuten an den Kopf schmeißen lassen, und dann sollst du ruhig bleiben.«

Habe ihr die Arbeit mit den Kund:innen früher noch Freude bereitet, sei der Umgang mittlerweile rauer geworden.

»Ruppiger. Ekelhafter. Keine Zeit. Immer stressiger, und einfach unfreundlicher. [...] Unzufrieden, wenn irgendwas nicht passt, dann pampen sie dich an und alles. [...] Keine Zeit! Keine Zeit! An der Kasse: ›Habt ihr keine zweite Kasse?‹ [...] Ja, und hektischer. Einfach alles schnell, schnell, und am besten alles umsonst. [...] Es ist wurscht, wie du dich bemühst, du bemühst dich teilweise eigentlich umsonst irgendwie, finde ich. Es ist, finde ich, ein undankbarer Job im Verkauf, wirklich.«

Die mangelnde Anerkennung drückt sich für Frau S. aber auch in verschärften Arbeitsbedingungen aus, die durch eine Erweiterung der Arbeitsanforderungen bei gleichzeitig sinkender Personaldecke geprägt sind.

»*Ich muss halt einfach mehr schaffen, weil es wird immer mehr gefordert. […] Die Getränkefirma hat uns geliefert und die ganze Ware selbst aufgeräumt. Seit 1. Januar liefern die auf Deutsch gesagt offiziell ab Rampe. Hauen die ihre Paletten her. […] Dann sind acht, neun Paletten da, die musst du selber verräumen. Das sind ja etliche Träger. Es ist ja schwer. Das haben halt die vorher alles selber gemacht. Da geht es, was weiß ich, wahrscheinlich um Geld, dass das für [Reweka] wieder billiger ist.*«

Ihre Arbeitsanforderungen, -aufwände und -belastungen würden weder gesehen noch honoriert.

»*Heute waren wir mal wieder zu zweit, aber grundsätzlich bist du allein. Das wird überall eingespart. Du sollst aber deine Arbeit trotzdem schaffen. Ich sage ja, manchmal bist du so dumm und gibst Gas und denkst hinterher, deswegen kriegst du auch nicht mehr Geld oder ein Dankeschön. Gar nichts. Im Gegenteil. Du kriegst genauso einen Tritt, wenn du halt einmal gehen sollst.*«

Diese Diskrepanz zwischen ihrem Arbeitsengagement und fehlender Anerkennung zieht sich wie ein roter Faden durch das gesamte Gespräch – gerade weil Frau S. sich selbst als sehr leistungs- und verantwortungsbewusst begreift. In zahlreichen Interviewpassagen thematisiert sie

Aufgaben, die sie von sich aus übernimmt, oder Effizienzprobleme, die sie zu verbessern wüsste. Das betrifft etwa unnötigen Aufwand mit dem neuen Getränkeautomaten (»Du musst also die Sachen zehn Mal in die Hand nehmen«) oder die fehlende Kontrolle der Lieferungen (»Das interessiert nicht, weil die Zeit nicht da ist, dass du das kontrollierst. Dann, wenn sie Inventur machen, dann geht ein Haufen Geld ab. Wundern tut mich das nicht, weil uns ja jeder bescheißen kann«). Dass das Unternehmen dieses Engagement nutzt, ohne ihr entsprechende Anerkennung entgegenzubringen, begreift Frau S. als eine Verletzung der Norm der Leistungsgerechtigkeit.

Diesen Gerechtigkeitsanspruch klagt sie allerdings nicht nur gegenüber dem Betrieb ein, sondern wendet ihn auch gegen (jüngere) Kolleg:innen.

»Das junge, muss ich ehrlich sagen, das junge Gemüse. […] Da gibt es halt bestimmte Patienten, die fürs blöd Schauen das Geld kriegen. Die es nicht verdienen, die kriegen es halt nicht fürs Arbeiten, sondern bloß, dass sie da sind. […] Du bist dann da und kannst hinter ihnen herräumen […]. Weil du kannst es ja nicht liegen lassen, es gehört ja gemacht.«

Hinter dem Gerechtigkeitskonflikt, den sie gegenüber Jüngeren empfindet, steht zugleich die Verunsicherung über den Stellenwert ihrer eigenen Arbeitskraft im Unternehmen. *»[L]angjährige Mitarbeiter sind ja sowieso unbequem, weil die zu teuer sind. [A]lles Junge, was kommt, ist gut. Und die Alten, die da sind, die taugen nichts mehr, so ungefähr. Obwohl die Jungen auf Deutsch gesagt nicht das arbeiten oder leisten, was wir leisten.«*

Das Interview durchziehen so zwei sich scheinbar widersprechende Erzählungen: erstens die Selbstbeschreibung als Frau, die sich nicht unterkriegen lässt, die tatkräftig anpackt und sich nicht ihrem Schicksal ergibt. Sich selbst durchschlagen zu können, auch unter widrigen Bedingungen, und selbstbewusst das eigene Interesse durchsetzen zu können, sind wesentliche Elemente ihrer Strategie der Selbstbehauptung. »Da musst du dich schon ein bisschen durchbeißen und durchkämpfen. Da musst du dann schon auf den Tisch hauen und sagen, dass es so nicht geht.«

Das Selbstbild, handlungsmächtig, weil interessenstark und leistungswillig zu sein, entsteht auch in Abgrenzung zu den – aus ihrer Sicht – leistungsunwilligen Kolleg:innen (wie im Übrigen auch gegenüber Hartz-IV-Empfänger:innen).

Die zweite Erzählung ist im Kontrast dazu dadurch geprägt, dass sie sich bestimmten negativen Entwicklungen ausgesetzt sieht, auf die sie gerade keinen Einfluss nehmen kann.

»Ich muss auch sagen, momentan habe ich wirklich Schmerzen da oben. Wenn ich so rüberlange, dann sticht es mich da drin. Dann denke ich mir, das ist von den Trägern rumschleppen. Aber was soll ich machen? Wenn ich zum Doktor gehe, der schreibt mich krank, oder im Endeffekt, was bringt es mir dann. […] Ist überbeansprucht, ist schon klar. Soll ich den Job wechseln? Was soll ich da machen? […] Du wirst ja älter, irgendwann gehst du in Rente, und dann langt das ganze Geld nicht mehr. Dann musst du Angst haben, dass du im Armenhaus landest in

Anführungszeichen. Ist ja so. Also da habe ich schon Angst, aber du kannst ja gar nicht so viel wegsparen. Also das ist schon, du sollst jetzt fürs Alter sparen, aber wenn du drei Kinder daheim hast, was sollst du da noch wegsparen?«

Frau S. verknüpft diese Erzählungen mit ihrer Wahrnehmung eines allgemeinen gesellschaftlichen Abwärtstrends, dem sie – und ihre Kolleg:innen – als kleine Angestellte weitgehend machtlos unterworfen seien. Aus dieser Perspektive heraus relativiert sie letztlich ihre scharfen Urteile über jüngere Beschäftigte und sozial Schwache.

»Ganz ehrlich. Weil es ist auch so, wenn du als Lehrling daherkommst, ist ja wurscht, in welchem Laden, das ist überall gleich. Die werden als billige Einräumkräfte missbraucht. […] ›Räum das ein! Räum das ein! Räum das ein!‹, aber dass denen irgendwas erklärt wird oder richtig losgelernt, habe ich noch nie richtig gesehen. Da wird bloß verlangt. […] Oder heute rentiert sich ja oft die Arbeit nicht mehr. Weil wenn ein Familienvater den ganzen Tag in die Arbeit geht und muss noch Hartz IV beantragen, ja, warum soll der dann überhaupt noch aufstehen? Also ich verstehe das dann schon, dass einer sagt: ›Ich gehe jetzt nicht mehr, weil ich kriege es ja so auch.‹«

Unterm Strich bleibt für Frau S. der Arbeitsalltag ein Kampf gegen widrige Bedingungen, bei dem man ganz auf sich allein gestellt ist und einem die Anstrengungen kaum gedankt werden. Für ihre Kinder wünscht sie sich eine andere Zukunft:

»Also ich muss ehrlich sagen, ich habe zwei Töchter, ich habe gesagt, so ein Depp wie ich werdet ihr nicht. Ich sage, wenn ich es vermeiden kann, verhindern kann, ihr geht mir nicht in den Verkauf. Ganz ehrlich, das habe ich schon gesagt. Wenn ich es verhindern kann, also in den Verkauf braucht ihr nicht gehen. Weil es ist ein undankbarer Job, brauchen wir nicht reden.«

»Ich werde immer wieder von der Leiter geschmissen« – Prekarisierungserfahrungen im Möbeleinzelhandel

Der Einzelhandel mit Wohnmöbeln, in dem unsere beiden anderen Interviewpartner:innen arbeiten, unterscheidet sich vom Lebensmitteleinzelhandel in verschiedenen Punkten: Das Geschlechterverhältnis ist (untypisch für den insgesamt weiblich geprägten Einzelhandel) ausgeglichen. Der Teilzeitanteil ist mit einem Drittel der Beschäftigten geringer. Der Anteil der Fachkräfte mit Berufsabschluss ist mit 73 Prozent noch etwas höher als im Lebensmittelbereich (Holst/Scheier 2019). Die ökonomische Entwicklung verlief in den letzten zehn Jahren (noch) günstiger. Die Arbeit ist beratungsintensiver, die Gespräche mit den Kund:innen sind ausführlicher, die Kundenbeziehung wird von beiden Beschäftigten insgesamt positiver erlebt.

Für Frau P. ist der erfolgreiche Umgang mit den – bisweilen schwierigen – Kund:innen im Möbelhaus, das zu einer der großen Ketten gehört, Arbeitsmotivation und zentrale Quelle von Anerkennung, auch wenn interaktive

Arbeit, daran lässt sie keinen Zweifel, durchaus anstrengend und belastend sein kann:

»*Es war stressig in manchen Situationen, aber neunzig Prozent war es in Ordnung. Ich bin ein Workaholic und liebe Stress. Aber es war nicht physisch schwer, es war mehr psychische Arbeit. Einfach die Kunden zu vertrösten oder mit den Kunden versuchen, eine klare Linie zu kriegen, oder einfach auf die Kunden einzugehen, wo manche Kunden richtig nicht gut drauf waren, sie wieder glücklich zu machen.*«

Herr G. arbeitet seltener in der Filiale, sondern zumeist bei den Kund:innen zuhause, wo er handwerkliche Tätigkeiten erbringt, zum Beispiel Gardinen ausmisst und anbringt:

»*Das war für mich jetzt eigentlich immer noch nach wie vor mehr oder weniger Hobby. Also ich habe alles nur mit Freude gemacht und mit Liebe gemacht, wo ich immer eine Bestätigung mir geholt habe oder die, den Ausgleich sozusagen mir rausgezogen habe auch von den Kunden. Wo die Kunden dann gesagt haben:* ›*Wow, das war jetzt schön und das passt*‹ *und das ist, das bestärkt einen wieder, wo man also dann wirklich die Energie wieder rausziehen kann.*«

Beide sprechen nicht grundlos in der Vergangenheitsform: Sie hatten circa drei Wochen vor den Interviews ihre Arbeit verloren. Das Möbelhaus wurde geschlossen, die Mitarbeiter:innen wurden buchstäblich von einem Tag auf den anderen freigestellt. Frau P. erzählt:

»*Um vier Uhr wollte ich Pause machen mit einer Kollegin, da wollten wir ins Restaurant gehen. Und dann kamen eben Kunden uns entgegen, und es hieß von den Kunden, das Restaurant ist geschlossen [...]. Auf einmal kam die Durchsage, bis sechs Uhr muss das Haus geräumt werden. [...] ›Sehr geehrte Kunden, Sie müssen um sechs Uhr raus.‹ [...] Und um sechs Uhr hieß es, wir sollen alle ins Restaurant kommen. Natürlich, die Kunden kamen erst kurz vor sechs raus, und ich wollte noch natürlich die Kassen abrechnen und alles. [...] Dann hieß es, ›Tut mir leid, ab Montag braucht ihr nicht zur Arbeit zu kommen‹. ›Wie, wieso?‹ ›So und so ist es. Unser Haus schließt, und am Montag könnt ihr eure Sachen abholen [...], ab Donnerstag ist Abverkauf, das erledigen andere Mitarbeiter, nicht ihr.‹*«

Die 160 Beschäftigten erhielten Hausverbot, zum Zeitpunkt der Interviews erwarteten sie ihre baldige Kündigung, die auch kurz darauf eintraf. Sie waren allerdings nicht direkt beim Mutterunternehmen der Möbelkette angestellt, sondern bereits seit einiger Zeit in eine Personalservicegesellschaft ausgelagert worden, die allein für die personelle Bewirtschaftung der Filiale zuständig war. Möbel Franz, so sei die Kette hier genannt, hatte das Haus erst einige Jahre zuvor von einer großen Warenhauskette übernommen und von einem hochwertigen Einrichtungshaus mit internationaler Kundschaft auf einen stärker am niedrigpreisigen Massenmarkt orientierten Möbelladen umgestellt. Den Umsatzzahlen nach war die Filiale weiterhin erfolgreich, aber offenbar passte der innerstädtische Standort nicht mehr in die Unternehmensstrategie.

Herr G. und Frau P. erleben den Rauswurf als massive Verletzung – sie fühlen sich persönlich erniedrigt und ihrer Würde beraubt. Wie Frau P. es ausdrückt:

»Als ob wir Verbrecher wären! Wir wurden von der Security hinausbegleitet, als ob wir wirklich das Haus unter, was weiß ich, um Gottes willen, mit Bomben gelegt hätten. Das war wirklich, ich weiß es nicht, ich weiß nicht, wie ich es beschreiben soll. Dass man uns gar nix zutraut, dass man uns wie dumm behandelt.«

Beide halten zugleich auch in dieser extremen Situation an ihren eigenen fachlich-inhaltlichen Arbeitsansprüchen fest. »Und dann nach der Besprechung«, so hier Frau P., »kam [ein Vorgesetzter] zu mir und hat mir gesagt, ich muss die Kassen nicht zumachen, ich kann nur die Sachen hinstellen und gehen. Dann habe ich gesagt, ›Nein, ich mache es wie immer, ich will, dass hinter mir sauberer Platz bleibt.‹«

Schwer wiegt für sie somit auch im Nachgang des Rauswurfs die Missachtung ihrer Arbeitsleistung und ihres fachlich-inhaltlichen Arbeitsengagements. Besonders schmerzt, dass das Unternehmen die Verbindung zu den Kund:innen abrupt zerstörte. In den Worten von Herrn G:

»Da steht man dann da und sagt: Was habe ich verbrochen, was habe ich falsch gemacht, wieso dürfen wir unsere Kunden nicht mehr bis zu Ende bedienen? Warum wird, dass wir einesteils so behandelt werden, ist der eine Punkt, aber wieso geht selbst so ein Unternehmen auch mit dem Kunden so um?«

Die erste Reaktion auf die Freistellung und die Unsicherheit ist depressive Erschöpfung. Frau P. schildert ihr Erleben wie folgt:

»*Für mich ist momentan die Situation, dass ich seit über einer Woche jetzt nicht aus dem Bett rauskann. Ja, ich könnte weinen, ich könnte lachen, ich befinde mich momentan in einem Wahnsinnstunnel* [...], *und alles, was ich mir anschaue, ich könnte draufkotzen. Am liebsten würde ich meine Koffer packen und gehen. Gehen dahin, wo mich kein Mensch kennt.* [...] *Es ist einfach diese Ungewissheit, dass man einfach nicht weiß, was man weitermachen soll.*«

Die Beschäftigten der Filiale und mit ihnen auch Frau P. und Herr G. verharren allerdings keinesfalls in Passivität. Mit Unterstützung der betrieblichen und gewerkschaftlichen Interessenvertretung veranstalten sie Kundgebungen in der Stadt, fahren zu Demonstrationen vor anderen Filialen und halten tägliche Mahnwachen vor dem eigenen Haus. Sie machen damit ihre Ungerechtigkeitserfahrungen und Würdeverletzungen öffentlich und gewinnen so Handlungsmacht zurück. Im engeren materiellen Sinn betrachtet, ist dem Protest allerdings wenig Erfolg beschieden. Nicht zuletzt, weil ein konkreter Adressat fehlt: In dem unübersichtlichen Gewirr rechtlich selbstständiger Gesellschaften bleibt unklar, wer überhaupt Entscheidungsträger ist und an wen Forderungen gestellt werden könnten.

Für Frau P. und Herrn G. bedeutet die Filialschließung, in der eigenen Lebensgestaltung massiv zurückgeworfen zu sein. Beide haben viel Zeit und Anstrengung investiert, um sich ihre Stellung und die für sie inhaltlich reizvolle Tätigkeit zu erarbeiten. Sie dachten, sie könnten nun für einige Zeit auf dem erreichten beruflichen Plateau weiterarbeiten, wurden aber abrupt wieder heruntergestoßen. Schauen wir uns die beiden Lebensläufe näher an.

Die private wie berufliche Biografie von Frau P., 35, weist einige Brüche auf. Sie kommt aus dem Gebiet des früheren Jugoslawien (»Sagen wir so, ich bin in Kroatien nur aufgewachsen, ich bin in Serbien geboren, in Bosnien habe ich geheiratet, mein Vater kommt aus Montenegro, meine Mutter aus Bosnien«), ist 1991 nach Deutschland gekommen und lebt mit ihrem Mann und ihren beiden Kindern, 13 und 11, zusammen. Beruflich musste sie sich bereits mehrfach umorientieren und hat lange gebraucht, bis sie eine Festanstellung finden konnte. Ihren Ausbildungsberuf als Friseurin musste sie aus gesundheitlichen Gründen aufgeben. Der darauffolgende Wechsel in den Einzelhandel war durch permanente Unsicherheit geprägt – so reihen sich zahlreiche befristete Anstellungen in verschiedenen Lebensmittel-Einzelhandelsketten aneinander.

»Das Problem war, dass man mir immer, wenn ich einen unbefristeten Vertrag bekommen hätte müssen, hieß es: ›Tut mir leid, Sie haben keinen Einzelhandelberuf gelernt.‹ […] Immer ein Jahr, eineinhalb Jahre, je nachdem. Und dann bin ich zum Möbel Franz über eine Freundin gekommen. […] Und ich war jetzt sechs Jahre beim Möbel Franz, und ich war glücklich, dass ich endlich eine Firma gefunden habe, die mich so lange auch ohne Einzelhandelberuf nimmt.«

Allerdings hatte sie auch bei Möbel Franz eine längere Bewährungsprobe zu durchlaufen, bevor sie erstmalig ein gewisses Sicherheitsfundament aufbauen konnte. »Zuerst habe ich auf 400[-Euro-Basis] gearbeitet dort. Obwohl ich mich auf Vollzeit beworben habe. Und dann habe ich vier Jahre circa gewartet, bis ich auf Teilzeit gekommen bin, und dann war ich ungefähr ein Jahr Teilzeit, und jetzt ungefähr seit einem Jahr bin ich Vollzeit.«

Trotz dieses holprigen Einstiegs war Frau P. mit der Anstellung bei Möbel Franz sehr zufrieden. Zwar war die Vergütung mit einem Stundenlohn von zehn Euro unterdurchschnittlich und die Beziehung zur Geschäftsführung schlecht – in der Summe fühlte Frau P. sich aber nach einer langen Phase der Unsicherheit endlich angekommen. Die Beziehung zu den Kolleg:innen (»Wir waren wie eine große Familie«), die Arbeitszeiten, die Tätigkeit als solche und der Kontakt mit den Kund:innen waren für ihre Arbeitszufriedenheit ausschlaggebend. Mit der Schließung wurde dies von einem Tag auf den anderen zunichtegemacht.

»Es hat mir riesigen Spaß gemacht, und das ist das, was jetzt passiert ist, ist für mich ein kleiner, ein großer Weltuntergang. Weil wie gesagt, wo finde ich wieder eine Stelle, die diese Aufgaben hat, die diese Menschen. [...] Ich kann es versuchen, ich kann mich hocharbeiten, so ist das nicht. Aber einfach dieses immer wieder von Neuem, immer wieder von vorne ...«

Herr G., Anfang vierzig, hat einen ähnlich brüchigen Lebenslauf, obwohl er eine tätigkeitsgerechte Ausbildung als

Raumausstatter und sogar einen Meisterbrief hat. Auch sein Werdegang ist durch häufigen Wechsel geprägt, zunächst aus eigener Motivation, dann aufgrund gestrichener Arbeitsplätze; auch eine Insolvenz als Selbstständiger hat er hinter sich. Mit 12,50 Euro brutto war sein Stundenlohn bei Möbel Franz gering (und niedriger als in früheren Jobs), was er mit überlangen Arbeitszeiten von 47 Stunden pro Woche sowie freiberuflicher Wochenendarbeit kompensierte. Unterm Strich war aber auch er zufrieden, vor allem aufgrund der inhaltlich interessanten Arbeit und der Anerkennung von Seiten der Kund:innen. Dies sieht er nun zerstört durch den erneuten Verlust des Arbeitsplatzes, so dass er seinen Beruf und seine arbeitsinhaltliche Motivation insgesamt infrage stellt. Er sei an dem Punkt,

»wo ich sage, hänge ich komplett den Beruf an den Nagel, weil ich da kein Weiterkommen mehr habe, weil da wieder keine Existenz mit dabei ist. Ich war jetzt zuversichtlich, habe gemeint, es ist eine sichere Stelle, da kann ich jetzt wirklich die nächsten zehn, fünfzehn, zwanzig Jahre bleiben. Wieder nicht! Weil ich habe ja, bevor ich bei der Firma Franz war, so im Schnitt so alle zwei Jahre einen Firmenwechsel machen müssen, weil zu wenig Arbeit dann wieder da war. Am Anfang habe ich aus meiner Seite gewechselt, weil ich gesagt habe, ich möchte ein bisschen was lernen, unterschiedliche Berufe oder Betriebe, der macht das, der macht das und so und so, dass ich also wirklich den Beruf von allen vier Seiten rundrum kennengelernt habe, und jetzt steht man aber da, jetzt habe ich das ganze Fachwissen und die ganzen Kenntnisse, und ich werde immer wieder von der Leiter geschmissen. Kaum ist

man eine Sprosse raufgekommen, werden wir wieder runtergestoßen. Gehe ich irgendwo zu UPS und mache Kurierfahrer, dann habe ich meine Ruhe und fertig. Ist die Lebenserfüllung halt nicht mehr mit dabei, dann schleppt man halt so Päckchen Tag für Tag. [...] Es sind wirklich so Phasen mit dabei, wo man sagt, wo geht die ganze generelle Wirtschaft hin. Weil es ist ja nicht nur unser Bereich, wo nix mehr wert ist, sondern es werden ja immer mehr Bereiche wertloser.«

Die eigene Prekarisierungserfahrung wird von beiden Beschäftigten in eine negative Einschätzung der gesellschaftlichen Entwicklung insgesamt eingeordnet: Verlust an Respekt und gesellschaftlichem Zusammenhalt, wachsende Gleichgültigkeit, steigende Ungerechtigkeiten. Ernsthafte Hoffnung auf grundsätzliche Veränderungen hegt keine:r der beiden. Unabhängig voneinander beschreiben sie die Erwartung eines »großen Knalls«, einer gewaltsamen Entladung von Unzufriedenheit, die sie für die Zukunft befürchten, zugleich aber auch ein wenig zu erhoffen scheinen. Herr G. etwa sagt uns:

»Von der neuen Politik habe ich keine Hoffnung, dass sich was ändert. Aber ich habe heute vor dem Tag Angst, wo Deutschland aufsteht. [...] Aber irgendwann muss mal ein Knall kommen, wo sich Deutschland oder Europa wieder neu orientieren muss. Ob jetzt über Bürgerkrieg oder Inflation oder was auch immer, irgendwas ... Wir sind eigentlich auf dem Gipfel, und da muss was passieren.«

Frau P. sieht es ähnlich:

»Es wird immer schlimmer und schlimmer, bis es einen Knall gibt. So was, ich habe das Gefühl, das was jetzt passiert ist, habe ich schon einmal erlebt in Kroatien bzw. Bosnien, Ex-Jugoslawien. […] Aber wenn es weiter so geht, dann breitet sich Unzufriedenheit, breitet sich Habgier, breitet sich einfach Depressionen, und wenn man depressiv ist, ist man im Grunde imstande, alles zu machen. Wenn man nichts hat, holt man sich das, was man braucht.«

Fazit: Brüchige Handlungsmacht

Unsere drei Einzelhandelsbeschäftigten berichten von verschiedenen Verletzungen ihrer Ansprüche an Arbeit, die sie im Laufe ihrer Berufsbiografie erleiden und mit denen sie sich immer wieder neu arrangieren oder gegen die sie ankämpfen mussten. Das umfasst die Verletzung ihrer Würde (durch respektloses Verhalten von Kund:innen zum einen, im Umgang mit einer Schließung zum anderen), aber auch die Missachtung von Leistungsgerechtigkeit und fehlende Anerkennung. Letzteres zieht sich als roter Faden durch die Gespräche: Die eigene Leistung und Motivation, das eigene Engagement, das teils bis zur Gesundheitsgefährdung reicht, werden in ihrer Wahrnehmung beständig missachtet. Alle drei Befragten schöpfen großes Selbstbewusstsein aus ihrem fachlich-inhaltlichen Arbeitsengagement. Dass ihre Arbeitskraft (sei es durch mangelnde Anerkennung und verschärfte Leistungsbedingungen, sei es drastisch durch den plötzlichen Rauswurf) so eklatant missachtet wird, stellt für sie allerdings infrage, welche Handlungsmacht sich hieran noch knüpfen lässt. Vor dem Hintergrund einer geteilten Weltdeutung des allgemeinen Niedergangs empfinden sie eine starke Verunsicherung darüber, welche Ansprüche überhaupt noch eingeklagt werden können und wer der passende Adressat dafür ist. Was größere politische Veränderungsperspektiven sein könnten, ist für die Beschäftigten nicht sichtbar – es bleibt die abstrakte Dystopie eines »großen Knalls« oder der individuelle Rückzug.

Literatur

DGB-Index Gute Arbeit 2019, *Jahresbericht 2019. Ergebnisse der Beschäftigtenbefragung zum DGB-Index Gute Arbeit 2019. Schwerpunktthema Arbeitsintensität*, Berlin.
Dunkel, Wolfgang/Margit Weihrich 2012, »Interaktive Arbeit – das soziologische Konzept«, in: dies. (Hg.), *Interaktive Arbeit. Theorie, Praxis und Gestaltung von Dienstleistungsbeziehungen*, Wiesbaden: Springer VS (S. 29-59).
Handelsverband Deutschland e.V. (HDE) (Hg.) 2020, *Zahlenspiegel 2020*, Berlin.
Hilf, Ellen/Heike Jacobsen/Bärbel Meschkutat/Katja Pohlheim 2018, »Berufsfachlichkeit im Einzelhandel – eine umkämpfte Ressource«, in: *Arbeits- und Industriesoziologische Studien* 11/1 (S. 60-75).
Holst, Gregor/Franziska Scheier 2019, »Branchenanalyse Handel. Perspektiven und Ansatzpunkte einer arbeitsorientierten Branchenstrategie«, Working Paper Forschungsförderung 161, Düsseldorf: Hans-Böckler-Stiftung, online verfügbar unter: {https://handel.verdi.de/++file++5dc59349392c0034b06975f4/download/Branchenanalyse-Handel_Working-Paper-Forschungsfoerderung_HBS_10-2019.pdf}.
Kratzer, Nick/Wolfgang Menz/Knut Tullius/Harald Wolf 2019, *Legitimationsprobleme in der Erwerbsarbeit. Gerechtigkeitsansprüche und Handlungsorientierungen in Arbeit und Betrieb*, Baden-Baden: Nomos.
Kupfer, Antonia/Falk Eckert/Ina Krause 2019, »Beruf(en) im Verkauf. Analyse subjektiver Bedeutungen von Arbeit als Beitrag zur sozialen Ungleichheitsforschung«, in: Nicole Burzan (Hg.), *Verhandlungen des 39. Kongresses der Deutschen Gesellschaft für Soziologie in Göttingen 2018*, online verfügbar unter: {https://publikationen.soziologie.de/index.php/kongressband_2018/article/view/1090/1394}.

Marschall, Jörg/Ina Barthelmes 2016, *Branchenreport Handel: Sicherheit und Gesundheit im Groß- und Einzelhandel – eine Frage der Unternehmenskultur?*, Heidelberg: Medhochzwei.

Voss-Dahm, Dorothea 2009, *Über die Stabilität sozialer Ungleichheit im Betrieb. Verkaufsarbeit im Einzelhandel*, Berlin: Edition Sigma.

Voswinkel, Stephan 2005, *Welche Kundenorientierung? Anerkennung in der Dienstleistungsarbeit*, Berlin: Edition Sigma.

Anmerkungen

1 Davon 1,3 Millionen im Lebensmitteleinzelhandel und 140 000 im Handel mit Wohnmöbeln (HDE 2020) – den beiden Teilbranchen unserer Fallbeispiele.
2 Eigene Berechnung nach HDE (2020).
3 Die Interviews entstammen der Studie »Legitimationsprobleme in der Erwerbsarbeit« (Kratzer et al. 2019).
4 Insgesamt verfügen 72 Prozent der sozialversicherungspflichtig Beschäftigten im Lebensmitteleinzelhandel über einen Berufsabschluss, 18 Prozent sind an- bzw. ungelernt (Holst/Scheier 2019), üben aber häufig – wie Frau S. – Tätigkeiten aus, die normalerweise einen Abschluss voraussetzen.

Druck durch Discounter:
Verkäufer:innen im Lebensmittelhandel

Von Pascal Pfister

»Ich bin auch eine Risikopatientin. Ich habe schon drei Lungenentzündungen hinter mir. Aber ich bin an der Front gestanden.« Die Worte der Verkäuferin Rosa Kunz aus einem Interview für diesen Beitrag stehen geradezu exemplarisch für die Situation in der hier behandelten Branche. Die Corona-Pandemie hat die Angestellten des Detailhandels, wie der Einzelhandel in der Schweiz genannt wird, stark gefordert.

»Wir hatten immer ein mulmiges Gefühl. Bei uns kamen die Trennscheiben [zum Schutz der Kassiererinnen] lange nicht. Wir haben sie dann selbst gebastelt. Nachdem diese Wand kam, ging es mir wieder besser. [...] Wir standen um fünf Uhr im Laden. Wir haben ganze Paletten mit Ware eingeräumt, weil so viel gelaufen ist. [...] Ich hatte nach dem [ersten] Lockdown achtzig zusätzliche Überstunden, weil wir nur noch gearbeitet haben. [...] Es braucht ein Umdenken bei den Menschen. Wir an der Front im Detailhandel oder in der Pflege setzen für die Leute unsere Gesundheit aufs Spiel. Es gab viele Angestellte, die zu mir gekommen sind: ›Du, Rosa, kann ich drei Tage frei haben? Ich kann nicht mehr.‹ Denn wir waren teilweise bis zu elf Stunden im Laden. Gut, anfangs haben wir Zeichnungen von Kindern erhalten mit einem Dankeschön, Schokolade oder einen Gutschein. Aber das hat nachgelassen. Und was ich schade finde, nach dem Lockdown hatten viele das Gefühl, es sei wieder wie vorher.«

Das Unternehmen, für das Frau Kunz arbeitet, zahlte seinen Angestellten eine einmalige Corona-Prämie von 500 Schweizer Franken (circa 450 Euro, Stand März 2021).

Der Druck auf die Mitarbeitenden steigt aber unabhängig von der Pandemie durch die Entwicklungen im Einzelhandel in den letzten Jahren. Von diesen Entwicklungen und ihrer Wahrnehmung durch Verkäufer:innen handelt dieser Beitrag.[1]

Die Verkäuferinnen

Eliane Koller ist 51 Jahre alt und Mutter von zwei erwachsenen Kindern. Sie startete ihre Berufslaufbahn mit einer zweijährigen Anlehre (eidgenössisches Berufsattest)[2] beim Lebensmittelhändler Volg. Im Anschluss arbeitete sie fünf Jahre für Coop, einen der beiden dominierenden Lebensmittelhandelskonzerne in der Schweiz. Als sie ihre Kinder bekam, folgte ein Erwerbsunterbruch von sechs Jahren. Sie stieg 1999 beim selben Unternehmen als Stundenlöhnerin wieder in ihren Beruf ein. Je nach Woche hatte sie unterschiedliche Pensen an unterschiedlichen Arbeitsorten, teilweise erhielt sie gar keine Stunden:

»*Anfangs war mir [die Anzahl der Stunden] noch gleich, weil es ging vor allem darum, sozialen Kontakt zu haben. Weil ich merkte, nur Hausfrau und Mutter war mir zu wenig. Ich wollte unter die Leute. Und das war ein guter Einstieg. Klar, wir konnten auch unser Familienbudget aufbessern damit. Wir konnten uns dann mehr leisten.*«

Nach ihrer Scheidung war Eliane Koller auf ein fixes Einkommen angewiesen. 2006 nahm sie das Angebot für eine Festanstellung mit einem 63-Prozent-Pensum dankend an, das ihr damaliger Chef ihr unterbreitete. Die Gewerkschaft hatte sich damals für die Übernahme der Stundenlöhner:innen in feste Pensen eingesetzt. Neben Koller wurden einige Kolleg:innen fest angestellt. »Das war eine gute Zeit, auch ein guter Chef.«

Später versuchte sie über eine Nachholbildung das Eidgenössische Fähigkeitszeugnis Detailhandel zu erreichen. Dieses entspricht einer dreijährigen Lehre. Damit hätte sie gemäß Coop-Tarifvertrag den Anspruch auf einen höheren Lohn erworben. Sie scheiterte aber an den Prüfungen. Zum Februar 2020 wurde sie nach 22 Jahren ununterbrochener Tätigkeit für das Unternehmen entlassen. Nach zwei Lungenembolien und weiteren gesundheitlichen Problemen, die ihr schwer zu schaffen machten, versuchte sie über längere Zeit, bei ihren Vorgesetzten eine mit ihren gesundheitlichen Herausforderungen abgestimmte Ausgestaltung ihres Arbeitsalltags zu erreichen. »Das lange Sitzen war ein Problem für mich. Besonders im Sommer, wenn es heiß war. Da habe ich sehr darunter gelitten. Und die zwei Lungenembolien, die ich hatte. Das war ein stetiger Begleiter, solange ich gearbeitet habe, meine Gesundheit.«

Ein Arzt hatte verordnet, dass sie nur drei Stunden am Stück sitzen dürfe. Sie wollte daher vermehrt beim Einräumen der Ware im Laden tätig sein. Ihre Chefs und die Personalabteilung gingen auf ihre Anliegen indes nur beschränkt ein: »Das Thema war, ich sei nicht so schnell. Ich würde die Leistung hinten im Laden nicht so bringen wie eine Jüngere.«

Nach einer Operation wurde sie in eine andere Filiale versetzt. »Da hat das Problem dann erst recht angefangen. Der Chef hat mich oft kontrolliert, per Videokamera. Und ständig musste ich ins Büro wegen Kleinigkeiten. Wenn eine Eierschachtel falsch eingeräumt wurde.«

Nach einem weiteren Konflikt erhielt sie im Herbst 2019 die Kündigung:

»Schlussendlich war es für mich eine Erleichterung, dass ich gehen konnte. […] Es waren gemischte Gefühle. Ich war 22 Jahre bei Coop, es war ein Ablösungsprozess, es hat mich schon traurig gemacht. Auf der anderen Seite habe ich gedacht, es könnte auch eine Chance sein, dass es endlich mal in eine andere Richtung geht.«

Neben Koller kommen in diesem Beitrag drei weitere Verkäuferinnen zu Wort. Rosa Kunz arbeitet seit 19 Jahren bei Coop, in wechselnden Filialen. Sie ist 48 Jahre alt, verheiratet mit einem Drogerie-Angestellten, hat zwei Kinder und einen Enkel. Die ausgebildete Detailhandelsfachfrau (EFZ) hat ihr Pensum mit 22 Jahren auf siebzig Prozent reduziert und arbeitet seither drei bis vier Tage die Woche. Seit Februar 2020 ist sie die Kassenverantwortliche ihrer Filiale. Kunz ist eine Vertrauensfrau der Gewerkschaft Unia und aktives Mitglied der Unia-Fachgruppe Coop.

Maria Sorrenti ist 46 Jahre alt und lebt alleine. Sie arbeitete 13 Jahre zu hundert Prozent in einem städtischen Kaufhaus, das der Coop-Konzern übernommen hat. Auch sie hat eine zweijährige Lehre (EBA) absolviert. Mittlerweile hat sie aufgrund gesundheitlicher Probleme auf dreißig Prozent reduziert und ist zusätzlich in einem Integrationsprogramm tätig.

Zsofia Szabó ist mittlerweile 67 Jahre alt und pensioniert. Sie hat vier erwachsene Kinder, die sie alleine großgezogen hat. Ihren erlernten Beruf als Erzieherin hat sie nie ausgeübt. Im Alter von dreißig Jahren machte sie eine Telefonistinnen-Lehre bei der Post, wo sie 15 Jahre lang blieb, bevor ihr Arbeitsplatz einer Umstrukturierung zum Opfer fiel. 2004 nahm sie eine Stelle in einem Souvenirladen an. Zwei Jahre vor der Pensionierung wurde ihr dort gekündigt.

Lebensmittelhandel in der Schweiz

Der Einzelhandel gehört zu den großen Wirtschaftsbranchen in der Schweiz. Im Jahre 2000 arbeiteten acht Prozent aller Beschäftigten in dieser Branche, die überwiegende Mehrheit waren Frauen. Trotz steigender Umsatzzahlen ist die Beschäftigung rückläufig: Heute stellt der Detailhandel noch sechs Prozent der gesamten Beschäftigung. Dahinter steht ein permanenter Prozess der Rationalisierung und Produktivitätserhöhung (Credit Suisse Economic Research 2009, S. 11). Auf technischer Seite beinhaltet dieser die Digitalisierung der Kassen und des Bestellwesens sowie die weitgehende Automatisierung der Verteilzentren; auf organisatorischer Seite die Prekarisierung der Anstellungsformen (Arbeit auf Abruf) und der Arbeitszeiten (flexible Teilzeit), mit der Umsatzrisiken auf die Verkäufer:innen abgewälzt werden.

Dominiert wird der Detailhandel in der Schweiz von den beiden sogenannten Großverteilern Migros und Coop, beide sind der Rechtsform nach Genossenschaften.

Der Markteintritt der deutschen Discounter Aldi (2005) und Lidl (2009) verschärfte den Preiswettbewerb. Die alteingesessenen Migros und Coop reagierten mit Maßnahmen zur Effizienzsteigerung, bei der Preisgestaltung, für die Kundenbindung und indem sie die Ladenöffnungszeiten verlängerten. Trotzdem erreichten die neuen Discounter im Jahr 2018 einen Marktanteil von acht Prozent, während die Entwicklung der beiden Großverteiler stagnierte.[3]

Migros und Coop haben mit den Gewerkschaften einen betrieblichen Tarifvertrag abgeschlossen, ebenso Lidl und Volg. Weitere landesweite Kollektivverträge existieren in der Schweiz nicht. Wenige Kantone (Genf, Neuenburg und Tessin) kennen flächendeckende, für allgemeingültig erklärte Kollektivverträge. Solche Abschlüsse sind das erklärte Ziel der Gewerkschaften.

Lohnentwicklung

Der Detailhandel ist eine Niedriglohnbranche. Das generelle Lohnniveau ist im Vergleich mit anderen Branchen gering.[4] Nur in den Wirtschaftszweigen Gastronomie, Beherbergung und Gebäudebetreuung wird noch schlechter bezahlt. Und: Der Anteil der Tieflöhner:innen innnerhalb der Branche ist mit 24,4 Prozent überdurchschnittlich hoch.[5] Hinzu kommen viele Teilzeitbeschäftigte, die nur einen Anteil eines ohnehin sehr geringen Gehaltes bekommen, der ihrer reduzierten Arbeitszeit entspricht. Davon eine Familie zu ernähren ist unmöglich. Allerdings wuchsen im Verkauf die unteren 10 Prozent der Löhne von 1996 bis 2018 deutlich stärker als der Medianlohn der Branche.[6] Verdienten die untersten 10 Prozent der Beschäftigten im Jahr 1996 noch 3250 Franken, waren es 2018 bereits 4000 Franken (etwa 3500 Euro). Damit wurde das Niveau der 2014 in einer Volksabstimmung verworfenen Mindestlohninitiative des Schweizerischen Gewerkschaftsbundes (SGB) erreicht.

Bereits vor ihrem Zusammenschluss zur Unia hatten die beiden traditionellen Großgewerkschaften, der Metall- und Uhrenarbeiterverband und die Gewerkschaft Bau und Industrie, 1996 mit einem gemeinsamen Projekt den »Einbruch in den Tertiärsektor« gewagt (Rieger/Pfister/Alleva 2012, S. 238). Die zentrale Kampagne dieses Joint Ventures für den Dienstleistungssektor trug den Titel »Keine Löhne unter 3000 Franken«. Die Großverteiler Migros und Coop gerieten in die Kritik und sahen sich aufgrund des öffentlichen Drucks zu einer Reaktion gezwungen. Sie antworteten zunächst mit einer Imagekampagne, danach mit substanziellen Lohnerhöhungen für Tieflöhner:innen in ihren Betrieben. Fünf Jahre nach Markteintritt nutzte Lidl die breiten gesellschaftlichen Diskussionen, die im Jahr 2014 die erwähnte Mindestlohninitiative des SGB begleiteten, für eine Imagekorrektur. Von Plakatwänden wurde ein Einstiegslohn von 4000 Franken angepriesen. Coop und Migros zahlten damals noch weniger.

Dennoch gelten weiterhin Coop und Migros als Schrittmacher bei den Arbeitsbedingungen in der Branche – aufgrund ihrer Größe und weil es neben den Löhnen weitere Faktoren gibt: Die Ratingagentur Inrate verfasste 2014 im Auftrag der Unia eine Benchmark-Studie zu den Arbeitsbedingungen im Detailhandel. Bewertet wurden neben der Entlohnung die Arbeit auf Abruf, die Arbeitszeiten, die Vereinbarkeit von Beruf und Familie, Aus- und Weiterbildungsmöglichkeiten, Chancengleichheit, Gesundheitsschutz, Sozialpartnerschaft und Sozialversicherungsleistungen. Die Discounter schnitten im Vergleich zu Coop (abgesehen vom Lohn) in allen restlichen Bereichen deutlich schlechter ab. Besonders augenfällig war dies im Bereich der sozialen Absicherung, zum Beispiel bei den Rentenbeiträgen. Sogar die begutachteten Textil- und Schuhhandelsfirmen, die im Allgemeinen schlechtere Bedingungen als der Lebensmittelhandel bieten, schnitten besser ab als die Discounter (Reutimann/Iten 2014). Gewerkschafterin Anne Rubin sagt dazu:

»*Die Discounter haben zwar höhere Löhne, aber sie haben auch viel weniger Stellen pro Fläche, es gibt weniger Potenzial für eine Karriere. Und das merken wir. Bei Migros und Coop bleiben die Leute. Das hat einen Grund. Bei Lidl und Aldi wechseln die Leute schnell zu Coop oder Migros, wenn sie dort einen Job bekommen.*«

Arbeit ohne feste Pensen

Die Arbeit im Stundenlohn ohne festes Pensum ist weit verbreitet im Detailhandel, besonders in der Textil- und Modebranche. Aber auch bei den Großverteilern im Lebensmittelhandel ist sie ein Thema, wobei hier in den allermeisten Fällen eine Mindeststundenzahl garantiert wird. Sowohl Eliane Koller als auch Rosa Kunz arbeiteten zu Beginn ihrer Coop-Karriere nach Stundenlohn und erhielten erst nach sieben bzw. acht Dienstjahren eine Festanstellung. »Im Stundenlohn«, *so Eliane Koller*, »hatte ich manchmal wochenlang keinen Einsatz, oder dann vielleicht einen Samstag. Da wurde ich dann auch als Springerin in verschiedenen Läden eingesetzt.«

Nach ihrer Scheidung brauchte Eliane Koller finanzielle Stabilität:

»Ich ging nebendran noch putzen bei jemandem […]. Ich hatte noch Alimente und eben die Putzstelle. Dann habe ich mit der Personalabteilung Kontakt aufgenommen, ›Ich brauche mehr Stunden‹. Ich hatte dann auch noch ein Tageskind, wo ein bisschen etwas reingekommen ist.«

Nach einiger Zeit erhielt Koller ein Angebot für eine Festanstellung mit einem 63-Prozent-Pensum. Die Gewerkschaft hatte sich damals für die Übernahme der Stundenlöhner:innen in feste Pensen eingesetzt. Neben Koller wurden einige Kolleg:innen fest angestellt.

Im Artikel 3.3 des Coop-Tarifvertrags ist mittlerweile geregelt, dass das Unternehmen nach Stundenlohn bezahlte Mitarbeitende, die über den Zeitraum von einem Jahr im Durchschnitt mindestens fünfzig Prozent der normalen Arbeitszeit geleistet haben, auf deren Wunsch hin in ein Monatslohnverhältnis übernimmt. Ein langjähriges Anliegen der Gewerkschaften wurde damit verwirklicht, und es brachte Koller und Kunz schlussendlich eine Festanstellung.

Zsofia Szabó hatte wie viele andere Detailhandelsangestellte weniger Glück:

»*Als ich gefragt habe, ob sie mich fest anstellen, haben sie nein gesagt. Sie hätten ja in etwa ausrechnen können, so ein Mittelschnitt. [...] Das hat mich ein bisschen geärgert, dass man das zurückgewiesen hat. [Ich wollte eine Festanstellung,] damit ich rechnen kann, wie viel es gibt im Monat, weil ich hatte auch schon nur 1300 [Franken]. Und wenn ich nicht so geschickt mit dem Geld wäre: Man muss dann immer in den Sommermonaten etwas auf die Seite legen oder auch die Ferien, die sind ja dann nicht bezahlt. Das ärgert mich ein bisschen.*«

Ein anderer Aspekt der kleinen unsicheren Pensen zeigt sich im Alter. Die alleinerziehende Szabó muss heute als Rentnerin mit wenig Geld auskommen:

»*Jetzt habe ich nur die AHV-Rente[7] von 2000 Schweizer Franken und das ausbezahlte Pensionskassen-Vermögen zum Verbrauchen. Ich war zwei Mal auf Kreuzfahrt. Und sonst brauche ich ja nicht mehr viel. Die Kleider habe ich ja, und ich gehe über die Grenze einkaufen [...]. Die Sorge, die ich habe, ist die Wohnung [Kündigung aufgrund von Sanierung]. Das ist das, was mich belastet.*«

Die Arbeit ohne feste Pensen ist prekär und führt im Alter zu geringen Renten. Bei Coop gibt es aber keine Ausweitung der Stundenlöhner:innen-Anstellungen, sondern im Gegenteil eine Reduktion, beobachtet Gewerkschafterin Rubin: »Wir interpretieren die Reduktion der Stundenlöhnerinnen auch damit, dass sie weniger Aushilfen anstellen. Und das hat mit der Verdichtung der Arbeit zu tun. Und mit dem Multitasking. Beides hat sich erhöht.«

Verdichtung und Ausweitung der Arbeitszeiten

Die Verdichtung der Arbeit muss im Detailhandel als weit verbreitete Unternehmensstrategie zur Produktivitätssteigerung bezeichnet werden, der die Coop-Gruppe ebenfalls folgt. Das zeigt auch die Erfahrung von Eliane Koller:

»Der Druck war immer da. Aber er hat massiv zugenommen in den letzten Jahren. [...] Als Aldi und Lidl in die Schweiz kamen, haben wir das schon zu spüren bekommen. Da dünkt es mich, haben wir immer mehr Druck bekommen. Die Zeit war knapp. Je nach Arbeitsvolumen hat man gesagt, diese Ware muss bis dann und dann eingeräumt sein. Die Kollegialität, schnell ein privates Wort miteinander zu wechseln, da sagten sie dann, das dürfen wir nicht mehr. Einfach die Arbeit durchziehen. [...] Beim Einräumen wurde auch nicht mehr Rücksicht drauf genommen, wie viele Kunden im Laden waren und betreut werden mussten.«

Eine weitere Strategie der Händler ist die Ausweitung der Ladenöffnungszeiten, die in der Schweiz auf der Ebene der Kantone geregelt sind. Die Öffnungszeiten sind politisch sehr umkämpft. Es gab unzählige Volksabstimmungen, in denen eine Allianz aus Gewerkschaften, kleinen Gewerbetreibenden und kirchlichen Kreisen die vollständige Liberalisierung teilweise aufhalten konnte.[8] In einem Drittel der Kantone gilt dennoch die Maximalvariante von erlaubten Öffnungszeiten: von 6 bis 23 Uhr von Montag bis Samstag. Andere Kantone begrenzen unter der Woche bis 18:30 oder 20 Uhr und am Samstag bis 17 oder 18 Uhr. Der Sonntag wurde bisher verschont, hier gibt es nur klar definierte Ausnahmen (Franchise-Familienbetriebe, Bahnhöfe, Tankstellen). Coop war, so Anne Rubin, der erste Detailhändler, der die Öffnungszeiten bis 20 Uhr ausweitete, in Zürich teilweise sogar bis 23 Uhr. Für die Angestellten bedeutet dies oft eine Verlängerung der Arbeitstage. Szabó berichtet von ihren langen Tagen:

»*Das war so streng. Wir waren zu zweit an der Kasse. Da habe ich mich abends nur noch die Treppen hochgezogen und bin ins Sofa geplumpst. Todmüde war ich. Ich konnte gar nichts mehr mit den Kindern machen. Da sagte ich mir: ›Nein, das mache ich nicht mehr weiter, da gehe ich also lieber auf das Sozialamt. Das bringt nichts.‹ Die Kinder wurden dann schwierig.*«

Auch Eliane Koller erzählt von langen Tagen:

»*Es gab Tage, an denen ich von 7:45 bis 20:15 Uhr gearbeitet habe. Und dann musste ich dann teilweise am Morgen früh wieder anfangen. Es gab Situationen, da wurde die [gesetzliche] Ruhezeit nicht eingehalten. […] Bei mir ist es wichtig, dass ich Wechselbelastung habe. Wenn ich zu lang stehe, dann habe ich Schmerzen im Knie. […] Und zu lang sitzen, dann lässt die Konzentration nach und ich kriege geschwollene Beine. […] Sozialkontakte waren eingeschränkt, und ich war total müde, total durch, noch etwas essen und dann schlafen gehen.*«

Rosa Kunz kennt Elf-Stunden-Tage von ihrem früheren Arbeitsort. Auch die Filiale, in der sie aktuell arbeitet, ist von Montag bis Samstag von 7:30 bis 20 Uhr offen. Als Kassenverantwortliche hat Kunz aber eine Lösung gefunden, um für ihre Kolleg:innen lange Schichten zu vermeiden:

»Ich mache einen Zwei-Schichtenbetrieb: Eine Schicht dauert von 7:15 bis 14 Uhr und eine von 14 bis 20:15 Uhr. Das ist nicht überall im Coop so. Nur bei uns [in unserer Filiale]. Ich habe das mit dem Chef so angeschaut.«

Die langjährige Gewerkschafterin Rosa Kunz nutzt ihren Spielraum als Vorgesetzte aus, um ihren Kolleg:innen bessere Arbeitsbedingungen zu gewähren. Verkäufer:innen erleiden die Entwicklungen also nicht nur, sie versuchen sie auch in ihrem Sinn zu beeinflussen.

Digitalisierung und Self-Checkout-Kassen

Die Digitalisierung ist im Detailhandel sehr weit fortgeschritten und hat mehrere Gesichter, darunter Onlinehandel, digitale Kassensysteme oder optimiertes Bestellwesen. Sie trägt damit wesentlich zu den Umwälzungen in der Branche bei. Der Onlineanteil am Detailhandelsumsatz lag in der Schweiz im Jahr 2018 bei über acht Prozent, deutlich darüber lag der Anteil in den Bereichen Medien, Heimelektronik und Mode.[9] Es sind denn auch diese Bereiche, die besonders von Veränderungen geprägt sind. Aufgrund der Selbstbedienungskassen im Lebensmittelhandel ist die Digitalisierung für die Kund:innen dort am sichtbarsten (Self-Checkout- oder Self-Scanning-Kassen, kurz SCO-Kassen). Diese ersetzen die klassischen Kassen. Die Kund:innen übernehmen das Einscannen der Waren und die Abrechnung selbst. Das Personal ist nur zur Unterstützung und Kontrolle da. Für die Angestellten gehen damit neue Pflichten einher; zudem erfordern die SCO-Kassen eine andere Arbeitsorganisation.

Joris und Schmid (2019) haben sich mit den Auswirkungen der Digitalisierung auf die Detailhandelsangestellten beschäftigt. Das Verkaufspersonal bewerte diese Neuerungen unterschiedlich und empfinde sie als zwiespältig. Dies gilt auch für meine Gesprächspartnerinnen. Koller befürchtet Personalabbau: »Die Angst ist schon da, dass uns das die Arbeit wegnimmt. Coop selber sagt, es sei nicht so, man brauche mehr Leute hinten im Laden.« Kunz hingegen befürchtet keinen großen Personaleffekt: »Ich glaube nicht, dass die SCO-Kassen wirklich viel Personal sparen, weil ich an Ostern oder Weihnachten zwei bis drei Mitarbeiter hinstellen muss. [...] Man muss ja trotzdem noch die Alterskontrolle machen.«

Die wichtigste Folge des Einsatzes von SCO-Kassen für die Angestellten besteht darin, dass sie mehrere Aufgaben gleichzeitig übernehmen müssen. Entsprechend tiefgreifend verändern die Selbstbedienungskassen die Arbeit, wie das folgende Zitat von Eliane Koller verdeutlicht:

»Mit der Einführung der SCO-Kassen durfte man keine andere Kassiererin mehr rufen, wenn die Leute an den herkömmlichen Kassen Schlange gestanden sind. Die wurden also gezwungen, an die SCO-Kassen zu gehen. [...] Ich stand vor Ort bei den SCO-Kassen und schaute, ob

die Kunden alles eingescannt haben. Ich habe Kontrollen gemacht und musste schauen, dass es fließend läuft. [...] Wenn du an der Kasse oder die am Kiosk, die müssen gleichzeitig noch die SCO-Kassen betreuen. Also der Stress hat massiv zugenommen.«

Das deckt sich mit den Informationen der Gewerkschafterin Rubin:

»Es gibt Frauen, die die SCO-Kassen überwachen und gleichzeitig die Regale einräumen müssen. Davon berichten Frauen an unseren Treffen. Dann haben sie die SCO-Kassen nicht mehr in Sicht. Wenn dann die Kasse nach der Bewilligung für Alkohol fragt, dann müssen sie rennen. [...] Sie müssen immer mehr auch gleichzeitig die SCO-Kassen überwachen, zum Beispiel die Frauen, die am Kiosk arbeiten. Sie müssen auch einräumen. Du musst immer etwas tun. Und sie müssen selbstständig merken, wo etwas zu tun ist.«

Damit steigen die Anforderungen an die Angestellten, wie auch Kunz bestätigt, die für die Einteilung ihrer Mitarbeitenden zuständig ist:

»Ich schaue, wen ich nehme zum Überwachen der Kassen.«
Interviewer: »Es sind schon nicht alle gleich geeignet?«
Rosa Kunz: »Nein. Bei uns müssen alle den obligatorischen Kassenkurs machen. [...] Eigentlich muss ich alle einsetzen können. Aber ich setze nicht alle ein. Es kommt auf Freundlichkeit an, ob jemand schnell oder langsam ist, ob jemand gerne steht.«

Nicht alle Beschäftigten sind ohne Weiteres an den SCO-Kassen einsetzbar. Sie müssten geschult werden. Bei der Einführung der neuen Systeme werde den Angestellten aber keine oder wenig Arbeitszeit eingeräumt, berichten Joris und Schmid aus ihrer Forschung (Joris/Schmid 2019, S. 69). Diese Erfahrung hat auch Koller gemacht:

»*Ich kann gut mit Computern und SCO-Kassen umgehen. Aber ich habe keine Weiterbildung bekommen. Ich wurde nicht geschult. Es hieß einfach: ›Hier, mach.‹ Man hat einfach zu wenig kommuniziert miteinander. Dann sagte man einfach: ›Hier hast du einen Fehler gemacht, dort hast du einen Bock geschossen.‹ Aber man hat es mir gar nie gezeigt.*«

Die Ansprüche an die Angestellten haben sich erhöht, stellt auch Anne Rubin fest. In ihrer Gewerkschaftsarbeit begegnen ihr immer wieder Angestellte, die für Coop als nicht mehr leistungsfähig genug gelten.

Kampf um Anerkennung

»Es gibt viele Leute, die denken, Verkaufen ist nichts«, sagte Maria Sorrenti im Interview vor zehn Jahren und forderte mehr Anerkennung für ihre Tätigkeit ein: »Über 4000 muss man verdienen. Alle anderen verdienen über 5000. 1000 Franken weniger ist schon viel, aber immerhin besser als 2000. Im Verkauf verdienen viele nur 3000. Also ich jetzt nicht, aber andere in kleinen Geschäften. Die haben keinen 13. Monatslohn.«

Vor acht Jahren schrieben Andreas Rieger, Vania Alleva und ich in unserem Buch über *Verkannte Arbeit* in der Schweiz, die Dienstleistungsangestellten seien eine Gruppe ohne öffentliches Gesicht, ohne allgemein geläufigen Namen. Mittlerweile hat sich dies geändert. Es gibt immer mehr Veröffentlichungen zum »neuen Dienstleistungsproletariat« (Staab 2014, S. 34). Die österreichische Gewerkschafterin Veronika Bohrn Mena bezeichnet diese Beschäftigten als »neue ArbeiterInnenklasse« – und sie versucht, nicht nur ihre prekäre Lage zu beschreiben, sondern auch Wege für Veränderung aufzuzeigen: »Das kollektive und solidarische Agieren ist die einzige Ausgleichsmöglichkeit, die lohnabhängigen Menschen tatsächlich Macht verleiht.« Der Zusammenschluss der Arbeitenden zu Gewerkschaften sei deshalb ein »zeitloses Konzept« (Bohrn Mena 2019, S. 191). Der deutsche Gewerkschafter und Politiker Bernd Riexinger fügt hinzu, der Prozess der Prekarisierung, Ausgrenzung und Spaltung lasse sich nicht durch einzelne betriebliche und tarifliche Auseinandersetzungen stoppen. Es brauche eine Veränderung der politischen Rahmenbedingungen und die Durchsetzung neuer Regulierungsformen. Es brauche den Kampf um ein neues Normalarbeitsverhältnis (ebd., S. 128).

Die hier beschriebenen Entwicklungen beim Großverteiler Coop sind symptomatisch für die Entwicklungen des Detailhandels und für deren Auswirkungen auf die dortigen Arbeitsbedingungen. Durch die Verdichtung der Arbeit nehmen der Druck auf und die Anforderungen an die Angestellten zu. In der Tarifpartnerschaft von Coop und Unia gibt es Ansätze, diesen Entwicklungen zu begegnen. Mit einem Organisationsgrad von unter zehn

Prozent im Detailhandel und angesichts einer zersplitterten Landschaft bei den Unternehmerverbänden sind die Schweizer Gewerkschaften aktuell nicht dazu in der Lage, in diesem Sektor einen allgemeinverbindlichen Tarifvertrag durchzusetzen. Verbesserungen im Coop-Tarifvertrag haben aber eine Ausstrahlung auf die gesamte Branche. Existenzsichernde Arbeitspensen, kürzere Maximal-Arbeitstage und planbare Arbeitsverhältnisse, wie sie Funke et al. vorschlagen, müssten daher im Arbeitsgesetz geregelt werden – nicht nur für den Detailhandel, sondern für die gesamte Wirtschaft (Funke et al. 2018, S. 43-44).

Kinderzeichnungen und Schokolade waren eine schöne Geste der Anerkennung, doch während der zweiten Welle der Pandemie war selbst davon wenig zu spüren. Die Verkäufer:innen standen wieder an der Front. Die Anerkennung steht aus.

Literatur

Bohrn Mena, Veronika 2019, *Die neue ArbeiterInnenklasse*, Wien: ÖGB Verlag.

Büchler, Tina/Gwendolin Mäder/Christina Wyttenbach/Sebastian Funke/Michèle Amacker 2017, *Der Strukturwandel im Detailhandel und seine Auswirkungen auf die Arbeitsplätze in der Branche*, Bern: Interdisziplinäres Zentrum für Geschlechterforschung.

Credit Suisse Economic Research 2009, *Retail Outlook 2010*, Zürich: Credit Suisse Group.

Funke, Sebastian/Tina Büchler/Gwendolin Mäder/Michèle Amacker 2018, *Die Auswirkungen von Self-Checkout und Self-Scanning auf die Arbeitsbedingungen, die Gesundheit und das berufliche Selbstverständnis des Verkaufspersonals im Detailhandel*, Bern: Interdisziplinäres Zentrum für Geschlechterforschung.

Joris, Elisabeth/Rita Schmid (Hg.) 2019, *Damit der Laden läuft. Ein kritischer Blick in die scheinbar vertraute Welt des Detailhandels*, Zürich: Rotpunktverlag.

Reutimann, Judith/Rolf Iten 2014, *Arbeitsbedingungen im Schweizer Detailhandel 2014*, 2. Benchmarking im Auftrag der Gewerkschaft Unia, Bern: Unia.
Rieger, Andreas/Pascal Pfister/Vania Alleva 2012, *Verkannte Arbeit. Dienstleistungsangestellte in der Schweiz*, Zürich: Rotpunktverlag.
Riexinger, Bernd 2018, *Neue Klassenpolitik*, Hamburg: VSA Verlag.
Staab, Philipp 2014, *Macht und Herrschaft in der Servicewelt*, Hamburg: Hamburger Edition.

Anmerkungen

1 Als Grundlage der Ausführungen dienen Leitfadeninterviews mit vier bei der Gewerkschaft Unia organisierten Verkäuferinnen: Rosa Kunz, Eliane Koller (Gespräche im November 2020), Maria Sorrenti und Zsofia Szabó (Gespräche 2010). Die Namen wurden geändert. Als weitere Quelle dient ein Expert:inneninterview vom November 2020 mit Anne Rubin, der nationalen Unia-Branchenverantwortlichen für den Detailhandel. Die Arbeitsbedingungen des Einzelhandels in der Schweiz wurden bisher kaum wissenschaftlich untersucht. In den letzten zehn Jahren sind aber einige Arbeiten entstanden (siehe die Literaturangaben am Ende des Beitrags). Als weitere Quelle dienten der jährliche Retail Outlook der Forschungsabteilung der Credit Suisse und eine Benchmark-Studie von Reutimann/Iten (2014).
2 In der Schweiz beruht die Berufsbildung vorwiegend auf einem dualen System (praktische Ausbildung in einem Unternehmen und theoretische Inhalte an einer Berufsfachschule). Das Berufsbildungsgesetz unterscheidet verschiedene Formen der beruflichen Grundbildung: eine zweijährige Grundausbildung mit eidgenössischem Berufsattest (EBA) und eine drei- oder vierjährige Grundbildung mit eidgenössischem Fähigkeitszeugnis (EFZ). Diese Ausbildungen sind in den allermeisten Unternehmen lohnrelevant.
3 Die Daten sind online verfügbar unter: {https://de.statista.com/statistik/daten/studie/368538/umfrage/marktanteile-der-fuehrenden-unternehmen-im-lebensmittelhandel-in-der-schweiz/}.
4 Der Medianlohn des Detailhandels betrug 2018 nur 78 Prozent des Gesamtmedians aller Branchen. Die Daten dazu sind online verfügbar unter: {https://www.bfs.admin.ch/bfs/de/home/statistiken/kataloge-datenbanken/tabellen.assetdetail.12488306.html}.
5 Als Tieflohn gilt in der Schweiz ein Lohn von zwei Drittel des Medianlohnes. Daten dazu sind online verfügbar unter: {https://www.bfs.admin.ch/bfs/de/home/aktuell/neue-veroeffentlichungen.assetdetail.12488560.html}.
6 Die tiefsten 10 Prozent der Löhne steigerten sich um 23 Prozent, der Medianlohn nur um 14 Prozent.
7 Die Alters- und Hinterlassenenvorsorge wird im Schweizerischen Rentensystem als 1. Säule bezeichnet. Sie ist umlagefinanziert. Die 2. Säule mit den

sogenannten Pensionskassen funktioniert nach dem Kapitaldeckungsverfahren. Viele Frauen verfügen aufgrund der Teilzeitarbeit nur über die 1. Säule.

8 Eine Übersicht über die diesbezüglichen Volksentscheide ist online verfügbar unter: {https://www.unia.ch/uploads/media/Liste_kantonaler_Abstimmungen_Ladenoeffnungszeiten_01.pdf}.

9 Die Daten sind online verfügbar unter: {https://de.statista.com/themen/2868/e-commerce-in-der-schweiz/}.

Am rechten Rand?
Politisierung im Onlinehandel

Von Thomas Goes

Ein paar Klicks, und nur wenige Tage später sind Buch, Jeans oder Matratze da. Overnight-Lieferungen sind für die meisten von uns selbstverständlich geworden, genau wie der Fast-rund-um-die-Uhr-Einkauf in der Innenstadt ohne allzu frühe Ladenschließung, ohne Mittagsruhe. Ermöglicht wird diese Flexibilität der Unternehmen, der wir als Konsumenten eine gewisse Zeitautonomie verdanken, durch zuweilen sehr harte Arbeitsbedingungen. Die Beschäftigten im Handel sehen sich zum Teil mitbestimmungs- und gewerkschaftsskeptischen oder gar -feindlichen Firmenleitungen gegenüber.

Ein besonderer Teil der Handelsketten,[1] über die der ersehnte Gebrauchsgegenstand zu uns gelangt, sind der Online- und Versandhandel sowie das Lagerwesen der Einzelhandelskonzerne. Hier wird sortiert, bewegt, verstaut und schleunigst auf den Weg zur Kundschaft gebracht. Diese Arbeit ist überwiegend industriell und großbetrieblich organisiert. Während der boomende Online- und Versandhandel inklusive der zugehörigen Warenlager (etwa von Amazon oder Zalando) klassischerweise zum Einzelhandel gezählt wird, ist eine solche Klassifikation für den gesamten Bereich des Lagerwesens im Handel nicht so einfach möglich. Auch Großhandelsunternehmen unterhalten Warenlager, und laut gewerkschaftlicher Expert:innenmeinung gilt für das Gros der Lager von Einzelhandelskonzernen der Tarifvertrag des Großhandels.[2] Es ist deshalb schwer abzuschätzen, wie viele »Lagerarbeiter:innen« es gibt.[3] Im Online- und Versandhandel allerdings, in dem auch mein interviewter Gesprächspartner arbeitet, waren im Jahr 2016 etwa 182 000 Menschen beschäftigt, 2009 waren es lediglich 75 000 gewesen (Holst/Scheier 2019, S. 203).[4] Insgesamt gehören die Lager, in denen meine Gesprächspartner arbeiten, jeweils zu großen Konzernen. Es ist nicht übertrieben, den Online- und Versandhandel als stark oligopolistisch zu bezeichnen. Neben Unternehmen wie Otto, QVC oder Channel21 spielen Megaanbieter wie Amazon und Zalando eine herausragende Rolle. Amazon alleine war 2018 für vierzig bis fünfzig Prozent des gesamten Onlinehandelumsatzes verantwortlich (ebd., S. 202).

Sollte es so etwas wie eine »Arbeiter:innenbewegung von rechts« (Becker/Dörre/Reif-Spirek 2018) geben, dann müssten die Arbeiter:innen in diesen »Gliedern« der Handelskette wohl dazugehören. Immerhin passen ihre Lage und ihre Erfahrungen fast genau zur Beschreibung auf dem »Fahndungsplakat Rechtswähler«, das in der öffentlichen Diskussion gezeichnet wird. Die Löhne sind eher niedrig, die benötigten Fertigkeiten können »on the job« gelernt werden, und an Arbeitsleiderfahrungen mangelt es auch nicht.

Doch so einfach ist es natürlich nicht. Nicht ohne Grund weisen qualitativ forschende Kolleg:innen darauf hin, dass sich die politische Verarbeitung einer Situation nicht einfach und bruchlos aus der jeweiligen Situation »ableiten« lässt. Es gibt dementsprechend gute Gründe anzunehmen, dass ganz unterschiedliche politische Verarbeitungsweisen sozialer Leiderfahrungen beobachtbar sind.

In Interviews stößt man durchaus auch auf robuste »linke Potenziale«.[5] Sie finden sich viel häufiger – zumindest aber »Brücken nach links« – als rechte. Es gibt jedoch auch Verarbeitungsweisen, die man als rechts oder

»rechtspopulistisch« bezeichnen kann. Für einen solchen Fall steht Karl. Seine tiefere Geschichte (Hochschild 2017, S. 187) möchte ich deshalb beispielhaft vorstellen. Karl, Mitte fünfzig, aus einem katholischen und obrigkeitshörigen Elternhaus (wie er selbst es ausdrückt), war in einer lang anhaltenden Tarifauseinandersetzung aktiv. Er gehörte zum gewerkschaftlichen Rückgrat innerhalb des Betriebes. Mich interessiert die Art und Weise, wie er als Alltagsphilosoph »seine Welt« deutet. Was denkt er über seine Arbeit, über den Betrieb? Was läuft nach seinem Dafürhalten falsch, was richtig, im Betrieb, im Land? Was empfindet er wirklich als ungerecht, was sollte anders sein?

I. Arbeitsleid

»Ich bin jetzt seit elf Jahren im Betrieb, und ich bin einer von denen, die das nicht vom Arbeitsamt aufgedrückt bekommen haben. Das ist selten.« Karl kommt direkt zum Punkt, zu einem wichtigen Aspekt seines Unbehagens. Einem Wunschjob geht er nicht nach, noch weniger das Gros seiner Kolleg:innen, die – so seine Wahrnehmung – von der Arbeitsagentur dazu gezwungen werden, dort zu arbeiten. Arbeit wird hier ansatzweise als Zwangsverhältnis angesprochen, oder doch zumindest im eigenen Fall als Verlegenheitslösung:

»Ich hatte vorher eine Firma, die pleitegegangen ist, und habe dann was gesucht zum Parken. Und man staune, schon sind es elfeinhalb Jahre. Habe mich da beworben. Das Lustige war schon die Bewerbungsgeschichte

am Anfang. Die haben mich gefragt, was ich gerne machen möchte, Früh- oder Spätschicht. Sag ich: ›Ich habe gehört, dass es Nachtschicht gibt.‹ Sagt sie: ›Gut‹, geht weg, kommt zwei Minuten später wieder und sagt: ›Du gehst in die Frühschicht.‹ So ging das schon los.«

Wenn auch selbst gewählt, die Übergangslösung war von Anfang an auch ein Verhältnis, in dem eigene Anliegen nicht berücksichtigt werden konnten – zumindest im Rückblick nach elf Jahren. Schon der erste kleine Wunsch (Nachtschicht) wird nicht erfüllt. Zwar werden Vorlieben erfragt, aber Karls Antwort ist den Vorgesetzten eigentlich egal.

»Dann habe ich zwei Monate die Karren von A nach B geschoben, also zu den Leuten, die das bearbeiten, da war ich schon sehr begeistert, weil ich war ja vorher selbstständig, und dann fängst du an, irgendwelche Karren von A nach B zu schieben. Dann bin ich denen so auf den Senkel gegangen, dass ich dann in die Spätschicht gegangen bin als Bearbeiter. Damals war das ja noch so, man hat sich die Sachen selber beigeholt, selber bearbeitet, selber in die Tools gucken, war noch etwas, wo das Brain noch etwas betätigt wird. Mittlerweile ist es ja so weit, dass das jeder Affe könnte mit Rot-Gelb-Grün-Knopf-Drücken.«

Befriedigend ist die Arbeitstätigkeit im Betrieb nicht, Knöpfe drücken heißt: Vereinfachung, Arbeitsteilung, Wiederholung. Sein eigener Anspruch nach einer kreativeren und verantwortlicheren Arbeit (»das Brain betätigen«) wird nicht erfüllt. Hier drücken sich objektive

Veränderungen aus, die sich im gesamten Handel, nicht zuletzt aber in den Warenlagern, vollzogen haben. Es wurde stark technologisch rationalisiert, rechnergestützte Logistiksysteme wurden eingeführt, eine Digitalisierung der gesamten Warenwirtschaft hat sich vollzogen. Mittlerweile gibt es »digital gesteuerte Warenlager, in denen Roboter und fahrerlose Transportsysteme die Logistik übernehmen. Assistenzsysteme wie Datenbrille, pick-by-voice oder pick-by-light-Systeme sind […] weit verbreitet« (Holst/Scheier 2019, S. 16). Diese technologische Erneuerung hat eine doppelte Wirkung. Körperlich wurde die Arbeit zum Teil erleichtert. Aber auch in anderen Beschäftigteninterviews wird diese technische Steuerung aufgegriffen, indem auf eine Verringerung der geistigen Arbeitsanforderungen hingewiesen wird. Insofern lässt sich auch von einer digitalen Taylorisierung sprechen.

Karl war nicht immer frustriert, wie er im weiteren Gespräch verrät. In seiner Anfangszeit im Betrieb hat er sich eingebracht, es ist ihm gelungen, eine anspruchsvollere Position zu finden. Aber dann kam es zu einer Wende.

»Das Unternehmen hat mich dann also sehr gefickt, hat mir irgendwelche Tools genommen, die ich früher hatte. Ich habe so viele Sonderaufgaben gemacht, auch mal früher gekommen, ohne Bezahlung. Mittlerweile bin ich normaler Bearbeiter und bin ganz glücklich drum. Weil wenn du normaler Bearbeiter bist, dann ... Wenn du streikst, dann streikst du. Und wenn du krank bist, bist du krank. […] Wo ich Sonderaufgaben gemacht habe, hieß es, alle können, nur der Kollege und ich können nicht. Und jetzt funktioniere ich noch bei dem Job, sagen wir es mal so. Al-

so ich gehe nicht mehr mit Freude hin, ich gehe mit Widerwillen hin, sonntags nervt's mich schon abends, wenn ich an Montag denke. [...] Und funktioniere nur noch wie so ein Zombie, der da hingeht, sein Gehirn bei der Security abgibt und nach Feierabend wieder abholt.«

Und etwas später: »*Ich bin jetzt normal am Band. Und da schnüffel ich quasi an Schlüpfern, ob die noch frisch sind, oder Jacken, leg die wieder zusammen. Ich nehme die Sachen zurück, die die Leute zurückschicken. Ich gucke, ob das in Ordnung ist, ob das weiterverkauft werden kann, und ich bewerte das.«*
Freiwillig hat er nicht auf den interessanteren Job verzichtet, die Rückstufung hat ihn in ein inneres Exil geführt. Seine Frustration ist gleichzeitig auch ein Grund für sein betriebs- bzw. gewerkschaftspolitisches Engagement.

»*Also viele sagen ja beim Streiken, also warum sie streiken, wegen Tarifvertrag, wegen Geld und allem Drum und Dran. Das mit dem Geld ist sogar irgendwie noch in Ordnung, wir sind sowieso alle so an der Armutsgrenze. Das ist für mich alles noch irgendwie hinnehmbar. Was für mich nicht hinnehmbar ist ... Die Verarschung und die Comedy. Die erzählen uns Sachen ... So in der Art: ›Das Wasser fließt bergauf.‹ Und jeder weiß, es ist nicht so. [...] Die erzählen uns irgendeinen Firlefanz, jeder weiß, das stimmt gar nicht oder das dürfen wir gar nicht so machen. Weil sie auch immer wieder neue Manager haben. Die geben Sachen von sich, die wir besser wissen. Und dann sagen die: ›Wir nehmen es mit.‹ Aber sie bringen es nie wieder. Also das Thema kommt nie wieder auf den Tisch.«*

»Verarschung« und »Comedy«, so nennt es Karl – die Geschäftsführung nimmt die Belegschaft nicht ernst. Expertise wird, wo sie vorhanden ist, vom ständig wechselnden Management nicht anerkannt. Und Karl fühlt sich, wie es im Volksmund heißt, »für dumm verkauft«, im schlechteren Fall sogar belogen. Die Forderung nach mehr Geld steht für ihn nicht im Vordergrund. Das bedeutet nicht, dass er keine Geldsorgen hätte. Im Gegenteil, er hat hohe Schulden. Gerade deshalb würde ihm eine Lohnerhöhung allerdings auch nicht helfen, sollte die im Tarifstreit durchgesetzt werden. Gepfändet würde das zusätzliche Einkommen, meint er. Die Lohnfrage ist dennoch für ihn eine der prinzipiellen Gerechtigkeit:

»Ganz klar, ich bin einer, der finanziell am Arsch ist, eine Pfändung hat. Also im Prinzip noch nicht mal was davon hätte, wenn wir einen Tarifvertrag hätten, […] mir würden sie das sogar wegnehmen. Mir geht es um die Gerechtigkeit. Weil es teilweise ist, das Umgehen mit den Kollegen, das ist so eine kleine Che-Guevara-Denke. Irgendwie habe ich das gemacht wegen der Kollegen und der Gerechtigkeit. Dieser Gerechtigkeitswahn ist sehr stark ausgeprägt bei mir. Ich bin sogar zum Streiken hin, wenn ich krank war oder wenn irgendwas war. […] Ich habe das gemacht, obwohl ich selber nix davon gehabt hätte, wenn wir den Tarifvertrag bekommen hätten. Ich finde, dass eine Firma, die … Die machen ja nicht nur 1000 Mark, die machen richtig Geld, dann könnten die uns auch mehr Lohnerhöhung geben.«

II. Sozialleid und Gesellschaftskritik

Das Arbeitsleben im Betrieb ist mit Anerkennungsmangel verbunden. Karl geht es um Respekt, von den Vorgesetzten fühlt er sich missachtet – es geht aber auch um Ansprüche an Arbeitsinhalte. Dass diese nicht erfüllt werden, verursacht Sozialleid. Zugleich fühlt er sich sozial benachteiligt gegenüber Fremden. Beides wird nicht verbunden (hier ein soziales Benachteiligungsgefühl, dort eine kulturelle Distanz), sondern gehört unmittelbar zusammen:

»Teilweise sind es Ungerechtigkeiten, die ich selber erlebt habe. Beispiel: Ich bin auf der Krankenkasse, weil meine Frau arbeitslos wurde, [...] weil meine Krankenversicherung wollte sie nicht mit übernehmen. Hab das fertig, will mich beraten lassen. Da sagt die Frau auf der Krankenkasse zu mir, warum wir da überhaupt groß die Beratung bräuchten, ob wir das nicht selber schon wüssten, wie was funktioniert. Und dann sitzt da gegenüber einer aus irgendeinem Land, der hat einen Rechtsberater und der hat einen Übersetzer. Bei dem ist das normal, dass der da die Unterstützung kriegt. Und wo ich da normal gefragt habe mit meiner Frau, wie sieht es aus, was können wir da ... ›Sie wissen da ja gar nichts‹, sagt die Frau zu mir. Da denke ich: ›Hallo?‹ Und solche Sachen habe ich sehr oft erlebt, wo ich mir gedacht [habe:] ›Gastfreundschaft in allen Ehren ...‹ Ist ja wie bei mir zuhause, ich muss ja auch, wenn ich Gäste kriege, bin ich Gastgeber und habe einen Gast. Aber es kann ja nicht so sein, dass ich meine Frau, wenn ich Gäste habe, da scheiße behandle und die dumm hinstelle, aber meinen Gästen in den Arsch krieche. Wenn, dann

müsste sich das irgendwie die Waage halten. Und ich habe es so oft erlebt, dass unsere ganzen neuen Mitbürger, wenn irgendwas war, die kriegten einen Support ganz selbstverständlich ... Was ich ja auch gut finde, ich meine, die haben keinen Plan, die brauchen ja auch Unterstützung, das ist ja nicht das Ding. […] Aber wenn man als normaler Deutscher was will, dann kriegt man suggeriert […]: ›Wir sind schon so überlastet mit den Leuten, dass wir denen helfen müssen, da haben wir eigentlich für euch gar keine Zeit.‹ Und das ist so mit das größte Problem, was ich immer wieder […] erlebe.«

Wenn ich diese Aussagen höre, kommt mir das Bild der Warteschlange in den Sinn. Die Soziologin Arlie Russell Hochschild hat es genutzt, um die Vorbehalte von Tea-Party-Anhänger:innen in den USA gegenüber Zugewanderten und US-amerikanischer Bundesregierung zu veranschaulichen (Hochschild 2017): Hier stehe ich, habe ausgehalten, geleistet, entbehrt und warte geduldig, stelle mich hinten an – und dann kommt jemand Neues und wird am Schalter bevorzugt, sogar an den anderen Wartenden vorbeigewunken. Karl empfindet etwas Ähnliches – ihm wird nicht nur Hilfe verwehrt, er wird auch noch dafür kritisiert, Hilfe zu benötigen. Wird er gedemütigt (»Sie wissen da ja gar nichts!«)? Das besondere Benachteiligungsgefühl lebt vom Fremden. Ob es ihn ebenso empören würde, wäre ein »normaler Deutscher« bevorzugt behandelt worden? Gewiss ist nur, dass Karl seine Benachteiligungserfahrung im weiteren Gesprächsverlauf direkt in Verbindung bringt mit einem Unbehagen an dem, was er »politische Korrektheit« nennt.

»Sobald ich irgendwas Negatives sage, ich darf das über dich sagen oder über jeden. Aber ich darf nichts Negatives sagen, wenn das ein Zuwanderer ist. Das finde ich auch ein Ding. Ich kann nicht jeden als rechtsradikal hinstellen, wenn ich da gerade eine Situation erlebt habe, und dann muss alles geändert werden. Es darf nicht mehr Negerkuss heißen, das muss jetzt Schokokuss heißen. Das darf nicht mehr Weihnachtsmarkt heißen, das muss jetzt … Diese ganzen Änderungen, die wir machen. Wie gesagt, da können die Leute nichts dafür, das sind die Politiker. Diese ganzen Änderungen, die gemacht werden, seit wir so viel Zuwanderung haben. Wieso müssen wir Deutschland komplett ändern, in gewissen Worten, in gewissen Sachen, […] in kulturellen Geschichten. Warum muss das alles geändert werden? Ich war in der Türkei, habe mich an einen Tisch gesetzt, da saß eine Frau, hat der Typ auf Türkisch was gesagt, habe ich gesagt: ›Please speak English‹. Sagt er mir dann auf Englisch ›Bei uns ist es nicht erlaubt, dass ich neben einer alleinstehenden Frau sitze.‹ Bin ich aufgestanden und habe mich woanders hingesetzt, wegen deren Regeln. Und das ist hier nicht. Also ich bin mit unseren Politikern sehr, sehr unzufrieden.«

Karl drückt eine Art Entfremdung aus, er kann nicht mehr sprechen, wie er möchte, sogar die eigene Kultur wird ihm in seiner Wahrnehmung genommen. Aber beim Reden über diese Entfremdung wirft er auch einen besonderen Blick auf Zugewanderte. Wieder wähnt sich Karl im Nachteil. Zugewanderte hielten sich nicht an »unsere« Regeln, wie die Türkeierzählung nahelegt, Deutschland wird für sie sogar noch völlig geändert.

Über soziale Kälte, über soziale Ungerechtigkeit redet Karl zwar, in der Regel aber in Verbindung mit seinen als solchen empfundenen Nachteilen im Vergleich zu Fremden oder Menschen, die in seinen Augen nicht arbeiten wollen. Für ihn gibt es Wohlsituierte und die Mehrheit der Menschen, denen es schlechter geht. Die Wohlsituierten würden sogar politisch bevorzugt, meint Karl. Gesteuert würde Deutschland aber von der Wirtschaft, nicht von der Politik. Nur: Lohnungerechtigkeit, Rentenarmut oder ähnliche Themen machen Karl nicht »heiß«, sie brennen ihm nicht unter den Nägeln. Auch auf direkte Nachfrage nach weiteren sozialen und politischen Problemen, ergänzend zur Zuwanderung, pendelt sich das Gespräch wieder bei diesem Themenkomplex ein. Im Gesprächsverlauf bezieht er sich zustimmend auf die AfD, an der er allenfalls ihre Zerstrittenheit und ihre unanständigen Ausfälle (etwa Gaulands »Wir werden sie jagen«) kritisiert. Nebenbei erwähnt er kritisch die Linke und führt auf Nachfrage aus:

»Die Linken, das muss man aber ehrlicherweise sagen, ich bin ja eher halbrechts, war die einzige Partei, die uns hier beim Streik unterstützt hat. Das muss ich ihr lassen. Von der gewerkschaftlichen Seite sind die Linken, es waren ja schon auch SPD und CDU da, waren die Einzigen, die uns von da bis dort begleitet haben und zumindest suggeriert haben, als würden sie uns helfen. Die anderen haben uns mehr oder minder suggeriert: ›Wir schauen mal.‹ Da war immer der Manfred von der Partei hier, der war auch zwei oder drei Mal bei den Treffen dabei. Ich muss sagen, auch wenn ich mit ihm nicht einer Meinung bin, aber ich finde es toll, dass bei denen wenigstens einer das auf die Reihe

kriegt, wenigstens zu versuchen, da am Ball zu bleiben. [...] Das rechne ich dem hoch an, dass er da immer wieder anrollt. Immer wieder irgendwie seinen Senf dazugibt. Und zumindest suggeriert, auch wenn sie wahrscheinlich selbst nichts Großes reißen können, aber dran sind, zu der Gewerkschaft stehen, zu der Belegschaft stehen. Allein dieser Ansatz vom Willen, den rechne ich hoch an. Und das vermisse ich bei den ganzen anderen komplett.«

Die Solidarität der Linken mit der kämpfenden Belegschaft muss er anerkennen, er muss sie »ehrlicherweise« eingestehen. Nicht unbedingt widerwillig, aber die Distanzierung schwingt schon mit – trotz einer Unterstützung, zu der andere Parteien entweder nicht in der Lage oder willens waren.

Wählen wird er die Linke trotzdem nicht. Wegen der Flüchtlinge bzw. aufgrund der Migrationspolitik. Zu blauäugig sei die Partei da, es könnten ja nicht alle herkommen.

»Da kriege ich zu oft das Ding gemacht: ›Alles rein, alles rein, alles rein.‹ Und das ist mir zu global, zu viel ›Alles rein‹. Geht in ein Glas nicht, wenn man Kaffee reinkippt, geht in eine Wohnung nicht, ich habe hier eine Wohnung, da kann ich auch nicht sagen ›Alles rein, alles rein‹. Da muss ich wissen, wen ich reinkriege. Also ist mir zu viel zu sagen: ›Wir brauchen da gar nicht groß berechnen, sondern einfach alle mit ihren Problemen kommen alles rein.‹ Und das ist mir, ich bin so ein kleiner Denker, Planer und so, das ist für mich nicht nachzuvollziehen, wie ich solche Aussagen tätigen kann.«

Etwas vorschnell könnte man Karls Ablehnung darauf reduzieren, dass er lediglich Angst vor einer Konkurrenz um Arbeitsplätze und Wohnungen oder Ähnliches hat. Die Analogie zur Wohnung, in der es eben nur einen begrenzten Platz gibt, legt das nahe. Aber da ist mehr, es gibt eine Haltung zur Welt – moralische Vorstellungen darüber, wie es sein sollte –, in die sein Widerwille gegen zu große Aufnahmebereitschaft eingebettet ist. Karl empfindet ein Bedürfnis danach, sich als Teil einer nationalen Volksgemeinschaft zu sehen. Auf die Frage, was es bedeutet, »halbrechts« zu sein, antwortet er:

»Ja, so werde ich hingestellt. Ich bin zum Beispiel stolz, ein Deutscher zu sein. Durch die ganzen Geschichten, wie die waren. Was Deutschland gemacht hat, aus dem ganzen Mist nach dem Krieg was aufgebaut haben. Ich darf aber diese Aussage, also stolz, ein Deutscher zu sein, also bis jetzt durfte ich das zu einer Zeit sagen, da als die Weltmeisterschaft war. Da war es meiner Meinung nach fast angesagt zu sagen, ›Ich bin stolz, ein Deutscher zu sein‹ […]. Aber die Amerikaner zum Beispiel, wenn die das loslassen, dann sind das Patrioten. Aber diesen Patriotismus dürfen wir in Deutschland nicht ausleben. Und dann wird sich gewundert, warum die Deutschen zum Beispiel nicht so diesen Zusammenhalt haben, wie die anderen Länder den haben. Aber wenn ich diesen Patriotismus nicht ausleben kann … Und Patriotismus ist für mich keine politische Geschichte, das hat nichts mit links und rechts zu tun. Sondern Patriotismus ist wie die Solidarität bei der Gewerkschaft, das ist wie die Liebe zu meiner Familie, in meinem Zuhause, dieses Zusammen, das macht mich stolz,

dass es so funktioniert. Das ist für mich Patriotismus. Aber teilweise werden Leute, die patriotische Sachen loslassen, wird das alles in die rechte Schiene reingemacht. Und das Schlimme an der Sache ist, dass man da ständig drauf rumhackt, wird diese Sache immer mehr rechts, immer mehr Nazi. Aber wenn das immer wieder suggeriert wird, dass das alles schlecht ist, nehme ich mir meinen eigenen Stolz. Und das finde ich schade. Ich kann ja stolz sein, dass meine Großeltern Deutschland mit aufgebaut haben. Oder damals, wo das Wirtschaftswunder kam. Die Deutschen haben ja nun wirklich [...] über Jahrzehnte Deutschland aufgebaut. Nur warum darf ich darauf nicht stolz sein, dass einige Deutsche richtig fleißig und richtig toll waren, und bin dann gleich, komm dann gleich in die rechte Schiene.«

Interviewer: »Warum ist das für dich ein Grund: stolz, Deutscher zu sein?«

Karl: »Weil ich finde, dass jeder, von jedem Land, sollte auf die Sachen, egal was negativ gelaufen ist, stolz sein auf das, was das Land geleistet hat. Das ist meine Meinung. Ich bin ein Positivdenker, man sollte nicht immer negativ denken, man sollte auf die Sachen, die positiv laufen, stolz sein dürfen. Man sollte da drauf stolz sein dürfen, was man geschafft hat. Selbst jetzt, wo bei mir alles scheiße läuft, bin ich stolz auf die paar Sachen, die gut laufen. Um mich zu motivieren, um mein Selbstbewusstsein zu stärken, das ist eine ganz normale psychologische Geschichte. Und das meine ich mit dem Stolzsein. Klar, ich hätte keine Juden vergast. Ich hätte zum Beispiel, wenn ich sehe, dass die Asylantenheime anzünden ... Ey, das geht gar nicht. Das ist eine ganz andere Nummer. Solche Sachen ärgern mich auch. Ich muss aber stolz sein dürfen. Aber sobald man so was kundtut, kommt immer so eine Aussage ›Boah‹, wird schlecht geredet.«

Ein Patriot liebt seine Heimat, das ist der engere Wortsinn. Dieser Patriotismus ist für Karl zugleich lebenswichtig und tabuisiert. Lebenswichtig ist er für ihn, weil der Patriotismus gesellschaftlichen Zusammenhalt und Solidarität für ihn bedeutet. Aber auch, weil er ihm Stolz und Selbstbewusstsein gibt. Immerhin erlaubt es ihm die Zugehörigkeit zu einem über Herkunft bestimmten Volk, zugespitzt formuliert, sich in eine lange Reihe leistender und erfolgreicher Menschen zu stellen. Ihr Erfolg wird sein Erfolg, ihre Leistung seine. Das stiftet Identität: Wer Karl ist, hängt von dieser Reihe ab. Das stärkt auch sein eigenes Selbstwertgefühl, motiviert ihn, wie er etwas später im Gespräch wissen lässt. Seine Volkszugehörigkeit gibt ihm Kraft, verleiht ihm Antrieb – Volk und Vaterland werden zu einer höheren Instanz, die von der »wirklichen« Geschichte abgeschnitten werden. In Karls Fall, weil vor allem über das Positive zu reden ist.

Die Bedeutung der Heimatliebe hängt allerdings, auch das wird bei Karl deutlich, davon ab, was als Heimat verstanden wird, auf welche »gemeinsame Geschichte« Menschen sich beziehen, was also die Identitätsanker sind, und von wem oder was sie sich abgrenzen. Möglich ist zum Beispiel ein linker Patriotismus, der in der Idee der Republik verankert ist: die Republik als Bollwerk der Demokratie, mit einer Geschichte der Kämpfe des einfachen Volkes um Gleichheit und Selbstbestimmung.

Ein solcher linker Patriotismus blitzte beispielsweise in den griechischen Protesten gegen die von der sogenannten

Troika verordneten Sparmaßnahmen auf, in denen die radikal linke Partei Syriza eine wichtige Rolle spielte. Oder in der Bewegung »Unbeugsames Frankreich« von Jean-Luc Mélenchon. Im rechten Patriotismus ist die Heimat verbunden mit dem dort ansässigen Volk, es geht also um eine Ahnenfolge, beruhend auf Abstammung und Herkunft – in modernen Versionen nicht unbedingt über das Blut vermittelt, sondern über Kultur, über das Eigene. Es ist dennoch ein ethnisiertes Volk, wie Michael Wildt es formuliert hat (vgl. Wildt 2017, S. 10). Für Karl jedenfalls ist das kulturell Eigene sehr wichtig, »unsere Regeln« stehen mindestens für eine Lebensweise. Aber das Lebenswichtige wird ihm verwehrt – als Patriot wird er in eine rechte Ecke gedrängt. Man könnte auch sagen, dass Karl zwar die soziale Politik der Linken vor Ort (Solidaritätsarbeit) würdigt, sie sein Bedürfnis nach nationaler Identitätspolitik aber nicht nur nicht befriedigen will (oder kann); Linke stören ihn dabei auch. Seinen positiven Bezug auf das eigene Volk, das zunächst mit einer »leistenden Generationenabfolge« zusammengedacht wird, verbindet Karl im weiteren Gesprächsverlauf mit einer doppelten Abgrenzung:

»Und das meine ich mit dem halbrechts. Wenn das so ist, dass das, wie ich denke, dass meine Regeln ... Wenn: Bei mir zuhause wird nicht geraucht, musst du auf die Terrasse gehen, und das wird schon als ... keine Ahnung was bewertet. Oder wenn ich sage, in der Stadt, da hat ein Schwarzer zwischen zwei Geschäfte geschissen, da gibt es ein Video von, wenn ich sage, das gefällt mir aber nicht ... Da sagt einer von den Linken: ›Ja, der hat aber nur gepin-

kelt.‹ Sage ich aber: ›Ganz ehrlich, bei mir pinkelt auch keiner zwischen zwei Geschäfte. Das macht man nicht.‹ Und jetzt kommt es. Da sagt er: ›Das liegt da dran, wir hätten dem das sagen müssen.‹ Da sage ich: ›Stell dir mal vor, da kommt einer und sagt: ›Pinkel nicht zwischen Geschäfte‹, da würdest du dir verarscht vorkommen.‹ Das meine ich mit halbrechts. Ich möchte meinen Stolz, meinen Patriotismus behalten, der mir ... wo ich entmündigt werde.«

Zum Abgrenzungsobjekt wird zunächst der »regelbrechende Migrant«, der grundlegende Kulturtechniken, die »uns« als selbstverständlich erscheinen, nicht beherrscht; zugleich aber auch der Linke, der sich nicht ebenso über den Regelbruch empört, sondern Verständnis aufbringt. Zum Problem wird das »Störfeuer von links« möglicherweise auch, weil Patriotismus für Karl kein abstraktes Ideal ist. Wenn er von »Patriotismus« spricht, dann verwendet er den Ausdruck fast als Synonym für Tugenden und Verhaltensweisen, die ihm – in seinem Selbstverständnis wurzelnd – enorm wichtig sind.

Interviewer: »Du hattest gesagt, zu Patriotismus gehört auch Loyalität und so. Was meinst du damit?«

Karl: »Loyalität geht los, allein schon, wenn wir bei unserem Betrieb bleiben. Bei uns gibt es viele Leute, da wir keinen Akkord haben, die meinen, sie werden bezahlt für ihre Anwesenheit. Und ich bin einer, der wirklich streikt und macht und meckert und der sich auch bei Meetings meldet, irgendwie was sagt, wenn irgendwas ist. Aber mein Ding ist: Ich bin loyal zu meinem Chef, was Arbeit betrifft, weil ich, wenn ich da bin, die Leistung bringen möchte, eine Qualität bringen möchte, für meinen eigenen Stolz, für meine eigene Ehre. Wenn ich schon einen Idiotenjob mache, wenigstens so viel wie möglich, so gut wie möglich zu machen. Da bin ich loyal zu meinem Chef. Dann: Meine Frau ist chaotisch, ich bin eher der Planer. Heißt: Ich bin da loyal zu meiner Frau, weil man will die Frau nicht denunzieren. Oder ich bin in einem Club, wenn da was ist, heißt es, dass ich da bin für die Leute, wenn nicht gerade einer was Schlimmes gemacht hat. Loyalität heißt, die Gruppierungen, in denen ich bin, zu denen bin ich loyal. Oder auch eine gewisse Treue habe ich zu denen. […] Ich habe das auch hier tätowiert ›Honour, Trust, Loyalty‹. Also diese Treue, Stolz, Ehre, diese ganzen Geschichten, wie das früher war … Zum Beispiel, dass man absagt, wenn man nicht kann. Hätte ich jetzt den Termin mit dir nicht geschafft, ist es für mich einfach eine Pflicht, dir das zu sagen, weil du dir ja Zeit genommen hast. Also diese alten Werte, die es früher gab, die im Moment total zerfallen, die sind für mich ganz wichtig.«

Interviewer: »Und wie hängt das mit dem Patriotismus zusammen?«

[…]

Karl: »Patriotismus heißt, zu dem stehen, zu dieser Gruppierung, ob zu Deutschland, zu meinem Club, zu meiner Frau, zu meiner Familie, zu meinen Gewerkschaftskollegen. Patriotismus ist für mich ein Stück weit, dass man sich auf mich verlassen kann, dass ich versuche, für Gerechtigkeit zu sorgen. Dass ich stolz darauf bin, was wir erreicht haben. Ich bin sehr stolz darauf, was wir in der Gewerkschaft erreicht haben. Auch wenn viele sagen, wir haben nichts erreicht. Aber das fängt bei kleinen Sachen an, wie Umsonst-Kaffee, das gab es früher nicht. Wir haben nach fünf Jahren plötzlich eine Lohnerhöhung gekriegt, die hätten wir sonst nie gekriegt. [...] Also dieser Stolz und Ehre und Treue und diese ganze Geschichte, die greifen bei mir teilweise in den Patriotismus mit rein.«

Patriotismus wird für Karl geradezu zu einem Synonym für Solidarität und Respekt, wobei die Abgrenzung von denen, die nicht solidarisch sind, zumindest anklingt. Bemerkenswert ist in diesem Zusammenhang, dass Karl die Loyalität gegenüber der Familie, gegenüber dem Unternehmen, den gewerkschaftlich aktiven Kolleg:innen, Freund:innen (dem Club) und der Nation als Beispiele desselben aufzählt. Was ist dieses dasselbe? In elementarster Form (Stichwort Treue): sich einbringen, sich gegenseitig unterstützen, für Gerechtigkeit sorgen.

Das Bedürfnis nach Patriotismus reibt sich immer wieder am Fremden, an denen, die sich nicht an »unsere Regeln« halten, obwohl sie nicht mehr als Gäste sind. Die eigene Macht über andere wird nicht anerkannt, obwohl Karl eigentlich fest davon ausgeht – denn ein Gastgeber hat ja das Recht dazu, andere jederzeit seines Besitzes zu verweisen, wenn der Gast sich anders benimmt als erwünscht. »Zuhause«, so ein geflügeltes Wort, »bin ich König.« Aber eben nicht in Deutschland.

Interviewer: »Und wenn jetzt Leute zuwandern und die würden sich an Regeln halten, wie du dir das vorstellst – könnte dann kommen, wer möchte?«

Karl: »Dann könnte kommen, wer möchte. Jeder, der sich ordentlich benimmt, der für das Gemeinwohl zuträgt, und dann ist egal. [...] Nur ... das ist wieder das Beispiel. Komm ich zu dir, darf ich nicht rauchen, muss ich rausgehen. Ich erwarte, dass der Gastgeber, wenn der Gastgeber seine Regeln hat, und ich sehe die jetzt erst mal als Gast, kommen zu dem Gastgeber, dann kann nicht, sagen wir mal so, die Chefs von einer Gemeinschaft, die Gäste haben, denen eine Entmündigung rüberbringen und sagen, jetzt ändern wir das, jetzt muss das so gemacht werden, weil die kommen, jetzt muss das so gemacht werden. Das finde ich schlimm an der Sache, weil das schürt sogar diese rechtsradikale Scheiße.«

In Deutschland ist nicht Karl König, nicht er bestimmt – sondern diejenigen, die die Macht haben, ändern die Regeln zugunsten der Neuen. Das Gespräch ist von einem Gefühl der Ohnmacht geprägt. Sogar die gewohnte Art, zu denken und zu sprechen, wird nicht nur hinterfragt, sondern eigentlich unterbunden.

»Das finde ich schlimm mittlerweile, wenn ich mich unterhalte auf der Straße und kenne die Leute nicht, ohne Scheiß, da überlege ich mir mittlerweile schon, wie ich manche Sachen ausdrücke, weil wenn ich die so loslasse, wie ich das so denke [...]. Ein Beispiel: Ich stehe vor der Post, plötzlich fällt einer hin. Früher hätte ich gesagt: ›Guck mal, der Neger ist umgefallen.‹ Jetzt ... ›Da ist ein Mann umgefallen‹, ich passe schon auf ... Das hat gar keinen interessiert, das war nicht bös gemeint und nix, hätte ich das gesagt, hätte es bestimmt wieder wen gegeben,

der mir gesagt hätte, das sagt man aber so nicht. Obwohl ich nur sagen wollte, der gute Mann ist hingefallen. Also ich finde, wir stellen uns in Deutschland sehr unter den Scheffel.«

Karl begehrt auf, gegen Respektlosigkeit im Unternehmen, auch gegen Lohnungerechtigkeit – er ist ein »solidarischer Typ«. Er macht den Rücken gerade für den aufrechten Gang im Betrieb. Nicht weniger aber begehrt er gegen die empfundene kulturelle Entfremdung auf, die ihm aufgezwungen wird. Dies ist ein Aufbegehren gegen eine Normalität, die ihn in die Ecke drängt. Denn es sind nicht Außenseiter, die ihn maßregeln, sondern gewöhnliche Leute, »ganz normale Leute« auf der Straße und Kolleg:innen im Betrieb. Auch das ist eine wichtige Facette der Geschichte, die Karl erzählt.

Natürlich gehen nicht alle Menschen, die unter Bedingungen arbeiten wie Karl, mit ihrer Situation so um. Ein weiterer Interviewpartner, der ebenfalls zum gewerkschaftlichen Aktivenkreis des Betriebes gehörte, ist jedenfalls nahezu der politische Gegenentwurf zu Karl. Im Zuge der Auseinandersetzung sei er zu einem Sozialisten geworden, erzählte mir Frank. Könnte man Karls Anschauungen als »sozialrebellischen Nationalismus« bezeichnen (ähnlich: Dörre 2008, S. 248), dann Franks als eine Art »sozialen Republikanismus«, in dem Kritik an sozialer Ungleichheit Hand in Hand geht mit Sorgen um den Rechtsruck im Land und einer Orientierung an mehr Demokratie. Das aber ist eine andere Geschichte.

Literatur

Becker, Karina/Klaus Dörre/Peter Reif-Spirek 2018, »Zur Einführung. Arbeiterbewegung von rechts?«, in: dies., *Arbeiterbewegung von rechts? Ungleichheit – Verteilungskämpfe – populistische Revolte*, Frankfurt am Main, New York: Campus (S. 9-24).
Bundesamt für Statistik (2019), *Statistisches Jahrbuch*, Wiesbaden, online verfügbar unter: {https://www.destatis.de/DE/Themen/Querschnitt/Jahrbuch/statistisches-jahrbuch-2019-dl.pdf?__blob=publicationFile}.
Das. (2009), *Statistisches Jahrbuch*, Wiesbaden, online verfügbar unter: {https://www.statistischebibliothek.de/mir/servlets/MCRFileNodeServlet/DEAusgabe_derivate_00000137/101 011 009 7004.pdf;jsessionid=10998852873127B03B696C4B0FAB09A0}.
Dörre, Klaus 2008, »Prekarisierung der Arbeit: Fördert sie einen neuen Autoritarismus?«, in: Klaus Butterwegge/Gudrun Hentges (Hg.), *Rechtspopulismus, Arbeitswelt, Armut. Befunde aus Deutschland, Österreich und der Schweiz*, Opladen, Farmington Hills: Verlag Barbara Budrich (S. 241-255).
Holst, Gregor/Franziska Scheier (2019), *Branchenanalyse Handel*, Düsseldorf: Hans-Böckler-Stiftung, online verfügbar unter: {https://www.econstor.eu/bitstream/10419/216081/1/hbs-fofoe-wp-161-2019.pdf}.
Wildt, Michael 2017, *Volk, Volksgemeinschaft, AfD*, Hamburg: Hamburger Edition.

Anmerkungen

1 Mit »Handelskette« meine ich die verschiedenen Stufen, die Waren durchlaufen, nachdem sie vom Herstellerunternehmen verkauft und bis sie vom Konsumenten gekauft werden. Lager sind ein wichtiger Teil. Hier arbeiten eher Männer als Frauen, überwiegend kann man die Arbeit »on the job« lernen. Viele Beschäftigte haben daher eine andere oder gar keine Ausbildung gemacht, insofern sind berufliche Spurwechsel für »Lagerarbeiter:innen« eher normal. Außerdem sind in den Lagern, in denen mehrere hundert oder auch tausend Beschäftigte arbeiten, häufig Menschen zusammen beschäftigt, die verschiedenen Nationalitäten angehören.
2 Allerdings ist das eine umkämpfte tarifpolitische Einstufung, keine offizielle der Wirtschaftsstatistik, in der die Lager nicht offiziell und gesondert aufgeführt werden. Laut Expert:innenmeinung gilt in bereits tarifgebundenen Warenlagern zwar überwiegend der Tarifvertrag des Großhandels (in einigen Fällen auch des Einzelhandels), aber 2017 waren überhaupt nur 22 Prozent der Großhandelsunternehmen tarifgebunden (2010 waren es noch 26 Prozent) (Holst/Scheier 2019, S. 61). Im Einzelhandel sank die Tarifbindung von 33 Prozent der Unternehmen (2010) auf 25 Prozent (2017). Wo, so eine interviewte Gewerkschaftssekretärin, Belegschaften versuchen, einen neuen Tarifvertrag durchzusetzen, versuchen Unternehmensleitungen häufig,

einen Logistik-Tarifabschluss zu verhandeln, weil dessen Konditionen für sie günstiger sind.

3 Im gesamten Handel arbeiteten laut amtlicher Statistik 2018 rund 5,4 Millionen Menschen, 1991 waren es noch 4,9 Millionen gewesen. Der Anteil der Beschäftigten im Handel an allen abhängig Beschäftigten blieb trotz technologischer Rationalisierung dabei stabil, 1991 waren es 13,89 Prozent, 2018 13,3. Das ist keineswegs selbstverständlich. Zum Vergleich: Im selben Zeitraum sank die Zahl der Industriebeschäftigten von 9,76 Millionen im Jahr 1991 auf rund 7,52 Millionen 2018. Der Anteil der Beschäftigten im verarbeitenden Gewerbe an allen abhängig Beschäftigten sank im selben Zeitraum von 27,68 auf 18,51 Prozent (Bundesamt für Statistik 2009, 73, 82; das. 2019, S. 361). In Warenlagern arbeitet davon lediglich ein Teil, dessen Umfang aber schwer abzuschätzen ist. Im Großhandel, zu dem wirtschaftsstatistisch ein größerer Teil rechtlich eigenständiger Warenlager gezählt werden dürften, arbeiten jedenfalls rund 40 Prozent aller Handelsbeschäftigten (Holst/Scheier 2019, S. 14).

4 Allerdings dürften längst nicht alle der 182 000 Beschäftigten auch als Lagerarbeiter:innen tätig sein, hinzu kommen neben Leitungs- und Verwaltungsaufgaben noch verschiedene Aufgaben wie Werbung oder Kundenbetreuung. In den Waren- und Logistikzentren, so ein interviewter Experte, gibt es außerdem größere Belegschaftsteile von Menschen mit Migrationshintergrund.

5 Das Gespräch, das im Mittelpunkt meines Beitrages steht, habe ich im Rahmen eines Forschungsprojektes geführt, das von der Rosa Luxemburg Stiftung finanziert wird und bis Herbst 2022 läuft. Ich interviewe Beschäftigte aus drei Branchen, aus der Gesundheitsindustrie, aus dem Werkzeug- und Maschinenbau sowie aus dem Lager- und Logistiksektor des Handels. Im Mittelpunkt der Gespräche stehen Fragen zu Arbeits- und Betriebserfahrungen, aber auch zur Wahrnehmung sozialer Ungleichheit, sozialen Ansprüchen und ganz besonders zu Interessen an Sozialpolitik sowie zur generellen Haltung »der« Politik gegenüber.

Rechte einer vergehenden Zeit: Von der Post zum Paketzusteller

Von Philipp Staab

»Wenn ich mir ansehe, was in den letzten Jahren passiert ist, sehe ich nicht, dass wir in Zukunft sozialer unterwegs sein werden.« Mit diesem Kommentar beschließt Rainer Tommé[1] unser Gespräch, das sich die vorangegangenen zwei Stunden um seine berufliche Laufbahn in der Paketzustellung gedreht hat. Herr Tommé ist 18 Jahre lang Paketzusteller gewesen. Seit einem Jahr ist er, mittlerweile 51, freigestellter Betriebsrat. Ungewöhnlich ist seine Situation gleich in mehrfacher Hinsicht. Die Paketzustellung ist keineswegs bekannt für starke Mitbestimmungsstrukturen. Auch, dass man beinahe zwanzig Jahre beim selben Unternehmen verbringt und dort als nicht mehr ganz junger Mann gar seinen Renteneintritt plant, kann als außergewöhnlich gelten.

Typisch für die Branche – auch für Herrn Tommés Unternehmen, den ehemaligen Staatskonzern Deutsche Post AG – sind eher schwache Mitbestimmungsstrukturen und eine enorme Fluktuation unter den Zusteller:innen (vgl. Holst/Singe 2013). Die Paketzustellung ist eine Art Residualarbeitsmarkt der Dienstleistungsgesellschaft, der, hochgradig konjunkturabhängig, diejenigen aufnimmt, die an anderer Stelle nicht mehr können oder wollen. In den vergangenen zwanzig Jahren ist das Zustellgewerbe dabei zu einer Art Experimentierfeld für die bunte Vielfalt an Beschäftigungsverhältnissen geworden, die die postindustrielle Arbeitswelt zu bieten hat (Staab 2014).

Wann immer konjunkturelle Einbrüche den Arbeitsmarkt belasten, häufen sich die Bewerbungen auch beim Paketarm der Post. Auch Herr Tommé ist aufgrund schlechter Chancen auf dem Arbeitsmarkt im Unternehmen gelandet:

»*Beim Wachdienst damals war ich 22. Ich war beim Bund gewesen, klassisch Wehrdienst. Danach habe ich ein Studium an der Fachhochschule begonnen – ich habe Fachabitur. Das war ein technisches Studium mit Perspektive auf den Schiffsbau. Es war aber halt so: Die Leute, die ausgelernt hatten, die waren spätestens im übernächsten Semester wieder da und haben weiterstudiert, weil einfach nichts da war. Einen Teil der Leute habe ich auch als Taxifahrer wiedergetroffen, wo die auch gesagt haben: Was anderes haben wir nicht gefunden. Weil der Arbeitsmarkt damals einfach pappsatt voll war. Da habe ich auch gesagt: Bevor ich mich da weiter im Studium bewege und am Ende einen Abschluss mache, der mir am Ende nichts bringt.*«

Auch heute beobachtet er noch die starke Konjunkturabhängigkeit der Tätigkeit, die er zuletzt in seiner Rolle als Betriebsrat im Frühjahr 2020, während der ersten Hochphase der Corona-Pandemie registriert hatte. Allein in seiner Niederlassung wurde rund ein Drittel der ein Jahr später dort beschäftigten Mitarbeiter in dieser Zeit eingestellt. Das Paketaufkommen hatte sich zwischen Januar 2020 und Januar 2021 um vierzig Prozent erhöht. Doch auch ohne Sonderkonjunktur, wie sie im Jahr 2020 aus den Zwangsschließungen des Einzelhandels resultierte, ist die Zustellung seit der Jahrtausendwende stark gewachsen. Betrug das Paketaufkommen in Deutschland im Jahr 2000 noch 1,69 Milliarden Sendungen, wuchs es auf 3,65 Milliarden im Jahr 2019 an (KE-Consult 2020, S. 11). Ein ähnliches Wachstum gab es bei der Anzahl der Beschäftigten in der Branche. Waren dort 2002 noch 320 000 Menschen beschäftigt, überschritt die Zahl 2019 erstmals eine halbe Million auf 512 600 Beschäftigte (KE-Consult 2020, S. 32).

Grundlage dieser Entwicklung ist der Aufstieg des Onlineversandhandels, oder: E-Commerce, der mit jährlichen Wachstumsraten von rund 11,6 Prozent in Deutschland das Wachstum der Zustellbranche sichert (BEHV 2020). Der Aufstieg des E-Commerce wiederum ist kaum vorstellbar ohne kosteneffiziente Distributionsmethoden. Marktanteile konnten hier vor allem Händler gewinnen, die, wie beispielsweise der Modehändler Zalando, auf weitgehend kostenfreie Zustellung und Rückversand setzten. In der Zustellbranche hat diese Strategie der E-Commerce-Plattformen einen konstant hohen Kostendruck erzeugt, der in den vergangenen zwanzig Jahren regelmäßig auf dem Rücken der Zusteller:innen ausgetragen wurde. DHL, Hermes, GLS, UPS oder die unzähligen Subunternehmen geben diesen als Lohn- und Leistungsdruck an die Arbeitenden weiter. Auch bei der Post gilt bis heute zu Beginn der Laufbahn eine harte Auslese, wobei man der hohen Fluktuation auch Rechnung zu tragen versucht:

»Wann fangen die neuen Leute bei uns an? Zum Starkverkehr, also kurz vor Weihnachten. Da werden die Leute ausgebildet, und da sollen dann die neuen Leute erst mal ein halbes Jahr lang auf so einer Weihnachtstour eingesetzt werden, wo die dann erst mal ankommen. Weil es ist ja so eine Sache: Wenn ich als Springer einige Jahre im Unternehmen bin, was habe ich da noch für eine Herausforderung? Ich weiß, wie der Scanner funktioniert. Ich weiß, wie das Beladen funktioniert. Ich habe meine eigene Lo-

gistik im Auto. Ich weiß: Welches Paket muss ich wohin legen. Das ist für mich alles kein Stress mehr. Der Neue, der kommt natürlich an: Der hat Stress mit dem Smartphone, da muss er reinfinden. Er muss seine Logistik im Auto in den Griff bekommen. Er muss gucken: Wie fahre ich denn, also ein bisschen selbst gucken: Wie gehe ich so eine Tour an […], und wenn ich das dann jeden Tag neu machen muss […], das war dann von der Fluktuation am Ende für das Unternehmen auch zu hoch. Wäre die Fluktuation nicht so hoch gewesen, hätten die es auch weiter so gemacht: Die Leute hätten draußen in Zweierreihen vor der Tür gestanden: Die Härtesten überleben, und die wollen wir haben. So haben sie es die Jahre vorher gemacht. Das funktionierte jetzt die letzten Jahre, abgesehen von 2020, nicht mehr so. Aber trotzdem sind sie auch 2020 bei den Ausbildungsbezirken, den Weihnachtsbezirken geblieben, damit die Leute erst mal auf festen Touren ankommen. Mittlerweile hat da auch ein Umdenken stattgefunden: Es gibt jetzt nicht mehr die eine Einstellungswelle von August bis Oktober, wo die Leute fit gemacht werden müssen, damit sie im Starkverkehr an Weihnachten was reißen. Ziel ist eher, dass versucht wird, über das ganze Jahr einzustellen. Die Touren sind jetzt auch erst mal kleiner, damit auch Zeit ist für die Ausbildung, für die ersten 14 Tage.«

Die Ausgliederung von Aufgaben in neu gegründete Tochterfirmen oder die Beauftragung von Subunternehmen war lange der wichtigste Bestandteil der Rationalisierung. Bei Herrn Tommés Unternehmen fand die letzte große Auseinandersetzung um ein Programm dieser Art im Jahr 2015 statt, als die Post begann, die Paketzustellung in eigens gegründete Regionalgesellschaften zu überführen. Ziel war die Herauslösung der Zustellung aus dem Haustarifvertrag. Die Gewerkschaft Verdi streikte einen Monat gegen das Vorhaben. Offiziell ging es dabei um die 35-Stunden-Woche, da die Gewerkschaft im Falle eines direkten Aufrufs gegen die Strukturänderung des Konzerns mit Schadensersatzforderungen hätte belangt werden können. Doch weder Verdi noch das große öffentliche Interesse, an das sich auch Herr Tommé noch lebhaft erinnert, konnten die Gründung der Regionalgesellschaften verhindern:

»2015 hat die Post ja ausgegründet und hat gesagt: ›Hier, neue Firmen, alles, was nicht mit einem Festvertrag ausgestattet ist, das überführen wir mal kurz.‹ Da haben sie sich an den Spedition- und Logistiktarifvertrag angelehnt, statt an unseren Haustarifvertrag. Das war aber erst mal nicht so das Problem: Die Leute waren draußen, auf Tour, zwar am Maulen. Aber: Wer lang genug dabei war und den Vertrag nicht unterschreiben wollte, der hat sich eben eingeklagt. Das haben viele Kollegen gemacht. Die haben auch meistens gewonnen. Die wurden dann natürlich ›aus Verbundenheit mit der Post‹ – das heißt: weil die Post sie nicht leiden konnte – von der Paketzustellung in die Postzustellung versetzt. Quasi als Strafversetzung: Dahin kommt ihr nicht wieder! Die haben es aber alle nach einem Jahr ungefähr wieder zurückgeschafft in die Paketzustellung, weil: Brief war denen nix. Die waren Paketzusteller, und das wollten sie auch bleiben.

Aber das war schon. […] Dieser Streik war ja 2015 auch sechs Wochen lang. Das war ja auch überall: In der Bild-

Zeitung, *in der* Tagesschau. *Der Briefkasten ist leer, und dann hat man irgendwelche Rentner am Gartenzaun gesehen, die ihre Post nicht bekommen haben, und irgendeine Oma hat ihre Tabletten nicht gekriegt. Das war ja ein gefundenes Fressen für die Medien. Freie Kost. Die sind vor die Tür getreten und haben irgendwen gefragt: Was halten Sie davon? Es war ja jeder betroffen. [...] Das haben die natürlich ausgeschlachtet.«*

Es handelte sich um den Moment in der Geschichte des Unternehmens, in dem der gesamtgesellschaftliche Konflikt um den zwanzig Jahre zuvor privatisierten, ehemaligen Staatsbetrieb exemplarisch in die Öffentlichkeit trat. Die private und mediale Empörung adressiert die Post als öffentliches Gut, auf das die Bevölkerung ein Anrecht hat. Wenn hier gestreikt wird, versagt der Staat bei der Bereitstellung essenzieller Dienstleistungen. Die Beschäftigten dagegen handeln schlicht nach der Rationalität privatwirtschaftlich Beschäftigter. Sie haben sich mit ihrem Schicksal am Markt arrangiert und sind Öffentlichkeit und Staat nicht stärker verpflichtet als andere. Auch bei Herrn Tommé stoßen heute Nachfragen, die die Post- und Paketzustellung als fundamentale Dienstleistung von besonderer Relevanz adressieren, eher auf Unverständnis und werden enttäuscht mit der realen Erfahrung kontrastiert:

Interviewer: »*Was hältst du vom Begriff ›systemrelevant‹ für eure Tätigkeit?«*
Herr Tommé: »*Die Post, ja, systemrelevant. Da muss dann aber auch die Systemrelevanz sich irgendwie in mei-*

nem Portemonnaie zu Buche schlagen. Und nicht: ›Schön, dass ihr es macht. Wenn ihr es umsonst macht, ist es auch schön, aber, na ja, wenn ihr ein bisschen Geld haben wollt, zahlen wir euch auch was.‹ 2020 hieß das für uns am Anfang einfach: Du wirst nicht geschützt. Im Frühjahr 2020 wusste ja auch keiner wirklich irgendwas. Die ersten paar Wochen: Kein Desinfektionsmittel, keine Masken, nichts […]. Als das dann ankam, stand es halt rum, nach dem Motto: Besser haben als brauchen. So hat sich das irgendwann beruhigt. Kann ja sein, dass die Post systemrelevant ist, dann müsste sich das aber auch irgendwie in den Löhnen niederschlagen.«

Die Ausgliederung der Zustellung in die Regionalgesellschaften scheiterte dann letztlich auch nicht, weil die Post gesellschaftlich relevant ist, sondern aufgrund betriebswirtschaftlicher Erwägungen. Das Projekt endete mit der Reintegration der Regionalgesellschaften in den Mutterkonzern im Jahr 2019.

»Zu guter Letzt war das eine Unternehmensentscheidung. Die sind ja angetreten, weil sie gesagt haben: ›So, jetzt sparen wir Geld.‹ Aber: Was passiert, wenn ich zwei Unternehmensteile habe, wo ich zwei Leitungen brauche? Ich brauchte dann ja auch wen, der weisungsbefugt ist für die Regionalgesellschaft am selben Standort. Also was wurde gemacht? Doppelstrukturen aufgebaut und: Doppelstrukturen kosten eben doppeltes Geld. Diese Entgeltgruppen kosten natürlich auch mehr Geld. Wenn da jemand Personalverantwortung übernimmt für siebzig Leute. Den kann ich nicht mit 1500 Euro vom Hof schicken. Zu guter

Letzt hat das alles zu viel Geld gekostet, zwei Verwaltungen. Irgendwann sind sie dann zurückgerudert.«

Zwei Welten

Heute ist die Branche in mehrfacher Hinsicht zweigeteilt. Die Logik der Ausgliederung an Tochter- und Subunternehmen besteht fort, bildet etwa bei den Konkurrenten der DHL bis heute zum Teil das dominante Modell. Auch der ehemalige Staatskonzern operiert noch mit Subunternehmen in der Zustellung, allerdings in der Regel eher um Auftragsspitzen zu bewältigen oder um im Weihnachtsgeschäft kurzfristig die Kapazitäten zu erhöhen. Bei der Stammbelegschaft, zu der der Großteil der Zusteller:innen gehört, hat sich die Lage dagegen stabilisiert. Zur Beruhigung der Konflikte um die nach wie vor harten Arbeitsbedingungen beim Unternehmen tragen insbesondere die vergleichsweise hohen Löhne bei. Während man bei der Konkurrenz zum Mindestlohn und oft nicht in Vollzeit beschäftigt ist und bei einer mit der Vollbeschäftigung vergleichbaren Arbeitszeit in der Regel mit 1000 bis 1800 Euro netto bei unklarer Beschäftigungsperspektive rechnen kann, sind die Aussichten bei DHL berechenbar und die Löhne vergleichsweise hoch. Ein:e Zusteller:in steigt hier auf der untersten Stufe bei 38,5 Stunden mit einem Bruttogehalt von 2353 Euro monatlich (14,06 Euro die Stunde) ein, das sich in Zweijahresschritten erhöht. Auch bei den Arbeitsbedingungen zeigen sich deutliche Unterschiede: Herr Tommé berichtet von einer üblichen Menge von 120 bis 150 Paketen für eine innerstädtische

Zustelltour in seinem Bereich. Bei der Konkurrenz liegen die Zahlen meist höher. 170 bis 200 Pakete sind durchaus üblich.

Für Herrn Tommé bedeutet die Situation bei seinem Unternehmen, ungeachtet des Wandels der Branche, vor allem Kontinuität. Über Arbeitsbelastung klagt er nicht, was wohl nicht nur daran liegt, dass er selbst vor einem Jahr aus der aktiven Zustellung ausgeschieden ist. Vielmehr gehört die »körperzerstörende Arbeit«, wie er sie ohne Empörung nennt, zum Berufsprofil. Sie zu beklagen hieße, über eine andere Tätigkeit zu sprechen. Übel findet er unter den gegebenen Bedingungen allerdings die Befristungs- und Kündigungsregelungen im Krankheitsfall.

»Das Einzige, was einem wirklich auf die Füße fallen kann, ist, wenn man zu lange krank ist. Das Unternehmen sagt: zwanzig Tage in zwei Jahren. Was darüber ist, wird nicht entfristet. Unser Job ist ja nicht so, dass man mit Schnupfen hingehen kann. Das ist ja immer körperlich! Und da sind zwanzig Tage in zwei Jahren einfach realitätsfremd.«

Hier stiehlt sich das Unternehmen, so sieht es Herr Tommé, aus der Verantwortung und wird der jeweiligen Einzigartigkeit der speziellen Situation eines Zustellers nicht gerecht. Ein impliziter Sozialvertrag der arbeiterlichen Gesellschaft der Bundesrepublik – berufliche Sicherheit gegen körperlichen Verschleiß – scheint hier verletzt. Der Körper ist die Sollbruchstelle der Zusteller:innenexistenz, die vom Unternehmen ausgebeutet, aber nicht versichert wird.

Die Tätigkeit liefert allerdings auch Vorteile, die Herr Tommé anhand der eigenen Biografie klar herausstellt:

»*Ich bin seit 19 Jahren im Unternehmen. Ich hatte damals einen Nebenjob bei einer Spedition im Wachdienst, der machte von heute auf morgen dicht. Mein Arbeitsplatz war weg. Dann bin ich zur Jobvermittlung und hab gesagt: ›Hier bin ich.‹ Die sagten: ›Können Sie sich das vorstellen bei der Post?‹ Ich: ›Wenn die Bezahlung stimmt, kann ich mir das vorstellen!‹ Bin am gleichen Tag hingefahren, habe mir das angeschaut. Es war niemand da. Es war nur der ZB-Leiter [Leiter der Zustellbasis] da. Der hat mir die Halle gezeigt und hat gesagt: ›Hier würdest du dann arbeiten, zeigen kann ich dir im Moment nichts. Die sind alle weg. Weil: Die Arbeit ist ja auf der Straße und nicht in der Halle.‹ Dann hat er gesagt: ›Joa, wenn du dir das vorstellen kannst?‹ Und dann hab ich am nächsten Tag angefangen und seither in Vollzeit bei der Post gearbeitet. Von vornherein immer Paket. Und da bin ich dann hängen geblieben: Ein Kollege ist ausgefallen, Herzinfarkt, dann war eine Tour frei, und dann kam der ZB-Leiter: ›Das klappt doch eigentlich ganz gut mit dir, kannst du dir das nicht vorstellen?‹ Nach den ersten zwei, drei Abrechnungen – das war damals noch das alte Lohngefüge – war das eine ganze Menge Geld: Der erste Auszahlungsbetrag, das waren 3500 Mark netto. Weil: Das waren Stücklöhne, die gezahlt wurden. Also: Für jedes Päckchen hat man fünfzig Pfennig bekommen. Das musste man dann selbst dokumentieren, wie viele Päckchen man ausgetragen hatte, das in eine Liste eintragen, und am Ende des Monats gab es dann halt einen Stücklohn. Das waren 500 bis 700 Mark zusätzlich. Zu einem damals noch guten Lohngefüge. So bin ich da hängen geblieben. [...] Im ersten Moment war das einfach Geldverdienen. Aber was natürlich schon klasse ist: Man hat wahnsinnig viele Freiheiten als Paketzusteller. Also A: Ich bin mobil, ich habe ein Auto unterm Hintern. Also: Bei Regen werde ich nicht nass. Wenn es einen Schauer gibt, setze ich mich rein. Man hört den ganzen Tag Radio – das ist natürlich auch was Angenehmes –, keiner quatscht einem dazwischen. Kollegen sieht man morgens und abends, zum Einladen und vielleicht zum Feierabendbierchen. Bei uns war das so: Da hat man abends noch ein Bierchen zusammen getrunken und ist erst dann nach Hause. Das war ein großes Stück Freiheit: Sechs, sieben Stunden war man unterwegs, wenn man einen langen Tag hat. Aber da sagte einem früher keiner: Jetzt machst du das, jetzt machst du was. Wenn man sagte: Jetzt mach ich mal eine Pause, weil: In die vierte Etage zu laufen, das war schon anstrengend, jetzt setze ich mich mal in die Sonne – dann hat man das gemacht.*

Wie du eine Tour fährst, war dir vollkommen selbst überlassen. Man hat sich das auf der Karte angeguckt und hat gesagt: Ok, jetzt fahre ich so und so, hier komme ich noch an einem schönen Dönerstand vorbei, der dann auch an der richtigen Stelle ist und zur richtigen Uhrzeit da ist. Dann kann man da schön sitzen. Das sind natürlich schon Sachen, die hat man sonst nicht. Man ist da für sich selbst, man war sein eigener Herr. Klar: Man wird am nächsten Tage gefragt: Was hast du denn gemacht den ganzen Tag? Aber ich habe einen Arbeitsvertrag, da steht drin, in welcher Entgeltgruppe ich bin – das ist die eine Zahl. Und die andere Zahl, die da drinsteht, ist meine Wochenarbeitszeit.«

Beide Faktoren – das gute Gehalt und die vergleichsweise hohe Autonomie – stehen freilich systematisch unter Druck. Beim Gehalt ist er vor allem Versuchen der innerbetrieblichen Restrukturierung geschuldet, die im Unternehmen unterschiedliche Bezugsrechte etwa für Weihnachts- und Urlaubsgeld und unterschiedliche Logiken der Eingruppierung erzeugt haben – Ungleichbehandlungen bei gleichen Tätigkeiten. Auch Herr Tommé hat hier einiges schlucken müssen. Es ist der inner- und außerbetriebliche Vergleich, der in seinem Fall den biografischen Frieden sichert:

»Die, die dann noch aus dem alten Bundespost-Tarifvertrag kommen, die verdienen natürlich noch mehr. Zu mir kam man 2002: ›Mensch, Herr Tommé, Sie machen gute Arbeit, wir würden Sie auch gerne weiter behalten – aber nicht für das Geld.‹ Damals waren hier draußen 18 Prozent Arbeitslosigkeit. Das war nicht die Frage, ob man das unterschreibt. [...] Auch bei uns [im Unternehmen] wird ja schon ziemlich ausgebeutet. Im Paketzentrum haben sie in der Regel zwanzig Stunden. Da gehen die Leute mit 1000 Euro netto nach Hause. Im Briefzentrum sind 15 Stunden die Regel. In der Zustellung sind es 38,5.«

»Großes Versagen an solchen Tagen!«

Der inner- wie außerbetriebliche Vergleich lässt auch die Perspektive der positiv besetzten Freiheit und Autonomie der Zusteller:innen zunehmend prekär erscheinen. Herr Tommé beobachtet hier vor allem einen technologischen Wandel, der die Arbeit verändert. Wieder sitzen er und seine Kollegen am vergleichsweise glücklicheren Ende der Entwicklung in der Branche. Die technologischen Potenziale werden immer wieder institutionell eingefasst, so dass sie sich nicht ganz so radikal entfalten: Im Unternehmen selbst sind beispielsweise die Beschäftigten in den Paketzentren zunehmend rigider Überwachung ausgesetzt, wobei aber auch hier die vergleichsweise starke Mitbestimmung, zumindest an Herrn Tommés Standort, klare Grenzen zu ziehen vermag. Die immer genauere Verfolgung der Pakete, die den Adressaten Transparenz bezüglich der Position der jeweiligen Sendung ermöglichen soll, erfasst zudem auch die Zusteller, macht, wie auch die Videoüberwachung in den Paketlagern, deren Echtzeitüberwachung theoretisch möglich – wenn auch im betreffenden Kontext illegal.

Die Fahrer:innen müssen freilich nicht nur mit den technischen Systemen umgehen, sondern vor allem mit ihren Vorgesetzten:

Interviewer: »Und die Freiheiten – ist das heute immer noch so?«
Herr Tommé: »Das wird weniger. Das wird weniger! Na ja, zum Beispiel die Videoüberwachung. Die ist flächendeckend in den Lagern. Es soll da zwei Schienen geben. Auf

der einen Schiene wird das Paket verfolgt. Durch die Scanner beim Eingang und an verschiedenen anderen Punkten und durch Video. Die zweite Schiene: Da hängt die Kamera, wo die Leute arbeiten, und filmt da alles. Wenn ein Paket fehlt, hat das System dann die Möglichkeit reinzugucken, was da passiert ist und ob das jemand genommen hat. Das dürfen sie aber nur bei Verdacht auf Diebstahl. Oder zum Beispiel durch die Sendungsavise, also die digitale Paketverfolgung, das schränkt einen natürlich ein: Das System, das die Paketverfolgung möglich macht, das soll von dem Stammfahrer lernen. Der fängt morgens hier an und fährt dann über B, C, D, E, F, G und ist dann wieder fertig und fährt dann wieder zum Postamt und ist dann fertig. Das sagt das System alles. Wie er fährt, welche Stationen er wann macht, das merkt sich das System und erstellt daraus die Berechnungen dafür, wann das Paket wo ist. […] Für neue Kollegen ist das natürlich toll. Ich habe hier angefangen, da habe ich mir so ein Ringbuch als Stadtkarte geholt. Dann bin ich im Starkverkehr – im November, Dezember – bin ich mit so einer Karte und einer kleinen Lampe auf dem Schoß durch die Stadt gefahren und habe dann den Weg zurück zur Zustellbasis gesucht. Das passiert dir jetzt natürlich nicht mehr. Du hast jetzt ein Navi, und das lotst dich dann. Das läuft auf dem betriebseigenen Smartphone. Bring-your-own-device gibt es bei uns nicht.«

Interviewer: »Aber werden die Zusteller:innen dadurch nicht auch austauschbar?«

Herr Tommé: »Theoretisch schon. Wir haben hier aber feste Routen. Das machen wir durch die namentliche Zuordnung im Dienstplan und durch die namentliche Zuordnung zu einem Stadtteilbereich. Die richten sich nach der

Zeit, die jemand im Betrieb ist. Wer lange da ist, hat eigentlich feste Touren, und die kann er auch nur verlieren, wenn er richtig Mist baut, sprich: geht jemandem an die Wäsche oder so. Dann wird er strafversetzt. Das ist ja aber ganz normal. Wenn ich jetzt hier auf dem Flur jemandem an den Hals gehen würde, wäre ich auch raus. [...]

Wir haben jetzt auch neue Software: Der Leiter einer Zustellbasis kann die zum Beispiel nutzen, um seine Pakete auf die Fahrer zu verteilen. Auf seinem Tablet kann er dann sehen, wie der Arbeitsfortschritt über den Tag ist. Wenn der dann sieht: 17 Uhr ist Feierabend, und bis 15 Uhr ist erst die Hälfte der Pakete weg. Dann kann er sich ausrechnen: Das wird nichts heute. Dann kann er Springer hinschicken, die mithelfen. Und wenn das öfter vorkommt, registriert das der Zustellleiter eben und kann sich das merken: Der Zusteller schafft die Arbeit nicht. Er kann da auch suchen, wenn er jemand auf dem Kieker hat. Man darf die Leute nicht feuern, weil sie zu langsam sind. Aber er kann ihn jeden Tag damit ärgern und Druck ausüben.

Viele Kollegen haben da auch kein dickes Fell. Ich habe das aktiv eine ganze Zeit lang betrieben. Die hatten damals zwei Kollegen auf dem Kieker. Die haben halt ihren eigenen Schuh gemacht, zu wenig rausgebracht. Das ging so weit, dass mich der Kollege angerufen hat von der Tour, und der weinte richtig: ›Ich schaff das nicht, das ist zu viel!‹ Der hat den Druck nicht ausgehalten vom Chef. Dann bin ich meine Tour auch anders gefahren und habe absichtlich jeden Tag wieder eine Menge Pakete mitgebracht. Wir hatten damals 170 Sendungen pro Tour, und ich habe dann regelmäßig nur noch 120 Pakete rausgebracht. Das hat die Aufmerksamkeit von den älteren Kollegen abgelenkt.

Dann haben die sich an mir abgearbeitet: ›Warum schaffst du das nicht?!‹ Ich habe dann immer gesagt: ›Ich habe alles versucht!‹ Zu guter Letzt habe ich dann meine Tour verloren. Darüber habe ich mich sehr geärgert. Ich musste dann wechseln, war aber ein Jahr später auch wieder zurück. Das sind dann Strafen. Aber dann kann man auch wieder Versetzung beantragen später. Mit den Chefs ist es wie beim Fußball: Wenn die Mannschaft schlecht spielt, geht der Trainer. Ich hatte so alle zwei Jahre neue Leiter meiner Bezirke. Die wechseln ständig, und dann kann man als Zusteller auch wieder recht einfach zurückkommen.

Allgemein ist es natürlich ein großes Kuschen: 75 Prozent der Kollegen kuschen und bleiben in der Spur. So renitent wie ich – das ist die Ausnahme. Es gab ja dafür auch immer Bestrafungen: Ich habe dann die schlechten Touren gekriegt. Aber ich habe mir dann da halt auch eine Strategie zurechtgelegt: Schaffst du das heute, bist du morgen wieder hier. Das hieß für mich: Großes Versagen an solchen Tagen! Und am nächsten Tag zum Chef und den Wind aus den Segeln nehmen: ›Das war gestern ja irre, die Tour! Das war so hart ...‹ Da konnte der schon gar nichts mehr sagen.«

Die kommende Zeit

Trotz aller unhintergehbaren Härten: Herr Tommé beschreibt sein Unternehmen im Vergleich zu dessen Wettbewerbern als eingebettet. Seine grundsätzlich positive Sicht auf seine Arbeit basiert auf einer realistischen Wahrnehmung der Alternativen. Das ultimative Gegenmodell bilden hier mit Blick auf die Zukunft weniger die bisherigen Konkurrenten der DHL. Ihre Dumping-Strategien haben die dominante Position des Unternehmens nicht erschüttern können. Die Zukunft, so die Befürchtung, wird Amazon gehören. Das Unternehmen ist zunehmend selbst in der Zustellung aktiv und arbeitet dort vor allem mit Subunternehmern, deren Arbeitsprozesse es allerdings über hauseigene Software genau zu steuern versucht. Hier scheint die Quadratur des Kreises zu gelingen: Lohndumping bei gleichzeitig erfolgreicher Qualitätskontrolle:

»*Die Post ist immer noch oben. Was Löhne angeht und Arbeitsbedingungen. Bei der Konkurrenz ist es versubt* [das heißt: Es gibt viele Subunternehmer] *bis zum Fahrer: Im Zweifelsfall hast du da einen Fahrer und der hat noch zwei Subunternehmer. Aber das Gleiche gibt es natürlich auch bei der Post. Bei uns gibt es auch die Subs. Die sind bei uns aber Notbremse: Braucht man [die] mal ganz schnell, werden die rangeholt, und braucht man [die] dann nicht mehr, sind das auch die Ersten, wo man sagt: ›Hier schrauben wir mal runter.‹ Da sagt man dem Subunternehmer: ›Jetzt hast du nur noch dreißig Fahrer – zu Weihnachten hast du sechzig.‹* […]
Du kannst mittlerweile auch nicht mehr mit den Leuten sprechen. Zuletzt stand ich neben einem Syrer. Mit dem konnte ich ein bisschen Englisch sprechen. Aber weit kommt man damit nicht.«
Interviewer: »*Warum hat sich bei euch das Subunternehmermodell nicht durchgesetzt?*«
Herr Tommé: »*Wir sind einfach besser.* [lacht] *Aber Amazon funktioniert mit den Subs: Ich habe mir das mal angesehen: Man kann sich da als Freelancer anmelden,*

dann bewirbt man sich um eine Tour. Die Tour wird dann angegeben mit vier Stunden Arbeit für 75 Euro. So, dann fahre ich mit meinem privaten PKW dahin und bekomme das Geld sofort überwiesen. Die arbeiten ja nicht so wie wir. Sondern die sagen einfach: ›Mach das hier.‹

Dass das funktioniert mit der Qualität und der Sicherheit, das wundert mich! Das hat bei uns mit der Qualität der Subs nie geklappt. Unsere Subunternehmer sind immer ins Schlingern gekommen, wenn es hart wurde: An Weihnachten, wenn bei denen jemand ausgefallen ist. Die Subunternehmer haben nie diese Kontinuität reingekriegt. Ich erinnere mich noch an den Fall: Das war ein ganz ekliger Typ, der Chef, und irgendwann haben sie bei einem seiner Zusteller im Keller 500 Pakete gefunden. Der hat die nicht aufgemacht, der wollte die nicht für sich! Der hat das einfach nicht geschafft, und da hatte man bei dem Sub keine Kontrolle drüber. Mit Amazon aber, das kann gefährlich werden.«

Man mag sich wundern, warum das im Vergleich sozialverträglichere Modell, für das Herrn Tommés Unternehmen steht, nicht offensiver als Alternative beworben, warum die Sicherung von Beschäftigtenrechten nicht als Gegenmodell zur Praxis des Plattformgiganten in Szene gesetzt wird. Die zugrunde liegende Wahrnehmung scheint zu sein, dass wir es beim Branchenprimus trotz allem mit der Geschichte eines stabilisierten Abstiegs zu tun haben und dass man dem Unternehmen nicht zutraut, sich dauerhaft den Entwicklungen im Feld verschließen zu können. Der relative (!) Schonraum, in dem sich die Zusteller:innen von DHL im Vergleich zur Konkurrenz bewegen, wird nicht als Zeichen einer kommenden, sondern einer vergehenden Zeit wahrgenommen:

»Ich glaube nicht, dass es die Post in fünfzig Jahren so noch geben wird. Schon in zwanzig bis dreißig Jahren werden statt fünfhundert fünfzig Leute bei uns im Paketzentrum arbeiten. Zustellung auf der Straße: Das muss man mal sehen. Von dem Zusteller wird man dann auch nicht mehr sprechen. Die Frage ist: Was machen wir mit dem Geld? Geben wir die Gewinne den Aktionären oder machen wir eine Umverteilung? Sind wir ein soziales Unternehmen, qualifizieren die Beschäftigten weiter, bezahlen die Leute, wenn man sie nicht mehr braucht, einfach bis zur Rente weiter? Ich glaube nicht, dass das passieren wird.«

Literatur

Bundesverband E-Commerce und Versandhandel Deutschland e.V. (BEHV) (2020), »E-Commerce – Rekordwachstum, Nachhaltigkeit, Globalisierung & Plattformen«, online verfügbar unter: {https://www.bevh.org/fileadmin/content/05_presse/Pressemitteilungen_2020/200121_-_Pra__sentaion_fu__r_PK_FINAL.pdf}.

Holst, Hajo/Ingo Singe (2013), »Ungleiche Parallelwelten – Zur Organisation von Arbeit in der Paketzustellung«, in: *Arbeits- und Industriesoziologische Studien* 2 (S. 41-60).

KE-Consult Kurte&Esser GbR (2020), *KEP-Studie 2020 – Analyse des Marktes in Deutschland. Eine Untersuchung im Auftrag des Bundesverbandes Paket und Expresslogistik e. V. (BIEK)*, Köln: KE-Consult Kurte&Esser GbR.

Staab, Philipp (2014), *Macht und Herrschaft in der Servicewelt*, Hamburg: Hamburger Edition.

Anmerkungen

1 Name geändert.

Wenn der Job die Familie kostet: Auf Achse mit Fernfahrer:innen

Von Michael Stötzel

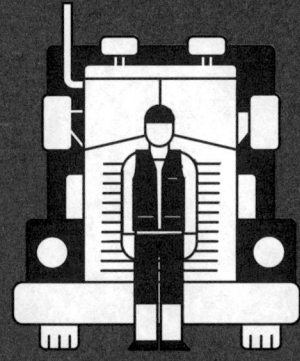

Die Corona-Pandemie. Wir treffen uns besser nicht, können nur miteinander telefonieren. Oliver Schneider[1] scheint eher zurückhaltend. Es dauert eine Weile, bis wir in Fluss kommen. Sein Alter ist schwer zu schätzen. Irgendwann sagt er, er sei über fünfzig. Seine Stimme klingt jünger. Seine Sprache gibt nicht nur in der Melodie eine ostdeutsche Vergangenheit preis. Ein paar schweizerdeutsche Einsprengsel hat er inzwischen übernommen. Er spricht zum Beispiel vom »Fahrerhüüsli«, in dem er sich morgens vor Arbeitsbeginn mit seinen Kolleg:innen trifft und schnell einen Kaffee trinkt. »Wenn es passt, reden wir dann auch noch miteinander. Andere machen das nicht.«

Seine Wurzeln habe er in Thüringen, erzählt er. Jetzt wohnt er im südwestdeutschen Grenzgebiet und pendelt täglich zur Arbeit bei der Filiale eines bekannten großen Transportunternehmens im Kanton Solothurn. Oliver Schneider ist damit ein klassischer »Grenzgänger«. Er darf gemäß dem bilateralen Vertrag zwischen der Schweiz und der EU zur Personenfreizügigkeit in der Schweiz arbeiten und muss täglich, zumindest aber einmal pro Woche an seinen Wohnort zurückreisen.

»Bastelbiografie«

Schneiders Berufslaufbahn, die häufig wechselnden Stellen und Arbeiten, das ist nicht ungewöhnlich unter Chauffeur:innen.[2] Eine »Bastelbiografie«, wie es die Soziologie oft nennt (zum Beispiel Schultheis 2010): Eine Lehre als Fernmeldemonteur absolvierte Schneider noch in der DDR. Beim Militär saß er erstmals hinter dem

Steuer eines Lasters. Den Führerschein machte er aber erst nach dem Zusammenbruch der DDR, »weil man es dann ja nach eigenen Wünschen machen konnte«. Er verließ seinen Lehrberuf und wechselte zum Tiefbau, weil er dort mehr verdienen konnte. Zwölf Jahre Straßenarbeiter, wechselnde Firmen. Mehrmals sagt er dazu: »Es war nicht so, wie ich mir das vorgestellt hatte.« In der Zeit zog er auch in den Süden, arbeitete für einen Straßenbauer bei Lörrach, heiratete, seine Frau bekam eine Tochter. Irgendwann wurde ihm der Tiefbau »körperlich zu heftig«, und er begann als Fahrer. Das war 2005. Immer wieder im Containerdienst, bei der Müllentsorgung, auch im Fernverkehr, Sonderabfalltransporte. Danach ging er in die Schweiz, fuhr acht Jahre für die chemische Industrie. Dann zwei Jahre Stückgut bei einer anderen Firma. Für kurze Zeit ging er zurück nach Süddeutschland, übernahm Containertransporte. Dann lotste ihn ein Kollege zu dem Schweizer Unternehmen, für das er inzwischen arbeitet. Dort hofft er, bis zur Rente bleiben zu können. »Ich weiß aber nicht, wie sich das alles noch verändern kann, es ist schwer, da eine Prognose zu wagen.«

Arbeitsverdichtung

Als er bei seiner jetzigen Firma anfing, sei der Beruf »noch lockerer als heute« gewesen, meint Schneider. »Der Kollege hat sich schon drei Mal entschuldigt, dass er mich in diese Firma geholt hat.« Allerdings seien die Arbeitsbedingungen in allen Unternehmen schlechter geworden. Einen entscheidenden Grund dafür sieht er im Fahrer:innenmangel: »Diejenigen, die da sind, müssen jetzt mehr schaffen.« Aktuell komme die Winterreifensaison hinzu, in der mindestens zehn Fahrer:innen ausschließlich für einen Reifenhersteller unterwegs seien.

Das müssten dann diejenigen auffangen, die in der Stückgutfracht unterwegs sind. Stückgut »in jeder Art und Form«, er nennt insbesondere Sanitärmaterial für Baustellen und Schutt. »Ich muss laden, fahren, Kunden avisieren, abladen.« Das ist seit fünf Jahren Schneiders Metier. Beim ersten von Corona erzwungenen Lockdown im Frühjahr waren viele Baustellen geschlossen. In der Zeit habe er mehr an Privatkund:innen geliefert, zum Beispiel Möbel oder Pflanzen.

Seine Arbeitszeiten betragen vertraglich 48 Wochenstunden. Aber: »So richtig festlegen kann man das nicht. Je nachdem, wo ich hinfahren muss, fang ich morgens um fünf oder sechs Uhr an und fahre abends, wenn es sein muss, bis um acht.« Dann kommen morgens und abends jeweils mindestens eine halbe Stunde für die Fahrt von und zu seinem Wohnort hinzu. Das gilt, sofern er keine »Übernachtungstouren« hat. Dann muss er ins Wallis, ins Tessin oder nach Genf. Seine Firma hat dort Filialen, in denen er neu beladen und auf eine weitere Tour geschickt wird.

Die Mehrarbeit wird ihm nicht ausbezahlt, sondern mit Freizeit kompensiert. Da kommt einiges zusammen. Im nächsten Jahr kann Schneider sich mit zehn Tagen Kompensation und Urlaubstagen, teilweise noch aus diesem Jahr, eigentlich auf 44 freie Tage freuen. Allerdings bewilligt ihm die Firma je nach Jahreszeit und Auftragslage auch mal keinen Urlaub.

Solche Unwägbarkeiten, meint er, führten dazu, dass alle Firmen mittlerweile Probleme hätten, Fahrer:innen zu finden.

»Den Job will im Prinzip keiner mehr machen. Weil du nie vorhersagen kannst, wann du Feierabend hast. Oder wenn du zum Beispiel einen Termin beim Zahnarzt ausgemacht hast und du früher Feierabend machen willst, das kann schwierig werden, weil es viel zu viele Sachen gibt, die gar nicht vorhersehbar sind. Und die Disponenten sind auch nicht immer die Hellsten. Ich hab keine Familie mehr, aber für die Kollegen mit Familie ist es noch um einiges komplizierter.«

Unverständnis

Dabei sei der Beruf durchaus anspruchsvoll. Zum Beispiel müssen Chauffeur:innen alle fünf Jahre ihren Führerschein erneuern lassen und dazu fünf Weiterbildungskurse zu je sieben Stunden nachweisen. Insgesamt 35 Stunden, in denen es etwa um Fahrsicherheit, wirtschaftliches Fahren, sicheres Laden oder Vorschriften im Güterverkehr gehe. »Im Prinzip lernt man nicht mehr viel hinzu«, meint Schneider. Da spricht einer mit langjähriger Berufserfahrung.

Genauer definiert sind im Vergleich zu den Arbeitstagen in anderen Branchen auch die vorgeschriebenen Pausen und Ruhezeiten: eine 45-minütige Pause nach viereinhalb Stunden hinter dem Steuer; eine maximale Fahrtzeit von neun Stunden am Tag bzw. zwei Mal pro

Woche von zehn Stunden; neun bis elf Stunden Nachtruhe; Fahrverbot am Wochenende. Und das alles werde von der Polizei anhand des Fahrtenschreibers kontrolliert. »Irgendwann schütteln die Leute, mit denen ich schon mal darüber spreche, den Kopf und sagen, sie verstünden das alles nicht. Die meisten haben überhaupt keine Ahnung, was da abgeht, sie wollen sich auch nicht wirklich damit beschäftigen.« So ärgerten sie sich auf den Straßen über die Laster und nähmen ihnen die Vorfahrt, weil sie es ja immer eilig haben. »Und dann stehen sie im Supermarkt und regen sich auf, weil die Ware, die sie kaufen wollten, nicht im Regal ist. Wie die Ware aber dahin kommt, interessiert niemanden.«

Zu Zeiten des ersten Corona-Lockdowns sei das etwas besser gewesen. Im Straßenverkehr habe man schon gemerkt, dass weniger gefahren werde. »Und dann haben die Leute offenbar etwas mehr nachgedacht. Wenn ich mit einem Hänger unterwegs war und rückwärts rangieren musste, haben sie mir schon mal die Vorfahrt gewährt. Mit Ende des Lockdowns war das aber relativ schnell wieder vorbei.« Die Autofahrer:innen hätten es immer eilig, und der Rest sei ihnen egal. »Rücksicht ist mittlerweile Luxus geworden. Dass trotzdem so wenig passiert, ist eine Mischung aus Können und Glück.«

Der Lohn

Nach Einschätzung von Holger Bertsch, des für LKW-Fahrer:innen in der Gewerkschaft Unia[3] Zuständigen, gehört Schneider mit einem Bruttolohn von 5200 Franken, umgerechnet 4900 Euro,[4] zum oberen Drittel seiner Berufskolleg:innen. Hinzu kommen ein dreizehnter Monatslohn, Spesen, die jeden Freitag bar ausbezahlt werden, und vierteljährlich bis zu 1200 Franken (1100 Euro) Prämie. Deren genaue Höhe ist abhängig von den jeweiligen Arbeitstagen, aber auch von eventuellen Schäden, die der Fahrer verantwortet und deren Kosten abgezogen werden. Rundherum zufrieden ist Schneider mit seinem Lohn nicht:

»Es gibt durchaus Schweizer Kollegen, die mehr verdienen. Wir Ausländer sind im Prinzip die Billig-Arbeitnehmer. Und es wird noch schlimmer, wer jetzt angestellt wird, erhält nur noch um die 4500 Franken (4265 Euro).[5] Wie man damit in der Schweiz leben kann, weiß ich nicht. Das Problem ist eben, dass die Transportpreise auch immer mehr in den Keller gehen. Immerhin, sinken wird unser Lohn deswegen nicht.«

Darauf kann Schneider absehbar setzen, weil er im Transport von Stückgut oder Baustellenschutt nur schwer durch andere ausländische Fahrer:innen aus Osteuropa zu ersetzen ist. Denn genaue regionale Kenntnisse und die Sprachbeherrschung werden dabei nach Ansicht von David Piras, dem Generalsekretär des Chauffeurverbandes Routiers Suisse von den Firmen verlangt.[6] Angesichts der laufenden Zentralisierung von Produktionsstätten lebe die Branche jedoch »je länger je mehr« vom Transport der immer gleichen Produkte auf den immer gleichen Strecken, von den Fabriken zu den Läden. Das könnten problemlos austauschbare osteuropäische Fahrer:innen übernehmen, die als Grenzgänger in die Schweiz kommen und weder genaue Ortskenntnisse besäßen noch die Fremdsprache beherrschen müssten.[7] Piras: »Das ruiniert das Lohnniveau in der Schweiz. Ein Schweizer Fahrer braucht fünf- bis fünfeinhalbtausend Franken, um über die Runden zu kommen. Ein slowakischer Fahrer verdient schon mit dreieinhalbtausend Franken viel mehr als bei sich zuhause.« Gegen solches Lohndumping helfe nur ein gesamtschweizerischer, vom Staat als allgemeinverbindlich erklärter Gesamtarbeitsvertrag[8] mit verbindlichen Lohnuntergrenzen. Die Transportunternehmen und ihr Verband blockieren dessen Abschluss jedoch seit Jahrzehnten. Sie können das, weil nicht genügend Fahrer:innen gewerkschaftlich organisiert sind und der nötige Druck fehlt.

Freiheit?

Bleibt die in Romanen, Filmen und Liedern beschworene Freiheit der Chauffeur:innen, die hinter dem Steuer ihre eigenen Chefs sein sollen. Einzelne dürfte es geben, die sich so fühlen, die es sich sogar leisten können. Fahrer:innen, die sich selbstständig gemacht und ihren Wagen übernommen haben,[9] sind zumeist hoch verschuldet und abhängig von einzelnen Speditionsfirmen. Sie bewegen sich damit ständig im rechtlichen Graubereich der Scheinselbstständigkeit.

Schneider ist beim Thema Freiheit sehr zurückhaltend. Früher sei er mehr Fernverkehr gefahren, da habe man sich am Steuer noch »wie sein eigener Chef« fühlen können. Heute sei man mit der Firma über Handy und

Computer ständig verbunden und könne genau kontrolliert werden. Bei den neueren Fahrzeugen registrierten die Computer nicht nur Standort und Pausen, sondern auch einzelne Manöver während der Fahrt, etwa Vollbremsungen.

Zudem habe diese scheinbare Freiheit auch soziale Kosten. Früher oder später löse sich der Freundeskreis auf, einfach, weil die Zeit fehle, andere zu treffen. »Wir älteren Kollegen sagen, dass das Teil des Jobs ist. Ich kann halt nicht mehr unter der Woche abends um acht zur Geburtstagsfeier eines Kollegen gehen, wenn ich morgens um drei aufstehen und um fünf abfahren muss.« Und dann die Familie. Von montags bis freitags auf Achse zu sein, teilweise auch am Wochenende, das hat Schneider »im Prinzip meine Familie gekostet«. Er habe mit seiner Frau vorab darüber gesprochen, die bessere Bezahlung einerseits, die lange Abwesenheit andererseits. Sie habe ihn damals ermutigt, er mache es ja für die Familie, sie würden sich schon einrichten. Doch zum Schluss hätten nur noch Vorwürfe zwischen ihnen gestanden. Er sei ja nie zuhause gewesen, habe sich um nichts gekümmert, nichts mehr für die Familie übriggehabt. »Da fällt dir der Beruf auf die Füße.«

I »Unser Job braucht mehr Anerkennung«

Für Rüdiger Wandler ist es ganz offenbar eine Genugtuung, dass es als direkte Folge der Corona-Pandemie ein neuer Begriff in den herkömmlichen Sprachgebrauch geschafft hat: die »Systemrelevanz«. Plötzlich galt der Beruf des LKW-Fahrers als systemrelevant. »Das stimmt«, sagt er, »ohne Logistik ist die ganze Kette unterbrochen.« Während des ersten Lockdowns habe man ihn und seine Kolleg:innen auf der Straße »wahrgenommen«, auch schon mal ohne abfällige Gesten den Vortritt überlassen, hin und wieder sogar geklatscht. Als allerdings überall die Raststätten und Toiletten geschlossen wurden, habe man an sie schon nicht mehr gedacht. »Du hast nirgendwo hingehen können. Da nützt das beste Schutzkonzept nichts, wenn du nirgendwo aufs Klo oder unter die Dusche kannst.« Ein Problem vor allem für die Chauffeur:innen, die abends nicht zu sich nach Hause fahren konnten. Weil sie zum Beispiel im Wallis auf eine neue Fracht warten mussten. Leer zurückzufahren, das könnten sie sich nicht leisten. Nach ein paar Tagen hätten zumindest die großen Raststätten dann wieder die Waschräume geöffnet und geputzt. Und größere Unternehmen hätten für ihre Zulieferer mobile Klos aufgestellt. Während der zweiten Corona-Welle laufe es in der Hinsicht besser, es sei auch noch nicht wieder alles geschlossen. »Aber man weiß ja nicht, wie es weitergeht.«

Nur eins habe er schnell gelernt: Die Freundlichkeit im Straßenverkehr war nicht von Dauer. »Kaum war der Lockdown aufgehoben, da bist du wieder das Arschloch gewesen. Keiner will uns, aber ohne uns kann es keiner.«

Der Job brauche eben mehr Anerkennung. Nicht zuletzt, weil sich die Chauffeur:innen laufend weiterbilden müssen. Nur wer alle fünf Jahre den Besuch dieser Kurse zu Fahrsicherheit und Technik nachweise, könne seinen Führerschein erneuern lassen. Im Gegensatz zu seinem Kollegen Schneider hält Rüdiger Wandler diese ständige Schulung auch für wichtig und richtig. Besonders was die Ladungssicherung angehe. »Das ist das A und O vom Chauffeur. Die Ladung muss richtig aufliegen, die Gewichtsverteilung muss stimmen, alles muss gut gesichert sein. Die meisten Unfälle passieren, weil der Chauffeur da einen Fehler gemacht hat.«

Die neue Stelle
Fehler sind ihm in diesem Jahr auch schon passiert. Von drei größeren Schäden müsse er »einen ganz auf meine Kappe nehmen«. Die Folge: Ihm wurde im Sommer gekündigt. Er habe dann aber schnell einen neuen Job gefunden. Sein neuer Laster sei kleiner, 410 statt 730 PS, dafür seien die Strecken, die er hinter sich bringen müsse, viel kürzer und es müsse jetzt nicht mehr »die ganze Zeit auswärts« sein. »Vorher hab ich manches Mal am Montag angefangen und bin erst am Freitag wieder heimgekommen. Dabei musst du natürlich irgendwo unterwegs Pause machen, deine Freizeit irgendwo auf einer Raststätte verbringen. Das musst du einhalten. Die digitale Fahrtenkarte muss einfach sauber sein.« Zwar habe er den Beruf, das Fahren »im Blut«, aber jetzt wolle er erst mal mehr zuhause sein und sich um seine junge Familie und seinen kleinen Sohn kümmern.

Der 34-jährige Wandler arbeitet seit acht Jahren als Chauffeur. Seine Lehre hatte er allerdings nicht als Berufskraftfahrer gemacht, sondern als kommunaler Angestellter auf einem Werkhof. Dort hatte er einen Unfall, bei dem er sich das Fußgelenk brach. »Ich spüre das bis heute, wenn ich längere Zeit laufe«, sagt er. Nach der Lehre hoffte er bei einem Sicherheitsdienst mit seiner Verletzung besser zurechtzukommen. Dort stieg er zum stellvertretenden Sektorchef auf und arbeitete im Objektschutz, im Verkehrsdienst und beim Personenschutz, »das ganze Programm«. Die Arbeitsbedingungen seien sehr gut gewesen. Doch der lädierte Fuß beeinträchtigte ihn auch dort so sehr, dass er aufhören musste. Danach machte er den Führerschein für Lastwagen, und beim Fahren spüre er den Fuß nicht.

Weniger Stress
Was nicht heißen soll, dass die Arbeit des Chauffeurs so viel leichter wäre. Ständig muss er hochkonzentriert sein. Das Aufladen, das Fahren, das Ausladen, das ist alles seine Sache, Hilfen gibt es im Normalfall nicht. Bei seiner früheren Stelle war er zu hundert Prozent Fahrer, »da war ich abends müde und gestresst«. Bei seiner neuen Stelle in einem Lager ist er zwar wieder zu hundert Prozent angestellt, fährt aber nicht mehr so viel, im Moment seien es zwei, drei Stunden am Tag. Und er ist auch nicht mehr auf langen Strecken unterwegs. Daneben ist er noch stellvertretender Silo-Chef, die Firma lagert Getreide, und wenn nötig helfe er auch im übrigen Lager. Bei seiner letzten Firma wurde sein Standort überwacht. Jetzt ist er der einzige Chauffeur, da sehe sein Chef schon, welche Arbeit er mache. »Du hast deinen Auftrag, und wie du den abwickelst, ist ihm gleich, Hauptsache, du bist korrekt und pünktlich beim Kunden.«

Auch der Kontakt unter den Kollegen habe sich geändert. Klar, heute trifft er die sieben neuen Kollegen leichter im Betrieb. Als er in seiner früheren Firma noch Langstrecken fuhr, sah man sich in den Pausen, und während der

Fahrt telefonierte er meist viele Stunden. Manchmal hätten sie auch Konferenzschaltungen organisiert, mit drei, vier Kollegen. Allerdings: »Über die konkreten Arbeitsbedingungen redet man dabei nur mit Leuten, die du gut kennst.« In seinem neuen Betrieb seien »die meisten« wie er in der Unia. Ihre Arbeitsbedingungen seien gut, deshalb sei das »kein großes Thema«.

Er verstehe schon, dass Chauffeur:innen von der Freiheit ihres Berufs schwärmen. Vielleicht sei das früher auch so gewesen. Heute gebe es so viele Kontrollen der Polizei und der Firma. »Aber wenn du gerne fährst, genießt du die kleinen Freiheiten, die du noch hast.«

Auch finanziell hat sich Wandler mit seiner neuen Stelle verbessert. Seinen aktuellen Lohn will er allerdings nicht preisgeben. Vorher habe er als Chauffeur 4200 Franken brutto verdient, »das war sehr knapp. Die zusätzlichen Spesen kannst du ja nicht mitzählen, die brauchst du unterwegs.« Damit sie als Familie über die Runden kommen, müsse seine Frau auch arbeiten gehen. Sie ist im Büro angestellt, und da verdiene sie mit achtzig Prozent fast genauso viel wie er mit hundert Prozent. Etwas zurücklegen könnten sie kaum.

Konkret an einen anderen Beruf denke er aber nicht. Ein bisschen ins Schwärmen gerät er schon im Hinblick auf seine frühere Stelle im Sicherheitsdienst. Das wäre noch etwas, meint er, »wenn ich nicht das Problem mit dem Fuß hätte«. Andererseits gefällt ihm, was er jetzt macht, es sei abwechslungsreich. »Erst wenn der kleine Sohn mal älter ist, könnte ich mir vorstellen, dass ich wieder mehr auf längere Fahrten setze. National wie international.«

II »Ich lebe so, wie ich will«

Auch Karl Dätwyler verdient als Chauffeur gerade mal 4300 Franken brutto, zuzüglich Bonus und Tagesverpflegung. Doch für ihn ist das nicht zu knapp. Er will auch nichts anderes mehr machen, was allerdings mit 61 sicher leichter gesagt ist als mit 34. Er nennt sich selbst sogar »Luxusfahrer«. Weil er sich frei fühle, »sobald ich in der Kabine sitze und wegfahre. Dann mach ich eigentlich, was ich will, immer im Rahmen des Möglichen, denn deine Pflicht musst du erfüllen.« Und nein, viel mehr zu verdienen, reize ihn nicht, zumindest nicht mehr. Klar, die Lohneinbuße sei im Vergleich zu seiner früheren Arbeit als Ökonom schon beträchtlich. Aber die vielen Überstunden – »vertraglich fahr ich achteinhalb Stunden, meistens sind es mehr« – lässt er sich trotzdem nicht ausbezahlen. Stattdessen nimmt er frei, um anderes zu machen. Ziemlich ernsthaft fahre er Mountainbike und trainiere drei Mal pro Woche, wenn auch nicht für Wettbewerbe: »Das brauche ich nicht.« Dann mache er Musik, fotografiere, reise viel, beschäftige sich mit seiner Familie und wenigen guten Freunden. Zusammengefasst: »Mir geht es gut und ich lebe so, wie ich will, bin eben ein freier Geist.«

Der richtige Weg
Den für ihn ganz offenbar richtigen Weg zu seinem guten Leben hat er vor sieben Jahren eingeschlagen. Als er die Ökonomie »einfach hingeworfen« habe. Seine damaligen Chefs hätten einem Projekt, in dem er als Coach gearbeitet habe, die Mittel gestrichen. Das war's dann für ihn: »Ökonom, das ist eh zu hoch bewertet. Analysen zu

erstellen, das ist schon interessant, aber im Grunde doch nur Hokuspokus.«

Ein guter Freund habe damals eine Leiharbeitsfirma geleitet, den habe er gebeten, ihm irgendwas Neues zu besorgen, »und sei es bei der Müllabfuhr«. Da er beim Militär den Führerschein für Lastwagen gemacht habe, ging es dann ganz schnell: »Ein Telefonat, das war an einem Donnerstag, und am Montag konnte ich als Chauffeur anfangen.«

Allerdings nicht, bevor er mit seiner Frau gesprochen habe. Sie habe nichts gegen seinen Sprung vom akademischen Ökonomen zum Chauffeur gehabt. Und, fügt Dätwyler hinzu, ohne ihren Verdienst als OP-Schwester hätte er sich sein neues Leben nicht leisten können.

Flexibel

Im ersten Jahr habe er noch als Temporärer im Stundenlohn gearbeitet und dank vieler Fahrten, zum Beispiel immer wieder ins Tessin, sehr gut verdient. Er sei lange unterwegs gewesen, »aber es war Abenteuer, das musst du haben«. Seit seiner Festanstellung fährt er vornehmlich für einen Reifenhersteller und ein Telekommunikationsunternehmen. Morgens um fünf Uhr fängt er an, wenn er weit wegmüsse, warte der Laster dann meist schon geladen auf ihn.

»Und dann musst du gerne fahren und darfst nicht erwarten, dass du immer pünktlich zurückkommst.« Wer mit Pausen genau den Neun-Stunden-Tag haben wolle, habe sich den falschen Beruf ausgesucht. Man könne schon mit dem Disponenten reden, wenn man später noch einen Termin habe. Der spiele sich allerdings oft wie ein

»kleiner Caesar« auf. Manchmal klappe es, aber grundsätzlich müsse der Chauffeur eben flexibel sein. »Wenn du zum Beispiel einen Arzttermin für einen Check hast, musst du frei nehmen. Denn dafür musst du morgens mit leerem Magen erscheinen und hast danach nicht mehr die Zeit für deine übliche Strecke.«

Für die Fahrt habe er einen Routenplan, an den er sich halten müsse. Zudem machten die Kunden bei dem Reifengeschäft klare Vorgaben, wann sie die Lieferung erwarten. Wenn er unterwegs nicht in einen Stau komme, sei das auch zu schaffen. Dass seine Firma gleichwohl die Fahrer per GPS überwache, sei für ihn unverständlich. Und ärgerlich: »Es sollte doch immer noch ein gewisses Vertrauen bestehen. Mag sein, dass es das in anderen Firmen noch gibt. Aber nicht bei uns.«

Unterschätzt
Unabhängig von solchen Zumutungen sei der Job an sich schon okay. Er hält ihn auch für ziemlich sicher, denn der Transportbedarf werde weiter steigen, schon weil immer mehr zentral produziert werde und dann verteilt werden müsse. Gerade in den letzten Monaten habe er beobachtet, dass viel mehr Lieferwagen auf der Straße waren, weil die Leute wegen Corona mehr online bestellen und sich liefern lassen. Aber ob nun künftig mit Wasserstoff, Diesel oder elektrisch gefahren werde – es brauche immer Chauffeure, sie müssten sich deshalb keine allzu großen Sorgen um ihre Zukunft machen.

Ob sie allerdings etwas davon haben, dass sie neuerdings als »systemrelevant« gelobt werden, bezweifelt er. Jedenfalls seien Forderungen aus der Politik und in den

Medien, dass es mehr finanzielle Anerkennung für die systemrelevanten Berufe, also auch für die Chauffeure geben solle, schnell wieder kassiert worden. »Der Alltag und die Normalität kehren zurück, und du gerätst wieder in Vergessenheit.«

Grundsätzlich hat auch Dätwyler den Eindruck, dass die Anforderungen des Berufs gerne unterschätzt werden. Viele gingen davon aus, dass es reiche, den Führerschein zu haben. Dabei hätten die Chauffeure durchweg eine Berufsausbildung. In der Schweiz könne man sich in einer dreijährigen Lehre zum Berufskraftfahrer oder zur -fahrerin ausbilden lassen. Die meisten kämen aber aus einem anderen Beruf. »Gut ist zum Beispiel eine Mechanikerlehre. Dann kannst du kleinere Schäden selbst beheben. Ich kenne aber auch einen Bäcker, der heute als Berufsfahrer unterwegs ist. Und es gibt mittlerweile sogar einige Akademiker hinter dem Steuer.«

Wer eine Kraftfahrerlehre hinter sich habe, sei sicher technisch versiert und könne gut laden. Bei dem Thema kommt Dätwyler richtig in Fahrt. »Da geht es um reine Physik«, sagt er. »Und Physik kannst du nicht verarschen. Schon beim simplen Autofahren gehe es ja auch um Bremswege oder Fliehkraft.« Für LKWs gebe es Weisungen, Vorschriften und Kurse zum richtigen Beladen. Er habe so einen Kurs gemacht und sollte danach auch die Kollegen in der Firma schulen. »Aber es wurde nichts. Wie man richtig lädt, interessiert den Lagerheini nicht.« So führen viele wieder an die Rampe und verlangten, dass da abgeladen und wieder neu aufgeladen werde. Er selber habe kürzlich Eisenteile fahren müssen, zwei Paletten von je 1000 Kilo. Der Lagermann wollte sie ihm neben weiterer Ladung vorne auf die Achse des Anhängers legen. Denn das entspräche der Ladeliste. »Ein Scheiß. Die beiden Paletten müssen in die Mitte, um das Gewicht richtig zu verteilen. Wenn ich von der Polizei angehalten werde, bin ich verantwortlich, bezahle die Buße und werde angezeigt. Aber in der Firma arbeiten die einzelnen Abteilungen einfach nicht richtig zusammen.«

Ist es nicht erstaunlich, dass angesichts solcher Geschichten vergleichsweise wenig passiert? Dätwyler meint, das liege daran, dass die Polizeipräsenz auf der Straße sehr hoch sei.

»Außerdem gibt es verdammt gute Fahrerinnen und Fahrer. Die Seriösen passen auf, das ist eine Frage des Berufsstolzes und der Verantwortung. Aber viele tun das nicht, und das macht die Branche kaputt. Der Druck ist doch enorm, vor allem aufgrund der Konkurrenz aus dem Ausland.[10] Verantwortlich sind dabei auch wir als Kunden. Wir Kunden wollen immer weniger bezahlen. Das System ist eben falsch, das musst du bekämpfen.«

Gewerkschaftsarbeit
Ganz allein scheint Dätwyler mit dieser Ansicht unter seinen Kollegen nicht zu sein. Sie sehen sich morgens, manchmal auch spät am Abend. Während der Fahrt sprechen sie über Telefon viel miteinander, mit Firmenhandys. Zusammen mit ihm haben sich mittlerweile »sieben oder acht« Chauffeure gewerkschaftlich in der Unia organisiert. Sie treffen sich auch neben der Arbeit, zum Beispiel zum Grillen. Und gemeinsam mit der Unia waren sie in ihrer Firma bereits erfolgreich und haben, wie

Unia-Funktionär Holger Bertsch es nennt, »einen ganz kleinen Gesamtarbeitsvertrag«, also einen Tarifvertrag in einem Teilbereich abgeschlossen. Die Kollegen hätten damit deutlich mehr Einkommen gewonnen.

Gewerkschaftsarbeit in diesem Metier sei aber ein schwieriger Weg, schränkt Dätwyler ein. Es gebe eben unter den Chauffeuren zu viele, die profitieren wollten, aber zu ängstlich seien, um selbst etwas zu machen. »Sie schauen zu, wie die anderen auch für sie kämpfen.« Im Grunde sei allen Chauffeuren bewusst, dass es ihnen nicht gerade gut gehe, meint Bertsch, und dass die Entwicklung für sie in den letzten Jahren stetig bergab gegangen sei. »In dem massiven Konkurrenzkampf, der über die Transportpreise ausgetragen wird, sind sie als Fahrer das schwächste Glied in der Kette. Klar leiden sie darunter.« Die Unia arbeite noch nicht lange im Transportbereich und stehe vor einer »Herkulesaufgabe«. Und: »Von einer allgemeinverbindlichen, arbeitsvertraglichen Regelung, was die Löhne oder Arbeitszeiten angeht, sind wir noch meilenweit entfernt.«

III Vom überwachten Fahrer zum Fahrzeugüberwacher

Den Konkurrenzkampf im Transportgewerbe, der auf Kosten der Fahrer ausgetragen wird, spüren zumindest Oliver Schneider und Karl Dätwyler täglich. Bei den Löhnen, die schon lange nicht mehr gestiegen sind, vor allem aber auch bei den verschlechterten Arbeitsbedingungen, dem zunehmenden Stress. Als deren Ursache sieht Schneider den Fahrermangel. Dätwyler benennt ausdrücklich die Ignoranz seiner Firma bei der Abfertigung der Fahrzeuge und den Einzug von Computern in seine Fahrerkabine. Ein Telematiksystem, das die Autos mit den Firmen verbindet, nehme den Fahrern zunehmend ihre Selbstständigkeit hinter dem Steuer und gebe den Unternehmen die Möglichkeit durchgängiger Überwachung.

Einsparungen sind dabei allerdings begrenzt. Angesichts des Fahrermangels können die Unternehmen die Attraktivität ihrer Jobs durch Arbeits- und Lohndruck nicht mehr viel weiter schmälern. Schon jetzt und ganz ohne Telematik haben die Fahrer genaue Vorgaben zu ihren Fahrzeiten und der Ankunft bei den Kunden. Verspätungen als Folge von Staus können sie dabei allerdings nicht vermeiden. Davon berichten unsere drei Gesprächspartner.

Dagegen wäre es ein Effizienzgewinn für die Firma, wenn die Fahrer möglichst nicht in einen Stau geraten und wenn die Warterei bei der Be- und Entladung verringert werden könnte. Oder wenn es weniger Leerfahrten gäbe. Nach Angaben des Schweizer Bundesamtes für Statistik fuhren zuletzt 26 Prozent aller LKW ohne Ladung herum.[11]

Eine Digitalisierung, die sich nicht auf die Fahrerüberwachung beschränkt, dürfte auf die Dauer zu erheblicher Kostensenkung in der Branche führen. Zunächst allerdings wären massive Investitionen notwendig. Die Automobilkonzerne sind bereits dabei, Milliarden in die Entwicklung voll vernetzter Fahrzeuge zu stecken. Die Logistik-Unternehmen müssen diese neuen Autos kaufen.

Und schließlich muss die öffentliche Hand für den Ausbau der nötigen Infrastruktur sorgen. Gerade das scheint immer noch das größte Hindernis zu sein, einmal abgesehen von der Zurückhaltung vieler Unternehmen, interne Daten auf einer Plattform untereinander auszutauschen.

Denn das wäre entscheidend bei der gegenseitigen Warnung vor Staus und dem Hinweis auf freie Parkplätze. Auch beim Be- und Entladen sowie der Ausstellung von Frachtpapieren wäre erhebliche Zeit einzusparen, wenn Logistiker mit ihren Kunden, gegebenenfalls auch mit Behörden vernetzt wären. Schließlich gäbe es weniger Leerfahrten, wenn alle Unternehmen freie Ladekapazitäten aktuell anbieten könnten.[12]

Löhne sind nach dem Sprit der zweitgrößte Kostenfaktor im Alltag von Transportunternehmen. Kein Wunder, dass intensiv am »autonomen Fahren« geforscht wird. Bisher scheint das aber lediglich eine Zukunftsvision. Selbst wenn dadurch einmal weniger Chauffeure gebraucht werden, würden neue, wahrscheinlich noch höher qualifizierte und damit auch besser entlohnte Jobs entstehen. Denn die zukünftige digitale Logistik-Welt müsste betrieben, überwacht und gesteuert werden. Kurz, aus Fahrern würden Fahrzeugüberwacher (Mahnken 2018). Um Karl Dätwyler zu wiederholen: Chauffeure müssen sich keine allzu großen Sorgen um ihre Zukunft machen.

Literatur

Mahnken, Daniel 2018, »Wie die Digitalisierung die Berufe in der Logistik verändern wird«, saloodo!blog (11. Dezember 2018), online verfügbar unter: {https://www.saloodo.com/de/blog/wie-die-digitalisierung-die-berufe-in-der-logistik-veraendern-wird/}.

Schultheis, Franz 2011, »Ein halbes Leben. Streifzüge durch eine Arbeitswelt im Wandel«, Vortrag im Rahmen der Ringvorlesung »Arbeit im Wandel« an der Ludwig-Maximilians-Universität in München (25. Oktober 2011), online verfügbar unter: {https://videoonline.edu.lmu.de/node/3277}.

Anmerkungen

1 Die Namen der drei hier vorgestellten LKW-Fahrer und Informationen, die eine Identifizierung erleichtern könnten, wurden geändert. In der Schweiz sind kritische Angestellte und aktive Gewerkschafter:innen schlecht vor möglichen Repressalien geschützt. Die Gespräche fanden zwischen Mitte Oktober und Mitte November 2020 statt, als Folge der Corona-Pandemie teilweise telefonisch.
2 Die Benennung »Chauffeur« ist in der Schweiz für alle Berufsfahrer:innen gebräuchlich.
3 Die Unia ist mit gut 180 000 Mitgliedern die größte Schweizer Gewerkschaft und organisiert Beschäftigte in der Industrie, im Gewerbe, dem Bau und bei den privaten Dienstleistungen; siehe die Website der Gewerkschaft: {http://www.unia.ch}.
4 Umrechnungskurs Ende Januar 2021. Bei den Schweizer Löhnen sind im Vergleich zu den deutschen unterschiedliche Abzüge zu berücksichtigen. Zum einen müssen die jährlichen Kantons- und Bundessteuern, etwa 10 bis 15 Prozent des Einkommens, beglichen werden. Sie werden nicht direkt vom Lohn einbehalten. Zum anderen und gewichtig sind die Krankenkassenprämien, die unabhängig von der Lohnhöhe pro Kopf beglichen werden müssen. Sie liegen je nach Police und Alter um die 500 Franken monatlich. Schließlich kostete derselbe Warenkorb 2019 nach Berechnungen des Schweizer Bundesamtes für Statistik 175 Franken (153 Euro) gegenüber 111 Euro in Deutschland.
5 Schneiders Angaben bestätigt das Zürcher »Lohnbuch«, das jährlich die Mindestlöhne in den Großregionen Zürich und Ostschweiz veröffentlicht. Danach lag im letzten Jahr der Mindestlohn für Lastwagenchauffeur:innen im ersten Berufsjahr bei 4480 Franken. Gemäß dem Quellenlieferanten Astag (siehe die folgende Fußnote) bleibt er auch 2021 in dieser Höhe. Eine andere Frage ist allerdings, ob die ortsüblichen Löhne mehr als Empfehlungen sind und kontrolliert werden.
6 Der Chauffeursverband Routiers Suisse {http.//www.routiers.ch} hat nach eigenen Angaben 16 000 Mitglieder unter 75 000-80 000 Chauffeur:innen,

nicht nur von LKW, sondern auch von Bussen. In den letzten Jahren sei die Zahl der Mitglieder »leicht zurückgegangen«, erklärt Generalsekretär David Piras. Routiers Suisse ist die einzige vom Schweizer Nutzfahrzeugverband Astag anerkannte Sozialpartnerin {http://www.astag.ch}. Der Unternehmerverband erklärt, 3300 Mitglieder zu haben und damit über 80 Prozent der Branche zu organisieren. Er bezeichnet die Gewerkschaft Unia als »branchenfremd« aufgrund ihrer »äußerst geringen Vertretung im Straßentransport«. Allerdings sind auch die Routiers nach Ansicht des Astag so schwach, dass er es nicht für notwendig hält, mit ihnen über nationale Mindestlöhne zu verhandeln.

Die Vereinigung der Straßenverkehrsämter (asa) gibt höhere Zahlen als Piras an. Danach besaßen Ende 2019 100 031 Personen in der Schweiz die Berechtigung zum Fahren schwerer Lastkraftwagen. Das Bundesamt für Statistik zählt seit zehn Jahren konstant 42 000 LKW mit mehr als 3,5 Tonnen Gesamtgewicht auf den Schweizer Straßen.

7 David Piras geht in seiner Branche jährlich von etwa 3000 osteuropäischen Grenzgängern aus, bei denen »häufig« nicht genügend kontrolliert werde, ob sie sich an die Verpflichtung zur mindestens wöchentlichen Rückreise halten. Oft umgehen sie die Bestimmung zur Personenfreizügigkeit und reisen als (schein-)selbstständige Dienstleistungserbringer:innen ein, die keiner Mindestlohnregelung unterstehen.

8 Der Gesamtarbeitsvertrag entspricht in etwa einem Tarifvertrag in Deutschland, allerdings oft mit einem wenig differenzierten System von verbindlichen Lohnansätzen bzw. Mindestlöhnen.

9 Siehe Karl Dätwyler im dritten Porträt in diesem Text.

10 David Piras (Routiers Suisse, siehe Fußnote 6 in diesem Beitrag) geht von 2000 bis 3000 sogenannten selbstständigen Chauffeur:innen aus. Die meisten von ihnen arbeiteten »Tag und Nacht«, um einigermaßen über die Runden zu kommen, und als Scheinselbstständige im Auftrag eines einzigen (Groß-)Betriebs.

11 Siehe die Website des Schweizer Bundesamtes für Statistik: {http://www.bfs.admin.ch} Stichwort: Güterverkehr.

12 Das versucht bereits die Plattform saloodo, ein Unternehmen der DHL, einer Tochterfirma der Deutschen Post {http://www.saloodo.com}.

V

Arbeitskraft sichern, pflegen und bewegen: Hygiene und Mobilität

Der »Depp vom Dienst«?
Zwischen Anspruch und Wirklichkeit
im Sicherheitsgewerbe

Von Susanna Höfer

Maike hat für das Interview eine Schulstunde freibekommen. Der Innenhof ihrer Berufsschule ist aufwändig bepflanzt und mit selbst gebauten Holzsitzbänken ausgestattet. Wir genießen die Sonne und freuen uns, draußen sitzen zu können. Maike wirkt selbstbewusst, mir fallen ihre Piercings auf. Sie erzählt mir, dass es für sie nicht schlimm ist, statt des Englischunterrichts ein Interview zu führen, da das Niveau nicht besonders hoch ist und sie ganz gut Englisch spricht. Maike ist Auszubildende im Sicherheitsgewerbe. Sie gehört zu einer Gruppe Beschäftigter, denen wir oft im Alltag begegnen, deren Tätigkeiten und Arbeitsbedingungen allerdings kaum diskutiert werden und die oftmals im Verborgenen bleiben. Eine der Kerntätigkeiten des Sicherheitsgewerbes ist die Unterstützung der Polizei und der Ordnungsämter zur Wahrung der gesellschaftlichen Ordnung. Die Durchsetzung von Auflagen in der Corona-Pandemie hat diese Branche sichtbarer gemacht, ob am Eingang von Supermärkten oder als Kontrolleur:innen von Abstandsregeln – im Alltag begegnet man Sicherheitspersonal zwangsläufig. Das Sicherheitsgewerbe ist allerdings alles andere als krisenresistent. Durch den Wegfall von Konzerten, Kulturveranstaltungen, Stadtfesten und Sportveranstaltungen sind viele Aufträge weggebrochen. Der Großteil der Beschäftigten ist in Minijobs beschäftigt, und es gibt einen Anstieg der Beschäftigungsverhältnisse auf Honorarbasis. Dadurch greifen staatliche Regulierungen wie Kurzarbeit oder auch Förderungen für Selbstständige nur bedingt oder gar nicht.

Dabei verzeichnet das Sicherheitsgewerbe seit circa zwanzig Jahren ein stetiges Wachstum, nicht nur hinsichtlich der Beschäftigtenzahlen, die sich seit der Jahrtausendwende von circa 140000 auf circa 266000 im Jahr 2019 fast verdoppelt haben, sondern auch hinsichtlich der Tätigkeitsfelder (Bundesverband der Sicherheitswirtschaft e.V. 2020). Die Branche expandierte vor allem dank der Privatisierung ehemals staatlicher Aufgaben, wie etwa der Luftfahrtsicherheit, sowie durch die zunehmende Privatisierung von öffentlichem Raum (vgl. Eick 2017).

Ein Report auf Basis des DGB-Index Gute Arbeit hat gezeigt,[1] dass diese Arbeitsverhältnisse überdurchschnittlich häufig prekärer Art sind (vgl. Hirschmann 2016). Geringe Entlohnung, hohe Arbeitszeitbelastung, unsichere Beschäftigungsverhältnisse, geringe Anerkennung und fehlende kollektive Interessenvertretung prägen den Alltag. Zwischen den Teilbereichen der Sicherheitsbranche (Geld- und Wertschutz, Luftfahrtsicherheit sowie Objekt- und Werkschutz) gibt es allerdings große Unterschiede hinsichtlich der Arbeitsbelastungen. Die Einkommen variieren stark zwischen den Sparten der Branche, da unterschiedliche Tarifverträge gelten, allerdings sind viele im Niedriglohnbereich angesiedelt. Zugleich erfahren Sicherheitsmitarbeiter:innen kaum gesellschaftliche Anerkennung, vielmehr sind sie häufig Anfeindungen ausgesetzt. Sie sollen Sicherheit und Ordnung aufrechterhalten, haben jedoch keine hoheitlichen Befugnisse (wie etwa Polizist:innen). Entsprechend fühlen sich Beschäftigte, wie es in mehreren Interviews formuliert wurde, trotz der unbestreitbar großen gesellschaftlichen Bedeutung ihrer Tätigkeit oft behandelt wie der »Depp vom Dienst«. Durch den Kostendruck, den öffentliche Behörden, die private Sicherheitsunternehmen beauftragen, mittragen und befeuern, sind die Arbeitsbedingungen für Beschäftigte, die für Sicherheit sorgen sollen, in vielen Bereichen schlechter geworden (vgl. Briken; Eick 2017; Hirschmann 2016, S. 158).

Die Sicherheitsbranche reagiert auf diese Situation mit dem Versuch, die Qualität ihrer Dienstleistung zu betonen, selbst wenn diese schwer messbar ist (vgl. Deutschland 2014). Eine Möglichkeit zur Verbesserung des Images der Branche ist die Professionalisierung der Belegschaften. Das ist nicht einfach: Manche Beschäftigte arbeiten nur als Nebentätigkeit oder zur Überbrückung im Sicherheitsgewerbe, andere gehen dort dauerhaft einer Vollzeitbeschäftigung nach. Auch kommen viele aus anderen Branchen und sind eigentlich »fachfremd«. Als Qualifikation für die Einsteiger:innen fungiert eine einfache Unterrichtung (nach § 34a Gewerbeordnung), mit der im öffentlichen Raum allerdings nicht alle Tätigkeiten durchgeführt werden dürfen.[2] Etwas umfassender ist die Sachkundeprüfung (ebenfalls nach § 34a), die in vielen Unternehmen die Basisanforderung darstellt. Für Seiteneinsteiger:innen gibt es die Ausbildung zur geprüften Schutz- und Sicherheitskraft, die allerdings nicht unter das Berufsausbildungsgesetz fällt. Letzteres gilt seit Kurzem erstmals für zwei duale Ausbildungsgänge (zur Fachkraft für Schutz und Sicherheit im Jahr 2002 und zur Servicekraft für Schutz und Sicherheit im Jahr 2008), die der Bundesverband der Sicherheitswirtschaft eingeführt hat.

Diese vermeintliche »Verberuflichung« (Briken 2011, S. 22) hat die Situation für die Beschäftigten nicht verbessert. Stattdessen zeigt sich eine Ausweitung des Elends: Der Status als Auszubildende:r eröffnet Unternehmen die

Möglichkeit, Ausbeutung zu intensivieren, da die Löhne niedriger, die Verträge per definitionem befristet und die Abhängigkeiten vom Ausbildungsbetrieb größer sind als bei »normalen« Beschäftigten. Entsprechend ist die Quote derer, die ihre Ausbildungsverträge vorzeitig auflösen: Sie zählt seit Jahren zu den höchsten aller Berufe. Zugleich sind die Erfolgsquoten besonders niedrig. Nur 72 Prozent der Auszubildenden, die ihren Vertrag nicht lösen, schaffen den Abschluss (Autorengruppe Bildungsbericht 2018).

Die Professionalisierungsbestrebungen in dieser speziellen Branche standen im Mittelpunkt einer Reihe leitfadengestützter Interviews, die 2018 bundesweit geführt wurden (darunter sechs Interviews mit Auszubildenden und zwei mit ausgelernten Fachkräften für Schutz und Sicherheit). Eine der Gesprächspartner:innen war Maike.

Maike steht mit 22 Jahren und zu Beginn des dritten »Lehrjahres«, wie sie selbst sagt, noch ganz am Anfang ihrer beruflichen Laufbahn im Sicherheitsgewerbe – und doch berichtet sie nicht nur über ihre Ausbildung, sondern auch über eine extrem belastende Arbeitssituation, die in vielen Interviews so oder ähnlich geschildert wird. Im Fall von Maike waren die Arbeitszeiten in ihrem ersten Ausbildungsbetrieb so belastend, dass sie im zweiten Lehrjahr wechselte. Das Interview mit Maike hat nicht zuletzt einen bleibenden Eindruck hinterlassen, weil sie trotz der schwierigen Umstände Spaß an ihrer Tätigkeit hat.

Maike hat nach einem »qualifizierten Hauptschulabschluss« die Berufsfachschule besucht, »Fachrichtung Ernährung und Hauswirtschaft«.

»[D]anach bin ich auf die höhere Berufsfachschule gegangen und hab meine Ausbildung zum staatlich anerkannten Sozialassistent im Bereich Sozialpflege gemacht. Und ursprünglich wollte ich dann Rettungssanitäter werden, hab aber keine Stelle gefunden. Und bin dann in den Sicherheitsdienst gerutscht, durch [das] Arbeitsamt, aber auch weil ich mich für so Stellen wie Justizvollzugsbeamtin und so auch sehr interessiert hab. Und dann kam das so dazu, dass ich in einen Sicherheitsdienst gekommen bin.«

Maike arbeitet nach kurzer Erwerbslosigkeit in einem Callcenter, bis sie durch Zufälle in der Sicherheitsbranche eine Ausbildungsmöglichkeit findet. Erfahrungen in der Sicherheitsbranche hatte sie vor der Ausbildung keine.

»Von null auf hundert. Also, ich hatte überhaupt gar keine Erfahrung damit, aber ich muss sagen, ich hatte Glück. Es gefällt mir sehr gut.«
    Interviewerin: »Was war dann die Hauptmotivation, die Ausbildung anzufangen?«
    Maike: »Also, erst mal überhaupt ne Ausbildung zu machen, ne richtige, weil das andere war ja nur schulisch. Ja, das ist meine erste richtige Ausbildung. Und deswegen, da bin ich dann schon motiviert zu sagen: ›Ja, ich möchte gern Geselle werden!‹ Und dann wird das ja Anfang nächsten Jahres ja was – um dann nochmal richtig durchstarten zu können, endlich!«

Auf die Frage nach den Schwierigkeiten bei der Ausbildungsplatzsuche, erzählt Maike von einer frustrierenden Phase und missglückten Bewerbungsterminen. Überraschend kam für sie dann das Ausbildungsangebot im Sicherheitsgewerbe.

»Und dann kurz vor knapp kam dann die andere Firma, bei der ich angefangen hab, und hat dann gesagt: ›Ja, nächste Woche Mittwoch kommen Sie bitte her.‹ Und für die war das dann auch so eigentlich direkt klar, wir nehmen sie halt. Da hatte ich schon die Motivation so verloren. ›Ja, das kriegste eh nicht, lässt die Piercings drin, schwarze Hose, blaues Hemd, Lederjacke drüber und hingefahren.‹ Und dann: ›Joa, wir nehmen Sie.‹ […] Ja, das war eigentlich dann ganz einfach, und da war ich auch sehr überrascht, dass das so einfach lief. So ein richtiges Bewerbungsgespräch gab's dort nicht, die machen auch aus Prinzip keinen Test.«
[…]
Interviewerin: »Und welche Tätigkeiten erledigen Sie jetzt während der Ausbildung?«
Maike: »Verschiedene, also ich mach Revierdienst nachts, ich laufe Streife nachts, ich hab Schichtleitung nachts. Das ist aber alles ein, also fast alles ein Kunde, bis auf das Revier, das hat noch mehrere Kunden dabei. […] Ja, das sind so meine Haupttätigkeiten, wo ich immer hin und her switche, aber meistens halt nachts. Also, was heißt meistens? Mittlerweile nur noch nachts, was eigentlich negativ ist, weil, ich wäre gerne gefragt worden, und das bin ich nicht. Ich bin einfach seit zwei Monaten in den Nachtdienst geschoben worden, und seitdem arbeite ich nachts. Ja, da kommen die negativen Seiten raus.«

Zu den schönen Erlebnissen zählen für Maike besondere Ereignisse, Veranstaltungen und die Zusammenarbeit mit den Kolleg:innen. Auf die Frage nach negativen Aspekten gibt Maike eine sehr deutliche Antwort.

»*Ja, ich arbeite quasi nicht auf Ausbildungsstand, also, ich bin nicht als Auszubildende irgendwo eingesetzt, ich bin als Festangestellte eingesetzt. Ich arbeite auch, wie gesagt, momentan meistens nur nachts, und für Auszubildende gibt's halt auch keine Nachtzuschläge oder so was. [...] Ich mach genau die gleiche Arbeit wie meine Kollegen, die ausgelernt sind oder auch fest angestellt sind, die mehr Geld dafür kriegen. Genau das Gleiche arbeite ich auch, halt nur, dass ich Auszubildende bin. Und das ist halt ein bisschen schwierig, finde ich, weil es kommt halt nichts zurück. Aber es hat sich jetzt etwas gebessert, weil sich meine Firma jetzt umändert von einer OHG [einer Offenen Handelsgesellschaft] in eine GmbH. Da soll sich das dann bessern, dann sollen auch Tariflöhne gezahlt werden, weil: Ich werd nicht nach Tariflohn bezahlt.*«
Interviewerin: »*Nicht?*«
Maike: »*Nee, ich krieg [...] jetzt aktuell noch [für] das zweite Lehrjahr 600 Euro. Ich krieg nicht die 650 Euro, die aktuell drinstehen, also ich bin untertariflich bezahlt. Ja, das ist so das Negative. Von der Arbeit her an sich hab ich nichts Negatives, weil eigentlich mag ich's, nachts zu arbeiten. Ich finde nur die Art und Weise, wie ich in diesen, in diese Schicht reingerutscht bin... so einfach: Dienstplan raus, du arbeitest nur noch nachts... Okay. ... Aber an der Arbeit an sich kann ich mich nicht beschweren, das macht mir Spaß.*«

Einen weiteren Kritikpunkt benennt Maike auf die Frage nach der Arbeitszeitbelastung. Eine hohe Arbeitszeitbelastung wurde auch in anderen Interviews geschildert, die Arbeitszeitbelastung von Maike ist jedoch besonders gravierend.

»*So, wie es bei mir jetzt ist, da ich wie eine fest angestellte Kraft arbeite, ziemlich schwierig, weil man halt einfach nicht viel Zeit [hat], auch mal für die Schule was zu machen in der Freizeit. Man fängt um 20 Uhr [an] und hört um 5 Uhr auf. Und dann geht man tagsüber pennen und macht das dann abends grad genauso. Man guckt, dass man in diesem kleinen Zeitfenster noch irgendwas macht, und dann ist man halt wieder von 20 bis 5 Uhr oder – wenn man den Vorverschluss [macht] – von 18 bis 5 Uhr unterwegs. Es ist halt schon anstrengend, und es kommt dann auch dazu, dass wir irgendwie sechs Tage arbeiten, einen Tag frei haben. Das ist ganz … Gibt's mal ein bis zwei Wochen hintereinander, und dann gibt's Tage, da muss ich einen Tag arbeiten, hab einen Tag frei, dann muss ich zwei Tage arbeiten, hab einen Tag frei, dann muss ich drei Tage arbeiten, ein Tag frei. Aber meistens immer nur einen Tag und dann immer unter der Woche. Ich arbeite eigentlich immer wochenends, also, das ist dann auch so ein Nachteil, wenn man irgendwas mal machen möchte. Wochenende ist halt nie drin, und wenn, dann ganz, ganz selten. Und dann auch mal zwei Tage, das sind dann diese kleinen Glücksmomente: Hach, frei an nem Wochenende, ja!*«

Das Arbeitsklima bewertet Maike positiv und hebt hervor, dass das Verhältnis innerhalb der Kolleg:innenschaft sehr gut ist. Etwas anders beschreibt Maike das Verhältnis zu ihren Vorgesetzten.

»*Eher weniger, mehr unterm Team. Weil wir haben ja nur nen Geschäftsführer und ne Stellvertretung, also unseren Chef und seine Frau, und die sind schwer zu erreichen. Also, man versucht teilweise vier Mal anzurufen, man kriegt niemanden, dann schreibt man ne Whatsapp-Nachricht, und auf einmal kommt ne Nachricht, da denkt man sich auch:* ›*Hättest du auch ans Telefon gehen können*‹. *Ja, also, die sind schwer zu erreichen.*«

In Maikes Ausbildungsbetrieb gibt es keinen Betriebsrat, und er ist nicht tarifgebunden. Das hat dazu beigetragen, dass Maike sich nicht mit Tarifverträgen auskennt und nur im Vergleich mit anderen Auszubildenden gemerkt hat, dass sie eigentlich zu wenig verdient.

»*Ja, im Prinzip mit meinem Wechsel ist es mir damals auch aufgefallen. Da kamen gerade diese drei Prozent Erhöhung, da hab ich in der anderen Firma noch mehr verdient. Und dann bin ich in die andere Firma rein, und dann hab ich wieder weniger verdient. Ja, da ist es mir dann auch bewusst geworden:* ›*Okay, wir werden nicht nach Tarif bezahlt.*‹ *Als wir sie auch drauf angesprochen haben:* ›*Das steht da drin, Niedersachsen so und so*‹, ›*Wir sind nicht tarifgebunden*‹, *war die Antwort.*«

Für die Zeit nach der Ausbildung hat Maike schon konkrete Vorstellungen.

»Ja, also, ich will auf jeden Fall in dem Bereich bleiben. Also, die Arbeit macht mir auf jeden Fall Spaß. Ich wollte entweder in den Bereich Geld und Wert gehen [...]. Was ich aber auch machen wollte, war, wenn ich als Fachkraft schon ausgebildet bin, mir doch wirklich eine Einsatzleitungsposition oder so zu holen, mich doch ins Büro setzen, anstatt so in den Außendienst. Ja, das sind so meine Vorstellungen, die ich hab, die ich versuche zu erreichen. Wobei Werkschutz auch noch eine Option wäre, weil das dann auch ein geregelter Ablauf ist mit einem Objekt, und man kennt dann diese Abläufe, ja.«

Die positiven Erfahrungen im Revierdienst und in der Citystreife haben Maike geholfen zu merken, welche Tätigkeiten ihr Spaß machen.

»Ja, seitdem ich, muss ich sagen, in der kleineren Firma bin, hab ich die Erfahrung im Revierdienst und in der Streife gemacht. Und [ich] muss sagen, das hat mir auch wirklich Spaß gemacht, einfach auch mal nachts auch durch die Gegend zu laufen, zu dem Objekt, zu dem Haus, zu dem Haus. Und dann musst du wissen, wo. [...] 'ne Zeit lang durfte ich auch noch Citystreife fahren, das war auch sehr erfahrungsreich, ja. Also, Kinderspielplätze anzufahren und zu sagen: ›Hier, Feierabend nachts!‹ Ja, irgendwie, das ... weiß nicht, es macht halt einfach so den Spaß. Aber den geregelten Ablauf und die Einsatzleitung ... Ich find's halt auch durch die Schichtleitung, die ich mache, eigent-

lich ganz toll, wenn ich dann sage: Ich koordiniere meine Kollegen: Wo, was die machen sollen, welchen Bereich die laufen müssen. [...] Das möchte ich gerne als Einsatzleitung auch machen dann. Werkschutz ist halt einfach diese geregelten Zeiten [...]. Ich hab auch kein Problem mit dem Schichtbetrieb, weil immer nur eine Schicht ist dann auch, joa, bisschen langweilig. Aber so an sich waren das so die Knackpunkte, deswegen die Bereiche.«

Maike sieht Veränderungsbedarf in der Ausbildung und wünscht sich, dass sie weniger alleine arbeiten muss und mehr Unterstützung von ihrem Ausbildungsleiter erhält.

»*Also, ich beispielsweise arbeite so gut wie immer selbstständig und alleine, ich hab keinen Ausbilder oder wenigstens jemanden, der immer neben mir steht und mich kontrolliert, sondern ich werde eingewiesen, und dann muss das laufen. [...] Ich hatte den Wunsch geäußert vor der Abschlussprüfung Teil 1, mal gerne ins Büro zu kommen und vielleicht nochmal Fragen zu klären. Ist nicht gemacht worden, und das find ich dann halt schade.*«

Besonders belastend hat Maike die Arbeitsbedingungen in ihrem ersten Ausbildungsbetrieb wahrgenommen. An dieser Stelle wird deutlich, dass Maike nicht ihrem Ausbildungsstand entsprechend eingesetzt wurde, was in Überforderung und Frustration mündete.

»*Ich hatte noch keinen Führerschein, und dann hab ich meinen Führerschein gemacht und konnte dementsprechend ja länger bleiben. So nach dem Motto: Du hast ja jetzt ein Auto. Und dann musste ich von zuhause dann diese sechzig Kilometer in die Firma fahren und bin dort zwölf Stunden im Büro geblieben [...], und das sind halt vierzehn Stunden, die man unterwegs ist. Und dann auch immer für's gleiche Gehalt. [...] [W]eil ich es mir dann irgendwann auch tatsächlich nicht mehr leisten konnte, zur Arbeit zu fahren, [habe ich] gesagt: Ich gehe in einen anderen Betrieb, weil mir das einfach zu weit weg ist. [...] Und dadurch, dass ich während der Zeit auch im Büro war, ist dann auch von den Kunden und von Mitarbeitern geglaubt worden, ich wäre eine Einsatzleitung, keine Auszubildende. Dann wurde speziell nach mir gefragt, und ich kann diese Fragen ja gar nicht beantworten. [...] Ja, und so kam das dann dazu, dass ich gesagt hab: ›Du, das ist mir zu viel.‹ Weil dann auch Pläne gemacht wurden, ich soll auf Objekte fahren und arbeitende Mitarbeiter kontrollieren [...]. Und da hab ich gesagt: ›Nein, Interventionsfahrten darf ich nicht machen.‹ Wollt ich dann auch nicht.«*

Das Dilemma der Ausbildung im Sicherheitsgewerbe zeigt sich bei der Frage nach den Übernahmechancen nach der Ausbildung.

»*Eigentlich gut. Also, die würden einen auch nehmen, aber es gibt in dieser Firma keine Stelle für eine Fachkraft. Das heißt, ich würde dann bezahlt wie jeder andere auch. Das heißt, dass die Fachkraftausbildung würde mir im Prinzip nichts bringen, das könnte ich jetzt auch machen. [...] Die nehmen auch nichts an, wo man ne Fachkraft benötigen würde.*«

Auch wenn die Übernahmechancen entsprechend ihrer Qualifikation schlecht stehen, erlebt Maike im Verhältnis zu den Auftraggeber:innen eine Wertschätzung und Anerkennung der Ausbildung. Die Ausbildung hilft ihr, sich von anderen Beschäftigten in der Branche abzugrenzen.

»*Ich denke mal, dass immer noch der Beruf an sich, also überhaupt Sicherheitsbranche oder so ein Sicherheitsmitarbeiter eher so ... nicht gut angesehen wird, weil es so viele schwarze Schafe gibt, die dann so einen Mist bauen. [...] Also für mich, mein Empfinden ist: Wenn die dann merken: ›Okay, die haben drei Jahre lang tatsächlich wie jeder andere auch seinen Beruf gelernt, dagesessen und haben das gelernt und können sich dann dementsprechend auch verkaufen und wissen auch, wie sie mit den anderen reden sollen‹ – dass es da dann auch gewertschätzt wird vom Kunden. [Der sagt dann]: ›Ey, der hat Ahnung, der hat sich auch drei Jahre lang hingesetzt und hat's gelernt und ist nicht jemand, der vierzig Stunden ne Unterrichtung gemacht hat und dann ne Prüfung abgelegt hat, was ja dann auch wieder viel anders ist als zu drei Jahren.‹ Und dann sieht man halt dann den Unterschied. Ich glaub, das ist das, was so ein bisschen dieses Verhältnis vom Kunden dann auch ändert, dass er weiß: Der hat Qualifikationen, um überhaupt in dieser Branche zu arbeiten.*«

Es verwundert kaum, dass Maike sich eine stärkere soziale Anerkennung ihrer Ausbildung, im Gegensatz zu einer monetären Anerkennung, wünscht. Dies verdeutlicht, dass die Tätigkeit für Maike eine Verantwortlichkeit mit sich bringt, von der sie sich eine gesellschaftliche Wertschätzung erhofft.

»Doch eher auch sozial, weil, man macht ja, also für mich ist der Beruf auch eher sozial, weil ich bin ja eine Person, die jemanden schützt. Ich hab ja Schutzpersonen oder Objekte, Häuser, um halt in ihnen auch was sicherer zu machen. Für mich ist das schon eine Stufe vor der Wachpolizei, also, bevor die Polizei kommt, kommt halt der Sicherheitsdienst, und der sorgt halt auch für Sicherheit. Und deswegen ist das für mich so mehr auf der sozialen Ebene. Nicht nur so als der Türsteher, sondern eher: ›Okay, der schützt mich auch, ja, oder macht auch was dafür, damit ich mich sicher fühle.‹ Das ist das, was ich mir halt gern wünschen würde, diese Anerkennung.«

Das gute, loyale und unterstützende Verhältnis zu den Kolleg:innen gehört zu den wenigen positiven Dingen, die Maike über die Ausbildung und ihre Arbeitsbedingungen erzählt. Die Probleme, die sie schildert, sind bekannt aus Branchen, in denen für die Tätigkeiten nur geringe Qualifikationen nötig sind. Besonders belastend ist offenbar für Auszubildende die fehlende Aussicht auf eine berufliche Karriere. Auch Maike hat die trügerische Hoffnung, dass es nach der Ausbildung besser wird und sie eine Stelle findet, die ihrer Qualifikation entspricht. Doch im Gegensatz zu anderen Ausbildungsberufen (auch im Handwerk) werden die Fachkräfte für Schutz und Sicherheit speziell für die Übernahme von Leitungspositionen ausgebildet – aber diese setzen Berufs- und Lebenserfahrung voraus, die man direkt nach der Ausbildung nicht vorweisen kann, und vor allem gibt es zu wenige Stellen für Fachkräfte. Trotzdem hat Maike das gute Gefühl, eine »richtige Ausbildung« zu machen – die Enttäuschung über die fehlende Honorierung ihrer Mühe ist vorprogrammiert.

Belastende Arbeitszeiten werden von allen befragten Auszubildenden als der negativste Aspekt ihrer Tätigkeit wahrgenommen. Nicht alle erleben eine so hohe zeitliche Beanspruchung wie Maike. Einige berichten dafür eindrücklich über die Monotonie der Arbeit, andere über Probleme in der Partnerschaft und der Familie oder die Belastung durch lange Fahrtwege.

Der Status als Auszubildende:r bedeutet Arbeit zu Niedriglöhnen; die Vergütung im Sicherheitsgewerbe liegt selbst bei Tarifzahlung weit unter dem Bundesdurchschnitt aller Ausbildungsberufe.[3] Darüber hinaus erleichtert der Azubi-Status offenbar noch mehr Verstöße gegen Arbeitsschutzgesetze, die im Sicherheitsgewerbe ohnehin an der Tagesordnung sind. Das Arbeitszeitgesetz ist nur eine der rechtlichen Vorgaben, die kaum Beachtung finden. Gerade Auszubildende sind oft nicht ausreichend über ihre Rechte informiert, werden auch nicht auf diese hingewiesen und trauen sich nicht, gegen Verstöße vorzugehen. Das Gefühl der Austauschbarkeit wird den Beschäftigten oft ab Beginn der Tätigkeit vermittelt – und dies erschwert Organisierung und kollektive Interessenvertretung. So sind die Hürden für einen Einstieg in das Sicherheitsgewerbe gering – daher ist es kein Zufall, dass Maike kein »richtiges« Bewerbungsgespräch erlebt, ihre Persönlichkeit, früheren Arbeitserfahrungen oder formellen Qualifikationen keine Rolle für die Einstellung spielen. Zudem kommt es (nicht nur, aber auch in Maikes Fall) zu regelmäßigen Verstößen gegen die Gewerbeordnung und das Berufsbildungsgesetz, weil Auszubildende kaum fachlich angeleitet oder beaufsichtigt, sondern als »billige Vollzeitkräfte« eingesetzt werden (Briken 2011, S. 24). Dies ist möglich, weil bei einfacheren Anlerntätigkeiten und Ungelerntentätigkeiten eine schnelle Einarbeitung ausreicht. Schon während der Ausbildung passen die Tätigkeiten in zweifacher Hinsicht nicht zu den vorhandenen Qualifikationen: Einige Auszubildende sind mit der Verantwortung, die ihnen übertragen wird, überfordert; Maike berichtet, dass ihr viele Aufgaben übergeben wurden, die sie als Auszubildende nicht erledigen darf. Andere kann sie tatsächlich nicht machen; in solchen Fällen wünscht sie sich mehr Unterstützung. Sie bräuchte eine:n Ausbilder:in an ihrer Seite, um Tätigkeiten zu erlernen, für die sie aktuell die Verantwortung nicht übernehmen kann. Stattdessen muss Maike oft alleine und nachts arbeiten – dies wird von Unternehmen nicht zuletzt deswegen praktiziert, um Nachtzuschläge zu sparen.

Maikes Lebenslauf ist insofern typisch, als sie nach der Schule (wie 35 Prozent derjenigen, die keinen oder wie Maike »nur« einen Hauptschulabschluss haben; BIBB Bildungsreport 2020) zunächst im Übergangssystem[4] gelandet ist. Obwohl sie eigentlich andere Berufsziele hatte, ist sie zufällig in das Sicherheitsgewerbe gerutscht, das für viele eher Notlösung als Wunschbranche ist.

Wenn Maike stolz ist, endlich eine »richtige Ausbildung« machen zu können, verdeutlicht dies ihre Hoffnung, dass ihr die berufliche Ausbildung mehr Karrierechancen bietet als eine schulische Ausbildung. Zwar gibt es für viele Absolvent:innen faktisch keine Stellen, die dieser Qualifikation entsprechen, doch die neuen Berufsbilder haben in Maikes Augen dennoch ein so positives Image, dass sie sich davon ein besseres Standing gegenüber Kund:innen und mehr Handlungsoptionen im Unternehmen verspricht. Die Tätigkeit selbst empfindet Maike nicht als monoton, da im Umgang mit anderen Menschen immer wieder Überraschungsmomente auftreten, die sie als positiv beschreibt. Anerkennung und Wertschätzung werden in ihrem Fall nicht durch Führungskräfte vermittelt, sondern allenfalls durch Kund:innen, die Maike als Expertin für Sicherheit ansprechen und ernst nehmen. Dies ist die Grundlage dafür, dass Maike sich selbst letztlich nicht als »Depp vom Dienst« begreift, sondern in dem Bewusstsein lebt, eine sozial nützliche Tätigkeit auszuüben: Sie schafft Sicherheit, noch bevor die Polizei kommt, übernimmt Verantwortung für andere Menschen und deren Eigentum. An vielen Stellen im Interview wird deutlich, dass Maike nicht nur materielle Anerkennung erwartet. Sie sieht sich selbst als sehr gut ausgebildet und somit auch als produktivere Sicherheitsdienstmitarbeiterin im Vergleich zu Beschäftigten, die »nur« eine Unterrichtung in §34a der Gewerbeordnung oder Sachkundeprüfung absolviert haben. Wie wird sich ihre Sicht auf sich selbst, auf ihre Tätigkeit, auf ihren beruflichen Werdegang und gesellschaftlichen Status verändern, wenn ihr bewusst wird, dass die Anerkennung, die ihrer künftigen Qualifikation gebührt, ihrer konkreten Tätigkeit verweigert wird?

Literatur

Autorengruppe Bildungsbericht 2018, *Bildung in Deutschland 2018*, Bielefeld: WBV Publikation.

Blöchle, Sara-Julia/Kristin Otto/Tim Grebe/Herbert Tutschner 2016, »Evaluation der Berufsausbildung in den Schutz- und Sicherheitsdienstleistungen«, in: *Wissenschaftliche Diskussionspapiere 173*, Bonn: Bundesinstitut für Berufsbildung.

Briken, Kendra/Volker Eick 2017, »Pazifizierungsagenten. Zu einem Tätigkeitsprofil kommerzieller Sicherheitsdienste«, in: Joachim Häfele/Fritz Sack/Volker Eick/Hergen Hillen (Hg.), *Sicherheit und Kriminalprävention in urbanen Räumen. Aktuelle Tendenzen und Entwicklungen*, Wiesbaden: Springer Fachmedien (S. 91-108).

Briken, Kendra 2011, »Produktion von Sicherheit? Arbeit im Bewachungsgewerbe«, in: *Arbeitspapier, Arbeit und Soziales 222*, Düsseldorf, online verfügbar unter: {http://hdl.handle.net/10419/116685}.

Bundesinstitut für Berufsbildung (Hg.) 2020, *Datenreport zum Berufsbildungsbericht 2020. Informationen und Analysen zur Entwicklung der beruflichen Bildung*, Bonn: BIBB, online verfügbar unter: {https://www.bibb.de/datenreport/de/datenreport_2020.php}.

Bundesverband der Sicherheitswirtschaft e.V. (Hg.), *Sicherheitswirtschaft in Deutschland*, Bad Homburg, online verfügbar unter: {https://www.bdsw.de/images/statistiksatz/Statistiksatz_BDSW_BDGW_BDLS_01_02_2021.pdf}.

Deutschland, Claudia 2014, *Qualifizierung und Qualität im privaten Sicherheitsgewerbe: eine Untersuchung von §34a GewO im Vergleich mit weiteren Qualifizierungs- und Qualitätssicherungsinstrumenten*, Dissertation, Hamburg: Selbstverlag.

Eick, Volker 2007, *Kontrollierte Urbanität. Zur Neoliberalisierung städtischer Sicherheitspolitik*, Bielefeld: Transcript Verlag.

Hirschmann, Nathalie 2016, *Sicherheit als professionelle Dienstleistung und Mythos*, Dissertation, Wiesbaden: Springer VS.

Schmidt, Christian 2013, *Krisensymptom Übergangssystem. Die nachlassende soziale Inklusionsfähigkeit beruflicher Bildung*, Bielefeld: WBV Media.

Verdi (Hg.) 2018, »Arbeitsbedingungen im Sicherheitsgewerbe. So beurteilen die Beschäftigten die Lage. Ein Report auf Basis des DGB-Index Gute Arbeit«, in: *Arbeitsberichterstattung aus der Sicht der Beschäftigten 12*, Berlin.

Anmerkungen

1 Mit dem DGB-Index Gute Arbeit wird die Arbeitsqualität aus Sicht der Beschäftigten bewertet. Das Verständnis von »guter Arbeit«, das dem Index zugrunde liegt, ist an den Urteilen der Beschäftigten über ihre Arbeitsbedingungen ausgerichtet. Dafür wurden Kriterien der Arbeitsqualität erstellt, die zum einen die Arbeitsplatzsicherheit und zum anderen das Einkommen be-

rücksichtigen. Arbeitsbedingungen, die Beschäftigte als »gute Arbeit« bezeichnen, sind dadurch charakterisiert, dass sie als belastungsarm und entwicklungsförderlich gelten; siehe: {https://index-gute-arbeit.dgb.de/-/ILM}.

2 § 34a Gewerbeordnung (1): Wer gewerbsmäßig Leben oder Eigentum fremder Personen bewachen will (Bewachungsgewerbe), bedarf der Erlaubnis der zuständigen Behörde.

3 Die Ausbildungsvergütung liegt im Schnitt bei 713 Euro im ersten und 787 Euro im zweiten Lehrjahr, zwischen den Bundesländern variieren die Tarifverträge zwischen 600 und 900 Euro im ersten Lehrjahr. Im Bundesdurchschnitt für alle Ausbildungsberufe liegt die tarifliche Ausbildungsvergütung bei 848 Euro im ersten und bei 1027 Euro im dritten Lehrjahr (Bundesinstitut für Berufsbildung 2020).

4 Als Übergangssystem wird einer der drei Sektoren der beruflichen Bildung bezeichnet. Jugendliche, die nach der schulischen Allgemeinbildung keine duale Ausbildung beginnen, sollen im Übergangssystem Fähigkeiten erlernen, durch die sich die Chancen zur Aufnahme einer dualen oder schulischen Berufsausbildung verbessern sollen (vgl. Schmidt 2013).

Wie von Geisterhand?
Knochenjob Gebäudereinigung

*Von Natalie Grimm, Robin de Greef
und Ina Kaufhold*

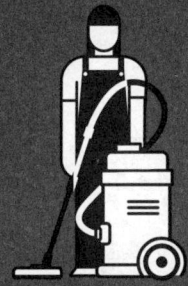

Obwohl Sauberkeit und Ordnung einen hohen Stellenwert haben, werden Reinigungskräfte seit je kaum wertgeschätzt und gesellschaftlich anerkannt. Das hat verschiedene Gründe. Ein besonderes Merkmal der Gebäudereinigungsbranche ist etwa die weitgehende Unsichtbarkeit der Tätigkeit, des Arbeitsergebnisses und der Beschäftigten selbst. Bei der Reinigung wird nichts Neues produziert oder Zusätzliches geschaffen, sondern es geht bei dieser Arbeit darum, den von anderen verursachten Schmutz zu entfernen und damit den vorherigen Zustand wiederherzustellen – es handelt sich um eine reine Gewährleistungstätigkeit (vgl. Staab 2014, S. 291). Hinzu kommt, dass die Reinigungstätigkeiten zu großen Teilen in den Randzeiten des Tages oder in der Nacht verrichtet werden. Dies zeigen auch unsere drei Fallgeschichten. Unsere Interviewpartner:innen säubern Restaurants, Supermärkte, Arztpraxen und Rehazentren in den Abend- und Nachtstunden, damit sie die Arbeitsabläufe dort am Tag nicht stören. So verschwinden die Reinigungskräfte und ihre Arbeitsbedingungen häufig aus dem Blickfeld und dem Bewusstsein von Kund:innen, Patient:innen und anderen Beschäftigten (vgl. ArbeitGestalten 2017, S. 7).[1]

Weil in der allgemeinen Gebäudereinigung[2] heutzutage vielerorts keine Berufsausbildung vorausgesetzt und die Tätigkeit daher meist ungelernt ausgeübt wird,[3] kommen schnell Vorurteile im Sinne von »Putzen kann doch jede:r« zum Tragen. Dass Reinigen allerdings durchaus besonderer Kenntnisse bedarf, wird beispielsweise anhand der Fallgeschichte von Simone und Gisela deutlich, die den Anwendungsbereich eines Rehazentrums reinigen und dort unterschiedlichste Hygienemaßnahmen beachten und umsetzen müssen. Oft werden Aufwand und Kosten von Reinigungstätigkeiten unterschätzt, was die Zahlungsbereitschaft der Kund:innen verringert und zu niedrigen Löhnen und schlechten Arbeitsbedingungen in großen Teilen der Branche beiträgt. Wie bedeutsam die Tätigkeit des Reinigens für die Gesellschaft ist, wurde vielen erst durch die Notwendigkeit umfangreicher Desinfektionsverfahren im Zusammenhang mit der Corona-Pandemie klar – auch wenn anderen, sichtbareren Berufstätigen wie etwa Pflegekräften oder Supermarkt-Kassierer:innen weitaus mehr »Applaus« als Reinigungskräften zuteilwurde, freilich mit wenig bis gar keinen Folgen für deren Arbeitsbedingungen.

In der allgemeinen Gebäudereinigung arbeiteten in Deutschland im Jahr 2018 etwas mehr als eine Million Beschäftigte, knapp 70 Prozent davon waren Frauen (Destatis 2020, S. 29, S. 53), und laut Bundesagentur für Arbeit hatten 2019 rund 35 Prozent der Beschäftigten einen Migrationshintergrund (HBS 2020, S. 10). Etwas weniger als die Hälfte der Reinigungskräfte sind geringfügig in nicht sozialversicherungspflichtigen Minijobs tätig, mehr als ein Drittel in einer sozialversicherten Teilzeitbeschäftigung (Destatis 2020, S. 59). Gleichzeitig ist in der Branche auch Leiharbeit gängig, um zusätzlich Flexibilität zu erreichen (vgl. HBS 2020, S. 10). Besonders verbreitet ist Mehrfachbeschäftigung, da viele Beschäftigte nicht von einem einzigen Reinigungsjob leben können: Fast 40 Prozent kombinieren eine geringfügige Beschäftigung mit einer sozialversicherten Teilzeitbeschäftigung (Schulten/Schulze 2015, S. 22). Vollzeitbeschäftigung ist mit etwas mehr als 15 Prozent in der allgemeinen Gebäudereinigung gering vertreten (Destatis 2020, S. 59). Dies liegt nicht zuletzt daran, dass mehrere Arbeitskräfte mit weniger Stundenumfang es Unternehmen erlauben, mit Arbeitszeiten zu jonglieren und spontaner (etwa auf krankheitsbedingte Ausfälle) reagieren zu können. Aber auch für die Beschäftigten selbst ist eine Vollzeitstelle teilweise wenig attraktiv. Aufgrund der großen körperlichen Belastung können viele von ihnen acht Stunden tägliche Arbeitszeit gar nicht über einen längeren Zeitraum durchhalten (vgl. Arbeit-Gestalten 2017, S. 18).

Irreguläre Beschäftigung ist in der Reinigungsbranche weit verbreitet: Insbesondere die Reinigung von Privathaushalten wird zu rund 89 Prozent von undokumentierten Arbeitskräften ausgeführt, die keinen Arbeitsvertrag haben und nicht offiziell angemeldet sind (vgl. Enste 2019, S. 2). Besonders Migrant:innen ohne deutschen Pass befinden sich oft in solchen prekären Arbeitsverhältnissen, wie die Fallgeschichte von Nadim, der als Geflüchteter nach Deutschland gekommen ist, verdeutlicht.

Mit der Zeit hat sich die Reinigungsbranche stark gewandelt. Die ausgeführten Arbeiten sind vielfältiger geworden, zudem wurden seit den siebziger Jahren Reinigungstätigkeiten immer mehr ausgelagert. Heute sind die meisten Beschäftigten nicht mehr bei den Unternehmen oder Einrichtungen, deren Räumlichkeiten sie reinigen, angestellt, sondern bei einem externen Dienstleister, der »von außen« ins zu reinigende Objekt geht. Darüber hinaus wurden zuvor als unbezahlte Hausarbeit verrichtete Reinigungsarbeiten aufgrund der stetig steigenden Anzahl von Doppelverdiener-Haushalten und der damit einhergehenden Erwerbsbeteiligung von Frauen zunehmend aus dem privaten Bereich ausgelagert, was zum ohnehin starken Wachstum der Reinigungsbranche noch beigetragen hat.[4] Ein verhältnismäßig neuer Trend ist, dass über Onlineplattformen einzelne Aufträge an soloselbstständige Reinigungskräfte vermittelt werden – wodurch die Auslagerung und der auf Abruf organisierte Zugriff auf Reinigungsdienste eine neue Qualität erreicht haben.[5]

Die Wettbewerbsintensität unter den Reinigungsunternehmen ist hoch.[6] Da hier rund 75 Prozent der Gesamtkosten auf das Personal entfallen, ist strukturbedingt die niedrige Entlohnung ein verbreitetes und effektives Mittel, um sich am Markt durchzusetzen. Der Lohn gemäß dem (allgemeinverbindlichen) Rahmentarifvertrag[7] für die Reinigungsbranche lag 2020 nur gut einen Euro über dem gesetzlichen Mindestlohn in Deutschland. Die Beschäftigten befinden sich außerdem häufig in einer Art Niedriglohnfalle: Viele müssten einen großen Sprung in ihrem Bruttoeinkommen machen, damit es sich nach Abzug von Steuern und Sozialversicherungsbeiträgen finanziell auch für sie auszahlt, *nicht* unter dem steuerfreien Grundfreibetrag oder auch der Minijob-Verdienstgrenze zu bleiben. Darum wird bei Tariferhöhungen teils die Stundenanzahl reduziert, um die Überschreitung dieser Grenzwerte zu vermeiden (vgl. IAI 2020, S. 22).

Eine in der Branche gängige Angabe zur Bemessung der Reinigungsleistung ist die Flächenleistung (Reinigungsleistung pro Quadratmeter Fläche). Hierbei zeichnet sich die Entwicklung zu immer knapperer Zeitbemessung ab. Entweder wird die Arbeitszeit bei gleicher Reinigungsleistung (meist in Größe der Fläche) gekürzt, oder die

Reinigungsleistung wird bei gleicher Arbeitszeit erhöht. Teils vereinbaren Unternehmen auch sogenannte Objektlöhne mit den Beschäftigten. Dabei wird eine Pauschale für die Reinigung eines bestimmten Gebäudes oder Bereichs festgelegt. Wie auch unsere Fallgeschichten zeigen, ist die Reinigungsleistung aber häufig innerhalb der vereinbarten Zeit nicht zu schaffen. Unbezahlte Mehrarbeit wird quasi einkalkuliert und durch die Beschäftigten meist auch geleistet (vgl. Riedel 2012, S. 65). Auf diese Weise unterlaufen Unternehmen nicht selten den Tariflohn oder sogar den gesetzlichen Mindestlohn. Der Druck auf die Beschäftigten nimmt zu, während die Qualität der Dienstleistung abnimmt (vgl. ArbeitGestalten 2017, S. 9; Mayer-Ahuja 2003, S. 184).

Eine zunehmend etablierte Form der vertraglich festgelegten Reinigung stellt die Sichtreinigung dar. Im Gegensatz zur Vollreinigung sollen Reinigungskräfte hierbei nur sichtbare Verschmutzungen beseitigen. Für die Beschäftigten bedeutet dies Unsicherheit und Angst vor Reklamation, da nicht eindeutig bestimmt ist, was genau gereinigt werden muss. Die Verantwortung wird hierdurch gehäuft auf die Reinigungskräfte selbst abgewälzt (vgl. ArbeitGestalten 2017, S. 9). Zusätzlich erfordern die Verlagerung der Arbeit in die Randzeiten des Tages oder in die Nacht ebenso wie die weit verbreitete Mehrfachbeschäftigung ein hohes Maß an zeitlicher Flexibilität und Organisationsaufwand seitens der Beschäftigten. Nicht zuletzt ist eine hohe Mobilität erforderlich, wenn die Arbeitsorte weit voneinander entfernt sind. Erhöhte psychische Belastungen sind eine Folge dieser Arbeitsbedingungen (vgl. HBS 2020, S. 10).

Wer sind nun die Beschäftigten, die in der Reinigungsbranche tagtäglich mit diesen Herausforderungen umgehen müssen? Wie empfinden sie ihre Arbeitssituation, welche Auswirkungen hat ihre Arbeit auf ihr Leben? Aber auch: Welchen Einfluss hat ihre Lebenssituation auf ihre Erwerbstätigkeit? Dies werden uns im Folgenden drei Fallgeschichten verdeutlichen.[8]

»Es ist halt Akkordarbeit, ne? Man kriegt eine Zeitvorgabe, und dann muss man das schaffen«

Simone[9] (36 Jahre alt) meldet sich im Sommer 2018 bei uns per E-Mail, da sie von einer Mitarbeiterin einer kirchlichen Einrichtung, die Mittagessen für Kinder in Armut anbietet, von unserem Forschungsprojekt erfahren hat. Eine Woche später besuchen wir sie und ihre Familie in ihrer Wohnung in einer Kleinstadt etwa vierzig Kilometer entfernt von Kassel. Simone lebt mit ihrem derzeitigen Lebensgefährten und drei ihrer vier Kinder in einer Mietwohnung in einem Häuserblock am Stadtrand. Wir fahren mit dem Auto dorthin, da ihre Adresse mit öffentlichen Verkehrsmitteln schlecht zu erreichen ist.

Die Tür öffnet uns Sophie, die zehnjährige Tochter von Simone. Simone selbst ruft kurz aus der Küche heraus, dass sie noch schnell das Essen zubereiten muss, damit es fertig ist, wenn ihr Lebensgefährte am Abend von der Arbeit nach Hause kommt. Denn sie selbst wird dann in ihrer Funktion als Reinigungskraft gemeinsam mit ihrer Mutter Gisela (57 Jahre alt) und ihrer ältesten Tochter Lisanne (17 Jahre alt) unterwegs sein und das Schwimmbad sowie den Anwendungsbereich eines Rehazentrums, zehn Kilometer entfernt von ihrem Wohnort, putzen. Auch Simones Lebensgefährte, der vor einigen Jahren aus Ghana nach Deutschland gekommen ist, wird heute nach dem Essen noch losfahren, um in einem Lebensmitteldiscounter zu putzen. Denn neben seiner Arbeit als Produktionshelfer hat er einen Minijob in der Reinigungsfirma, in der Simone Teilzeit (neunzig Stunden im Monat) als Objektleiterin beschäftigt ist. Simone koordiniert dort die Aufgaben der Reinigungskräfte im Rehazentrum, reinigt aber vor allem auch selbst. Die Stelle der Objektleiterin übt sie eher informell aus – sie hat bisher keine entsprechende Lohnerhöhung erhalten. Simone trägt aber gegenüber ihrem Chef, der vor drei Jahren die kleine Firma gegründet hat, und vor allem gegenüber dem Rehazentrum die Verantwortung, dass dort alles reibungslos, ordnungsgemäß und im vertraglich festgelegten Zeitrahmen abläuft. Sie ist auch dafür zuständig, für Ersatz zu sorgen, wenn jemand krank wird. Häufig führt das dazu, dass sie selbst, ihre Mutter oder ihre Tochter einspringen und damit meist deutlich mehr als die vereinbarten Stunden im Monat arbeiten (Gisela und Lisanne sind beide in Teilzeit mit sechzig Stunden im Monat angestellt).

Die zehnjährige Schülerin Sophie wird am Abend, während ihre Mutter und ihr Stiefvater arbeiten, ihre vierjährige Halbschwester betreuen, die gerade auf dem Sofa schläft, als wir ankommen. Kurz nach unserer Ankunft betreten Simones Mutter Gisela und Simones älteste Tochter Lisanne mit eigenem Schlüssel die Wohnung, da sie auch am Interview teilnehmen werden. Die beiden leben zusammen in Giselas Mietwohnung in einem Dorf zehn Kilometer entfernt. Zuvor hat Lisanne bis zu ihrem Hauptschulabschluss ein Jahr in einer betreuten Wohngruppe gelebt, die sie aber wegen Konflikten mit anderen Jugendlichen, deren Ursprung sie selbst in ihrer dunklen Hautfarbe und damit in rassistischen Vorurteilen sieht, verlassen musste. Gisela putzt zusätzlich zu ihrer Teilzeitbeschäftigung in der Reinigungsfirma, in der Simone Objektleiterin ist, an zwei Tagen in der Woche auf geringfügiger Basis in einem Privathaushalt. Außerdem pflegt sie ihren Vater. Nachdem Simone in der Küche fertig geworden ist und auf dem Balkon noch schnell eine Zigarette geraucht hat, kommt sie zu uns ins Wohnzimmer, ebenso ihr Sohn André (14 Jahre alt), so dass wir nun dicht gedrängt um den Esszimmertisch das Interview starten können.

Simone hat sich bisher als ungelernte Arbeitskraft immer wieder über Gelegenheitsjobs finanziert und phasenweise staatliche Grundsicherungsleistungen bezogen, während sie gleichzeitig ihre Kinder betreut hat. Derzeit bezieht sie keine aufstockenden staatlichen Leistungen, befindet sich aber in der Privatinsolvenz. Simone stellt sich als Bindeglied und »Oberhaupt« der Familie vor, ihr derzeitiger Lebensgefährte scheint dagegen nur eine untergeordnete Rolle für die Kinder und die Organisation des Haushalts zu spielen. Ihre Mutter Gisela, die als Ungelernte schon über eine lange Zeit verschiedene Jobs miteinander kombiniert, ist Simone diesbezüglich allerdings bereits seit vielen Jahren eine große Hilfe. Beide präsentieren sich als gewissenhafte, hart arbeitende Menschen, die nicht »auf der faulen Haut« liegen und Verantwortung übernehmen. Erwerbsarbeit erscheint zwar vor allem als

Mittel zur Existenzsicherung, insbesondere bei Simone zeigt sich aber ein hohes Arbeitsethos. Sie ist stolz auf ihre Stellung als Objektleiterin sowie ihre Verlässlichkeit und hat den Ehrgeiz, sich hochzuarbeiten. Dabei baut sie auf das Prinzip Loyalität: Da ohne sie »nichts geht«, hofft sie, dass ihre Arbeitsstelle sicher ist.

»Also ich mache das jetzt fast drei Jahre. Und die anderen [Mutter Gisela, Tochter Lisanne, Simones Lebensgefährte und zwei Nachbarinnen] habe ich alle nach und nach reingeholt. Ich habe die Stelle über das Internet gesehen. Und da habe ich ja Probearbeiten gemacht, habe mir das angeguckt. Und seitdem bin ich da. Und da er [ihr Chef] gemerkt hat, dass er sich halt auf mich verlassen kann, dass, wenn ich was mache, dass das auch läuft, keine Reklamationen kommen, keine Beschwerden kommen, ich ihn da auch nicht im Regen sitzen lasse. Ja, da habe ich dann den ersten Tag dagestanden und habe ein Haus mit sechs Stunden alleine gemacht, ne? Und das Schwimmbad. Mit Anwendungsbereichen, mit Kabinen, mit allem Drum und Dran habe ich da dann alleine geschrubbt, damit er das Objekt halten kann. Und da ich halt am schnellsten gelernt habe von allen, hat die Leitung von da oben [Rehazentrum] mich schon im Auge gehabt und hat gesagt: ›Also die hätten wir gerne hier als Verantwortliche.‹ Und da habe ich fast fünf Wochen Training hinter mir gehabt. Da musste ich doppelt arbeiten. Da bin ich zum [Lebensmitteldiscounter], da alles geputzt, zwischendurch zum [Rehazentrum] wieder hoch, da mit auf Station, aber nur rumgelaufen, geguckt, ne, damit man da sieht, wie die Abläufe sind, wo die anfangen, welche Lappen, welches Rei-

nigungsmittel. Das ist ja nicht nur einfach putzen heutzutage. Man hat verschiedene Bereiche, wo verschiedene Mittel benutzt werden und auch mit den Lappen auch, und denn ging das vier Wochen. Ich meine, ich habe es bezahlt gekriegt, die Stunden, die ich da anwesend war, auch die Fahrtkosten, wo ich zwischendurch zum Chef gesagt habe: ›Ich weiß nicht, wie ich nach Hause komme.‹ Da hat der gesagt: ›Nimm ein Taxi, gib mir die Quittung!‹ Nein, das macht er ja dann auch. Ja. Und wo ich das dann durchhatte, dann hat er dann gesagt, dass ich dann Objektleitung mache.«

Simone hat keinen Führerschein. Da das Rehazentrum zu ihren Arbeitszeiten in den Abendstunden nicht mit öffentlichen Verkehrsmitteln zu erreichen ist, ist sie in der Regel auf ihren Lebensgefährten oder auf Gisela mit ihrem Auto angewiesen, um zur Arbeit zu kommen. Um die hohen Kosten für die zahlreichen Autofahrten zu stemmen, sind Simone und ihre Familie zudem davon abhängig, dass ihr Chef ihnen mit einer Fahrtkostenpauschale unter die Arme greift.

Die Tatsache, dass Simone, ihre Mutter, ihr Lebensgefährte und ihre Tochter alle gemeinsam in derselben kleinen Gebäudereinigungsfirma unter der Leitung von Simone arbeiten, führt zu alltäglich spürbaren Überschneidungen zwischen Arbeits- und Familienleben sowie zu Abhängigkeitsverhältnissen. Simone muss als Objektleitung im Rehazentrum darauf achten, dass ihre Tochter und ihre Mutter gute Arbeit leisten und jederzeit einsetzbar sind.

Simone: »Ja, auf der Arbeit bin ich ja schon als Objektleitung, und zuhause bin ich das auch.«
Gisela: »Ja, die kann uns dahin schicken, wo es [ihr] gefällt.«
Simone: »Und da interessiert mich das denn nicht, Tochter hin oder her. Ich muss alle gleich behandeln.«
Lisanne: »Sonst kriegst du eine Kündigung.«
Simone: »Ja. Hier kriegt keiner einen Sonderwunsch.«

Die Arbeit im Rehazentrum erfordert besondere Flexibilität, da die Arbeitszeiten meist in den Abendstunden liegen und sich nach dem wechselnden Kursprogramm richten. Simones Kinder Sophie und André müssen auch aus diesem Grund häufig auf ihre kleine Halbschwester aufpassen. Um Spritkosten zu sparen, schlafen Gisela und Lisanne – die sonst einen Arbeitsweg von zwanzig Kilometern hätten – teils bei Simone auf dem Sofa. Die Familie passt sich also den seitens des Reinigungsunternehmens gestellten Flexibilitätsanforderungen an und arrangiert sich dabei auch mit Notlösungen.

Interviewer:innen: »Was ist dann zu tun im Rehazentrum?«
Gisela: »Das ist ein Schwimmbad. (Simone: »Behandlungsräume.«) Also die ganzen Kabinen, die Toiletten. Und dann halt (Simone: »Fitnessbereich.«) Papierkörbe ausleeren oder oben die Räume, das sind Patientenzimmer, ne, oder so. (Simone: »Ja, Massageanwendungen, Fango oder so was.«) Da müssen wir auch alles halt die Türgriffe, Lichtschalter, was die hauptsächlich direkt anfassen. Das muss abgeputzt werden.«

Simone: »Kontaktschwellen. Schwimmbad selbst müssen sie auch mit der Maschine dann mal den Boden machen.«

Gisela: »Und dann die, da ist ja auch eine Dusche drin. Die Fliesen einsprühen, und dann werden die abgeschrubbt. Weil durch dieses Chlor setzt sich, wie nennt sich das?«

Simone: »Ja, so ein Pilz, das wird dann so orange. Wie in der Dusche auch.«

Gisela: »So Algen sind das. Und die muss man dann halt abschrubben. Da wird das vorher mit Antikalk eingesprüht, ein paar Minuten ziehen lassen und dann wird das abgeschrubbt und wieder abgespült und wieder mit einem Gummischaber abgeschabt.«

Interviewer:innen: »Und wie lange brauchen Sie dann da? Also wie lang arbeiten Sie da?«

Simone: »Drei Stunden haben wir Zeit täglich.«

[...]

Gisela: »Ja, aber heute fangen wir auch erst um halb acht an. Weil die erst um kurz vor halb neun aus dem Wasser gehen, weil bis 21 Uhr ist ja das Schwimmbad geöffnet. Ja. Und nächste Woche können wir später erst ins Schwimmbad den Donnerstag. Da fängt ein Kurs an um 20:30 Uhr, geht eine Stunde und bis Viertel vor zehn müssen die alle raus sein. Und dann kann man erst die Kabinen abputzen und mit der Gießkanne den Fußboden nass machen, weil es wird ja dann mit Wasser wieder richtig abgezogen und damit keine Haare liegen bleiben sollen. (Simone: »Und dann muss man noch mal drüber wischen.«) Ja. Und dann sind wir, denke ich mal, ja, halb elf oder so, sind wir dann fertig. Bis wir dann bei mir sind.«

Im Verlauf des Interviews erwähnen Simone und Gisela immer wieder die fordernde und belastende Erwerbssituation bei geringem Einkommen. Beide haben das Gefühl, in einer Niedriglohnfalle gefangen zu sein, aus der sie nicht herauskommen, egal, wie viel sie arbeiten – auch, da Überstunden teils nicht bezahlt werden und quasi einkalkuliert sind. Besonders deutlich wird dies, als Gisela von ihrem bereits erwähnten Minijob in einem Privathaushalt erzählt.

Gisela: »Bei dem privaten Haushalt habe ich drei Etagen. Wenn man reinkommt in den Bereich, dann oben ist Badezimmer und Küche, Wohnzimmer und einen Waschraum und halt noch, wo eine Sauna drin ist. Oben sind noch mal zwei Bäder, ein Schlafzimmer. Das muss gesaugt werden, dann gewischt werden. Und da habe ich zwei Stunden Zeit.«
Simone: »Es ist halt Akkordarbeit, ne? Man kriegt eine Zeitvorgabe, und dann muss man das schaffen.«
Gisela: »Und denn Fenster dazu, also dass ich Fenster putzen muss noch zusätzlich. Da brauche ich halt ein bisschen länger. Dann sind es keine zwei Stunden, dann sind es vielleicht drei oder vier Stunden.«
Simone: »In der anderen Firma ist es ja auch nicht anders. Aber man geht ja schon Teilzeit los und hat eigentlich im Endeffekt später nicht mehr, als wenn man einen Minijob hätte, ne? Dadurch, dass ja einem immer die Steuern runtergerissen werden bei Teilzeit. Wenn das Fahrgeld jetzt nicht noch dabei wäre, dann wären das gerade mal, weiß ich gar nicht. Ich glaube, dreißig Euro mehr als wie ein Minijob. […] Und ich habe ja zwischendurch noch

Kinder, Haushalt hier auch noch an der Backe, ne? [...] Man hat immer was zu tun, das reicht trotzdem vorne und hinten nicht. Da kann man noch so viel arbeiten.«

»Man ist immer alleine. Leeres Zimmer, und man muss ordentlich putzen und gehen«

Im Fall von Zümrüt, die wir Anfang 2018 in der Nähe von Stuttgart besuchen, stechen die in der Reinigungsbranche weit verbreiteten Probleme der Unsichtbarkeit und Ausgrenzung besonders hervor. Sie arbeitet als Reinigungskraft in einer Arztpraxis und ist in der Regel allein, wenn sie nach Feierabend der anderen Mitarbeiter:innen die Praxis betritt.

Zümrüt ist 52 Jahre alt und hat sich kürzlich von ihrem Mann getrennt, mit dem sie drei gemeinsame Kinder hat. Bis zu ihrer Heirat lebte sie in der Türkei, wo sie nach Abschluss des Abiturs eine Ausbildung zur Bürofachkraft absolvierte. Bildung und Kultur waren in ihrem Elternhaus prägend. Im Zuge der Heirat mit ihrem Mann, einem türkischen »Gastarbeiter«, wanderte sie im Alter von 22 Jahren nach Deutschland aus. Ihren Wunsch nach Bildung konnte sie hier kaum weiterverfolgen: Die Beziehung zum Ehemann und dessen Herkunftsfamilie gestaltete sich konfliktreich, sie wurde in die Rolle der Hausfrau gedrängt. Sprachbarrieren blieben als Folge dessen weiter bestehen, der Arbeitsmarkt blieb ihr weitgehend verschlossen. Zümrüt, die einen hohen Anspruch an ihre Rolle als Mutter hat, erzog die Kinder praktisch alleine und verfolgte trotz (auch finanziell) eingeschränkter Spielräume das Ziel, den Kindern Zugang zu Bildung und Kultur zu vermitteln. Zum Interviewzeitpunkt ist der Kontakt zum Vater der Kinder nahezu vollständig abgebrochen. Unterstützung seinerseits ist nur in Form von Unterhaltszahlungen gegeben, die mit anwaltlicher Hilfe durchgesetzt wurden. Zümrüt lebt mit ihren beiden jüngeren Töchtern in einem Haus zur Miete in einem Vorort von Stuttgart. Ihre älteste Tochter promoviert in Frankfurt, ihre zweite Tochter studiert in Stuttgart, die jüngste Tochter besucht das Gymnasium.

Zümrüt hingegen hat seit ihrer Ankunft in Deutschland ausschließlich unter prekären Bedingungen gearbeitet, während sie gleichzeitig ihre Kinder betreut hat. Sie war bisher in der Gastronomie, in der Altenpflege und in verschiedenen Reinigungsjobs beschäftigt. Bei ihrem derzeitigen Minijob als Reinigungskraft in einer Arztpraxis liegen ihre Arbeitszeiten außerhalb der Praxisöffnungszeiten, meist am späten Nachmittag oder Abend. Sie arbeitet rund drei Stunden pro Tag, teilweise mit Unterbrechung, um ihre jüngste Tochter mit dem Auto zu Terminen und zum Boxtraining zu fahren. Anschließend geht sie wieder zur Arbeit und kommt manchmal erst nachts um 23 Uhr nach Hause. Flexibilität und ein hoher Organisationsaufwand prägen ihren Alltag. Zum Interviewzeitpunkt verdient Zümrüt neun Euro pro Stunde, ihr Verdienst liegt also knapp über dem Mindestlohn (8,84 Euro in 2018, seit Anfang 2021 beträgt er 9,50 Euro). Ihre Erwerbstätigkeit dient Zümrüt vorrangig der Existenzsicherung, obgleich sie sich soziale Kontakte und Anerkennung im Beruf wünscht. In ihrem Arbeitsalltag trifft Zümrüt kaum andere Menschen, was sie sehr bedauert.

»Wenn die anderen Feierabend haben, dann gehe ich dahin. Ich habe einen Schlüssel. [...] Aber so ehrlich gesagt, ich gehöre nicht so zu dem Team. Ich mache meine Arbeit und verschwinde da. Ich habe auch nicht so viel Kontakt mit den Menschen, die da arbeiten. Meistens man ist immer alleine. Leeres Zimmer, und man muss ordentlich putzen und gehen. Aber wenn man nicht ein Tag gemacht hätte, bekommt Beschwerden oder so. [...] Und zum Beispiel auch soziale Seite gibt es auch Nachteile. Zum Beispiel auch der Arbeitsplatz, wenn jemand mich sieht so. Wenn zum Beispiel da jemand sein Geburtstag feiert, ich werde nicht eingeladen. Ehrlich gesagt, sie finden mich so bisschen so kleingemacht oder mehr als Putzfrau und so, die denken, dass ich gar nichts weiß, dass ich gar keine Ahnung habe auf der Welt oder von der Welt, von alles. Die denken so. Und bisschen zum Beispiel, unterdrücken, kleingemacht, Erniedrigung.«*

Zümrüt fühlt sich nicht zugehörig, das »Tor« zur Gemeinschaft der Belegschaft bleibt ihr verschlossen. Sie erledigt ihre Aufgaben, indem sie Ordnung und Sauberkeit wiederherstellt, und verschwindet wie eine Art Geist. Hoher Druck wird deutlich, als sie sagt, sie müsse ordentlich putzen, da sonst Beschwerden die Folge sein können. Dass sie keine Anerkennung von den anderen Mitarbeiter:innen der Praxis bekommt, empfindet Zümrüt als ungerecht. Sie fühlt sich in ihren Fähigkeiten und ihrem Bildungsniveau unterschätzt und beklagt, dass die anderen Mitarbeiter:innen kein Interesse daran haben, den Menschen hinter der Reinigungstätigkeit kennenzulernen.

»*Ich putze Arztpraxis. Aber ganz groß. 400 Quadratmeter. [...] Jeden Tag ich muss überall ganz ordentlich putzen, sauber machen. So viele Menge. Vier Beutel oder fünf Beutel, manchmal drei Beutel Müllsäcke wegschmeißen. Ich bekomme für jede Stunde neun Euro. Ich habe aber gar kein Weihnachtsgeld gekriegt. Urlaubsgeld habe ich auch nicht gekriegt. [...] Ich habe überhaupt keine Sozialrechte. Zum Beispiel für Rente oder Weihnachtsgeld oder Urlaub. Einfach diese 400-Euro-Job. [...] Deswegen muss ich das Geld sehr gut überlegen und ausgeben. Sehr sparsam leben. Seit Jahre lang wir haben keinen Urlaub gemacht. Oder kleine Ausflüge mit meinen Kindern, kann ich auch nicht machen. Ich kann mir das nicht leisten. [...] Wenn zum Beispiel, wenn ich krank bin oder wenn ich nicht mehr kann irgendwann an irgendeinem Tag, wenn ich nicht mehr kann, muss ich an meiner Stelle selber eine Person finden. Selber eine Putzfrau finden und dann Bescheid sagen: ›Ja ich kann nicht kommen, aber meine Kollegin soll an meiner Stelle weitermachen.‹ [...] Muss ich von meinem Bekanntenkreis jemanden finden oder von meinen Freunden oder irgendjemanden, wie ich kenne, jemanden schicken, damit sie an meiner Stelle arbeiten. [...] Aber ich bezahle denen, was ich bekomme.*«

Zümrüt bekommt nur eine geringe Entlohnung und kaum Arbeits- und Sozialstandards zugesprochen, soll aber gleichzeitig große Verantwortung übernehmen. Anstatt im Krankheitsfall Lohnfortzahlung zu erhalten, wird sie von ihrem Chef dafür verantwortlich gemacht, eine Vertretung zu organisieren. Sie wird dabei im Grunde um ihren Lohn geprellt, den sie weitergeben muss. Wenn Zümrüt keine Vertretung findet, geht sie häufig auch krank zur Arbeit und nimmt dabei Gesundheitsrisiken in Kauf, weil sie Angst hat, gekündigt zu werden. Zümrüt hat nämlich die Erfahrung gemacht, dass es für sie sehr schwierig ist, überhaupt in der Nähe ihres Wohnorts eine Stelle zu finden. Die Nähe zum Wohnort ist ihr wichtig, da sie zwar das schon sehr alte Auto ihrer ältesten Tochter nutzen, sich aber kein eigenes Auto leisten kann. Durch die harte Arbeit als Reinigungskraft hat Zümrüt mittlerweile körperliche Beschwerden.

»Ehrlich gesagt, Putzen ist sehr, sehr schwierige Arbeit. Knochenjob. [...] Mir tut die Schulter unheimlich weh. Mein Arm tut weh, und mein Rücken tut weh. Wenn ich schlafe, ich habe immer Schmerzen. Manchmal ich erzähle nicht zu meinen Kinder, damit sie nicht traurig werden. Und ich möchte nicht auch meine Tochter stören. Ich möchte, dass sie ihr Studium weitermacht und nicht aufhört.«

Offenbar hat Zümrüt das Gefühl, den hohen Belastungen nicht mehr lange standhalten zu können. Doch um die Bildungswege der Kinder nicht negativ zu beeinflussen, behält sie ihre Gedanken für sich, was eine zusätzliche psychische Belastung darstellt – zumal Zümrüt von ihrer ältesten Tochter ohnehin schon regelmäßig finanzielle Unterstützung erhält, obgleich diese nur eine befristete Fünfzig-Prozent-Stelle an der Universität hat.

»Zwei Jahre jeden Tag Arbeit, sogar an Weihnachten, für vier Euro pro Stunde oder drei Euro«

Der Bereich der Schattenwirtschaft bzw. der undokumentierten Beschäftigung spielt in der Reinigungsbranche eine nicht geringe Rolle, wie auch die Geschichte von Nadim zeigt, den wir Anfang 2018 in Münster in einem Café treffen. Nadim ist 27 Jahre alt und hat bis kurz vor unserem Interview zwei Jahre lang ohne Vertrag und ohne Anmeldung bei Steuerbehörde und Sozialversicherung undokumentiert als Reinigungskraft in einer Filiale einer international tätigen Fast-Food-Kette gearbeitet. Da er in seinem Herkunftsland Marokko aufgrund geringer beruflicher Qualifikation und fehlenden familiären und sozialen Rückhalts keine Perspektive sah, ist er 2010 – nach dem Tod seiner Eltern – in einem Schlauchboot auf die Kanarischen Inseln (Spanien) geflüchtet. Von dort ist er weiter nach Dänemark und anschließend nach Deutschland gekommen. Als sein Asylantrag in Deutschland abgelehnt wurde, sah Nadim den Weg in die Illegalität als einzige Option. Er tauchte bei einem anderen, nicht illegalisierten Geflüchteten aus Eritrea unter und lebt seitdem gegen eine informelle Miete von sechzig bis hundert Euro mit in dessen beengter Einzimmerwohnung. Diese befindet sich in einem größeren Wohnkomplex in der Innenstadt von Münster, wo primär einkommensschwache Menschen in unsicheren Lebenslagen wohnen.

Kurz darauf beginnt Nadim die Tätigkeit als Reinigungskraft in der Filiale der Fast-Food-Kette, welche sich im Hauptbahnhof befindet. Dort arbeitet er sieben Tage die Woche jeweils von Mitternacht bis fünf Uhr morgens ohne Pause oder Urlaub für drei bis vier Euro Stundenlohn bzw. 400 bis 500 Euro monatlich. Die Filiale betritt Nadim jeden Abend um kurz vor Mitternacht durch den Wareneingang außerhalb des Bahnhofs anstatt durch die innen gelegene und für Kund:innen und Passant:innen weitaus besser einsehbare Vordertür. Seine Arbeit spielt sich somit hinter der »Kulisse« des Bahnhofs ab. Auch in seinem privaten Alltag ist Nadim äußerst vorsichtig und geht tagsüber kaum vor die Tür, aus Angst, von der Polizei aufgegriffen zu werden. Er ist also nicht nur als Reinigungskraft, sondern auch als Person insgesamt nahezu vollkommen unsichtbar, eine Nachtgestalt. Während der Arbeit wird er im Restaurant eingeschlossen, bis der Filialleiter morgens wieder aufschließt. Dieser weiß nichts über Nadims Status als illegal lebende und arbeitende Person – oder will es nicht wissen. Die Verantwortung trägt stattdessen die externe Reinigungsfirma, für die Nadim undokumentiert arbeitet.

Die Reinigungsfirma erhält von der Fast-Food-Kette eine Pauschale für die nächtliche Reinigung der Filiale. Nadim hat dort nur einen Kollegen, mit dem er manchmal zusammenarbeitet, ein ebenfalls illegalisierter palästinensischer Geflüchteter, der schon seit fünf Jahren für die Reinigungsfirma tätig ist. Weil Nadim illegal lebt und arbeitet, kann er seinem Chef gegenüber keinen Anspruch auf grundlegende Arbeits- und Sozialstandards wie etwa Kündigungsschutz, Absicherung im Falle von Krankheit oder gar Mindestlohn und Nachtzuschlag geltend machen.

»Bei Nacht, das ist schwierige Arbeit. Ja, kannst du nicht schlafen. Nur bei Tage schlafen, aber das ist schwieriger für dein Körper und so.«
Interviewer:innen: »Und hast du dann regelmäßig dein Geld bekommen? Also kam das jeden Monat?«
Nadim: »Ja, haben wir jeden Monat. Manchmal 500 Euro, manchmal sagen Chef: ›Oh, ich habe viele Steuern bezahlt.‹ Dann für 400 Euro.«

Weil sein Chef ihm teilweise bis zu 100 Euro Monatslohn weniger bei gleicher Arbeitszeit zahlt, verfügt Nadim finanziell über keine Planungssicherheit. Um Geld zu sparen, isst er auf der Arbeit das restliche Fast Food vom Tagesgeschäft. Kurz vor unserem Interview wird Nadim von seinem Chef sogar um zwei volle noch ausstehende Monatslöhne geprellt und beendet daraufhin die Tätigkeit.

»Seit jetzt zwei Monate hat mir kein Geld gegeben. […] Ich habe gesagt: ›Mann, ich brauche das Geld für ich kann leben.‹ Dann wurde er sauer, weißt du? […] Er hat mir gesagt: ›Ich habe Steuer. Ich kann nicht das Geld rausnehmen.‹ Hat sein Konto gesperrt, er kann nicht Geld raus machen, und darum habe ich Arbeitsstopp gemacht. Ich habe gesagt: ›Ich kann nicht mehr.‹«
[…]
Interviewer:innen: »Und hast du schon mal woanders gefragt, ob du irgendwo arbeiten kannst?«
Nadim: »Habe ich gefragt, aber nichts. Gibt nichts. Aber das Leben geht nicht so weiter. Egal, wenn du andere Arbeit suchen, Schwarzarbeit, dann scheiße ohne Papier, ohne kannst du nichts machen. Nichts. Kannst du nicht bei

andere Stadt gehen, ja? Oder bei andere Land kannst du nicht gehen, ja? Das ist nicht so gut. Ich weiß nicht, was ist los hier. Wirklich. [...] Zwei Jahre jeden Tag Arbeit, sogar an Weihnachten, für vier Euro pro Stunde oder drei Euro. Was ist los hier? Was ist das? In Deutschland.«

Interviewer:innen: »Und hast du den mal gefragt, ob du mehr bekommen kannst?«

Nadim: »Ja, egal, hast du gefragt oder nicht gefragt, der, der braucht das Arbeiten, muss es machen. Egal, was gefragt oder nichts. Wenn du brauchst, du musst das machen. Wenn du brauchst nicht, dann kannst du lassen, weißt du?«

[...]

Interviewer:innen: »Du hattest keine Verhandlungsmacht?«

Nadim: »Nein, kannst du nichts machen. Nichts.«

Interviewer:innen: »Dann hätte er dich rausschmeißen können, oder?«

Nadim: »Ja, kannst du irgendwie, okay, kannst du gehen. [...] Ich habe gesagt: ›Ich geh nach Polizei und so.‹ Hat mir gesagt: ›Ja, kannst du das machen, kannst du gehen.‹ Der weiß, wenn du hast kein Ausweis, hast nichts, was willst du machen?«

Deutlich werden Nadims Ohnmachtsgefühl und seine starke Abhängigkeit von dem Arbeitsverhältnis. In einem Versuch, doch noch seine Lohnansprüche geltend zu machen, erzählt Nadim dem Filialleiter, dass er undokumentiert gearbeitet hat. Dieser antwortet jedoch, er könne nichts für ihn tun – stattdessen müsse Nadim das Problem eigenständig mit seinem ehemaligen Chef klären.

Kurz darauf übernimmt eine andere Reinigungsfirma die nächtliche Reinigung der Filiale, höchstwahrscheinlich, da der Vertrag mit Nadims ehemaligem Chef nun seitens der Fast-Food-Kette gekündigt wurde.

Nach Ende des Arbeitsverhältnisses geht Nadim täglich lange Strecken spazieren und sammelt dabei Pfandflaschen. Am Wochenende hilft er außerdem einem Geschirrhändler gegen ein sehr geringes Entgelt für ein bis zwei Stunden beim Verladen von Ware. Er lebt zu diesem Zeitpunkt »von der Hand in den Mund« und befindet sich mit einem Bein in der Obdachlosigkeit, da er obendrein aufgrund seiner Zahlungsunfähigkeit Konflikte mit seinem Mitbewohner hat und sich deswegen ungerne lange Zeit in der Wohnung aufhält. Trotz des erfahrenen Leids und der Desillusionierung bezüglich der Arbeitsrealitäten in Deutschland will Nadim allerdings nicht zurück nach Marokko und hat Angst, abgeschoben zu werden.

Zum Zeitpunkt des Interviews überlegt Nadim, sich den Behörden zu stellen und erneut Asyl zu beantragen, obwohl er weiß, dass seine Aussichten auf Erfolg gering sind. Da seine Situation ihm ausweglos erscheint und er der Ansicht ist, dass sie sich kaum noch verschlechtern kann, ist er jedoch bereit, das Risiko einzugehen. Falls sein Asylantrag angenommen würde, hätte er den großen Wunsch, im Bereich Altenpflege eine Ausbildung zu beginnen.

Literatur

ArbeitGestalten (Hg.) 2017, *Branchenreport Gebäudereinigung, Arbeitszeiten und Arbeitsverhältnisse*, 2. Aufl., online verfügbar unter: {https://www.arbeitgestaltengmbh.de/assets/projekte/Joboption-Berlin/Broschuere-Branchenreport-GebRein.pdf}.

Destatis (Statistisches Bundesamt) 2020, *Dienstleistungen. Strukturerhebung im Dienstleistungsbereich. Erbringung von sonstigen wirtschaftlichen Dienstleistungen 2009*, Fachserie 9, Reihe 4.5, Wiesbaden, online verfügbar unter: {https://www.destatis.de/DE/Themen/Branchen-Unternehmen/Dienstleistungen/Publikationen/Downloads-Dienstleistungen-Struktur/erbringung-sonstiger-dienstleistungen-2090450187004.pdf?__blob=publicationFile}.

Enste, Dominik 2019, »IW-Kurzbericht 42/2019. Haushaltshilfe: Keine Entlastung in Sicht«, online verfügbar unter: {https://www.iwkoeln.de/studien/iw-kurzberichte/beitrag/dominik-h-enste-keine-entlastung-in-sicht-435331.html}.

HBS (Hans-Böckler-Stiftung) (Hg.) 2020, *Branchenmonitor Gebäudereinigung. Allgemeine Gebäudereinigung*, Düsseldorf.

IAI (Institut für angewandte Innovationsforschung e.V.)/Piepenbrock Unternehmensgruppe 2020, *Faktencheck zur Lohnentwicklung im Gebäudereinigerhandwerk*, Bochum, Osnabrück, online verfügbar unter: {https://www.iai-bochum.de/fileadmin/mediadaten/aktuelles/Faktencheck_zur_Lohnentwicklung_im_Gebaeudereinigerhandwerk.pdf}.

Mayer-Ahuja, Nicole 2003, *Wieder dienen lernen? Vom westdeutschen »Normalarbeitsverhältnis« zu prekärer Beschäftigung seit 1973*, Berlin: Edition Sigma.

Riedel, Peter 2012, »Minijobs in der Gebäudereinigung«, in: *WSI Mitteilungen* 1, online verfügbar unter: {https://www.wsi.de/data/wsimit_2012_01_riedel.pdf}.

Schulten, Thorsten/Karin Schulze Buschoff (Hg.) 2015, »Sectorlevel Strategies against Precarious Employment in Germany. Evidence from Construction, Commercial Cleaning, Hospitals and Temporary Agency Work«, WSI Diskussionspapier 197, Düsseldorf.

Staab, Philipp 2014, *Macht und Herrschaft in der Servicewelt*, Hamburg: Verlag Hamburger Edition.

Anmerkungen

1 In zahlreichen skandinavischen Ländern ist demgegenüber das Konzept »Daytime-Cleaning« üblich. Diese »Reinigung während des Tages« sorgt für die Sichtbarkeit der Beschäftigten und erlaubt mehr soziale Kontakte im beruflichen Alltag sowie eine verbesserte Vereinbarkeit von Arbeit und Leben (vgl. ArbeitGestalten 2017, S. 21f.).
2 Spezialisierte Tätigkeiten wie bspw. industrielle Maschinenreinigung oder die besondere Desinfektion von Operationssälen zählen nicht zur allgemeinen Gebäudereinigung.
3 Rund 55 Prozent der Beschäftigten in Reinigungsberufen haben keine Berufsausbildung absolviert (vgl. ArbeitGestalten 2017, S. 15).
4 Der Umsatz der Branche der allgemeinen Gebäudereinigung belief sich im Jahr 2018 auf rund 19,4 Milliarden Euro (Destatis 2020, S. 29).
5 In Deutschland repräsentieren vor allem die Plattformen »Helpling« für Privathaushalte sowie »Tiger Facility Services« für Geschäftskunden dieses Geschäftsmodell, welches andernorts, etwa in den USA, bereits weitaus verbreiteter ist.
6 Die Marktmacht in der Branche ist stark konzentriert: Kleinbetriebe machen zwar circa 80 Prozent der Betriebe aus, erwirtschaften aber nur 15 Prozent des Gesamtumsatzes der Branche. Die umsatzstärksten zwei Prozent der Unternehmen beanspruchen derweil ganze 46 Prozent des Marktanteils für sich (vgl. IAI 2020, S. 4).
7 Die Zuständigkeit für die Beschäftigten in der Gebäudereinigung teilen sich zwei DGB-Gewerkschaften. Während Verdi für Reinigungskräfte im öffentlichen Dienst zuständig ist, verhandelt die IG Bau für Beschäftigte, die in der Privatwirtschaft arbeiten. Insgesamt ist der Grad gewerkschaftlicher Organisation in der Branche jedoch sehr gering (vgl. HBS 2020, S. 10).
8 Empirische Grundlage ist dabei ein von der Deutschen Forschungsgemeinschaft gefördertes Projekt zur Bewältigung prekärer Arbeitsbedingungen im Haushaltskontext, das wir am Soziologischen Forschungsinstitut Göttingen von 2017 bis 2021 durchgeführt haben. Insgesamt wurden in dem qualitativen Forschungsprojekt 36 biografisch-narrative Haushaltsinterviews mit prekär Beschäftigten aus unterschiedlichen Branchen geführt.
9 Alle Namen, Wohn- und Arbeitsorte wurden pseudonymisiert bzw. abgeändert, um die Anonymität unserer Interviewpartner:innen zu gewährleisten.

Ausbeutungsmodell Eurokrise: Flugbegleiter:innen bei Ryanair

Von Florian Butollo

Als die US-amerikanische Soziologin Arlie Russell Hochschild Anfang der achtziger Jahre ihre wegweisende Studie über den Stellenwert von Emotionen in der Arbeit durchführte, war das Fliegen noch etwas Glamouröses. Die mehrheitlich weiblichen Flugbegleiter, die sie für ihre Untersuchung interviewte, waren im Durchschnitt 35 Jahre alt, 40 Prozent von ihnen waren verheiratet (Russell Hochschild 2006, S. 38). Ausschlaggebend für ihre Berufswahl war, wie es beispielsweise in der Hollywood-Schmonzette *Flight Girls* von 2003 dargestellt wird, die Hoffnung auf ein Jetset-Leben, auf sozialen Aufstieg und womöglich auch auf das richtige Los auf dem internen Heiratsmarkt der Airlines, auf eine romantische Verwicklung mit einem Piloten also.

Flight Girls ist, wie ich es während meiner teilnehmenden Beobachtung in der Vorbereitung und Durchführung der Arbeitskämpfe bei Ryanair zwischen Juni und Oktober 2018 feststellen konnte,[1] in den Reihen der Belegschaft des Billigfliegers Kult. Doch der Kontrast zur dort dargestellten Arbeitsrealität des Personals könnte kaum größer sein. Dazwischen liegen mehrere Jahrzehnte der neoliberalen »Liberalisierung« des Arbeitsmarkts, die unter anderem im ursprünglich stark regulierten Luftverkehr ihren Ausgangspunkt nahm. Ryanair entwickelte sich infolgedessen zum radikalsten Vertreter des sogenannten *No-frills*-Geschäftsmodells – der Flugverkehr wurde auf die schlichte Transportfunktion ohne Schnörkel zurückgestuft, um die Preise radikal zu senken und so die Konkurrenz niederzuringen.

Die radikale Kostensenkung mit allen Mitteln prägt auch den Umgang des Konzerns mit seinen Beschäftigten. Ryanair ist ein *Union-busting*-Unternehmen: Alle Ansätze gewerkschaftlicher Organisation werden aktiv bekämpft. CEO Michael O'Leary kokettierte damit, dass eher die »Hölle zufrieren« würde, bevor Gewerkschaften akzeptiert würden. Leiharbeitsquoten von über fünfzig Prozent, Kettenbefristungen, ein repressiver Managementstil und die mittlerweile für unzulässig erklärte Beschäftigung des europäischen Personals nach den laxen Regeln des irischen Arbeitsrechts waren jahrelang Usus. Diesen Praktiken wird erst allmählich, infolge einer europaweiten Kampagne von Pilot:innen und Kabinenpersonal, der Riegel vorgeschoben.

Erklärungsbedürftig ist zunächst einmal, warum die notorisch schlechten Arbeitsbedingungen bei Ryanair jahrelang akzeptiert wurden. Dies wird nur dann verständlich, wenn man die Praktiken des Managements beleuchtet, verschiedene Dimensionen von Ungleichheit auszunutzen und somit höhere Ansprüche des Personals zu decken: In augenfälliger Differenz zu den von Arlie Russell Hochschild interviewten Stewardessen sind die in Deutschland stationierten Belegschaften bei Ryanair blutjung; meist handelt es sich bei dem Job um ihr erstes richtiges Arbeitsverhältnis. Zudem stammt das in Deutschland stationierte Kabinenpersonal, das zu etwa gleich großen Teilen aus Frauen und Männern besteht, fast ausschließlich aus Ost- und Südeuropa. Im Beschäftigungsmodell von Ryanair überkreuzen sich also mindestens zwei Achsen der Ungleichheit: das soziale Gefälle innerhalb Europas infolge der Finanz- und Eurokrise (die übrigens zeitlich in etwa mit dem Aufstieg von Ryanair zur größten Fluglinie Europas zusammenfällt) und die altersbezogene Ungleichheit, die bewirkt, dass junge Menschen eher dazu bereit sind, für einen begrenzten Zeitraum eine unsichere und gering vergütete Beschäftigung in Kauf zu nehmen. Denn die Arbeit bei Ryanair ist für die allermeisten Beschäftigten eine *Lebensabschnittsbeschäftigung*, ein Durchgangsstadium auf dem Weg zu einem anderen Job inner- oder außerhalb der Flugbranche.

Beschäftigungsmodell Jugendarbeitslosigkeit: Die Rekrutierungspraktiken von Ryanair und das flüchtige Dasein der Beschäftigten

Ryanair nutzt die soziale Ungleichheit in Europa bewusst aus, um Zugriff auf ein stetiges Reservoir an jungen Kabinenbeschäftigten zu erlangen. Das Unternehmen lässt im großen Stil in Ländern Süd- und Osteuropas rekrutieren: Die ausschließlich für Ryanair tätigen, aber formal unabhängigen Leiharbeitsfirmen Crewlink und Workforce organisieren Rekrutierungsevents in den Metropolen jener Regionen, die drastisch unter den Folgen der Wirtschaftskrise gelitten haben und immer noch leiden, beispielsweise in Palermo und Málaga, in Budapest und Prag – und neuerdings auch in Bukarest und Cluj-Napoca.

Neue, noch weiter am (wirtschaftlichen) Rand Europas gelegene Regionen sollen erschlossen werden, um den stetigen Bedarf an Arbeitskräften zu stillen. Auf die Frage, ob sich darin auch Schwierigkeiten äußern, überhaupt noch geeignetes Personal finden zu können, erläutert eine in Berlin stationierte Flugbegleiterin aus Portugal allerdings:

»*Das glaube ich nicht, denn es findet sich immer ein:e 18-Jährige:r [...]. Und für einen 18-Jährigen sind tausend Euro zu viel, finde ich. Ich habe nie tausend Euro bekommen, als ich 18 Jahre alt war. Also, wenn man diese Idee plus die Aufregung des Fliegens anbietet: hierhin zu gehen und dorthin zu gehen, nicht zu wissen, dass man für seine Krankenversicherung, seine Sozialversicherung, dass man Steuern zahlen muss. Sie wissen nicht einmal, was das ist, also kommt ihnen alles toll vor. Es ist einfach, Leute zu finden [...]. Du kannst nach Rumänien gehen, du kannst nach Portugal gehen. Dort haben sie keine Arbeit, sie haben keine bessere Arbeit, sie haben kein besseres Geld. Also ja, sie können Leute finden.*«[2]

Ein italienischer Kollege ist gar der Ansicht, dass es unmöglich sei, die Arbeit bei Ryanair mit den Jobs seiner Heimatregion zu vergleichen, weil es dort einfach keine nennenswerten Alternativen gebe: »Ich bin erst gestern aus meiner Heimatstadt zurückgekommen. Ich habe immer noch Freunde [dort], weißt du. Und mein Gott, es ist so ... Sie wissen nicht, was sie tun sollen [...]. [S]ie versuchen es, suchen nach einem Job, aber es ist ziemlich schwer, einen zu finden. Es ist ziemlich schwer.«

Die Arbeit bei Ryanair erweist sich unter diesen Umständen als eine Chance für junge Menschen, den sozialen Problemen in der Heimat zu entkommen, wobei die soziale und die räumliche Dimension des Ausstiegs miteinander verschmelzen. Unter den Umständen drastischer Jugendarbeitslosigkeit lebt ein prekäres Zerrbild der klassischen Jetset-Verheißung fort: das unabhängige Leben in den reicheren Ländern Europas gepaart mit den

Vorzügen der Mobilität. Wer in der Luftfahrtbranche arbeitet, findet einen Ausweg aus der Enge und Armut der heimatlichen Provinz. Einige treffen die Entscheidung für den Job über den Wolken durchaus aus Lust am Reisen oder wegen der immer noch fortlebenden Assoziationen mit dem Arbeitsethos und dem ikonischen Stil der Flugbegleiter:innen. Für die meisten ist Ryanair aber bloß eine pragmatische Alternative zu den meist unattraktiveren Einstiegsjobs ihrer Heimatregion.

Die für die Billigairline tätigen Leiharbeitsfirmen senken die Latte für den Einstieg im Unternehmen denn auch so weit wie möglich. Aggressive Onlinewerbung führt dazu, dass die Stellenausschreibungen schnell wahrgenommen werden, und das Unternehmen antwortet – anders als viele lokale Arbeitgeber – in der Regel binnen weniger Tage. Zwischen der ersten Interessensbekundung, dem Vorstellungsgespräch und dem Einstiegskurs vergehen meist nur wenige Wochen – eine Phase, die viele zunächst als aufregenden Aufbruch zu neuen Ufern beschreiben.

In einem sechswöchigen Trainingskurs werden grundlegende Sicherheitsbestimmungen vermittelt, und es wird in die Unternehmenskultur eingeführt, die zu einem wesentlichen Teil aus dem Verkauf von Zusatzleistungen an Bord besteht. Bewerber:innen müssen lediglich einen Schulabschluss vorweisen können und über Grundkenntnisse in Englisch verfügen. Eine anspruchsvollere Prüfung wurde 2018, wohl als Reaktion auf Rekrutierungsengpässe, abgeschafft.

Unsichere Beschäftigung und prekärer Aufenthaltsstatus als Disziplinarmittel

Die Wahl des Arbeitsortes der zunächst mit halbjährigen Leiharbeitsverträgen ausgestatteten Kandidat:innen wird einseitig von Ryanair gemäß des Bedarfs bestimmt. Die Kandidat:innen können lediglich Wunschbasen angeben, wobei diesen Wünschen nur in seltenen Fällen stattgegeben wird. Damit hat das Unternehmen von Beginn des Beschäftigungsverhältnisses an wichtige Druckmittel in der Hand, die Grundlage dafür sind, dass die Airline eine despotische Kontrolle über die Flugbegleiter:innen ausüben kann.

Aufgrund der Kettenbefristung der Verträge ist die Probezeit faktisch ein Dauerzustand – mit jedem befristeten Vertrag beginnt sie von vorne, und das bedeutet, dass effektiv kein Kündigungsschutz besteht. Eine Flugbegleiterin bringt die damit einhergehende Unsicherheit auf den Punkt:

»[W]enn man für Ryanair arbeitet, muss man immer denken: ›Ok, wenn ich so handle, werde ich dann gefeuert? Kann ich das tun?‹ Diese Frage ist immer in deinem Kopf. ›Wenn ich mich krankmelde, werde ich dann gefeuert? Wenn ich nicht zur Arbeit gehe, werde ich dann ...?‹ Die erste Frage ist immer die: ›Werde ich gefeuert, wenn etwas passiert?‹ Denn man kann für Gott weiß was gefeuert werden, wissen Sie.«

Der Großteil der Beschäftigten mit Leiharbeitsverträgen – 2018 rund zwei Drittel der Gesamtbelegschaft – befand sich in Probezeit. Hinzu kam ein beträchtlicher Anteil erst seit Kurzem regulär Beschäftigter, die ebenfalls in Probezeit waren. Der hohe Leiharbeiter:innenanteil spiegelt das Wachstum des Unternehmens und die hohe Fluktuation innerhalb der Belegschaft: Ein stetiger Strom junger Berufsanfänger:innen wird angelernt und an Bord eingesetzt. Eine Flugbegleiterin offenbarte, dass diese unter erfahreneren Kolleg:innen als »Frischfleisch« bezeichnet würden: »[M]enschen, die [...] leicht manipuliert oder die leichter kontrolliert werden können, weil sie mehr Angst haben, weil sie gerade erst anfangen.«

Umso erstaunlicher ist die erfolgreiche Mobilisierung eines Großteils der Belegschaft während der Arbeitskämpfe im Sommer 2018, von denen weiter unten noch die Rede sein wird. Die Streikposten des Juli 2018 waren Schauplatz wahrhaft heroischer Opferbereitschaft von Beschäftigten, die ihren Job aufs Spiel setzten, um für bessere Bedingungen zu kämpfen. In manchen Fällen sogar nachdem sie erst wenige Wochen oder gar Tage im Unternehmen arbeiteten.

Ein zweites Druckmittel des Managements ist der Umgang mit den Versetzungswünschen des Personals. Alle interviewten Beschäftigten stellen die Regelungen, nach denen ein Transfer an eine Wunschbasis gewährt wird, als intransparent und willkürlich dar. Entsprechend spielte die Forderung nach verbindlichen Kriterien dafür eine wesentliche Rolle in der Verdi-Kampagne. Diese Forderung ist für Kabinenbeschäftigte von großer Bedeutung, da ein überwiegender Teil von ihnen Wünsche nach einer Versetzung hegt: an einen Standort nahe am Heimatort, um Familie und Freund:innen näher zu sein, an eine

Wunschbasis in der Ferne, um neue Lebenserfahrungen zu machen, oder ein Wechsel aus Frust über den Ort der gegenwärtigen Stationierung. Aus der Schilderung einer Flugbegleiterin erschließt sich die Dramatik, die mit der Versetzung an (in diesem Fall unerwünschte) Basen verbunden ist:

»*[D]er europäische Base-Manager kam an unsere Basis und sagte, dass wir schließen und warum und so weiter. Er sagte:* ›*Ok, wir haben jetzt eine Liste von 15 Basen ungefähr, und ihr könnt euch aussuchen, was ihr wollt.*‹ *Und er hatte so ein PowerPoint-Ding, und als die Basen rauskamen, haben alle geweint. Wie* ›*Was? Was ist das?*‹ *Also wirklich* [...]. *Wir hatten heulende Mädchen, die ihre Eltern anriefen und laut fluchten.*«

Aufgrund der häufigen räumlichen Veränderungen bildet sich innerhalb der Crew ein flüchtiges Dasein heraus – man verliert die Bindung an Orte und Menschen, kann keine neuen Wurzeln schlagen und befindet sich ständig im Übergang zu etwas anderem. Dies verstärkt die Abhängigkeit vom Unternehmen zusätzlich. Die meisten der in Berlin-Schönefeld stationierten Flugbegleiter:innen hatten kaum soziale Kontakte außerhalb des Kreises der Kolleg:innen, waren der deutschen Sprache nicht mächtig und verfolgten keine Hobbys oder andere regelmäßige Aktivitäten – auch weil die unregelmäßigen Einsatzpläne dies verhinderten. Diese Entwurzelung ist durchaus typisch für die Arbeit in der Flugbranche. Arlie Russell Hochschild beschreibt es ebenfalls in ihrer Studie aus den achtziger Jahren:

Man verlangte von ihnen, sich darauf einzustellen, dass Heimat für sie eine Idee ohne unmittelbaren Bezug war. Wo würde der Rekrut in den nächsten Monaten und Jahren leben? Houston? Dallas? New Orleans? Chicago? New York? Dementsprechend auch der Ratschlag eines Piloten: »Schlagt keine Wurzeln! Ihr könnt versetzt werden und dann wieder versetzt werden, bis ihr endlich den Status und die Rechte eines erfahrenen Crew-Mitglieds bekommt. Seht zu, dass ihr bis dahin mit euren Mitbewohnern zurechtkommt!« (Russell Hochschild 1983: 99f.)

Diese Schilderung bezieht sich allerdings auf US-amerikanische Stewardessen, die im eigenen Land stationiert waren. Bei den Beschäftigten von Ryanair wird das Problem durch die Migrationserfahrung noch verschärft. »Bei Ryanair wimmelt es von Leuten, die einfach nur nach Hause wollen«, so die Einschätzung eines italienischen Flugbegleiters. Andere träumen von der Stationierung in einer hippen Metropole Europas. Nur die wenigsten richten sich jedoch permanent am Ort ihrer Stationierung ein.

Die Migrationserfahrung führt in vielen Fällen zu zusätzlicher Orientierungslosigkeit und einer unsicheren sozialen Existenz am Ort der Stationierung. Denn hier sind die Beschäftigten durchweg auf sich selbst angewiesen. Aus den Schilderungen der Interviewparter:innen lassen sich die Schwierigkeiten herauslesen, die sich daraus ergeben, dass die Leiharbeitsfirmen zwar den Arbeitsort bestimmen, sich aber (anders als die US-amerikanischen Airlines in den achtziger Jahren, über die Russell Hochschild berichtet) nicht um den weiteren Verbleib des Personals kümmern. Das äußert sich meistens bereits am Tag des

Arbeitsantritts: »Sie sagten, dass mich jemand am Flughafen abholen würde, sobald ich in [Frankfurt] Hahn ankomme. Das ist eine Lüge! Es war niemand am Flughafen. […] Sie erklären es nicht: ›Guck mal, das ist der Kurs‹ etc. […] Nein! Meine Kollegen haben mir alles erklärt.«

Ein anderer Kollege berichtet ganz ähnlich:

»Meine Erwartungen waren, dass ich mehr Unterstützung von der Firma bekomme. Dass ich dort ankomme und etwas haben würde […]. Ein paar Telefonnummern, Namen, Orte, die ich mir ansehen könnte, vielleicht um dort zu wohnen. Es gab zwar ein paar Dinge, aber die waren eher vom […] Leiter der lokalen Basis organisiert, nicht von jemandem von oben.«

Als besonders schwierig stellt sich die Wohnungssuche heraus, zumal die jungen Bewerber:innen meist der deutschen Sprache nicht mächtig und mit den formalen Voraussetzungen des lokalen Wohnungsmarktes überfordert sind. Eine nichtweiße Flugbegleiterin berichtet drastisch über ihre zunächst erfolglose Wohnungssuche in Berlin:

»Wir hatten nirgends einen Platz zum Schlafen. Es gab Fälle, da hätten wir fast […] auf der Straße geschlafen. Beinahe! […] In der ersten Woche sind wir in das […] Hotel gegangen, und […] wir waren zu sechst zusammen in einem Zimmer […]. Und danach haben wir andere Orte gesucht. Und dann haben wir an den anderen Orten zusammengewohnt […]. Aber das hat sich ständig verändert, bis ich den richtigen Ort gefunden habe. Und wenn man dann dort [an der Arbeitsstelle] ist […], dann ist da jemand,

der einen stresst: ›Du arbeitest nicht richtig! Du musst verkaufen! Du musst verkaufen! Du musst verkaufen!‹ Sie drängen dich zum Verkaufen, aber sie wissen nicht, was du durchgemacht hast.«

Aufgrund der problematischen Wohnungsmarktsituation an den Orten der großen und expandierenden Basen in Frankfurt und Berlin finden die Crewmitglieder oft nur in Gegenden abseits der Stadtzentren günstigen Wohnraum, was ihre soziale Abschottung von der Gesellschaft des Arbeitsortes zusätzlich verstärkt. Der Traum, durch den Job die Metropolen Europas kennenzulernen, verkehrt sich somit in einen prekären Alltag am Stadtrand, der stark durch die Rhythmen der Arbeitseinsätze geprägt ist.

Hinzu kommen erhebliche finanzielle Schwierigkeiten, die sich daraus ergeben, dass die jungen Berufseinsteiger:innen sich meist keine Vorstellungen von den tatsächlichen Lebenshaltungskosten an den Einsatzorten (in diesem Fall Oslo) machen:

»[A]ls ich anfing zu arbeiten, sah ich in den Anzeigen 1500 Euro und dachte, das ist eine Menge Geld für Portugal. Oder für jemanden, der die Schule nicht beendet hat, der erste Job oder der erste ernsthafte Job. Zuerst dachte ich: ›Ok, ja, das ist gutes Geld, das kann ich machen. Ich würde das sogar sehr gerne machen.‹ Das war also der Grund, warum ich mich beworben habe. Aber dann bin ich nach Norwegen gezogen, in eines der teureren Länder in Europa, und als ich dort ankam, dachte ich: ›Wow, Moment mal.‹ […] [T]atsächlich dort zu leben, macht nicht mehr so viel Spaß.

Ich weiß noch, wie ich einen Liter Milch für drei Euro gekauft habe. Einmal in der Woche in den Supermarkt zu gehen, nur das Nötigste zu kaufen, Milch, Brot und so weiter und dafür etwa fünfzig Euro zu bezahlen. Und ich konnte alles in eine einzige Tüte packen. Das war kein Spaß [...]. [N]ormalerweise konnte man keine eigene Wohnung haben, weil man sich das überhaupt nicht leisten konnte. Das wäre völlig unmöglich, es sei denn, man würde in, ich weiß nicht, in einer Kiste leben [...].
Als ich hierher nach Deutschland gezogen bin, war es das Gleiche. Ich meine, ich zahlte oder ich zahle fast 600 Euro für meine Miete und 800 Euro für Beiträge für die Sozial- und Krankenversicherung, und ich muss zahlen, und es gibt keine Möglichkeit, dass ich nicht [zahlen muss]. Natürlich, es ist fair für Menschen, die aus anderen Ländern kommen, sich amüsieren zu können und zumindest mehr Geld zu haben, als sie zuhause hatten, aber dann macht es keinen Spaß mehr, wenn man dort lebt, wo man hinkommt. Denn dann kann man nicht das Leben haben, das man sich vorgestellt hat. Das ist schwierig.«

In manchen Fällen entstehen durch diese Fehlkalkulationen wahrlich dramatische finanzielle Engpässe. Der Fall eines italienischen Flugbegleiters, der im eigenen Land stationiert war, illustriert, wie Arbeitsausfälle in der Nebensaison die Gehälter schnell unter das Existenzminimum drücken können:

»*Jedes [Jahr] ist in zwei Jahreszeiten unterteilt. Also, es gibt die Sommersaison von März bis Ende Oktober, und jetzt gibt es die Wintersaison. Die Harte. Das ist vom 1. No-*

vember bis zum 31. März. Ja. Und im Winter ist Pisa eine saisonale Basis. Also von neun Flugzeugen reduzieren sie die Flugzeuge auf vier. Also hatten wir unbezahlten Urlaub. Also im Grunde [...] fliegt man überhaupt nicht. Also im Grunde genommen war mein [...] Nettoeinkommen 500 Euro. Okay, nehmen wir mal an, mein Gehalt war 316 Euro, also hatte ich wie viel? 140 Euro, um einen Monat zu leben?«

Der vermeintlich lukrative Job, der den Ausstieg aus der Perspektivlosigkeit in der Heimatregion und aus der Abhängigkeit vom Elternhaus bieten sollte, führt so sozial wieder zum Ursprungsort zurück: In einigen Fällen müssen die Eltern den Arbeitseinstieg bei Ryanair finanziell unterstützen, weil die Gehälter die Lebenshaltungskosten nicht abdecken.

Der prekäre und weitgehend sozial isolierte Alltag der Flugbegleiter:innen wirkt als Disziplinierungsmittel. Wer den Job bei Ryanair aufgibt, dem bleibt in der Regel nur die Rückkehr an den Ursprungsort, den man eigentlich verlassen wollte. Dadurch entsteht eine zusätzliche Motivation, den Widrigkeiten des Arbeitsalltags und der unsicheren Lebensumstände zu begegnen.

Die Situation der Kabinenbeschäftigten bei Ryanair unterscheidet sich in dieser Hinsicht deutlich von den Bedingungen beim Billigfliegerkonkurrenten Easyjet: Dort stammt die Mehrheit der in Berlin stationierten Beschäftigten aus Deutschland, ist wesentlich älter, und fast alle sind gewerkschaftlich organisiert. Im Gespräch mit den Kolleg:innen der Berliner Basis über deren Streikerfahrung 2012 ist spürbar, dass Welten zwischen der prekären Lebensrealität der Beschäftigten bei Ryanair und den relativ gut abgesicherten und sozial eingebundenen Kolleg:innen bei Easyjet liegen. Der Schritt hin zu einer offensiveren Einforderung besserer Arbeitsbedingungen ist für Letztere bedeutend einfacher, auch weil sie im Zweifel auf Beschäftigungsalternativen an ihrem Wohnort zurückgreifen können.

Die Hoffnung der Neueinsteiger:innen und der Zirkel der Desillusionierung

Die Tristesse vieler junger Menschen im erwerbsfähigen Alter in den sozial abgehängten Regionen Europas bildet den Hintergrund, vor dem das Beschäftigungsverhältnis bei Ryanair zunächst meist als Aufbruch wahrgenommen wird. Doch dieses Gefühl mündet bei nahezu allen Beschäftigten schnell in eine umso stärkere Enttäuschung. Das bittere Urteil eines Kollegen aus Polen lautet: »Ich weiß, dass viele Leute, selbst wenn sie neu sind, bereits schlechte Erfahrungen mit Ryanair gemacht haben. Ich kann mir nicht einmal eine Person vorstellen, die sagen würde, dass Ryanair gut ist. Die sagt: ›An Ryanair ist nichts verkehrt.‹ Es gibt keine Leute, die das sagen würden.«

Der Verlust von Illusionen äußert sich auf vielfältige Weise. Besonders häufig kommen drei Dimensionen zur Sprache. Die erste betrifft, wie im vorherigen Abschnitt bereits angesprochen wurde, das Geld. Die plötzliche Erfahrung, trotz eines attraktiv scheinenden Gehalts pleite oder gar auf die Unterstützung der Eltern angewiesen zu sein, kommt unerwartet und mündet oft in bitterer Enttäuschung. Die Unzufriedenheit über das unzureichende Einkommen ist dann oft Antrieb, das Unternehmen über kurz oder lang zu verlassen, war aber auch eine Motivation für die hohe Beteiligung an den Arbeitskämpfen im Sommer 2018. Danach gefragt, was diese Streikbewegung in einem tieferen Sinn für sie bedeute, antwortete eine Flugbegleiterin: »Es geht um die Tatsache, dass eine sehr große Firma, die sehr, sehr, sehr viel Geld verdient, sagen wir mal, diese Leute missbraucht, um dieses Geld zu verdienen.«

Ein zweites wiederkehrendes Thema ist die Kluft zwischen dem beruflichen Ethos der Beschäftigten und den Anforderungen seitens des Managements. Eine Flugbegleiterin erläutert ihr Verständnis des Jobs folgendermaßen:

»[D]ie Position des Flugbegleiters ist sehr bedeutend, ist eine Autorität an Bord. Auf jeden Fall machen wir zum Beispiel die erste, oh Gott, sagen wir mal die erste Sicherheitsdemonstration, wissen Sie. Wir kennen die Regeln, und wir sind nicht einfach die Kellnerin des Himmels, sondern wir können Ihr Ansprechpartner auf der Reise sein, die Person, die Ihnen hilft, wenn Sie sich nicht wohlfühlen, wenn Sie eine Panikattacke haben, weil Sie Angst vor dem Fliegen haben.«

Im Berufsalltag spielen Sicherheit und Service jedoch kaum eine Rolle, da das Management die Belegschaft darauf trimmt, als eine Art fliegende Drückerkolonne für Verpflegung und Duty-free-Produkte zu agieren. In einem »Debriefing« nach dem Flug muss die Crew sich für die erzielten Verkaufsergebnisse rechtfertigen, und diese stellen auch ein wesentliches, wenn auch für die Beschäftigten oft undurchschaubares, Kriterium für Beförderungen oder Disziplinarmaßnahmen dar. Das führt zu großer Frustration über den Arbeitsinhalt. Ein junger Flugbegleiter aus Italien bemerkt zynisch: »Bei Ryanair … Sagen wir mal, es gibt eigentlich kein Kabinenpersonal […] oder keine Flugbegleitung. Wir begleiten keinen Flug. Wir verkaufen einfach Dinge […]. Es ist wirklich traurig.« Und eine Kollegin macht auf die von ihr wahrgenommene Doppelmoral des Unternehmens aufmerksam: »Sie sagen immer, dass Sicherheit an erster Stelle steht, aber sie denken immer an etwas anderes, nämlich an Geld und Umsatz.«

Die tagtägliche Berufspraxis gerät somit in Konflikt mit dem Berufsethos der Beschäftigten. Weder die Vorstellung, dass das Berufsumfeld etwas Glamouröses an sich habe, noch die Sicherheitsdimension der Tätigkeit oder der Wunsch, den Kunden einen guten Service zu bieten, decken sich mit der Alltagserfahrung in den oft überfüllten Fliegern, in denen die Flugbegleiter:innen die Passagiere kaum bedienen können, sie stattdessen aber mit Verkaufsangeboten bedrängen sollen. »Ich möchte, dass [die Fluggäste] mir […] am Ende des Tages zulächeln, anstatt den Blick nach unten zu richten und so zu tun, als wäre das nie passiert«, diese Bemerkung einer jungen Stewardess lässt erahnen, wie tief die Frustration über den Bruch mit den eigenen Ansprüchen an den Beruf sitzt.

Die dritte Dimension der Desillusionierung betrifft den Mangel an Respekt, den das Unternehmen den Beschäftigten zollt. Vom Management eines namhaften internationalen Unternehmens erwarten die Berufsanfänger:innen einen professionellen Umgang mit ihren Anliegen. Diese Erwartung wird jedoch regelmäßig enttäuscht. Es gehört zu einer Grunderfahrung aller im Rahmen dieser Studie interviewten Kabinenbeschäftigten, dass das Management für ihre Anliegen kaum erreichbar ist und persönliche Wünsche meist ignoriert werden. Dies betrifft nicht nur Versetzungsgesuche, sondern auch praktische Anliegen wie veränderte Einsatzpläne. Das berichtete zum Beispiel eine junge Mutter, die darauf angewiesen ist, die Schichten komplementär zu jenen ihres ebenfalls bei Ryanair tätigen Partners zu legen. Solche Wünsche können lediglich über eine Hotline vorgetragen werden, was zu einem unpersönlichen und distanzierten Verhältnis mit dem Management beiträgt, sofern die Anrufenden überhaupt bis zu einem Gesprächspartner durchdringen. Nur die Base-Manager vor Ort, die sich in einer Sandwichposition zwischen Beschäftigten und dem zentralen Management in Dublin befinden, können manchmal persönliche Anliegen aufgreifen, indem sie etwa Einsatzpläne neu gestalten. Doch das reicht nicht aus, um die Beschäftigten nicht desillusioniert zurückzulassen. Ein junger Flugbegleiter bilanziert schlicht: »Ich habe versucht, nett zu ihnen zu sein, aber sie haben mir nie etwas zurückgegeben.«

Es ist jedoch vor allem der Umgang mit Belohnung und Bestrafung, der dazu führt, dass die Beschäftigten sich nach ihrem Einstieg bei Ryanair schnell vom Unternehmen entfremden. Die Verhältnisse werden durchgehend als Willkürherrschaft beschrieben, da die Entscheidungen undurchschaubar bleiben und dem Fairnessgefühl oft widersprechen. So finden sich innerhalb der Belegschaft

Kolleg:innen, die seit mehreren Jahren als Leiharbeiter:innen beschäftigt sind, während andere schnell in die Stammbelegschaft übernommen werden. Versetzungswünsche werden nach Kriterien gewährt, die den Betroffenen kaum einsehbar sind. Und die Beschäftigten können meist nicht einmal ihre Gehaltsabrechnung nachvollziehen, um beispielsweise zu kontrollieren, ob die Verkaufsprämien wahrheitsgemäß und fair angerechnet wurden.

Die drastischste Form der Willkür, so empfinden es die meisten der befragten Beschäftigten, betrifft jedoch das Disziplinarregime von Ryanair. Jede:r Flugbegleiter:in kennt einen oder mehrere Fälle von Kolleg:innen, die aufgrund von Verfehlungen in die Unternehmenszentrale nach Dublin zitiert wurden. Allein die Tatsache, dass solche Fragen nicht lokal geklärt werden, sondern dass die Betroffenen nach Irland eingeflogen werden, wofür oft viele Flugstunden und mindestens ein Umstieg nötig sind, trägt zur einschüchternden Wirkung dieses Akts bei. Eine junge Flugbegleiterin aus Portugal schildert ihre Emotionen bei einer dieser Reisen:

»Und du bist verängstigt. Das bin ich. Ich war da am Morgen, während des Fluges, nachdem ich umgestiegen war. Und welche Entscheidung wird es sein? Und ich hatte Angst. Weil es waren viele Kolleg:innen von mir, die gefeuert worden waren […]. Leider. Sehr gute Leute, die es verdient hatten, in dieser Firma zu sein. Und sie wurden gefeuert. Traurig […]. Und dann, wenn man wieder nach Berlin kommt, so um elf Uhr abends. Du bist zerstört. Von drei Uhr morgens bis […] elf?«

Vor Ort erwartet die Betroffenen eine Art privates Gerichtsverfahren, bei dem die Beanstandungen präsentiert werden und die Möglichkeit besteht, sich bezüglich der Verfehlungen zu rechtfertigen. Sowohl die Kriterien, wann jemand nach Dublin eingeflogen wird, als auch die Bewertungen im Verfahren werden durchweg als willkürlich beschrieben. Häufig wird der Verdacht geäußert, dass es bei den Verfahren darum geht, ein Exempel zu statuieren – was wohl auch der Wahrheit entspricht. So oder so: Nach etwa dreißig Minuten endet jede Besprechung in der Konzernzentrale in Dublin – entweder mit einer Ermahnung oder der fristlosen Kündigung.

Das Aufbegehren der Krisengeneration

Aus den Klagen der Kabinenbeschäftigten bei Ryanair lässt sich leicht die Verwundbarkeit erfassen, die nicht nur auf ihren prekären Beschäftigungsstatus und den repressiven Managementstil des Unternehmens zurückzuführen ist, sondern mit dieser speziellen Form der Arbeitsmigration im Kontext der Eurokrise zu tun hat. Insbesondere im Vergleich zur ganz anderen sozialen Zusammensetzung der Belegschaft bei der Konkurrenz Easyjet fällt die prekäre Existenz der Ryanair-Beschäftigten ins Auge. Die Grundlage für die schnelle Expansion der Billigfluglinie ist die Not und die Verlorenheit jener Generation, die am stärksten unter der Last der ökonomischen Krise am Rande Europas zu leiden hat. Für viele ist der Job bei Ryanair nur eine kurze Station auf dem Weg in eine andere, oftmals nicht weniger prekäre Beschäftigung. Andere bleiben, ohne aber eine dauerhafte Perspektive zu entwickeln. Auf die Frage, wo sie sich in der Zukunft sehe, antwortet eine italienische Stewardess:

»Ich bin nach fünf Jahren immer noch ziemlich verwirrt. Ich weiß nicht, was ich machen will […]. Und […] ja. […] An einem Tag will ich … entschließe ich mich zu etwas, und am nächsten Tag mag ich nicht. […] Ich weiß selbst nicht, wie ich mir diese Frage beantworten soll. Also weiß ich auch nicht, wie ich sie dir beantworten soll.«

Eine Kollegin schildert den Prozess, der dazu führen kann, dass sich die Beschäftigten dennoch dauerhaft mit der Situation arrangieren. »[W]ie wahrscheinlich fast jeder habe ich gesagt: ›Ich kann das ein Jahr, zwei Jahre machen.‹ Wahrscheinlich gehe ich zu einer anderen Fluggesellschaft oder finde einen anderen Job […], Gott weiß. Aber dann bleibt man, man bleibt, man bleibt noch ein bisschen länger, und man wird faul.«

Bleiben sie bei Ryanair, gibt es keine langfristigen Aufstiegschancen. Sobald die höchstmögliche Funktion des Pursers, der die Gesamtverantwortung für eine vierköpfige Crew trägt, erreicht ist, bleiben Gehalt und Status unverändert. Doch trotz der Verwundbarkeit und Verlorenheit, die sich in den zitierten Aussagen äußern, setzten sich die Beschäftigten gegen das mächtige internationale Unternehmen, das aggressiv gegen gewerkschaftliches Engagement vorgeht, zur Wehr.[3] Die Streiks des Kabinenpersonals standen auf unsicheren Beinen, da erst wenige Wochen vor Beginn überhaupt ein nennenswerter gewerkschaftlicher Organisationsgrad zu verzeichnen war und das Unternehmen zahlreiche Repressionsmittel gegen Mitarbeiter:innen ins Feld führen konnte, die sich zu einem beträchtlichen Teil in Probezeit befanden. Während des Streiks an der Basis Berlin-Schönefeld tauchten denn auch Managementvertreter:innen inkognito am Streikposten auf, um Rädelsführer:innen ausfindig zu machen, die mit Vergeltungsmaßnahmen rechnen mussten.

Die Opferbereitschaft der jungen Belegschaft ist angesichts der angesprochenen Verwundbarkeit überraschend. Sie speiste sich jedoch zu einem wesentlichen Teil genau aus jenen Aspekten, die charakteristisch für das Beschäftigungs- und Arbeitsregime von Ryanair sind. Denn Grundlage für die Geschlossenheit in der Auseinandersetzung war ebenjene geteilte Erfahrung der alltäglichen Verletzung der Würde und des Berufsstolzes der Beschäftigten:

»*Ich denke, dass eine der schönsten Sachen in der Firma, sagen wir mal, die Familie ist, die sie schafft. Denn ja, das Arbeitsumfeld kann ein bisschen hart sein, wegen des Drucks und so weiter. Es schafft aber auch mehr, sagen wir mal, Altruismus, mehr Verständnis zwischen dem Kabinenpersonal, weil wir alle in der gleichen Situation sind, wir teilen alle, sagen wir mal, das gleiche Leben, die gleiche, ja die gleiche Arbeit, wissen Sie, die gleiche Erfahrung.*«

Dies betrifft nicht nur die tagtägliche Arbeit an Bord mit ihren Widrigkeiten und Repressalien, sondern auch den gemeinsamen Hintergrund der Arbeitsmigration: Die Leidenserfahrung des holperigen Berufseinstiegs, die Verlorenheit am Ort ihrer Stationierung und der vielfach geteilte Wunsch, an einen anderen Ort versetzt zu werden, gaben den Arbeitskämpfen eine tiefere Dimension. Es macht sie vergleichbar mit ähnlichen migrationsbasierten Berufsfeldern zum Beispiel in der Gastronomie oder der Pflege, deren Grundlage ebenfalls die soziale Not in den Ländern der europäischen Peripherie darstellt. Und sie verliehen der Belegschaft in der Auseinandersetzung die Geschlossenheit einer gepeinigten Kohorte, die als vereinigendes Moment zumindest punktuell wirkmächtiger war als die Verunsicherung aufgrund der prekären Existenz und der Unerfahrenheit. Und gerade wegen der Entfremdung vom Unternehmen, dem moralisch unterfütterten Aufbegehren gegen den Konzern, der so offensichtlich mit skrupellosen Methoden die Not junger Menschen ausnutzt, setzten viele junge Flugbegleiter:innen im Kampf um bessere Bedingungen ihren Job aufs Spiel. Direkt auf seine Risikobereitschaft angesprochen, antwortet ein junger Kollege aus Italien: »Die Sache ist, ich arbeite für dieses Unternehmen. Aber wenn ich diesen Job verliere, ich meine, ich bin ja nicht blöd. Ich kann etwas anderes finden. Ryanair ist nicht die beste Firma, für die man arbeiten kann. Es ist die Schlechteste.«

Literatur

Boewe, Jörn/Florian Butollo/Johannes Schulten 2021, »Organizing Ryanair. Die transnationale Gewerkschaftskampagne bei Europas Billigfluglinie Nummer eins«, in: *Analysen 63*, Berlin: Rosa-Luxemburg-Stiftung.
Butollo, Florian 2019, »Die Hölle friert zu. Machtressourcen und Organizing bei Ryanair«, in: Carmen Ludwig/Hendrik Simon/Alexander Wagner (Hg.), *Entgrenzte Arbeit, (un)begrenzte Solidarität? Bedingungen und Strategien*

gewerkschaftlichen Handelns im flexiblen Kapitalismus, Münster: Westfälisches Dampfboot (S. 148-167).
Russell Hochschild, Arlie 1983, *The Managed Heart. Commercialization of Human Feeling*, Berkeley, Los Angeles: University of California Press.
Dies. 2006, *Das gekaufte Herz. Die Kommerzialisierung der Gefühle*, Frankfurt am Main, New York: Campus Verlag.

Anmerkungen

1 Dieser Beitrag basiert auf der qualitativen Inhaltsanalyse von 15 Interviews mit Flugbegleiter:innen von der Basis Berlin-Schönefeld, die zwischen Juni und Dezember 2018 geführt wurden, sowie aus den Beobachtungen des Autors im Rahmen seiner Beteiligung an der in Deutschland von Verdi organisierten Kampagne »Cabin Crew United«.
2 Die englischsprachigen Zitate wurden für diese Ausgabe ins Deutsche übertragen. Ich danke Ann-Kathrin Katzinski für die sorgfältige Bearbeitung.
3 Darstellungen des genauen Verlaufs und der Ergebnisse der Streiks finden sich in Butollo (2019) und Boewe et al. (2021).

Die Arbeit hinter der Arbeit: Mit Friseur:innen im Salon

Von Ingo Singe

Wenn Emine B. (26) morgens gegen 8 Uhr die Straßenbahn im Bremer Stadtteil Gröpelingen besteigt, beginnt für sie eine zwanzigminütige Reise in eine andere Welt. Denn der Friseursalon, in dem sie seit Beginn ihrer Ausbildung vor zehn Jahren beschäftigt ist, liegt im gehobenen Schwachhausen – einem Stadtteil, den der ehemalige Bürgermeister Carsten Sieling (SPD) als »Problemstadtteil« bezeichnet hat, weil dort viele wohlhabende Menschen lebten, die sich zu wenig für das Gemeinwesen engagierten. Emines Heimat steht im scharfen Kontrast zum gediegenen Jugendstilviertel. Denn Gröpelingen ist ein Quartier mit einer Arbeitslosigkeit von rund 28 Prozent (Schwachhausen: 4 Prozent), mehr als die Hälfte der unter 15-Jährigen lebt hier auf »Hartz IV«-Niveau. Das durchschnittliche steuerpflichtige Jahreseinkommen liegt bei 17 600 Euro, in den vermögendsten Gegenden der Stadt verfügen Menschen über das Achtfache dieses Betrages.

Die Arbeit als Friseurin in einem schicken Salon ist für Emine gleichzeitig ein Behaupten in einem fremden Milieu, denn unter ihren Kund:innen sind »Leute, die super-, superviel Geld haben und super-, superviel Macht haben in Bremen, die einen Namen haben und einen Ruf haben«. Emine beschreibt diese Fremdheit wie folgt:

»Ich muss ganz ehrlich gestehen – als ich dort angefangen habe, bin ich freiwillig zwei bis drei Haltestellen eher ausgestiegen und bin nochmal durch Gröpelingen gelaufen. Weil ich das enorm unterschiedlich fand, die Mitmenschen sind einfach anders. Das ganze System war einfach anders. Die Menschen waren einfach viel vorsichtiger. Man musste es sehen – die haben komplett anders gelebt. Zwischen

Gröpelingen und Schwachhausen sind es vielleicht zwanzig Minuten mit dem Auto. Aber es war für mich, als hätte ich die Heimat verlassen.«

Nach mittlerweile zehn Berufsjahren ist Emine mit Salon und Kundschaft eng verbunden, sie ist eine erfolgreiche Friseurin, die die Salon-Atmosphäre wesentlich prägt. Dieses Sichfestsetzen in einer fremden Welt wäre unmöglich gewesen, besäße Emine nicht ein hohes Maß an Neugier, Lernfähigkeit und sozialer Intelligenz, wozu auch gehört, vielfältige Kundenbedürfnisse, Stimmungen und Situationen zu erfassen und für das eigene Handeln zu berücksichtigen. Diese Fähigkeit ist in vielen Bereichen von Interaktionsarbeit bedeutsam. Allerdings sind die Herausforderungen für Emine in dem Schwachhauser Salon besonders groß. Denn hier kreuzt sie – eine junge Frau mit türkischen Wurzeln aus einem »sozialen Brennpunkt« – die Kreise des sozialen Oben: der etablierten, zumeist weißen Damen und Herren. Unter diesen Umständen gelingende Kundenbeziehungen aufzubauen und lebendig zu halten, stellt eine bedeutende Leistung dar. Die dazu erforderlichen Kompetenzen liegen jenseits des klar definierbaren, formalen Qualifikationsprofils des Berufs. Sie sind ein ebenso wichtiger wie verkannter Teil der Tätigkeit. Ich werde auf dieses Thema zurückkommen.

Die Milieudistanz, mit der Emine in ihrem Aufstieg in den »stylischen Salon« umgehen musste, stellte nicht die einzige zu meisternde »Prüfung« dar. Sie musste sich in die Verkehrsformen der Vornehmen in Schwachhausen einfinden und gleichzeitig die Ausbildungshürde überwinden. Ursprünglich war Emine mit Unterstützung einer Sozialarbeiterin in die Friseurausbildung hineingerutscht. Die Lehre war für sie eine Zeit extremer materieller Knappheit:

»[D]ie erste Sache war tatsächlich das Geld. Also das Geld war ziemlich wenig. Vor zehn Jahren war es so, dass ich im ersten Lehrjahr 287 Euro verdient habe. Das ist für die Arbeit echt unglaublich wenig. Und man darf auch nicht vergessen, man muss ja auch die Straßenbahnkarte kaufen davon. Man muss gut aussehen, also man muss gepflegt sein, das kostet auch Geld. Es war ziemlich hart, dort zu arbeiten. Schon dass man sich selbst die Schere kaufen musste. Also keine Kämme, aber die Schere musste man sich selbst kaufen. Und ich weiß noch, die erste Schere, die war jetzt nicht so teuer, aber auch nicht sehr günstig. Die hat 250 Euro gekostet. Also musste man sich etwas überlegen. Schon mein erstes Gehalt – weg. Und da ist ja kein Essen und Trinken, keine Straßenbahnkarte. Man hat keine sozialen Geschichten, die sind ja gar nicht drin. Meine Eltern konnten mir das Geld auch nicht geben. Und dann hat mein Chef mir das ausgelegt und ich hab ihm das dann monatlich abbezahlt. Dafür hab ich sozusagen fünf Monate gearbeitet. Das muss man sich mal vorstellen. Wenn man arbeiten geht, dann muss man schon, auch wenn es eine Ausbildung ist, ein bisschen mehr Geld verdienen.«

Trotz schlechter schulischer Qualifikationen hätte Emine vor zehn Jahren die Möglichkeit gehabt, wesentlich mehr als das Ausbildungssalär einer Friseurin zu verdienen. Sie hätte, so rechnet sie vor, in einem 400-Euro-Job nur vier Mal pro Monat arbeiten müssen, um sich finanziell deutlich besser zu stellen als mit dem kargen Azubi-Gehalt. Allerdings kalkulierte Emine bereits langfristig: Sie nahm die Konsumeinschränkungen, die Abhängigkeit von den Eltern und die aus der Knappheit resultierenden Prestigedefizite in Kauf, weil mit der Ausbildung zumindest die Hoffnung auf einen Aufstieg verbunden war. Die Entbehrungen der Ausbildungszeit sollten langfristig eine Dividende bringen: »[I]rgendwann kannst du dich ja hochsteigern, und das hab ich halt meiner Meinung nach auch gemacht.«

Wenngleich Emines Einkommen sich im Vergleich zu den Zeiten der beschämend niedrigen Ausbildungsentgelte tatsächlich gesteigert hat – Arbeit in der Friseurbranche bleibt ganz überwiegend Arbeit im Niedriglohnsegment. Emines Nettoentgelt beträgt heute rund 1300 Euro. Dafür arbeitet sie an vier Wochentagen von 9 bis 18:30 Uhr und an Samstagen von 9 bis 13 Uhr. Hinzu kommen Zeiten, täglich rund eine Stunde, für Vorbesprechungen und Arbeitsstrukturierungen im Team. Ihre Pausen nimmt Emine entsprechend des Kundenaufkommens. Selbst wenn man die Vor- und Nachbereitungszeiten nicht als Arbeitszeit rechnet, liegt die Wochenarbeitszeit deutlich über der 40-Stunden-Marke. Wenn sie um 20 Uhr wieder zuhause ist, ist sie »geschafft«, der »Tag ist dann weg, und man macht nicht mehr viel«. Zusätzlich zu ihrem Gehalt erzielt Emine Trinkgelder: »Im Durchschnitt hat man zwanzig Euro am Tag. Und das ist halt noch mal Nebenjob-Geld. Das rettet uns. Aber das kann es nicht sein.«

Eine Kollegin von Emine, Kathrin S. (38) aus Hamburg, berichtet, dass sich im Entgeltgefüge durch die Einführung des Mindestlohns einiges verbessert habe, in ihrer ersten Anstellung nach der Ausbildung habe sie in Vollzeit tausend Euro brutto erhalten. Derzeit arbeitet sie in Teilzeit 17,5 Stunden pro Woche und erhält den Mindestlohn als Grundlohn zuzüglich einer umsatzabhängigen Provision. Die Ausweitung der Arbeitszeit ist für Kathrin keine wirkliche Option. Angesichts einer Fahrzeit von täglich neunzig Minuten lohnt die Arbeit in Halbtagesarrangements für die Mutter kaum.

Salonwelten

Wenn Emine und Kathrin von ihrer Arbeit berichten, schildern sie ihre Erfahrungen in einem bestimmten Unternehmenssegment der Friseurbranche. Beide sind in kleinen, inhabergeführten Meister:innenbetrieben fest angestellt. Derartige Salons versuchen, sich in einem umkämpften Markt zu behaupten, indem sie ein Qualitätsmodell verfolgen. Ihr Preisniveau liegt deutlich über dem jener Anbieter, die vor einigen Jahren noch mit Einheitspreisen um die 10 Euro operierten. Kathrin berichtet, dass sie aktuell pro Stunde zwischen 45 und mehr als 60 Euro umsetzt. Die qualifizierten, oftmals langjährigen Beschäftigten kalkulieren mit einem Zeitaufwand pro Kund:in von rund 60 Minuten. Nur in diesem Zeitrahmen sei es möglich, die Dienstleistung auf handwerklichem Niveau mit Ruhe und Gründlichkeit zu erbringen. In diesen kleinbetrieblichen Verhältnissen gibt es durchaus Unregelmäßigkeiten (unbezahlte Überstunden, verletzte Urlaubsansprüche), insgesamt aber operieren diese Salons innerhalb des gesetzlichen Rahmens.

In anderen Bereichen der Friseurbranche herrschen andere Bedingungen. Die Branche, die nach Angaben des Zentralverbands des Deutschen Friseurhandwerks rund 200 000 Menschen (zu rund 85 Prozent Frauen) in 86 000 Salons beschäftigt, ist in hohem Maße fragmentiert. Ohne das Terrain hier im Detail ausleuchten zu können, sei die Vielfältigkeit doch zumindest knapp umrissen. Auf der einen Seite agieren die Kleinen: sogenannte Soloselbstständige, die als Stuhlmieter in einem existierenden Salon arbeiten. Diese Stuhlmieter müssen als Selbstständige Meister- und Unternehmerprüfung absolviert haben. Die Schutzrechte für abhängig Beschäftigte gelten für diesen Personenkreis naturgemäß nicht. Unter die kleineren Marktakteur:innen fallen auch die Kleinstunternehmer:innen, die jährlich weniger als 17 500 Euro Umsatz erwirtschaften, von der Umsatzsteuer (19 Prozent) befreit sind und entsprechend Niedrigpreise anbieten können. Auf der anderen Seite stehen die Großen: Friseurketten, die sogenannten Systemanbieter. Nach Angaben der *Frankfurter Rundschau* (vom 7. Juli 2020) operieren in Deutschland rund zwei Dutzend solcher Ketten mit 10 000 Filialen. Als ehemaliger Platzhirsch beschäftigte das mittlerweile insolvente Unternehmen Klier 9000 Mitarbeiter:innen in 1300 Filialen. Die Ketten waren lange für ihre aggressive (Einheits-)Preispolitik bekannt, die Niedrigpreisstrategie fußte auch auf dem Einsatz sogenannter Aufstocker:innen und dem überproportionalen Einsatz preiswerter Auszubildender. Die Systemanbieter versuchen, am Markt über standardisierte Angebote und insbesondere einen hohen Kundendurchsatz Wettbewerbsvorteile zu gewinnen. Verbreitet sind Prämiensysteme, die

die Friseur:innen zu einem »Abarbeiten« von möglichst mehr als drei Kund:innen pro Stunde anreizen sollen. Kathrin, selbst über einen kurzen Zeitraum in einer der Ketten beschäftigt, berichtet, wie dort Unternehmensidentifikation, Stresstoleranz und Leistungsbereitschaft durch moderne Managementmethoden »produziert« werden sollen:

»Die haben dann ein Jahrestreffen gemacht [...], im Kongresszentrum. Das war wie in einer Sekte. Auf einem Sonntag natürlich. Im Prinzip war das wie so eine Motivationsshow, die Leute dazu zu animieren, mehr, besser und schneller zu arbeiten. Also mehr Umsatz zu machen, ohne aber etwas dafür zu wollen. Also derjenige ohne Fehltage hat einen kleinen Preis bekommen, derjenige mit dem höchsten Umsatz hat einen Preis gekriegt. Dann wurden da völlig skurrile Theaterstücke vorgespielt von den Angestellten: ›Wie kann ich glücklich durch den Tag gehen?‹ Dann hatten sie so ein Beispiel über jemanden, der morgens erst mal seinen Bus verpasst und auf der Arbeit sieht, dass seine Mittagspause ausgestrichen wurde und ihm ein Kunde eingetragen wurde. Und abends ist keiner mehr zum Putzen da. Und dann sollte derjenige das einfach positiv angehen. Dann wäre das alles toll.«

Relativ neu im Feld sind die Barbershops. Viele ihrer Betreiber führen keinen Meistertitel und dürfen daher keine Haarschnitte, sondern nur Körperpflegeleistungen wie Rasuren anbieten. In der Praxis scheint diese Unterscheidung nicht immer relevant zu sein. Informelle und widerrechtliche Praktiken gibt es auch in anderen Salons. Es ist davon auszugehen, dass Haarschnitte für zehn Euro prinzipiell nicht unter Beachtung geltenden Rechts angeboten werden können. Verbreitet ist der Einsatz von 400-Euro-Beschäftigten, die weit über den offiziellen Stundenrahmen hinaus arbeiten und das Zusatzentgelt unter der Hand erhalten. Kurzfristig ist dieses Arrangement für manche Menschen lohnend, perspektivisch dagegen höchst problematisch, weil bei Arbeitslosigkeit oder im Rentenfall nur Minimalansprüche existieren.

Dass sich ein preisgetriebener Verdrängungswettkampf entfalten kann, mit Niedriglohn und rechtswidrigen Praktiken als Waffen im Konkurrenzwettkampf, hat auch mit der Schwäche der Gewerkschaften in der Branche zu tun. Als Akteurinnen, die Arbeitszeiten und Entgelte vereinheitlichen könnten, fallen Gewerkschaften im zersplitterten Friseurhandwerk weitestgehend aus. In vielen Tarifgebieten wurden über Jahrzehnte hinweg keine Tarifverträge vereinbart, faktisch ist vielerorts der gesetzliche Mindestlohn Standard. Dessen Wirkungen waren, insbesondere in Ostdeutschland, allerdings spürbar: Hier stiegen die Entgelte durch die Einführung teilweise um über hundert Prozent. Entgeltzuwächse sind insbesondere dort wahrnehmbar, wo Tarifverträge für allgemeinverbindlich erklärt werden. Gesell:innen können dann ein Einstiegsgehalt nahe der zwölf Euro pro Stunde erzielen.

Schon diese kurze Erkundung der Friseurbranche zeigt, dass die Bedingungen, unter denen die Friseur:innen ihrer Tätigkeit nachgehen, in hohem Maße unterschiedlich sind. Die beiden Befragten arbeiten eher im soliden, »handwerkstraditionalistischen« Branchensegment. Aber auch in diesem Segment ist Einkommensprekarität weit verbreitet.

Leben mit dem Niedriglohn

Aus der Arbeit im Niedriglohnsektor ergeben sich für beide Frauen vielfältige Abhängigkeiten, Einschränkungen in der Lebensgestaltung und Diskriminierungen. Kathrin beschreibt den Einfluss auf ihre Paarbeziehung:

»*Finanziell geht es halt den klassischen Weg über Axel, der ist ja selbstständiger Tischler. Der bringt halt das Hauptgeld ran. Und es war halt eine sehr bewusste Entscheidung. Als wir gesagt haben, dass wir ein Kind haben wollen, war von Anfang an klar, dass ich beruflich zurückstecken werde. Weil ich eben als Friseurin nicht viel Geld verdiene. Ich muss gestehen, das ist ein Punkt, mit dem ich sehr schwer zu kämpfen hatte. Gelegentlich ploppt es immer noch hoch, aber ich habe mich so ein bisschen damit arrangiert, weil ich weiß, irgendwann werde ich auch wieder mehr arbeiten können. Aber es fühlt sich nicht wirklich gut an. Zu wissen, dass, sobald die Entscheidung Kind im Raum steht – dass man wirklich komplett finanziell abhängig ist. Und selbst wenn ich mehr arbeiten würde, könnte ich das nicht allein berappen. Und das ist frustrierend.*«

Emines Situation ist anders gelagert, jedoch keineswegs einfacher. Ihr Mann Mutlu ist Soloselbstständiger im Transportwesen, sein Einkommen schwankt. Emines Einkommen ist kein Zuverdienst, sondern liefert die verlässliche, wenn auch karge, materielle Basis des gemeinsamen Haushalts. Mutlu übernimmt, auch in Anerkennung von Emines hoher Arbeitszeitbelastung, Tätigkeiten im Haushalt. Während der Corona-Krise geriet das prekäre Arrangement der beiden aber unter Druck. Mutlus Aufträge fielen nahezu komplett weg, Emine musste in Kurzarbeit, und das »rettende« Trinkgeld blieb im Lockdown komplett aus. Ende des Jahres 2020 waren die beiden gezwungen, Wohngeld zu beantragen. Ihre Warmmiete beträgt 830 Euro, die letzte Überweisung des Kurzarbeitergeldes belief sich auf 860 Euro. War es dem Paar durch höchste Leistungsbereitschaft – dazu gehörte, dass Emine neben ihrer Tätigkeit im Salon noch in der Samstagnachtschicht Fließbänder in einem Industriebetrieb reinigte – in den vergangenen Jahren gelungen, sich einige Wünsche (Hochzeitsfeier, moderne Wohnungseinrichtung) zu erfüllen und das eigene Leben auf eine stabile Grundlage zu stellen, beschreibt Emine die aktuelle Situation als »ein bisschen hart« und auch als »traurig«, weil »kein Ende in Sicht« sei.

Wie sehr die Niedriglohnbeschäftigung den gesamten Lebenszusammenhang von Emine und Mutlu beeinflusst, lässt sich an den Berechnungen ablesen, die sie anstellen, wenn es um den gemeinsamen Kinderwunsch geht. Emine hat sich im Salon in den letzten Jahren eine treue Kundenbasis aufgebaut, die Menschen besuchen den Salon explizit wegen ihr. Nun sagt sie: »Also, ich will eigentlich gar nicht raus. Und mit dem Kind ist es halt so, dass man dann raus ist. Und ich will da einen Fuß drinnen haben.« Durch Schwangerschaft und Elternzeit würden Emine sowohl die für sie so bedeutsamen Kolleg:innen- als auch die Kund:innenbeziehungen über einen längeren Zeitraum wegfallen. Die materielle Situation würde sich nach der Geburt für Emine verschlechtern, sie sähe sich wohl gezwungen, auf nichtlegale Weise Einkommen zu generieren: »Also ich habe bis jetzt noch nie schwarzgearbeitet [...]. Aber wenn ich darüber nachdenke, dass ich vielleicht ein Kind kriege, dann geht es gar nicht ohne das. Es geht einfach gar nicht ohne das.« Wie sie die Arbeitszeiten als Friseurin, die einen späten Feierabend mit sich bringen, mit Kinderbetreuungszeiten synchronisieren soll, erscheint völlig unklar, und angesichts des geringen Entgelts steht eine Arbeitszeitreduktion auch für die nähere Zukunft außer Frage.

Die Konsummöglichkeiten von Friseur:innen liegen zumeist unter dem Niveau, das als gesellschaftlich normal gilt. Emine wird häufig an dieses Nichtgenügen erinnert, eine für sie durchaus schmerzhafte Erfahrung:

»Du musst ja auch zusehen, dass du Anerkennung bekommst. Also du musst ja zusehen, dass du mal sagen kannst, dass du auch mal im Urlaub gewesen bist. Es kamen natürlich Kommentare: ›Was, Sie sind schon wieder nicht in den Urlaub gefahren?‹ Nein, woher denn? Wie soll ich in Urlaub fahren? Woher kommt das Geld? Wie soll ich in Urlaub fahren, wenn ich nur das und das verdiene? Nee, klar macht mich das traurig.«

»Die schnippelt doch nur Haare, trinkt den ganzen Tag Kaffee und labert!« (Kathrin)

So nachdrücklich Emine und Kathrin ihre Kritik an den Entgeltbedingungen in der Branche und den daraus erwachsenden Problemen der Lebensführung auch vortragen – als ungebrochene Leidensgeschichten wären ihre Schilderungen komplett fehlinterpretiert. Wenn es um die »Habenseite der Arbeit« geht, sprechen beide mit Verve über die Freude, den Stolz und die Anerkennung, die mit ihrer Tätigkeit verbunden sind. Diese »Glücksquellen« bleiben bei oberflächlicher Betrachtung verborgen. Kathrin spricht von »der Arbeit dahinter«, die im Alltagsdiskurs über den Beruf meist keine Rolle spielt. Dieser Diskurs würdigt die Dienstleistung zu einer anspruchslosen Tätigkeit herab, zu einem Beruf für den unintelligenten Rest, ausgeführt von »Frisetten«, wie sie laut Emine bezeichnet werden: »Man denkt, dass wir doof sind. Dass wir kein Allgemeinwissen haben. Manchmal sagen die Leute verwundert: ›Oh, das wissen Sie?‹ Ja, ich lese auch eine Tageszeitung. Ich weiß etwas, ich bin auch zur Schule gegangen. So dumm bin ich nicht.«

Insbesondere Kathrin betont gegen die öffentliche Wahrnehmung den Handwerksgehalt ihrer Tätigkeit. Es ist ebendieser Aspekt des qualifizierten Könnens, der die Abiturientin in voller Anerkenntnis der Nachteile (»Wenig Ansehen, wenig Geld«) den Weg in den Beruf wählen ließ. Sie ist bemüht, die Standards der Profession hochzuhalten, und sie würde auch nur in Salons arbeiten, in denen sie diese Ansprüche realisieren kann (»kein Dorffriseur, keine Dauerwelle, keine gelben Haare«). Kathrin spricht leidenschaftlich von ihrem »tollen Beruf«:

»*Also mir macht das Handwerkliche sehr viel Freude. Also, wenn die Leute hinterher einen tollen Haarschnitt haben, denkt man so: Ah! Yeah! Das rockt! [...] Dass man so schnell sieht, was man gemacht hat. [...] Das Handwerkliche ist das, worin ich aufgehe.*«

Aber auch, wenn man den Qualifikationsgehalt der konkreten Friseur:innentätigkeit im engeren Sinne berücksichtigt, ist die Arbeit damit nur unzureichend vermessen. Denn von zentraler Bedeutung ist der Beitrag, den die Arbeitenden zur Gestaltung des Sozialraumes »Friseursalon« leisten. Damit ist gemeint, dass der Erfolg eines Salons – dies gilt zumindest für die inhabergeführten, eher kleinen Salons im mittleren/gehobenen Preissegment – wesentlich davon abhängt, dass die Beschäftigten eben mehr tun als Haare schnippeln, Kaffee trinken und labern. Dieses Mehr besteht in erster Linie im Engagement für reibungslose Arbeitsabläufe, für kollegiales Zusammenarbeiten und für die Gestaltung der Beziehung zum Kunden. Kathrin hat mit ihren Kolleg:innen quasi unternehmerische Funktionen übernommen. Die Eigentümer:innen setzen hohes Vertrauen in das Team und lassen den Beschäftigten weitgehende Freiheit in der konzeptionellen Ausrichtung des Salons:

»*Also wir machen zum Beispiel diese ganzen Styling-Geschichten nicht. Das haben wir irgendwann für uns entschieden. Wir ruhen auf unserer Kernkompetenz. Wir sagen: Wir sind ein Friseur. Für uns ist die Definition folgende: Ein guter Schnitt und eine gute Farbe machen die Frisur und nicht, was man dann mit einem Glätteisen oder so einem Gedöns da rausdengelt. [...] Und unsere Chefs zeigen ihre Anerkennung dadurch, dass sie uns vertrauen. [...] [S]ie mischen sich überhaupt nicht ein. [...] Natürlich gucken sie vom Rand auch mal drauf. Aber dieses Vertrauen, dass das läuft, das ist mir sehr wichtig.«*

Emine berichtet, dass ihr Team sich am Morgen zusammensetzt und den Tag plant:

»Bei uns ist es ganz wichtig, dass man über Sachen spricht. Deshalb ist es auch so, dass wir morgens dann früher da sind, weil wir sind ein Friseurbetrieb, von dem man sagen kann: Als Team funktionieren wir einfach gut, und wir funktionieren nur als Team. Und das kann es einfach nur, wenn es harmonisch abläuft. Wir sind nicht gegeneinander. Keiner von uns konkurriert. Wir sind füreinander da. Und ich glaube, das macht ganz viel aus. Also, wenn man bei uns reinkommt, merkt man einfach diese harmonische Atmosphäre unter den Kollegen. [...] Die Termine funktionieren einfach, jeder weiß Bescheid. Man guckt sich einfach an, und man weiß jetzt unter den Kollegen, man weiß ganz genau, was Sache ist. Man muss gar nichts dazu sagen.«

Beide Frauen berichten übereinstimmend, dass sie für das tagtägliche Funktionieren der Salons ein hohes Maß an strukturierender Arbeit leisten. Die Räume, die im Salon für Formen der Selbstorganisation von Arbeit bestehen, werden von beiden im Saloninteresse gefüllt. Fällt beispielsweise ein Kundentermin aus, geht Emine schon bald daran, herauszufinden, wo und wie sie gegebenenfalls unterstützend tätig werden kann. Derartige Beiträge der Beschäftigten sind für den Gesamtprozess der Leistungserbringung von hoher Bedeutung. Diese Bereitschaft zu Extraleistung erwächst aus einer starken Identifikation mit dem Salon, dem hohen Qualitätsanspruch an die eigene Arbeit und der Befriedigung, die sich einstellt, wenn »alles rundläuft«.

Allein: Die Kombination aus fachlicher Kompetenz, der Bereitschaft, sich über das vertraglich fixierte Maß hinaus einzubringen und Beiträge zu einem kollegialen Betriebsklima zu leisten, beschreibt das Anforderungsprofil an gute Friseur:innen noch nicht zureichend. Denn ohne die Fähigkeit, den konkreten Kontakt mit den Kund:innen immer wieder neu erfolgreich zu gestalten – und das heißt, neben einem guten Haarschnitt eben auch angenehme Emotionen hervorzurufen –, droht die Beziehung abzubrechen. Die Vereinbarung eines Folgetermins ist der tägliche Lackmustest für das Gelingen der Interaktionsarbeit. Im Unterschied zu anderen Formen der Interaktionsarbeit (zum Beispiel einem Verkaufsakt im filialisierten Einzelhandel), bei denen es um einmalige, kurze Beziehungen geht, zielen Emine und Kathrin auf wiederkehrende Transaktionen und die Etablierung langfristiger Beziehungen. Beide Salons verfügen über einen festen Stamm von Kund:innen, deren Bindung erfolgt zunehmend über die einzelne Friseurin, weniger über Namen und Ruf des Ladens insgesamt. Größe und Stabilität dieses Stammes sind die Währungseinheiten, mittels derer sich das Maß der Anerkennung durch die Kund:innen messen lässt. Die langfristige Beziehung bringt weitere Vorteile: Auf fachlicher Ebene entstehen Erfahrungsschichten, die dazu beitragen, die Qualität der Dienstleistung zu erhöhen:

»Das ist halt, dass es dann deine *Arbeit [ist]* [Hervorhebung durch den Verfasser]. *Und wenn dann ständig jemand anderes dazukommt, dann wird diese Arbeit nicht besser, sondern schlechter. Weil man schon gewisse Sachen abgehakt hat. Beispielsweise: ›Steht dir Pony? Nein. Haben wir schon mal gemacht, steht dir nicht.‹ ›Geht das? Geht dies?‹ ›Dies und das geht nicht.‹ Man kennt dann die Personen.«*

Erst über den wiederholten Kontakt festigt sich ein Kundenvertrauen – für Emine ein zentraler Begriff – in die Urteilskraft und die Kompetenz der Friseurin. Und es entwickelt sich ein Maß an Kenntnis des oder der jeweils anderen, das in der Interaktion entlastend wirkt. Bei Stammkund:innen weiß man, mit wem man es zu tun hat. Die komplexe Aufgabe, die andere Person einzuschätzen, zu »lesen« und das eigene Verhalten als Dienstleister:in darauf einzustellen, entfällt dadurch nicht komplett, aber sie wird leichter zu bewältigen, sie wird zu einem natürlichen Teil der Arbeit. Die Fähigkeit einer Friseurin, zu erinnern, ob ein:e spezifische:r Kund:in ihren Kaffee mit Milch trinkt oder während des Frisierens gerne Nüsse »knabbert«, ist nicht so unerheblich, wie es scheinen mag. Aber die Emotionsarbeit von Friseur:innen geht über diese kleinen Bedeutsamkeitssignale hinaus. Sie muss, so Emine, immer präsent sein, immer aufmerksam sein und den Kund:innen Interesse und Bedeutung signalisieren. Hinter dem allgemeinen Anforderungsprofil des Sicheinlassens verbirgt sich ein komplexeres Aufgabenbündel. Denn während die eine Person die Ruhe schätzt und die Dienstleistung stumm genießen möchte, erwarten andere

Interesse für die Entwicklung der Enkelkinder oder Anerkennung für die eigenen Karrierefortschritte. Emine bezeichnet sich als Psychologin, insbesondere nach der Pandemie war sie, die Niedriglohnempfängerin, Sorgendepot ihrer betuchten Klientel. Die Fähigkeit, die Kund:innen zu verstehen, sich quasi stündlich in neuen Interaktionsbeziehungen mit einer heterogenen Klientel zu bewähren, hat Emine sich in der Praxis angeeignet, dieses Können nennt sie »ihre Kunst«. Diese Kunst beinhaltet auch ein Austarieren von Form und Ausmaß eines angemessenen körperlichen Kontakts. Ihre »deutsch-türkische Art« bezeichnet nicht nur situativ passende Äußerungen (»Herr Schmidt, was sehen Sie heute wieder toll aus!«), sondern auch das passende Maß körperlicher Nähe. An diesem Punkt ist es wichtig zu betonen, dass die Anerkennungsleistungen, die die Friseur:innen erbringen, keineswegs unvergolten bleiben. Tatsächlich ist es die von Kund:innen gewährte Anerkennung, die das bedeutendste »Pro« für den Beruf darstellt. Wenn es etwas gibt, das die bedrückende materielle Knappheit, die der Job mit sich bringt, lindert, dann ist es die im Dienstleistungsprozess erfahrene Wertschätzung. Der Folgetermin, Kundenäußerungen des Wohlbefindens und das Lob für das Produkt sind wichtige Formen der Anerkennungskommunikation. Und schließlich zeigen Kund:innen durchaus auch authentisches Interesse für die Lebenswelt der Friseur:innen. Damit sind vielfältige Anerkennungsprozesse für spezifische Personen im Nahraum Salon beschrieben, die parallel zu einer gesellschaftlichen Geringschätzung und Missachtung des Berufes existieren.

Dass Anerkennung immer auch eine materielle Dimension hat, ist damit nicht in Abrede gestellt. Emine berichtet mit Stolz:

> »*Als ich geheiratet habe, habe ich auch von mehreren Kunden halt Geld geschenkt bekommen. Ich habe Gutscheine im Wert von zweihundert Euro bekommen. Ich habe ganz viele Glückwunschkarten bekommen. […] Ich habe ganz, ganz, ganz viele Geschenke bekommen und das hat mir nochmal enorm gezeigt, dass das nicht selbstverständlich ist. Das ist auch die Arbeit, die ich mir sicherlich auch erarbeitet habe. Aber diese Wertschätzung immer zu bekommen, das ist nicht üblich. Also ein Arzt bekommt das sicherlich auch. Er rettet Leben, er kriegt es sicherlich in anderer Form als ich. Und ich weiß einfach, wenn ich nicht im Salon bin, weil ich Urlaub habe, dass ständig gefragt wird:* ›*Wo ist sie? Was macht sie?*‹ *Ich werde gesucht, und das weiß ich einfach auch.*«

Faking it?

Wenn die Friseur:innen von ihren Bemühungen berichten, den Kund:innen ein angenehmes Erlebnis zu verschaffen, und über die Anpassungsfähigkeit sprechen, die das Sicheinlassen auf unterschiedliche Menschen und ihre Bedürfnisse beinhaltet, steht sofort die Frage im Raum, ob es sich hier nicht um ein rein instrumentell-kalkulierendes Verhalten handelt. Legen die Friseur:innen ein unaufrichtiges Verhalten an den Tag, spielen sie Theater? Unterliegen sie einer Extremform der Entfremdung, die sie als abhängig Beschäftigte zwingt, in berechnender Manier emotionalen Ausdruck und Anerkennungsgesten zu präsentieren – mit dem eigentlichen Ziel, ökonomischen Nutzen (Trinkgeld, Folgetermine) zu generieren? Zweifellos wirkt die Tatsache, dass Friseur:in und Kund:in sich in einem Zusammenhang begegnen, in dem es um eine ökonomische Transaktion geht, auf Qualität und Form der Interaktion. Es handelt sich nicht um ein freiwilliges Arrangement jenseits ökonomischer Interessen, wie man es wohl für Freundschaftsbeziehungen erwarten würde. Und natürlich kalkuliert die Friseur:in die Reaktion von Kund:innen auf das eigene Verhalten ein und diszipliniert sich gegebenenfalls. Trotzdem: In der Interaktionsarbeit im Salon leisten die beiden Befragten nicht in erster Linie Arbeit gegen sich selbst. In ihrer eigenen Wahrnehmung sind sie nicht in hohem Ausmaß gezwungen, schauspielerisch-vortäuschend zu handeln, um bei den Kund:innen positive Emotionen hervorzurufen. Wenn Emine davon spricht, dass die Kolleg:innen und sie eine Show aufführten, geht es um etwas Eigensinniges: »Also bei uns ist es morgens so, egal, wie müde wir sind. Wenn wir dann starten, ist es halt so: It's showtime. Und dann lachen wir. Weil wir einfach Spaß haben.«

Natürlich gibt es auch unerfreuliche Kund:innenbeziehungen. Das *grin and bear it* ist den Friseur:innen nicht fremd. Kathrin beschreibt die notwendige Emotionskontrolle, wenn es um geschäftsschädigende Gefühle geht: »Erste Regel: Einem Dienstleister geht es nicht schlecht. Nicht vor dem Kunden.« In Zeiten persönlicher Schwierigkeiten haderte sie mit dieser Maxime. Eine Gruppe problematischer Kund:innen beschreibt sie wie folgt: »Wir nennen sie immer Energie-Vampire. Sie sitzen vor dir und du merkst, wie sie dich aussaugen. Du wirst immer müder während des Termins, du bist kaputt am Ende des Termins. Dann denkst du dir: Jetzt einen Schnaps, eine Kippe, und ich gehe nach Hause.«

Aber das Verhaltensrepertoire, das in diesen unliebsamen Situationen zur Verfügung steht, ist breit und besteht zumeist nicht im Vorspielen falscher Sympathie. Kathrin erwähnt ihre *skills*, die darin bestehen, Gespräche auf ein für sie angenehmes Terrain zu lenken. Je nach Rückendeckung im Team und durch den Eigentümer existieren auch in diesem Dienstleistungsbereich Möglichkeiten der Grenzziehung. Man könne seine Kund:innen auch erziehen, so Emine. Sie ist beispielsweise konfliktbereit, wenn es um Stereotypisierungen auf Basis von Herkunft oder Religion geht. Überbordende Ansprüche und lautes Auftreten akzeptiert sie nicht: »Es ist mir egal, wie viel Sie auf dem Konto haben und wie laut Sie sind. Wir haben keinen Termin für Sie, und der andere Kunde zahlt genauso viel wie Sie!«

Emine beschreibt ihre Entwicklung als Friseurin als einen Weg, der sie von einer anfänglichen Unsicherheit bis zur derzeitigen Position geführt hat, in der sie in der Arbeit sie selbst sein kann. Die Kontrolle des eigenen Verhaltens und das Kalkulieren der Wirkungen des eigenen Handelns sind für sie unterschieden von der Verstellung:

»Das Witzige daran ist, wir werden ja ständig beobachtet. Jeder merkt, wenn wir uns verstellen. Jeder merkt, wenn die Verstellung stattfindet, wenn man dann vielleicht auch gereizt ist. Also es gibt tatsächlich auch Momente, da ist man selbst auch gereizt. Und dann merkt

der Kunde: Okay, da verändert sich etwas. Emine wird sauer. Der Kunde sieht das einfach. Der Kunde merkt das einfach. Der Kunde guckt dich die ganze Zeit über den Spiegel an, der beobachtet dich. Sobald man sich verstellt, kriegt der Kunde das sofort mit. Also ich brauch mich einfach nicht zu verstellen. Wenn ich sauer bin, dann bin ich sauer. Wenn ich freundlich bin, dann bin ich freundlich. Dazwischen gibt es gar nichts. Aber wenn man sich verstellt, dann ist man nicht richtig am Platz.«

Die Arbeit von Emine und Kathrin ist eine anspruchsvolle Tätigkeit, für deren erfolgreiche Ausübung handwerkliche und vielfältige soziale Kompetenzen kombiniert werden müssen. Die niedrigen Einkommen drücken eine Missachtung der komplexen Arbeitsleistung von Friseur:innen aus. Der Niedriglohn geht mit belastenden Einschränkungen der Lebensgestaltung und Diskriminierungen einher. Die Freude am und die Leidenschaft für den Beruf sind in Emine und Kathrin deswegen aber nicht erloschen: Das sorgfältige Arbeiten nach professionellen Standards, langfristige und wertschätzende Kund:innenbeziehungen und die Möglichkeit, das Soziale der Salons mitzugestalten, halten die beiden im Beruf. Zu vermuten ist allerdings, dass diese Positivaspekte der Tätigkeit dort nicht realisiert werden können, wo sich Unternehmen über »Billiger-Strategien« am Markt behaupten wollen. Wo aus Kostengesichtspunkten die Dequalifizierung des Berufes vorangetrieben wird und die Beschäftigten unter einem rigiden Kontrollsystem Haare im Akkord zu schneiden haben, bleibt von der »Kunst« wenig erhalten.

Philipp Staab
Digitaler Kapitalismus
Markt und Herrschaft in der
Ökonomie der Unknappheit
345 Seiten
€ 18,00 [D] / € 18,50 [A]
Fr. 25,90 [CH]
ISBN 978-3-518-07515-9
Auch als eBook erhältlich

Beherrschten vor 20 Jahren noch Industriekonglomerate, Energiekonzerne und Banken die Rangliste der wertvollsten Unternehmen, wurden diese längst von Internetgiganten wie Google, Apple, Amazon und Tencent abgelöst. Digitale Technik ist allgegenwärtig: Wir tragen Hochleistungsrechner in unseren Taschen herum, Waschmaschinen können sich mit dem Internet verbinden. Doch erschöpft sich darin das Neue am digitalen Kapitalismus?
Philipp Staab beleuchtet den digitalen Kapitalismus aus unterschiedlichen Perspektiven, um ihn präziser auf den Begriff zu bringen. Er zeigt, wie digitale Überwachungs- und Bewertungspraktiken in immer mehr Bereiche der Wirtschaft vordringen und dabei die soziale Ungleichheit verschärfen.

Hans-Matthöfer-Preis für Wirtschaftspublizistik 2021

Michael Butter
»Nichts ist, wie es scheint«
Über Verschwörungstheorien
271 Seiten
€ 18,00 [D] / € 18,50 [A]
Fr. 25.90 [CH]
ISBN 978-3-518-07360-5
Auch als eBook erhältlich

Neben mangelndem Vertrauen in die Politik ist der Glaube an Verschwörungstheorien ein Merkmal des populistischen Brodelns. Doch was macht eine Erklärung zu einer Verschwörungstheorie? Warum sind sie für viele so attraktiv? Und was kann man dagegen unternehmen?
Antworten auf solche Fragen findet man seltener als Verschwörungstheorien selbst. Michael Butter erläutert, wie solche Erzählungen funktionieren, wo sie herkommen und welche Auswirkungen sie haben können. Da sie die Eigenlogik sozialer Systeme unterschätzten, seien solche Theorien zwar immer falsch; als Symptom müsse man sie dennoch ernst nehmen. Gegenwärtig seien sie ein Indikator für die demokratiegefährdende Fragmentierung der Öffentlichkeit.

»Michael Butter hat das erste gute Buch über Verschwörungstheorien geschrieben.« *DIE ZEIT*

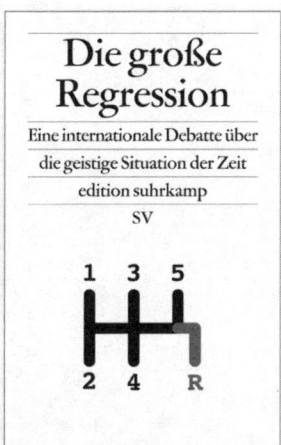

Die große Regression
Eine internationale Debatte über
die geistige Situation der Zeit
Herausgegeben von Heinrich
Geiselberger
319 Seiten
€ 18,00 [D] / € 18,50 [A]
Fr. 25.90 [CH]
ISBN 978-3-518-07291-2
Auch als eBook erhältlich

Spätestens seit sich die Folgen der Finanzkrise abzeichnen und die Migration in die Europäische Union zunimmt, sehen wir uns mit Entwicklungen konfrontiert, die viele für Phänomene einer längst vergangenen Epoche hielten: dem Aufstieg nationalistischer, teils antiliberaler Parteien, einer tiefgreifenden Krise der EU, einer Verrohung des öffentlichen Diskurses durch Demagogen wie Donald Trump, wachsendem Misstrauen gegenüber den etablierten Medien und einer Verbreitung fremdenfeindlicher Einstellungen.

In diesem Band untersuchen international renommierte Forscher und Intellektuelle die Ursachen dieser »Großen Regression«, verorten sie in einem historischen Kontext, erörtern Szenarien für die nächsten Jahre und diskutieren Strategien, mit denen wir diesen Entwicklungen entgegentreten können.

Mit Beiträgen von Arjun Appadurai, Zygmunt Bauman, Ivan Krastev, Paul Mason, Wolfgang Streeck, Slavoj Žižek u. a.

Didier Eribon
Rückkehr nach Reims
Aus dem Französischen von
Tobias Haberkorn
240 Seiten
€ 18,00 [D] / € 18,50 [A]
Fr. 25.90 [CH]
ISBN 978-3-518-07252-3
Auch als eBook erhältlich

Als sein Vater stirbt, reist Didier Eribon zum ersten Mal nach Jahrzehnten in seine Heimatstadt. Gemeinsam mit seiner Mutter sieht er sich Fotos an – das ist die Ausgangskonstellation dieses Buchs, das autobiografisches Schreiben mit soziologischer Reflexion verknüpft. Eribon realisiert, wie sehr er unter der Homophobie seines Herkunftsmilieus litt und dass es der Habitus einer armen Arbeiterfamilie war, der es ihm schwer machte, in der Pariser Gesellschaft Fuß zu fassen. Darüber hinaus liefert er eine Analyse des sozialen und intellektuellen Lebens seit den fünfziger Jahren und fragt, warum ein Teil der Arbeiterschaft zum Front National übergelaufen ist. Das Buch sorgt seit seinem Erscheinen international für Aufsehen. So widmete Édouard Louis dem Autor seinen Bestseller *Das Ende von Eddy*.

»Hellsichtig und düster, wütend und brillant.« *Der Spiegel*